ISBN 978-0-243-87689-1
PIBN 10750901

LE LETTERE

DI

S. CATERINA DA SIENA

RIDOTTE A MIGLIOR LEZIONE, E IN ORDINE NUOVO DISPOSTE

CON PROEMIO E NOTE

DI

NICCOLÒ TOMMASEO.

QUATTRO VOLUMI. — VOL. III.

FIRENZE,

G. BARBÈRA, EDITORE.

1860.

LETTERE

DI

SANTA CATERINA DA SIENA.

CLXXI. — *A Niccolò Soderini di Firenze.* [1]

Consigli di piovvido affetto, di senno civile, esposti con facondia copiosa. Vede non potere le repubbliche toscane combattere contro la doppia potestà, della quale tristi prelati abusavano; però le consiglia accettare la pace profferta dal papa, che aveva disposizioni migliori. Riconosce i torti de' Papali; non insiste sui torti dell'altra parte: ma con ragioni religiose raccomanda insieme la generosità e la prudenza.

Al nome di Gesù Cristo crocifisso e di Maria dolce.

A voi, dilettissimo e carissimo figliuolo e fratello in Cristo Gesù, io Caterina, [2] serva e schiava de' servi di Gesù Cristo, scrivo nel prezioso sangue suo, con desiderio di vedervi membro legato, e unito nel legame della vera Carità, sì e per

---

[1] Stato gonfaloniere di giustizia nel 1371, e a questo tempo uno de' priori dell'Arti.

[2] Qui *Caterina* o che, scrivendo a un Fiorentino, non volesse tanto essere di Fontebranda; o che il Fiorentino copiatore della lettera correggesse.

LETTERE DI S. CATERINA. — VOL. III.

siffatto modo che participiate di questo vero amore : chè, poi
che sete fatto capo e posto in signoria, voi siate quel mezzo
che aiutiate a legare tutti i membri de' vostri cittadini, sì che
non stiano a tanto pericolo e dannazione dell' anima e del
corpo. Sapete che il membro che è tagliato dal capo suo,
non può avere in sè vita : perchè non è legato con quello
ond' egli aveva la vita ; così vi dico che fa l' anima che è partita dall' amore e dalla carità di Dio ; cioè di quelli, i quali
non seguitano il loro Creatore, ma più tosto il perseguitano
con molte ingiurie e peccati mortali, i quali manifestamente
si veggono per segni e modi,[1] che noi vediamo apparire e
fare tutto dì ; e voi mi potete intendere. Or chi siamo noi
miserabili,[2] miseri miserabili, iniqui, superbi, che noi facciamo
contra il capo nostro ? Oimè, oimè ! La superbia e la grandezza [3] nostra, con veder cieco,[4] ci mostra il fiore dello Stato
e delle signorie ; e non vediamo il vermine che è entrato
sotto a questa pianta che ci dà il Fiore, che rode ; e tosto
verrebbe meno, se egli non si argumenta.[5] Conviensi dunque
argumentare col lume della ragione, della vera e dolce umilità ;[6] la quale virtù, coloro che la posseggono, sempre sono
esaltati ; e così per lo contrario, come disse Gesù Cristo,
sempre i superbi sono umiliati. Questi tali non possono aver
vita, però che sono membri tagliati dal dolce legame della
Carità.

---

[1] Non solo *segni* che appaiscono, ma *modi* del *fare,* e *fatti.*

[2] Forse il primo *miserabili* c' è per isbaglio.

[3] Qui sta per *grandigia.*

[4] Contrapposto efficace. Così diciamo : *calori a freddo.*

[5] Se *egli* s' intenda del fiore, sarebbe forse da leggere *augumenta,*
si aumenta, si fa crescere a vita sana. Ma *egli* potrebbe recarsi (come
qui suole spesso) al sottinteso *uomo* o simile ; e allora *argomentarsi*
sarebbe *ingegnarsi di rimediare.*

[6] L' umiltà è parte viva dell' uso della vera ragione. E forse ella
legava tutte insieme le parole, *lume della ragione dell' umiltà.*

Or che peggio potiamo avere, che essor privati di Dio ?
Bene [1] potremo avere assai legame; e, fatta lega, legati con
molte città e creature; che, se non c' è il legame, e l' adiutorio di Dio, non ci varrà nulla. Sapete che in vano s' affadiga colui che guarda la città, se Dio non la guarda.[2] Che
faremo, disavventurati a noi ciechi e ostinati ne' difetti nostri; poichè Dio è colui che guarda e conserva la città e tutto
l' universo; e io [3] mi sono ribellato da lui, ch' è Colui che è?
E se io dicessi: « Io non fo contra lui; » — dico che tu fai
contra lui quando fai contra il Vicario suo, la cui [4] vece
tiene. Vedi che tu sei tanto indebilito per questa ribellione
fatta, che quasi non ci ha forza veruna, perchè siamo privati
della nostra fortezza. Oimè, fratello e figliuolo carissimo,
aprite l' occhio a ragguardare tanto pericolo, e tanta dannazione d' anima e di corpo. Pregovi che non aspettiate la rovina [5] del divino giudicio. Perocchè il vermine potrebbe
tanto crescere, che il fiore darebbe a terra. L' odore di questo fiore già è mortificato,[6] perchè siamo stati ribelli a Cri-

---

[1] Nodo di concessione, che ora posponesi: *potremo bene*. Lega intende di Firenze con Milano nel 75, e con le città ribellanti al pontefice. Per *città* intende forse le repubbliche, per *creature* Bernabò e
cose simili.

[2] Dal salmo.

[3] Dice *io,* come s'ella fosse la ribellione, o fosse Bernabò.

[4] Che ne tiene la vece.

[5] Giudicata da Dio. Ossivvero: il giudizio che cadrà sopra voi
con rovina. Dante: « *Oh giustizia di Dio, quanto è severa, Che cotai
colpi, per vendetta* (pena), *croscia!* »

[6] Bello il *mortificarsi dell'odore,* sì perchè nell'odore è l'aura
della parte più vitale de' corpi, e quello spirito dell'essenza loro annunzia o la freschezza dello svolgersi o la dissoluzione che invade;
sì perchè la parola stessa risveglia l'imagine dell'ammorzarsi, e
l'odore è quasi la luce del senso che non senza ragione è posto tra
l'occhio e il palato; e sì perchè nell'uso delle lingue all'imagine del-
l'odore corrisponde la fama ch'altri spande di sè, e questa è morti-
ficata dalle azioni, non solo troppo fiacche, ma altresì vive troppo.

sto. Sapete che l'odore della grazia non può stare in colui
che sta contra al suo Creatore.

Ma il rimedio ci è, se il vorremo pigliare : e di questo vi
prego quanto so e posso in Cristo dolce Gesù, che il pigliate
voi e gli altri cittadini. E fatene ciò che potete dalla parte
vostra. Umiliatevi, e pacificate i cuori e le menti vostre ;
perocchè per la porta bassa non si può tenere [1] col capo
alto, però che noi ce lo romperemmo. Egli ci conviene passare per la porta di Cristo Crocifisso, che si umiliò a noi stolti
e con poco cognoscimento. E se voi vi umilierete, domande-
rete con pace e mansuetudine la pace al vostro capo Cristo
in terra. Vogliate [2] dimostrare che siate figliuoli, membri legati, e non tagliati : troverete misericordia e benignità, e
esaltazione nell'anima e nel corpo. Sapete che la necessità
ci debbe strignere a farlo, se non ci strignesse l'amore. Non
può stare il fanciullo senza l'adiutorio del padre ; però che
non ha in sè virtù, nè potenzia veruna per sè ; ma ciò ch'egli
ha, ha da Dio. Conviengli, dunque, stare in amore del padre :
chè se egli sta in odio e in rancore, l'adiutorio suo gli verrà
meno ; e venendogli meno l'adiutorio, conviene che venga
meno egli. Adunque con sollecitudine d'andare a dimandare
l'adiutorio del Padre, cioè di Dio, conviencelo addimandare
ed avere dal Vicario suo ; però che Dio gli ha date nelle mani
le sue chiavi del cielo, e a questo portinaio [3] ci conviene far
capo. Perocchè quello che egli fa, è fatto ; e quello che egli
non fa, non è fatto ; sì come disse Cristo a santo Pietro : Cui

---

[1] Altrove assoluto *tenere per la strada,* che ora dicesi *da.* Però
non correggo *il capo alto.*

[2] Forse aggiungendo *e* a *vogliate,* e facendo tutto un costrutto,
sta meglio.

[3] *Cortese portinaio* chiama Dante l'angelo dalle chiavi, che dice :
« *Da Pier le tengo.* » Un altr' angelo è *galeotto.* Questo è più che
l'*agnello arrostito.*

tu legherai in terra, sarà legato in cielo; e cui tu scioglierai in terra, sarà sciolto in cielo. Poi, dunque, che gli è tanto forte quésto Vicario, e di tanta virtù e potenzia, che serra ed apre la porta di vita eterna; noi membri putridi, figliuoli ribelli al padre, saremo sì stolti, che facciamo contra a lui? Ben vediamo che senza lui non potiamo fare. Se tu se' contra alla Chiesa santa, come potrai partecipare il sangue del figliuolo di Dio? chè la Chiesa non è altro, che esso Cristo?[1] Egli è colui che ci dona e ministra i sacramenti, i quali sacramenti ci danno vita, per la vita che hanno ricevuta [2] dal sangue di Cristo; chè, prima che il sangue ci fussi dato, nè virtù nè altro erano sufficienti a darci vita eterna. Come adunque siamo tanto arditi che noi spregiamo questo sangue?

E se dicessi : « Io non spregio il sangue, » — dico che non è vero. Chè chi spregia questo dolce Vicario, spregia il sangue; chè chi fa contra l' uno, fa contra l' altro, però ch'essi sono legati insieme. Come mi dirai tu che se tu offendi uno corpo, che tu non offenda il sangue che è nel corpo? Non sai tu, che tiene [3] in sè il sangue di Cristo? Intendi che avviene come

---

[1] Dice esso Cristo di volei essere una cosa co' suoi. L' umanità di lui congiunge ad esso la nostra. Altiove assai bene Cateiina dimostra discerneie dalla spirituale la potestà temporale, consigliando a deporie questa per manteneie l' onore di quella; ma qui iagionando a appassionati parteggianti, e che per motivo contiaiio confondevano le due cose, non riputando lo spiiituale per l' abuso che i pieti facevano del tempoiale, e confondendo i prelati, goveinanti tiisti, col papa lontano miglioie di loio; si feima sopia l' autorità saceidotale, siccome quella che, tanto più potente alloia d' adesso nelle coscienze degli uomini (e tuttavia la vediamo non impotente), minacciava di nuocere, anco nello stato civile, alla iepubblica fiorentina. E peiò si iaccomanda che pieghino per necessità, se non per amoie.

[2] Poetico e teologico insieme: ne' sacramenti stessi vedeie una vita. Essi la ricevono dal sangue, e la comunicano alle anime, ed anco alla vita coipoiea nostia.

[3] La Chiesa.

del figliuolo e del padre ; che se offendesse il padre il figliuolo, che il figliuolo abbia mai ragione sopra di lui?[1] E non può mai offenderlo (nè debbe[2] offendere) che non sia in pericolo di morte, e in stato di dannazione. Egli è sempre debitore a lui, per l' essere che gli ha dato : e non pregò mai il figliuolo il padre, che gli desse della sustanzia della carne sua; nondimeno il padre, mosso per l'amore ch'egli ha al figliuolo prima ch' egli abbia l' essere, gliel dà.[3] Oh quanto maggiormente noi ignoranti ingrati sconoscenti figliuoli possiamo patire[4] di offendere il nostro vero Padre ! Conciossiacosachè ci abbia amati senza essere amato ; perocchè[5] per amore ci creò e anco ci ricreò a Grazia nel sangue suo, dando la vita con tanto fuoco d' amore, che, ripensandolo, la creatura patirebbe innanzi fame e sete e ogni necessità insino alla morte, prima che ribellasse e facesse contra al Vicario suo; per lo quale ci portò il frutto del sangue di Cristo; e tutto ci ha dato per grazia, e non per debito.

Oh non più, fratelli miei ! Non più dormite in tanto poco lume e cognoscimento. Traiamo il vermine della superbia e dell' amore proprio di noi medesimi,[6] e uccidiamlo col col-

---

[1] Pongo l' interrogazione; ma può stare anco senza, spiegando: *intendi che, se il figliuolo offende il padre, mai può avere ragione contro di lui* (sottinteso *non*). Ma sarebbe contorto.

[2] Può essergli scusato il contrastare alla potestà ecclesiastica in quanto non riguarda l' essenza d' essa potestà, ma la persona che abusa di quella : offendere la potestà, non è mai dovere, anzi allenta il vincolo de' doveri.

[3] Non ad altro che a cooperare all'opera della creazione, a dare alla società religiosa e civile nuove anime degne d' applicarla, l'atto della generazione dovrebbe essere consacrato.

[4] O manca; o è da intendere, con iscorcio non chiaro e non regolare : *con quanto maggiore colpa possiamo noi patire!* O *quanto maggiormente possiamo noi non patire.*

[5] La stampa *che però che.*

[6] Non solo la superbia delle grandezze politiche nuoce, ma anco

tello dell' odio e dell' amore, coll' amore di Dio e riverenzia della santa Chiesa, con odio e dispiacimento del peccato e del difetto commesso contra Dio e contra lei. Allora arete fatto uno innesto, piantati e innestati nell' arboro della vita: torravvi la morte, e renderavvi la vita. Privati sarete della debilezza; chè già abbiamo detto che sete fatti debili, perchè siamo privati di Dio, che è nostra fortezza, per la ingiuria che facciamo alla sposa sua. Adunque facendo questa unione, con odio e dispiacimento della divisione avuta, sarete fatti forti nelle grazie spirituali, le quali doviamo partecipare, volendo la vita della grazia; e nelle temporali, sì e per siffatto modo, che neuno v' offenderà.

Meglio vi è dunque di stare in pace e in unione, eziandio non tanto col capo vostro, ma con tutte le creature. Però che noi non siamo Giudei nè Saracini, ma Cristiani, bagnati e ricomperati del sangue di Cristo. Stolti noi, che ci andiamo ravvollendo[1] per appetito di grandezza; e per timore di non perdere stato pigliamo e facciamo l' officio delle dimonia, andando invitando l' altre creature a fare quello male medesimo che fate voi. Cosi fecero le dimonia; che quand' essi erano angioli, quelli che caddero, si legaro insieme, e ribellaro a Dio; e volendo essere alti, diventarono bassi. Non voglio, e così vi prego, che voi non facciate il simile; volendo fare contra la sposa di Cristo, v' andiate legando insieme. Facendo così, quando credeste d' esser legati e inalzati, e voi sareste più sciolti e abbassati che mai. Non più così, fratelli carissi-

---

quell' amor proprio che si vela di zelo patrio mette innanzi gl' Inte_ressi dello Stato, il bene pubblico, la salute pubblica, l' ordine.

[1] Nel ravvolgersi è il voltarsi per mutamenti frequenti (come Dante assomiglia Firenze all' inferma, *Che con dar volta suo dolore scherma*); ed è lo sconvolgersi nelle rivoluzioni; ed è l' avvolgersi negl' intrighi insidiatori, insidiosi a sè stessi; ed è finalmente il perdere tempo e spazio, girando sopra di sè, senza procedere innanzi, stanchi del non fare nulla.

mi. Ma legatevi nel legame dell'ardentissima carità; e dimandate di tornare a pace ed unione col capo vostro, acciò che non siate membri tagliati. Voi avete un padre tanto benigno che, volendo tornare all'ammenda[1] non tanto che egli vi perdoni, ma egli v'invita a pace, nonostante la ingiuria che ha ricevuta da voi; benchè forse non vi pare aver fatta ingiuria, ma ricevuta.[2] Se questo è, è per poco lume ch'è in voi. E questo è il gran pericolo, e la cagione che l'uomo non si corregge nè torna all'ammenda, perchè non vede la colpa sua; non vedendola, non la grava per odio e dispiacimento. Adunque ci conviene vedere, acciocchè cognosciamo i difetti nostri, sì che, cognoscendoli, li correggiamo. Noi non dobbiamo amare i vizii che noi vedessimo nelle creature; ma dobbiamo amare ed avere in reverenzia la creatura, e l'autorità che Dio ha posta ne' ministri suoi; e de' peccati loro, lassargli punire e gastigare[3] a Dio; però che egli è quello sommo giudice che drittamente dà e' giudici suoi, e a ognuno rende il debito suo giustamente, secondo che ha meritato, e con drittura.[4] Troppo sarebbe sconvenevole, che volessimo giudicare noi, che siam caduti in quello medesimo bando. Pregovi dunque, che non vi lassiate più guidare a tanta simplicità;[5] ma con cuore virile e virtuoso

---

[1] La stampa *alla menda.*

[2] Il legato di Bologna negò alla carestia di Firenze i viveri, nel suo paese abbondanti. Egli ed altri erano sospettati a ragione dell'avere sommosse ribellioni contro la repubblica, prima che questa contro il pontefice; e dell'avere licenziato, tra gli altri, l'Aguto avventuriere, che a' danni di Toscana incorresse. Quel che si fa, è reso; o il sabato, o dopo mesi e secoli.

[3] *Punire,* che siano impotenti a nuocere; *gastigare,* che siano migliori. Ella non nega i peccati de' preti.

[4] Per *giustizia.* Dante.

[5] Così chiama l'astuzia di certe leghe, a cui troppo i politici credono. E anco l'ardire imprevidente, e l'indignazione sebbene giu-

vi legate col vostro capo : sicchè, venendo il punto della morte, dove l' uomo non si può scusare, noi possiamo participare e ricevere il frutto del sangue di Cristo.

Pregovi, Niccolò, per quello amore ineffabile col quale Dio v' ha creato e ricomperato sì dolcemente, che voi vi · studiate giusta al vostro potere (chè senza misterio [1] grande Dio non v' ha posto costi), di fare che la pace e l' unione tra voi e la santa Chiesa si faccia, acciò che non siate pericolati voi, e tutta la Toscana. [2] Non mi pare che la guerra sia sì dolce cosa, che tanto la dovessimo seguitare, potendola levare. Or ècci più dolce cosa che la pace ? Certo no. Questo fu quel dolce testamento e lezione che Gesù Cristo lassò a' discepoli suoi. Così disse egli : « Voi non sarete cognosciuti che siate miei discepoli per fare miracoli, nè per sapere le cose future, nè per mostrare grande santità in atti di fuore ; ma se averete carità e pace ed amore insieme. » Voglio, adunque che pigliate l' officio degli angeli, che sono mezzo, ingegnandosi di pacificarci con Dio. Fatene ciò che potete : e non mirate per veruna cosa nè per piacere nè per dispiacere ; attendete solo all' onore di Dio e alla salute vostra. Eziandio se la vita ne dovesse andare, non vi ritragga mai di dire la verità, senza veruno timore che il dimonio o le creature vi volessino fare, o mettere. [3] Ma ponetevi per scu-

---

sta, contro il male, che può dalla vendetta esser fatto peggiore, può trarre a far male noi. Dice quindi atto virtuoso e virile il cedere con prudenza generosa.

[1] Ogni fine della Provvidenza è mistero. Quanta lode, e che affettuosa, in questa parentesi !

[2] Vede nella guerra il pericolo non di sola una città, ma e della sua Siena e della Toscana tutta. Non teme tanto le sconfitte, da ultimo inevitabili combattendosi contro chi aveva, insieme con le armi terrene, quelle che espugnano le coscienze ; teme gli odii civili e immorali disordini, che dissolvono gli Stati, e annodano vincoli di lunghissima schiavitù.

[3] *Fare* nell' atto con pericoli presenti ; *mettere* abitualmente con

do, e difesa il timore di Dio, vedendo che l'occhio suo è sopra di noi, e ragguarda sempre la intenzione e la volontà dell'uomo, come ell'è drizzata a lui. Facendo così, adempirete il desiderio mio in voi; siccome io vi dissi che io desideravo che fuste membro unito e legato nel legame della carità; e non tanto in voi, ma cagione di legar tutti gli altri. Fate lor vedere, quanto potete, nel pericolo e malo stato che sono: chè io vi prometto[1] che, se voi non vi argomentate in ricevere la pace, e dimandarla benignamente, voi caderete nella maggior ruina che cadeste mai. Temo che non si potesse quella parola dire, che Cristo disse, quando andava all'obrobriosa morte della croce per voi[2] miseri miserabili scognoscenti di tanto beneficio, quando si volse dicendo: « Figliuole di Gerusalem, non piangete sopra me, ma sopra voi, e sopra gli figliuoli vostri. » E lo dì della domenica dell'oliva, quando scendeva dal monte, disse: « Gerusalem, Gerusalem, tu godi, però ch'egli è oggi il dì tuo; ma tempo verrà che tu piangerai. » Or non vogliate, per amore di Dio, aspettare questo tempo; ma ponete in voi la vera letizia, cioè della pace e della unione. A questo modo sarete veri figliuoli, participerete ed arete la eredità del Padre eterno.

Non dico più. Però che tanta è la pena e il duolo che io ne porto per lo danno dell'anime e de' corpi vostri, che, acciò che questo non fosse, io sosterrei con grande desiderio di dare mille volte la vita, se tanto potessi. Prego la divina Provvidenzia che a voi, figliuolo, e a tutti gli altri, dia lume e cognoscimento, e timore ed amore santo di Dio; e che vi tolla ogni tenebra e amor proprio, e timore servile, che è quella cagione onde viene e procede ogni male.

---

lontane minacce, e co' consigli d'una prudenza paurosa e fiodolenta.

[1] *Promettere* è proprio anco di male: *milta.* Così *sperare* per *temere.*

[2] Credo di certo abbia a leggere *noi.*

Mándo a voi il portatore di questa lettera, predicatore unguanno [1] costà dell' Ordine de' Minori, [2] vero e buono servo di Dio, il quale v' aitarà a consigliare e dirizzare nella via della verità, e in tutte quelle cose che avete a fare per voi medesimi [3] in particolare, e per tutta la città in comune. Pregovi che pigliate e atteniate [4] a' consigli suoi; e non sia veruna cosa sì segreta nè occulta nella mente vostra, che voi non la partecipiate [5] e manifestiate a lui. Spero per la divina grazia, che per amore e per affetto ch' egli ha alla salute vostra e d' ogni creatura, che riceverà lume da Dio, sì che drittamente vi consiglierà. Di costui fate ragione che sia un altro io. Benedicete e confortate Monna Costanza, [6] e tutta la famiglia. Permanete nella santa e dolce dilezione di Dio. Gesù dolce, Gesù amore.

CLXXII. — *A Frate Niccolò de' Frati di Monteoliveto nel Monasterio di Fiorenza.*

Scritta sotto il tempo di Pasqua. E dalla liberazione de' Padri aspettanti nel Limbo induce con quanto affetto dovremmo noi desiderare la libertà che ci viene da Cristo. Frutti di vita: pazienza d' amore.

Al nome di Gesù Cristo crocifisso e di Maria dolce.

A voi, reverendissimo e carissimo padre in Cristo Gesù, io Catarina, serva e schiava de' servi di Dio, scrivo, e racco-

---

[1] Più che *uguanno,* rende *hunc annum.*

[2] La stampa *de' Predicatori minori :* ma il Burlamacchi ben nota che non può stare. Copiando, si sarà ripetuta per isbaglio la parola.

[3] Forse *medesimo.* Se non intendesse gli altri priori, o la famiglia Soderini, o altri che il portatore avrebbe indicati.

[4] Può stare senza il *vi. Pigliare* è il primo *accogliere. Attenersi* è più.

[5] *Segreto* corrisponde a *partecipare; a manifestare,* occulto, che è più. Manda un frate francescano, Ordine popolare: e i frati se la intendevano con le repubbliche meglio de' preti.

[6] Moglie di Niccolò.

mandomivi nel prezioso sangue del Figliuolo suo ; con desiderio di vedervi levato il cuore, l'affetto e il desiderio [1] vostro a questo dolce capo, Cristo Gesù, con quella brigata tratti [2] dal Limbo, che lungo tempo in grandissima tenebra avevano aspettata la redenzione loro. Leviamo su dunque i cuori a lui, e ragguardiamo l'affettuoso e consumato amore, il quàle Dio ha dimostrato in tutte le sue operazioni all'uomo ; poi ragguardiamo il dolce desiderio che ebbero quelli santi e venerabili Padri, solamente aspettando l'avvenimento del Figliuolo di Dio. Confondasi dunque, e spengasi in noi la nostra ignoranzia e freddezza e negligenzia ; noi, dico, che abbiamo gustato e veduto e sentito il fuoco della divina Carità. Oh che ammirabile cosa è questa ! Che solo del pensiero godevano ; e ora vediamo Dio innestato nella carne nostra, e fatto una cosa coll'uomo ; e non ci risentiamo. Oh dolce e vero innesto ! Perocchè l'uomo infruttifero, che non participava l'acqua della grazia, hai fatto fruttifero, purchè elli distenda l'ale [3] del santo desiderio, e appongasi [4] in su l'arbore della santissima croce, dove egli troverà questo santo e dolce innesto del Verbo incarnato del Figliuolo di Dio. Ine troveremo i frutti delle virtù maturati [5] sopra il corpo dell'Agnello svenato e consumato per noi. Adunque levinsi i cuori e i desiderii nostri, e con perfetta e vera sollicitudine

---

1 Il *cuore* è qui la volontà ; l'*affetto*, la disposizione abituale di quella ; il *desiderio*, la attuale e più viva.

2 Concordanza logica ; come in Dante, appunto del Limbo : « *Gente di molto valore Conobbi che in quel Limbo eran sospesi.* » — E poi « *Ci vidi venire un Possente..... Trasseci l'ombra del primo parente..... Ed altri molti, e fecegli beati.* »

3 Dante : « *Con l'ali snelle e con le piume Del gran disio.* »

4 Latinismo che nella Crusca non ha esempi ; ma io mi rammento di averne veduti. Dice più che il semplice *porsi.*

5 Non tanto la Croce, quanto la stessa divina umanità, è l'albero vivente, per cui l'umanità nostra fruttifica.

riceviamo questi graziosi frutti; e perchè noi non aspettiamo con quelli desiderii de' nostri Padri antichi, confondasi la nostra negligenzia.

Che frutti dolci sono questi, i quali ci conviene cogliere? dico, che conviene per necessità l' uomo abbia il frutto della vera pazienzia; perocchè fu tanto maturo in lui questo frutto, che mai non si mosse per impazienzia nè per ingratitudine nè per ignoranzia nostra; ma, come innamorato, sostenne e portò le nostre iniquitadi in sul legno della santissima croce. Ine dunque troverete questo frutto, che dà vita a coloro che sono morti, lume a coloro che fussero ciechi, e sanità a coloro che sono infermi. Questo è il frutto della santissima Carità, che fu quello legame che tenne Dio in croce; perocchè nè chiodi nè croce sarebbero stati sufficienti a tenerlo confitto in croce, ma solo il legame della Carità il tenne. Adunque ben sono maturi questi frutti. Non si tengano più i cuori vostri, ma con sollecitudine si levino a ragguardare questo ineffabile amore che Dio ha avuto all' uomo. E dicovi, che se noi il faremo, che non sarà nè dimonia nè creatura che ci possa impedire il vero e santo desiderio; perocchè le dimonia fuggono dal cuore e desiderio arso[1] nel fuoco della divina Carità; siccome la mosca fugge, e non s' appone in sul pignatto che bolle, perocchè vede apparecchiata la morte sua per lo caldo[2] e il calore del fuoco. Ma quando il pignatto è tiepido, elle vi corrono dentro, come in casa loro; e ine si pascono. Non tiepidezza, per l' amore di Dio! ma corriamo verso il calore della divina Carità, seguitando le vestigie di Cristo crocifisso; ed entriamo nelle piaghe sue, acciocchè siamo animati a portare ogni cosa per lui e fare sacrificio

---

[1] Per *ardente:* come *acceso* ha senso non di partecipio ma d'. aggettivo.

[2] Avrà forse dettato uno de'due; o forse *calore* intendeva che fosse più.

de' corpi nostri. Non dico di più. Fornite la navicella vostra,
perocchè il tempo è breve. Permanete nella santa e dolce
dilezione di Dio. Gesù dolce, Gesù amore.

—

CLXXIII. — *A un Frate che uscì dell'Ordine.*
(Fatta in astrazione).

L'amoi piopiio annebbia la fede, ch'è la pupilla dell'occhio della ragione. Dal conoscimento di sè, pazienza. Caiità, nutiita d'umiltà,
è madre di quella discrezione che oidina liberamente gli affetti.
Non si serva al piopiio piacere e parere. L'edifizio dell'anima,
non fondato in umiltà, cade. Col conoscimento di sè il colpevole
vede la pietra del sepolcro, e non sa come smuoverla : viene l'angelo dell'amore, con la caiità di Dio e del prossimo, l'angelo del
pentimento con l'umiltà e la pazienza, levano la pietra; e' risu-
scita. È annunziato il suo risorgere alle viitù consolate.

Al nome di Gesù Cristo crocifisso e di Maria dolce.

Carissimo figliuolo in Cristo dolce Gesù. Io Catarina, serva
e schiava de' servi di Gesù Cristo, scrivo a voi nel prezioso sangue suo; con desiderio di vedervi alluminato della
verità, acciocchè, cognoscendola, la potiate amare. Perocchè,
amandola, ve ne vestirete; e odierete quello che è contra
la verità, e che ribella a essa; e amerete quello che è nella
verità e che la verità ama. O carissimo figliuolo, quanto
c'è necessario questo lume ! Perocchè in esso si contiene la
salute nostra. O carissimo figliuolo, io non veggo che noi
potiamo avere il detto lume dell'intelletto senza la pupilla
della santissima Fede, la quale sta dentro nell'occhio. E se
questo lume è offuscato, o intenebrito dall'amore proprio
di noi medesimi, l'occhio non ha lume, e però non vede: onde, non vedendo, non cognosce la verità. Convienci dunque levare questa nebnia, acciocchè 'l vedere rimanga chiaro. Ma con che si dissolve, e leva questa nebula? con l'odio
santo di noi medesimi, cognoscendo le colpe nostre, e cognoscendo la larghezza della divina Bontà, come adopera
verso di noi.

In questo cognoscimento s'acquista la virtù della pazienzia. Perocchè colui che cognosce il suo difetto, e la legge sensitiva che impugna contra allo spirito, s'odia; ed è contento, che non tanto le creature che hanno in loro ragione, ma gli animali ne facciano vendetta.[1] Questi dell'ingiurie, scherni, villanie e rimproverii ingrassa, e delle molte persecuzioni e pene si diletta, e tienlo per suo refrigerio. Questo cognoscimento che l'uomo ha di sè, germina umilità profonda. E' non leva il capo per superbia, ma sempre più s'umilia. E per lo cognoscimento della bontà di Dio in sè, si notrica, e cresce nell'affettuosa carità; la quale carità notricata dalla umilità, ha il figliuolo della vera discrezione. Onde discretamente rende il debito suo a Dio, rendendo, laude e gloria al nome suo; e a sè rende odio e dispiacimento della propria sensualità, e al prossimo rende la benivolenzia, amandolo come si debbe amare, con carità fraterna, libera, ed ordinata, e non finta[2] nè senza ordine. Pe-

---

1 Alla natura esteriore l'uomo comunica le proprie gioie e dolori, facendo sè centro di quella; ma in un ordine più alto egli vede essa natura, ministra del Creatore, ribellarsi all'umana volontà ribellante a Dio: e ciò non tanto per miracolose o straordinarie rivoluzioni, quanto perchè l'uomo reo non ha mente, nè cuore nè forza corporea da antivenire, riparare, respingere gli esterni danni e pericoli, e fortemente vincendoli e soffrendoli, preparare a sè e a' suoi men tristo avvenire.

2 La stampa *finita*. Qui è il *Charitate non ficta* di Paolo. E notisi la sapiente proprietà di linguaggio. Benevolenza è il senso naturale, il *ben volere*, e *voler bene*, come il popolo italiano l'intende, che, parlando, non usa il verbo *amare* quasi mai. E questo è progresso; perchè l'amore profanato da' Pagani e dai letterati, e anco da'filosofi, troppe cose comprende o troppo grossolane o troppo sottili. Ma questa benevolenza dev'essere non amore qualsiasi, e neanco un volere tutta sorte beni senz'ordine, ma un amore di carità, cioè un affetto che, senza nulla detrarre ai beni della natura, aggiunge a sè le grazie e i meriti soprannaturali. E la carità acciò che sia tale, dev'essere

rocchè la virtù della discrezione ha la radice sua nella carità; e non è altro che un vero cognoscimento che l'anima ha di sè, e di Dio. Onde a mano a mano rende a ciascuno il debito suo. Ma non senza il lume; perocchè, se non avesse il lume, ogni suo principio[1] e operazione sarebbe imperfetta. E il lume non può avere senza 'l vero cognoscimento di sè, onde trae l'odio; e della bontà di Dio in sè, onde trae l'amore. Ma quando la si trova, allora è servo fedele al suo Creatore. E stando nella notte di questa tenebrosa vita, va col lume; ed essendo nel mare tempestoso, gusta e riceve in sè pace. E sempre corre alla perfezione con costanzia e perseveranzia infino alla morte; e con fortezza passa l'assedio delle dimonia; e non viene meno nella battaglia, in qualunque stato sia. Onde s'egli è secolare, egli è buono secolare; e s'egli è religioso, è perfetto religioso, e navica nella navicella della vera obedienzia, e non se ne stolle mai. Il suo specchio, dove si specchia, è l'Ordine, e i costumi e le osservanzie[2] sue, le quali sempre s'ingegna di compirle in sè. E non dà luogo al dimonio, quando col timore servile gli volesse dare battaglie,[3] dicendogli:

---

fraterna, cioè fondata nella coscienza della natura comune agli uomini d'ogni condizione; coscienza che il paganesimo non aveva, e neanco tutte le sètte cristiane paiono avere: dev'essere libera, che nell'antico uso valeva deliberata e liberale, pensata e sentita, sincera e abbondante; dev'essere soprattutto ordinata; cioè un affetto ragionato, e che concilia in sè la severa bellezza del sistema, cosi come la fede è *obsequium rationabile*.

[1] Principio dell'operare è qui non tanto il cominciamento, quanto il giudizio e la deliberazione e l'intento, e quelle disposizioni abituali che sono radice degli atti.

[2] L'*Ordine* è la Regola alla lettera; i *costumi* sono la legge viva in atto, adempita nelle cose essenziali; le *osservanze*, nelle cose minori, e nel soprappiù de' consigli. Però ben dice *compire*.

[3] Petrarca: « *Quando Amor cominciò darmi battaglia.* » — Notisi la bellezza di *obbedienze gravi,* che dice col suono. Dante: « *Ancor che*

« Tu non potrai portare le pene dell' Ordine, e le persecuzioni de' tuoi fratelli, nè le penitenzie che ti saranno imposte, e le obedienzie gravi. » Ma questi, che ha il lume, di tutte si fa beffe, rispondendo, come morto [1] alla propria volontà, e come alluminato dal lume della Santissima Fede: « ogni cosa potrò per Cristo Crocifisso; perocchè so veramente, ch' Egli non pone maggiore peso alle sue creature, che possono portare. Onde io le voglio lassar misurare a lui, e vogliole portare con vera pazienzia; perocchè in verità [2] conosco la verità, e che, ciò che mi permette e dà, Egli 'l fa per mio bene, acciocchè io sia santificato in Lui. »

O quanto è beata quest' anima, che per lo dolce cognoscimento della verità è venuta a tanto lume e perfezione, che vede e si [3] dà a cognoscere, che ciò che Dio permette, Egli 'l fa per singolare amore. Perocchè Colui che è esso Amore, non può fare che non ami la sua Creatura, che ha in sè ragione. Il quale ci amò prima che noi fussimo, perchè voleva che partecipassimo del sommo ed Eterno Bene. E però ciò che Egli ci dà, cel dà per questo fine. Ma i miseri che sono privati di questo lume della fede santa, non cognoscono la Verità. E perchè non la cognosce il misero questa verità? perchè non ha levata la nuvila dell'amor proprio: onde non cognosce sè, e però non s'odia; e non cognosce la divina bontà, e però non l'ama. E s' egli ama alcuna cosa, l'amor suo è imperfetto; perocchè tanto ama quanto si vede

---

mi sia tolto Lo mover, per le membra che son gravi. » Il demonio, logieo in Dante, è buon oratore in Caterina.

[1] Forteguerri: « *Io son giù morto al mondo, E più non penso a queste porcherie.* »

[2] Dante: « *Se il vero è vero.* »

[3] Dà a conoscere a sè, ne persuade sè stessa per riflessione virtuosa. Ovvero: non solo vede per intuizione, ma dedica la sua attenzione a conoscere.

trarre diletto o consolazione[1] da Dio, e utilità dal prossimo.
E però non è forte nè perseverante nel bene ch' egli ha
cominciato; perocchè a mano a mano che il latte della grande
consolazione se gli leva di bocca, egli viene meno, e volle il
capo indietro a mirare l' arato. Ma se in verità avesse cognosciuta la Verità, non gli addiverrebbe così.

Ma, essendo imperfetto, se pur gli addivenisse di voltarsi indietro, quello che non ha fatto, cioè d' avere ordinato
sè col lume della fede, egli ha materia[2] di farlo dopo 'l ca-
dimento. E debbelo fare; perocchè più è spiacevole a Dio, e
danno a lui la lunga perseveranzia nel peccato, che 'l proprio[3] peccato. Perocchè umana cosa è il peccare; ma la
perseveranzia nel peccato è cosa di dimonio. Onde non si
debbe gittare tra' morti, mentre che egli ha il tempo; nè sostenere lo stimolo[4] della coscienzia che 'l chiama, rodendolo
continuamente. Nè debbe dire: « Io aspetto. Forse, che non
è anco matura questa pera acerba. » Oh quanto è matto e
stolto colui che aspetta 'l tempo che egli non ha, e non risponde in quello ch' egli ha; e fa nè più nè meno come
s'egli fusse sicuro d' avere 'l tempo! Oh quanta pena e ghiado
è, quando e' sono veduti così matti a' servi di Dio![5] O quanto
male fa costui! Egli offende Dio, che è somma ed eterna

---

1 Consolazione, anche alleviamento al dolore: il diletto è più
positivo.

2 Le parole di senso più materiale in antico tenevano dello spirituale; così come nell' intenzione degl' innocenti le laide si purificano.
Materia valeva soggetto, argomento, mezzo, ragione. Poi l' argomento
significò serviziale, il soggetto diventò soggettaccio, persona spregevole;
mezzi suonò quattrini; e la ragione calò sotto il serviziale a diventare
ragione di Stato. Deità prostituta.

3 Lo stesso peccato.

4 Act. Ap.: « contra stimulum calcitrare.»

5 Veduto a per da in Dante; e più proprio qui. Ghiado, «doloris
gladius. »

Verità; e offende l'anima sua facendosi male di colpa;[1] e contrista i servi di Dio, i quali stanno come affamati dell'onore del loro Creatore e della salute dell'anime.

O figliuolo carissimo, tornivi un poco la memoria in capo; e aprite l'occhio dell'intelletto a cognoscere le colpe vostre, con speranza di misericordia. Vediate, vediate questa verità: e tornate al vostro Ovile ; perocchè in altro modo non la potreste cognoscere: chè verità, con colpa, cognoscere non potreste. Onde perchè di fuore dall'Ovile non state senza colpa di peccato mortale, e con la gravezza della scomunicazione; non potreste cognoscere questa verità; ma ritornando voi all'Ovile la cognoscerete, perocchè sarete privato della colpa. Distendete dunque la volontà vostra ad amare e desiderare 'l vostro Creatore, e l'arca[2] vostra della santa religione. E non considerate voi, che tra gli altri che si debbono più dolere, a cui è intervenuto questo caso, sì sete voi? Perocchè nell'aspetto mostravate d'aver grande sentimento e cognoscimento di Dio, e pareva che sommamente vi dilettasse di gustare 'l latte dell'orazione, e offerire dolci e amorosi desiderii; ma in effetto e in verità,[3] non pare che foste fondato sopra la viva pietra Cristo dolce Gesù, cioè, d'amare lui senza rispetto della propria vostra consolazione, nè netto di piacere e parere umano. Perocchè se in verità fusse stato fatto il fondamento in Cristo crocifisso e nel cognoscimento di voi, come detto è; non sareste mai caduto,[4] nè venuto in tanta inconvenienza. Solamente cadiamo quando il fondamento non è bene cavato nella valle dell'umiltà, e fondato sopra la viva pietra Cristo dolce Gesù,

---

1 Danno con la colpa, che sola è male vero.

2 La disse già navicella. Simili imagini in Dante.

3 *Effetto* è il fatto esteriore, del quale è radice l'intrinseca *verità*.

4 L'imagine della pietra, e del saldo fondamento, e del cadere, è ne' vangeli.

volendo seguitare le vestigie sue, non eleggendo nè tempo
nè luogo a suo modo, ma solo come piace alla Verità
eterna.

O Figliuolo carissimo, quello che non è fatto, io voglio
che si faccia senza alcuna confusione di mente, e senza disperazione; ma con vera speranza, e con lume della santissima fede. Col quale lume in verità cognoscerete la sua misericordia, e con questa misericordia mitigherete la grande
confusione, la quale vi pare ricevere, vedendovi caduto dal-
l'altezza del Cielo nella profonda e somma miseria. Levatevi dunque con uno odio santo, reputandovi degno della
vergogna e del vituperio,[1] e indegno del frutto e della grazia: nascondetevi sotto l'ale della misericordia di Dio, perocchè Egli è più atto a perdonare, che voi a peccare. Annegatevi nel sangue di Cristo, dove ingrasserà l'anima vostra per speranza. E non aspetterete più il tempo, perocchè
il tempo non aspetta voi. Ma fate forza e violenzia a voi
medesimo, e dite: « Anima mia, ricognosci il tuo Creatore,
e la grande misericordia sua; il quale t'ha conservato e prestato il tempo, aspettandoti per misericordia che tu ritorni al
tuo Ovile. » Oh dolcissimo amore, quanto t'è propria questa
misericordia! Perocchè, se voi ragguardate bene, chi l'ha tenuto che nel primo nostro cadere egli non comandò alla terra
che c'inghiottisse, e agli animali che ci divorassero? Anco, ci
ha prestato il tempo, e ha aspettato con pazienzia. Chi n'è
cagione d'avere ricevuto tanto di grazia? le nostre virtù,
che non ci sono? No: ma solo la sua infinita misericordia.
Poi, dunque, che nel tempo che noi giaciamo nella tenebra
del peccato mortale, egli ci fa tanta misericordia; molto maggiormente dobbiamo sperare con fede viva, che ce la farà, ricognoscendo le colpe nostre, e tornando nell'arca al giogo

---

1 È più che *vergogna,* come *grazia* più che *frutto.*

dell' obedienzia. E ine uccidere e conculcare [1] la nostra propria volontà; e non dormire più.

Oimè, oimè, io credo che li miei peccati siano cagione delle colpe. Non vogliate, pregovi, più stare, nè fare danno a voi e vituperio a Dio, nè più contristare i fratelli vostri; ma ripigliate il giogo dell' obedienzia, e la chiave del sangue di Cristo, la quale chiave gittaste nel profondo pozzo; [2] e non la potete avere nè usare senza colpa, perchè vi partiste dal Giardino della santa religione, nella quale fuste piantato per essere fiore odorifero, forte, [3] e con vera perseveranzia infino alla morte. Or le ripigliate con la contrizione del cuore, e con dispiacimento della colpa commessa, e con odio della sensualità, e con viva fede, speculandovi nella somma ed eterna Verità, e pigliando ferma speranza che Dio e l'ordine vi riceverà a misericordia, e perdoneravvi la colpa commessa; e faravvisi a rincontra il Padre eterno con la plenitudine e abondanzia della grazia sua. Or questa sia quella vera Gerusalem la quale voi seguitiate e vogliate andare, [4] cioè nella religione santa; e troverete Gerusalem visione di pace, [5] perocchè ine si pacificherà la coscienzia vostra. Ed entrate nel sepolcro del cognoscimento di voi, e con Maddalena dimanderete: « Chi mi rivolgerebbe la pietra del monumento? perocchè la gravezza della pietra (cioè, la colpa del peccato) è sì grave, che io non la posso muovere. » E subito allora confesserà e vederà la nostra imperfe-

---

[1] Recidere i legami del desiderio non buono, conculcare le voglie superbe.

[2] Il santo ministero, che dispensa agli altri il perdono e la Grazia, a' voi torna inutile, anzi in condanna.

[3] Le imagini, così come i sentimenti, di gentilezza e di forza, si conciliano nella regione del pensiero e in quella de' fatti.

[4] Sottinteso ad essa, o andarci.

[5] Così suona in ebraico quel nome. Caterina poteva saperlo e da' frati e dall' inno: Beata pacis visio.

zione e gravezza. Vedrete due angeli, che rivolgeranno questa pietra; cioè, l'adiutorio divino, il quale vi manderà l'angelo del santo amore e timore di Dio (il quale amore non è solo, ma accompagna l'anima della carità del prossimo); e l'angelo dell'odio, che Dio manda per rivoltare questa pietra, ha seco la vera umiltà e pazienzia. Onde con vera speranza, e viva fede, non si parte dal sepolcro del cognoscimento di sè; ma con perseveranzia sta, in fino a tanto che trova Cristo resuscitato nell'anima sua per grazia. E poichè l'ha trovato, egli il va ad annunciare a'fratelli suoi; e i suoi fratelli sono le vere, reali e dolci virtù, con le quali vuole fare e fa mansione insieme con loro. Allora apparendo Cristo nell'anima per sentimento, si lassa toccare con umile e continua orazione. Or questa è la via; altra via non ci è.

Son certa, se averete il lume della santissima fede, e che in verità cognosciate la verità per lo mode che detto è, voi terrete queste vie senza negligenzia, e senza mettere intervallo di tempo, ma con sollecitudine piglierete il punto del tempo che voi avete. Per altro modo stareste sempre in tenebre, perocchè sete dilungato dalla luce; e stareste in tristizia, perchè il gaudio della grazia non sarebbe in voi: ma sareste membro tagliato dal corpo mistico della santa Chiesa. E però vi dissi, poichè altra via non ci era, che io desideravo di vedervi alluminato dalla verità col lume della santissima fede, la quale è la pupilla dell'occhio dell'intelletto, con che si cognosce la verità. Onde io vi prego per amore di Cristo crocifisso, e per la salute vostra, che adempiate il desiderio mio.

Altro non vi dico. Permanete nella santa e dolce dilezione di Dio. Se io vi fusse appresso, saprei qual dimonio ha involata la mia pecorella, e quale è quello legame che la tiene legata, che ella non torna alla greggia con l'altre. Ma ingegnerommi di vederlo con la continua orazione, e con questo coltello tagliare il legame che la tiene; e allora sarà beata l' anima mia. Gesù dolce, Gesù Amore.

—

CLXXIV. — *A Monna Agnesa di Francesco Sarto da Firenze.*

Belle lodi dell' umiltà. Discreti consigli del non digiunare troppo. Umiltà, digiuno.

Al nome di Gesù Cristo crocifisso e di Maria dolce.

Carissima figliuola in Cristo dolce Gesù. Io Catarina, serva e schiava de' servi di Gesù Cristo, scrivo a te nel prezioso sangue suo; con desiderio di vederti vestita di vera e perfetta umilità; però ch' ella è quella virtù piccola che ci fa grandi nel cospetto dolce di Dio. Ella è quella virtù [1] che costrinse e inchinò Dio a fare incarnare il Figliuolo dolcissimo suo nel ventre di Maria. Ella è esaltata, siccome e' superbi sono umiliati; ella riluce nel cospetto di Dio e degli uomini; ella lega le mani dello iniquo; [2] ella unisce l' anima in Dio: ella purga e lava [3] le macchie delle colpe nostre, e chiama Dio a farci misericordia. Adunque voglio,

---

[1] Importa più che all' arte dello stile notare come Caterina e Dante attingessero, con quella umiltà ch' è dignità vera, alle fonti del comune linguaggio; e come Dante non temesse perciò di fare de' suoi versi prosa. Della chiave simbolica che apre le porte dell' espiazione, dice : « *Perch' ell' è quella che il nodo disgroppa.* » Non è bello che una chiave disgroppi un nodo; e i due traslati non ben s' aggroppano insieme; ma notisi la locuzione semplice ed efficace : *ell' è quella.*

[2] Umiltà vince orgoglio. Non credo sia a caso l' imagine del legare all' iniquo le mani, accanto all' *unire l' anima,* più che *a Dio,* in esso Dio.

[3] *Purga,* dalle interiori immondezze abituali; *lava,* dalle macchie attuali.

figliuola dolcissima, che tu t'ingegni di abbracciare questa gloriosa virtù, acciò che tu passi questo mare tempestoso di questo mondo, senza tempesta o pericolo [1] neuno.

Or ti conforta con questa dolce e reale virtù; e bágnati nel sangue di Cristo crocifisso. E quando puoi vacare [2] il tempo tuo all'orazione, ti prego che 'l faccia. E caritativamente amare ogni creatura che ha in sè ragione. Poi ti prego e comando che tu non digiuni, eccetto e' dì comandati dalla santa Chiesa, quando tu puoi. E quando non ti senti da poterli digiunare,[3] non li digiunare. E altro tempo non digiunare altro che 'l sabato,[4] quando ti senti da potere. Quando questo caldo è passato, e tu digiuna le Sante Marie,[5] se tu puoi; e più no. E non bere solamente acqua veruno dì. E sfòrzati di crescere il santo desiderio tuo: e queste altre cose lássale ormai stare.[6] Non ti dare pensiero nè malinconia di noi: chè

---

[1] Anco nella bonaccia è pericolo; più grave forse perchè fa il navigante sbadato, e addormenta.

[2] Intendendo *nel tempo* (modo comune), non accade apporre *a vacare* un senso attivo, strano e non proprio.

3 Attivo, anco nel proverbio che dice della festa di san Tommaso che non sarà osservata pe' lavori occorrenti alle feste di Ceppo : *ma sarai ben digiunato.*

[4] Pare che allora la commemorazione della Passione in venerdì non usasse faila con digiuni, come poi; e che il sabato così santificassesi come preparazione alla festa. Intendasi proprio di digiuno, non di mera astinenza.

[5] *Fare le sante Marie,* dicevasi anco nel secolo scorso in Siena (e forse in qualche parte dicesi tuttavia) il digiunare per tutto l'anno quel dì della settimana che cade la festa dell'Annunziata, in memoria della rinnovata umanità per Maria. Usanza che dicesi originata in Ispagna da un' apparizione ch'ebbe in una terra della Nuova Castiglia Ines povera pastorella.

6 Nel desiderio del bene, chè desiderio non sarebbe se sterile d'opere, fa Caterina consistere la santità. Questo passo non era nelle altre stampe; e ben fece il Burlamacchi ad aggiungervelo: che piova la discrezione della santa fanciulla, austera a sè, non ad altri.

noi stiamo tutti bene. Quando piacerà alla divina Bontà, ci rivedremo insieme. Altro non ti dico. Permani nella santa e dolce dilezione di Dio. Confortatemi le mie dolci figliuole Orsola e Ginevera. Gesù dolce, Gesù Amore.

CLXXV. — *A certo Monasterio di Donne.*

La legge di Gesù è legge d'amore, non di timore: comanda umiltà e carità; e queste insegnano vedere i nostri difetti, non gli altrui. Di qui la concordia.

Al nome di Gesù Cristo che per noi fu crocifisso e di Maria dolce.

A voi, dilettissime e carissime figliuole e suore mie in Cristo Gesù. Io Catarina, serva e schiava de' servi di Dio, scrivo, e confortovi nel prezioso sangue del Figliuolo suo; con desiderio di vedervi spogliate del vestimento vecchio, e vestite del nuovo, siccome dice l'Apostolo dolce, quando dice: « *Induimini Dominum nostrum Jesum Christum;* » e del vecchio vestimento siate spogliate, cioè del peccato, e del disordinato timore che era nella legge vecchia, la quale era solamente fondata in timore di pena. Non vuole così Dio, cioè che la sposa sua sia fondata sopra il timore, ma sopra la legge santa e nuova dell'amore; perocchè questo è il vestimento nuovo. Or così dunque vi prego che sia fondato il cuore e l'anima vostra: perocchè l'anima che è fondata in amore, adopera grandi cose, e non schifa fadiga; nè cerca le cose sue,[1] ma sempre cerca in che modo ella si possa unire con la cosa che ell'ama. Onde questo è quello che fanno i servi di Dio. La prima cosa che essi fanno per essere bene uniti con Cristo, si è, che essi levano via quello mezzo perverso che ci tolle il lu-

---

[1] Paolo: « *Non quœrit quœ sua sunt.* »

me, e dacci la tenebra; tolleci la conversazione di Dio, e dacci quella del dimonio; tolleci la vita, e dacci la morte. Non fa così la vera carità e il puro amore di Dio e del prossimo; anco, dà lume, vita, e unione perfetta con Dio; in tanto che, per desiderio e amore diventa un altro lui,[1] e non può volere nè amare veruna cosa la quale sia fuore di Dio. Ma ciò che è in lui, ama; e ciò che è fuore di lui, odia, cioè il vizio e il peccato; e ama le virtù in tanto che dice col dolce innamorato di Paolo: «Quelle cose che prima mi recavo a guadagno, ora per Cristo mi reco a danno, e il danno mi reco a guadagno.» Cioè, dice Paolo, cioè, quando l'uomo è nell'amore proprio di sè medesimo, e ha disordinati gli appetiti dell'anima; i diletti allora, le consolazioni e i piaceri del mondo gli paiono buoni; onde egli gli ama e dilettasene: ma subito che l'anima si spoglia di questo uomo vecchio, e vuole seguitare Cristo crocifisso, subito vede il danno suo nel quale è stato, e però odia lo stato suo di prima; onde subito si trova innamorata di Dio, e non vuole darsi ad altro se non ad amare la virtù in sè e nel prossimo suo. E in due cose più singolarmente si diletta che in verun'altra, perchè le trova più singolari in Cristo Gesù; cioè la virtù dell'umilità, e della carità. Perocchè vede Dio umiliato a sè uomo, e [2] per stirpare la nostra superbia, fugge l'onore e la gloria umana, e abbraccia le vergogne e le ingiurie, scherni e vituperii, pena, fame, e sete, e persecuzioni. Così la sposa consacrata a Cristo, la quale è [3] tutta dritta e libera, s'è data a lui, in questo modo il vuole se-

---

[1] Nodo di quelli che ben diceva Raimondo da Capua non si poter rendere in latino, perchè non avevano i Romani il concetto d'unione tanto intima. Dante ne fa un verbo, e dice: « *Tu se' sì presso all'ultima salute..... Prima che tu più t'inlei.* »

[2] Forse togliendo l'*e* riesce il senso più netto; e *fugge* recherchebesi allora all'uomo. Ma meglio correggere *che per stirpare,* recando il costrutto a Dio.

[3] Meglio senza l'*è*.

guitare, e non per diletto ; e così manifesta d'avere in sè la virtù dell'umilità. Anco diceva che tale sposa si diletta nella carità, manifestandola in amore del prossimo suo, intanto che volentieri darebbe la vita corporale per rendergli la vita dell'anima. E questo desiderio riceve ragguardando lo sposo, confitto, svenato, chiavellato in croce, versare l'abbondanza del sangue suo, non per forza di chiodi nè di croce, ma per forza di dilezione e amore ch'egli ebbe all'onore del padre, e alla salute nostra. Onde l'amore fu quello forte legame che tenne Dio-e-Uomo confitto e chiavellato in croce. Levatevi dunque, e non dormite più in negligenzia, voi spose consecrate a Cristo : ma come il corpo è rinchiuso dentro alle mura, così gli affetti e desiderii vostri siano rinchiusi e serrati nel cuore, consumato e aperto per noi, di Cristo crocifisso. Ine ingrasserà ed empirassi l'anima delle virtù; e di subito si troverà queste due ale, che la faranno volare a vita eterna, cioè umiltà e carità ; dimostrando d'averle per lo modo detto di sopra.

Pregovi dunque, madonna figliuola mia, e tutte le nostre figliuole, che siate sollecita d'adoperare la salute loro senza timore o tristizia, ma con sicurtà, pensando per Cristo crocifisso potere ogni cosa. Pensate che Dio v'abbia fatta uno ortolano a stirpare il vizio e piantare la virtù. E così vi prego che facciate, e non ci siate negligente a farlo. E così prego loro, che esse siano suddite a ricevere la correzione, sapendo ch'egli è meglio di darla, e a noi di riceverla, in questa vita e [1] nell'altra. Pregovi tutte, carissime suore in Cristo Gesù, che siate tutte unite e trasformate nella bontà di Dio : e ognuna conosca sè medesima e i difetti suoi. E così conservare la pace e unione insieme ; perocchè per altro modo non

---

[1] Pare sbagliato. Leggendo *che nell'altra,* n' esce il senso di quella preghiera d'Agostino : « *Hic ure hic seca, ut in æternum parcas.* »

nascono le divisioni, se non per vedere i difetti altrui, e non i suoi, e non sapere nè volere portare l'uno i difetti dell'altro. Non facciamo dunque così: ma legatevi nel vincolo della carità, amando e sopportando l'una l'altra, piangendo con le imperfette, e godendo con le perfette. E con vestire del vestimento nuziale, perverremo con lo sposo alle nozze di vita eterna. Altro non dico. Permanete nella santa e dolce dilezione di Dio. La pace di Dio sia nell'anime vostre.

CLXXVI. — *A Francesco di Pipino Sarto da Firenze.*

Dal lume della mente l'affetto, dall'affetto la virtù, dalla virtù le opere. Preghino per la riformazione della Chiesa.

Al nome di Gesù Cristo crocifisso e di Maria dolce.

Carissimo figliuolo in Cristo dolce Gesù. Io Catarina, serva e schiava de' servi di Gesù Cristo, scrivo a voi nel prezioso sangue suo; con desiderio di veder crescere in voi il fuoco del santo desiderio; perocchè, non crescendo, tornereste addietro; e tornando addietro, sareste degno di maggior giudicio che se mai non vi fuste mosso. Perocchè più è richiesto a chi ha più ricevuto. Voglio, dunque, che virilmente vi leviate dal sonno della negligenzia; e con ogni studio brigate di crescere in voi il lume: però che, crescendo il lume, crescerà l'amore; e crescendo l'amore, cresceranno le virtù e l'opere infino alla morte. E allora renderete quello che v'è richiesto, cioè d'amare Dio sopra tutte le cose, e 'l prossimo come voi medesimo.

E così dico a te, Agnesa. Fa' che io ti senta crescere in fame dell'onore di Dio e della salute dell'anime, e spandere fiumi di lagrime con umile e continua orazione dinanzi

a Dio per salute di tutto quanto il mondo, e specialmente
per la riformazione della dolce Sposa di Cristo, la quale vediamo venire in tanta tenebra, e in tanta ruina. Non dico
più. Permanete nella santa e dolce dilezione di Dio. Gesù dolce, Gesù Amore.

CLXXVII.— *A Pietro Cardinale Portuense.*[1]

Sia agnello di mansuetudine e d'umiltà ; leone in forza d' amore. Pace
ai ribelli ; guerra lontana. Par che preveda le esitazioni ambiziose
che questo cardinale dimostrò collegandosi con que' di Francia.

Al nome di Gesù Cristo crocifisso e di Maria dolce.

A voi, dilettissimo e reverendissimo padre e fratello in Cristo Gesù, io Catarina, serva e schiava de' servi di Gesù Cristo, scrivo a voi nel prezioso sangue suo; con desiderio di
vedervi un agnello umile e mansueto, imparando dall'Agnello
immacolato, che fu umile e mansueto in tanto che non fu
udito il grido suo per veruna mormorazione; ma come
agnello che non si difende, si lassù menare al macello della
santissima e dura croce. O inestimabile fuoco d'amore ! la
carne ci ha data in cibo, e'l sangue in beveraggio. Tu se' quello
agnello che fusti arrostito al fuoco dell' ardentissima carità. Non veggo altro modo, padre, a potere avere virtù, se

---

1 Fiorentino, figliuolo di Tommaso Corsini dottore rinomato, Audi-
tore del Sacro Palazzo. Anche Pietro uomo di scienza. Abate in Firenze, poi vescovo di Volterra, poi di Firenze stessa : Legato da Urbano V
agl'imperatori in Germania, dove giovò anco alla patria. Cardinale
nel 1370: poi fece contro Urbano VI. Voleva accostarsi a lui, se crediamo a quel che ne narra il Casini senese, medico del papa, col quale
un giorno egli s'aperse di ciò, soggiungendo : *qui habet socium, habet
Dominum.* Come dire : questi Francesi la cui parte io tengo, sono ad
essi più suddito che collegato. Meglio riconoscere una sola autorità in-
dubitata.

non ponendoci questo Agnello per obietto alli occhi della mente nostra; perocchè in lui troviamo la vera e profonda umiltà, con grande mansuetudine e pazienza. E poniamochè sia figliuolo di Dio, egli non viene nè sta come re, perocchè la superbia e l'amore proprio di sè non è in lui; e però viene come servo vile: e non cerca sè per sè, ma attende solo a rendere onore e gloria al padre, e a rendere a noi la vita, la quale per lo peccato perdemmo. E questo fa solo per amore, e per adempire la volontà del padre in noi. Che, avendo Dio creato l'uomo alla imagine e similitudine sua solo perchè godesse e gustasse lui nella vita durabile, per la ribellione che l'uomo fece a Dio, li fu rotta la via; sicchè la dolce volontà di Dio, con la quale creò l'uomo, non s'adempiva, cioè d'avere vita eterna; chè non fu creato per altro fine.

Mosso dunque da quella pura e smisurata carità con la quale ci creò, per adempire la sua volontà in noi, ci diè il Verbo dell'unigenito suo Figliuolo. Sicchè dunque il Figliuolo di Dio non ragguarda a sè, ma solo d'adempire questa dolce volontà. È fatto dunque tramezzatore tra Dio e l'uomo; e della grande guerra ha fatto pace, perocchè con l'umiltà ha vinta la superbia del mondo. Però disse egli: « Rallegratevi, chè io ho vinto il mondo » — cioè la superbia dell'uomo. Chè non è veruno tanto enfiato, superbo, e sì impaziente, che non diventi umile e mansueto quando considererà e vedrà tanta profondità e grandezza d'amore, vedere[1] Dio umiliato a noi uomini. E però li santi e veri servi di Dio, volendogli rendere cambio, sempre si umiliano; tutta la gloria e la loda danno a Dio: ricognoscono, loro, e ciò che eglino hanno, solo avere da Dio. Veggono, loro non essere. E ciò ch'eglino amano, amano in Dio, siano in stato o in gran-

---

[1] Senza l'*a* è più spedito.

dezza quanto si vuole. Chè quanto è più grande, più si debbe umiliare, e cognoscere sè non essere: chè nel cognoscimento di sè egli s' umilia e non leva 'l capo o enfia per superbia; ma china 'l capo, e ricognosce, la bontà di Dio adoperare in sè. E così acquista la virtù dell' amore e dell' umiltà: chè l' una è bália e nutrice dell' altra; e senza esse non potremmo avere la vita. Oimè, oimè, chi sarà quello stolto bestiale, che,[1] vedendosi amare, non ami, e che al tutto non levi e toglia da sè l' amore proprio perverso, che è principio e radice d' ogni nostro male? E non so vedere che sia veruno si indurato, che non ami, vedendosi amare; purchè egli non si toglia il lume coll' amore detto. Che segno dà colui che ama? Questo è il segno che appare di fuore. Dimandianne; e vedrete Jeronimo, che fu nello stato vostro:[2] mortificava la carne sua con digiuni, vigilie e orazione, con abito sempre despetto; uccideva in sè la superbia, e con grande sollicitudine, non cercava, ma fuggiva ogni onore e stato del mondo. E pur Dio, coloro che sè umiliano, li esalta;[3]... avendo lo stato, non perde però la virtù sua, ma raffina, come l' oro nel fuoco, aggiungendovi la virtù della carità. Diventa mangiatore e gustatore dell'anime; non teme di perdere la vita del corpo suo, perocchè egli ha presa la

---

[1] La stampa: *e che.*

[2] Credevasi, e uomini eruditi si sforzarono di provarlo poi, che Girolamo, segretario di papa Damaso, fosse altresì cardinale; e certi pittori si divertono a dargli la nota porpora col noto cappello. A Girolamo bastò essere semplice prete.

[3] Qui il Gigli, per supplire, aggiunge parole che non rischiarano, ma forse turbano il senso. Meglio lasciar vedere la lacuna, se pure lacuna c'è. Dopo l' esempio dell' umile Girolamo segue bene la particella *pur,* che significa l' umiltà non nuocere a esaltazione. Poi séguita: *l' umile,* anche quand' abbia grande slato nel mondo (quale voi cardinale, e il cardinale Girolamo), può conservarsi umile; l' umiltà con la carità raffinare, e questa con quella.

forma [1] e il vestimento dello Agnello dolce, Gesù. Perocchè non ama sè per sè, nè il prossimo per sè, nè Dio per sè, ma ogni cosa ama in Dio. Non si cura nè di vita nè di morte nè di persecuzione, nè di veruna pena che sostenesse; ma attende solo all' onore della somma ed eterna Verità. Or [2] questi sono li segni de' veri servi di Dio. Di questi cotali vi prego e voglio che siate voi, padre. Portatemi il segno della vera umiltà non curioso nello [3] stato vostro, ma despetto. Non impaziente per veruna pena o ingiuria che sostenessi, ma con ferma virtù di pazienzia sostenete nel corpo della santa Chiesa infine alla morte, annunziando e dicendo [4] la verità, o consigliando, o per qualunque modo l' avete a dire, senza veruno timore; attendendo solo all' onore di Dio, e alla salute delle anime, e alla esaltazione della Santa Chiesa, siccome figliuolo vero suo, notricato da sì dolce madre. Or in questo dimostrerete la divina dolce carità insiememente con la pazienzia. Siatemi largo, caritativo spiritualmente, come detto è, e temporalmente. Pensate, che le mani de' poveri v' aiutino a porgere e recare la divina Grazia. [5] Voglio che cominciate una vita e uno vivere [6] nuovo. Non più dormite nel sonno della negligenzia e ignoranzia.

Siatemi, siatemi campione vero. Io v' ho detto che io de-

---

[1] Qui vale norma essenziale.

[2] La stampa o: ma qui non ha luogo esclamazione.

[3] Forse dello. Secondo il senso latino di sovérchiamente accurato nelle pompe e negli ornamenti, e per l' appunto il contrario di dispetto, ha esempi simili; e allora converrebbe coll' in.

[4] L' annunziare è più solenne, come a sacerdote posto in alto; il dire è di tutte le opportunità: e lo dichiara il consigliare che segue.

[5] Bello che la pietà verso i poveri lo faccia degno d' essere sacerdote.

[6] Vita è il germe e l' impulso del bene per cui l' anima si rinnovella; vivere è la continuità e lo svolgimento e l' abito della vita. In Dante: « Del mobile primo Che prende quindi vivere e potenza, » sarebbe men proprio dire vita.

sidero che siate uno agnello a seguitare il vero Agnello. Ora vi dico, che voglio che siate uno leone, forte a gittare il mugghio[1] vostro nella santa Chiesa; e siate[2] sì grande in voce, e in virtù, che voi aitiate a resuscitare li figliuoli morti, che dentro ci giaciono. E se diceste: dove averò questo grido e voce forte[3] dell'Agnello? che secondo l'umanità non grida, ma sta mansueto, e secondo la divinità dà potenzia al grido del Figliuolo con la voce della smisurata sua carità; sicchè, per la forza e potenzia della divina essenzia e dell'amore che ha unito Dio con l'uomo, con questa virtù è fatto l'agnello uno leone; e stando in su la cattedra della croce, ha fatto sì fatto grido sopra del figliuolo morto dell'umana generazione, che li ha tolta la morte, e data la vita. Or da costui riceveremo la forza: perocchè l'amore che trarremo dell'obietto del dolce Gesù, ci farà participare della potenzia del Padre. Bene vedete che egli è cosi : che nè dimonio nè creatura ci può costringere a uno peccato mortale; perocchè ha fatto l'uomo libero e potente sopra di sè. Nell'amore participiamo il lume e la forza dello Spirito Santo, 'l quale è uno mezzo che lega l'anima col suo creatore, e allumina l'intelletto e il cognoscimento,[4] nel quale lume participa la sapientia del Figliuolo di Dio. O carissimo padre, scoppino e divellansi[5] li cuori nostri a vedere in che stato e dignità la infinita Bontà ci ha posti, sì per la creazione dandoci la imagine sua, sì per la ricomperazione e unione che ha fatta la Natura Divi-

---

[1] Del leone anco il Boccaccio. Il *ruggito* gli è più proprio; ma una voce meno rabbiosa e men alta può anche dirsi *mugghio*. Cosi il *mugolare* d'altri animali a cui non è proprio il muggito.

[2] La stampa : *sia.*

[3] Qui pare che qualche parola manchi. E quel che segue, è involuto.

[4] *Cognoscimento* è l'esercizio dell'intelletto.

[5] Boccaccio : « *Il cuor mi si schianti.* » Modo vivo: *le radici del cuore.*

na [1] nell' umana. Più non poteva dare, che dare sè medesimo a coloro che per lo peccato erano fatti inimici di Dio. Oh ineffabile consumato amore, bene se' innamorato della fattura tua ; perocchè non potendo tu, Dio, sostenere pena, e volendo fare pace con l'uomo, e la colpa commessa si voleva pur vendicare, non essendo sufficiente puro uomo a satisfare alla grande ingiuria [2] che fatta era a te, Padre eterno ; tu ora coll' amore che hai a noi hai trovato il modo, vestendo il Verbo della carne nostra, sicchè insiememente t' ha renduto l' onore, e hai [3] placata l' ira tua, sostenendo la pena nella propria carne, cioè della [4] massa d'Adamo, che commise la colpa. Or come dunque, uomo, ti puoi tenere che tu non abbandoni [5] te medesimo? Tu vedi che egli ha giocato in su la croce, e si ha lassato vincere, avendo vinto. Perocchè la morte vinse la morte : fecero uno torniello insieme; al tutto la morte fu sconfitta, e la vita resuscitò nell' uomo. Or oltre dunque correte, e non si tenga più il cuore vostro. Arrendasi la città dell' anima vostra : e se non s' arrende per altro, si debbe arrendere perchè egli ha messo il fuoco da ogni parte ; voi non vi potete voltare nè spiritualmente nè temporalmente, che non troviate fuoco d'amore.

Pregovi, dunque, e voglio che amiate Cristo in terra. E pregatelo dell' avvenimento suo ; e che tosto drizzi il gonfalone della santissima croce sopra gl' Infedeli. E non mirate nè voi nè gli altri perchè li Cristiani si levino e sieno levati, come membri putridi e ribelli al loro dolce capo; per-

---

1 Di questa unione usa spesso l' *in* e *nel* anzichè *con;* per denotare atto superno e intimo.

2 *Ingiuria* e *vendetta* sono anco da Dante usate in questo proposito stesso.

3 Forse *ha*. Ma *hai* può denotare il liberale decreto della misericordia che ha trovato modo a placare da sè la giustizia.

4 Modo de' Padri.

5 Per annegazione.

chè questo sarà il modo a placarli e farli tornare figliuoli. Pregatenelo, e fatenelo pregare che testo si faccia. Perdonate alla mia ignoranzia, che tanto presumo di favellare ; scusimi l' amore e il desiderio che io ho della salute vostra e della renovazione ed esaltazione della santa Chiesa, ch' è tanto impallidita, che il cuore della carità pare che sia molto venuto meno. Perocchè ognuno le [1] ruba, li tolle il colore a lei, e pollo a sè, cioè, per amore proprio di sè medesimo, dovendo solo attendere al bene e alla esaltazione sua. Questo è il segno de' superbi, che per essere bene grandi e enfiati, non si curano che la Chiesa sia destrutta, e il Dimonio divori l' anime. Molto è contrario il segno loro, che sono lupi rapaci, a servi di Dio, che sono agnelli e seguitano 'l segno dell' Agnello. E così desidera l' anima mia di vedervi agnello.

Non dico più : chè se io andasse alla volontà, anco non mi ristarei. Raccomandatemi strettamente in Cristo Gesù al nostro Cristo in terra, e confortatelo che non tema per veruna cosa che avvenga. Permanete nella santa e dolce dilezione di Dio. Gesù dolce, Gesù amore.

———

CLXXVIII. — *A Neri di Landòccio.*

Le verità consolanti rivelate dalla Redenzione, ce le conferma la storia del mondo, e di ciascun' anima umana. La luce amorosa del vero fa crescere l' anima, ma l' anima può far crescere gli effetti di lei. Altro è umiltà vereconda e affettuosa, altro confusione superba e disamorata, che dispera delle misericordie di Dio. Raccomanda a Neri speranza con ragioni molte, potentemente condensate in poche parole, sì che non si può compendiarle nè illustrarle ; tanto son luce esse stesse.

Al nome di Gesù Cristo crocifisso e di Maria dolce.

Carissimo figliuolo in Cristo dolce Gesù. Io Catarina, serva e schiava de' servi di Gesù Cristo, scrivo a te nel prezioso

---

[1] Ma del *colore* abbiam poi il verbo *tolle.* Meglio aggiungere un' altra idea o intendere *lo ruba,* ellissi, sottinteso *il suo* o simile, o leggere piuttosto *la ruba.*

sangue suo; con desiderio di vederti con vero lume, acciocchè col lume cognosca la verità del tuo Creatore. La verità sua è questa: che egli ci creò per darci vita eterna; ma per la ribellione che fece l' uomo a Dio, non si compiva questa verità; e però discese alla maggior bassezza che discendere potesse, cioè quando vesti [1] la· deità della nostra umanità. E così vediamo con questo glorioso lume, Dio esser fatto uomo; e questo ha fatto per compire la verità sua in noi: e col sangue dell' amoroso Verbo ci l' ha bene manifestato, in tanto che quello che per fede tenevamo,[2] ci è certificato col prezzo d' esso sangue. E non può la creatura che ha in sè ragione, negare che quello non sia così.

Adunque io voglio che la tua confusione si consumi e venga meno nella speranza del sangue e nel fuoco della inestimabile Carità di Dio, e rimanga solo il vero cognoscimento di te; col quale cognoscimento ti umilierai, e crescerai, e notricherai [3] il lume. E non è egli più atto a perdonare, che

---

1 Un inno: « *Beatus auctor sæculi, Servile corpus induit Ut carne carnem liberet.* »

2 Dante: « *Lì si vedrà ciò che tenem per fede.* » — Il concetto è questo: che il fatto storico della vita e morte di Gesù Cristo, e gli effetti di libertà morale e civile che dalla legge e dagli esempi suoi vennero al mondo, confermano la rivelazione con prove anco umane, inoltre, che la stessa debolezza cagionata nella natura umana dalla colpa originale, debolezza confessata dagli stessi Pagani, essendochè la Rivelazione ce ne additi chiaramente la causa e i rimedi, e la via da toglierci al dubbio e alla disperazione; dimostra essa stessa la forza dal Cristianesimo sopraggiunta all' umana libertà, e per tal modo è conferma alla Rivelazione eziandio umanamente.

3 La luce amorosa del vero nutrisce la mente e l'anima; ma si può dire che l'anima, col ricambio alle forze dell' attenzione operosa e della libera gratitudine, nutrisca essa luce, cioè non la lasci spegnere in sè, ma la faccia crescere sempre più pura e efficace. Così un corpo alto a concepire calore e lume, ricevendolo di fuori, con la virtù della propria sostanza lo accresce, e lo rende ai corpi e vicini e lontani.

noi a peccare? E non è egli nostro medico, e noi gl'infermi? Portatore[1] delle iniquità? E non ha egli per peggio la confusione della mente, che tutti gli altri difetti? Si bene. Adunque, carissimo figliuolo, apri l'occhio dell'intelletto tuo col lume della santissima fede, e ragguarda quanto tu sei amato da Dio. E per ragguardare l'amor suo, e la ignoranzia e freddezza[2] del cuore tuo, non entrare in confusione; ma cresca il fuoco del santo desiderio con vero cognoscimento, e umiltà, come detto è. E quanto più vedi te non corrispondere a tanti beneficii, quanti t'ha fatti e fa il tuo Creatore, più ti umilia, e dì' con un proponimento santo: « quello che io non ho fatto oggi, e io il farò ora. »[3] Sai che la confusione si scorda in tutto della dottrina che sempre t'è stata data. Ella è una lebbra che dissecca l'anima e 'l corpo, e tienla in continua afflizione, e lega le braccia del santo desiderio, e non lassa adoperare quello che vorrebbe; e fa l'anima incomportabile a sè medesima, con la mente disposta a battaglie, e diverse fantasie; tollele il lume sopranaturale, e offuscale il lume naturale. E cosi giugne a molta infedelità, perchè non cognosce la verità di Dio, con[4] la quale egli l'ha creata: cioè, in verità la creò per darle vita eterna. Adunque con fede viva, col desiderio santo, e con spe-

---

[1] Il Profeta: « *languores nostros ipse tulit, et iniquitates nostras ipse portavit.* » — Questa interrogazione pare un po' rotta, e che qualcosa manchi: ma va più spedita così da se. Senonchè forse sopra è da leggere *a noi infermi.*

[2] La diffidenza della misericordia divina viene da poco amore. E ben la dice confusione d'ignoranza, per distinguerla dal sereno discernimento de' propri difetti.

[3] Colloca quasi nel presente il passato, sapientemente dicendo il difetto cosa d'*oggi;* ma poi soggiungendo che un momento lo può, con le forze congiunte della Grazia e della libertà, riparare: *Farò ora.*

[4] *Con,* non è a caso. Dante: « *la concreata e perpetua sete Del deiforme regno.* »

ranza[1] ferma nel sangue, sia sconfitto il dimonio della confusione.

Altro non dico. Permani nella santa e dolce dilezione di Dio. Prego lui che ti doni la sua dolce benedizione. Gesù dolce, Gesù amore.

CLXXIX. — *A Francesco di Pipino Sarto da Firenze, e a Monna Agnesa sua Donna.*

Il bene, bellezza dell'anima.

Al nome di Gesù Cristo crocifisso e di Maria dolce.

Carissimi figliuolo e figliuola in Cristo dolce Gesù. Io Catarina, serva e schiava de' servi di Gesù Cristo, scrivo a voi nel prezioso sangue suo; con desiderio di vedervi amatori della virtù; perocchè in altro modo non potreste avere la vita della grazia, nè partecipare il sangue del Figliuolo di Dio. Poi, dunque, che ella c'è tanto necessaria, e convienci in tutto estirpare da noi li vizii e piantare la virtù, e far forza alle nostre passioni sensitive, e dire a noi medesimi: « innanzi voglio morire che offendere il mio Creatore, e tollermi la bellezza dell'anima mia; » cosi voglio, carissimi figliuoli, che facciate. Siatemi specchio di virtù; e mettetevi il mondo con tutte le sue delizie sotto i piedi, e voi seguite Cristo crocifisso. Altro non dico. Permanete nella santa e dolce dilezione di Dio. Gesù dolce, Gesù amore.

---

[1] Ben fa precedere il desiderio alla speranza; giacchè l'anima disperante, e anco la diffidente, mal ama.

CLXXX. — A Pietro marchese del Monte[1] a S. Maria, quando era Senatore[2] di Siena.

Non c' è grandezza che franchi dal servire a Dio, ch' è vera libertà. Ogni comandamento si riduce ad amare Dio e gli uomini: amore con timore di riverenza, non di paura. Raccomanda al marchese che in due cause faccia giustizia pronta.

Al nome di Gesù Cristo crocifisso e di Maria dolce.

A voi, reverendissimo e carissimo padre mio in Cristo Gesù, io Catarina, serva e schiava de' servi di Gesù Cristo, scrivo e raccomandonvivi; con desiderio di vedervi sempre osservatore de' santi comandamenti di Dio, senza i quali niuna creatura può avere in sè la vita della Grazia. E non è neu-

---

[1] Senatore di Siena dal febbràio 1375 all' agosto dell' anno seguente. Prima chiamati di Borbone, e venuti di Francia dal secolo nono; dall' imperatore Carlo IV ebbero privilegi in Pisa nel 1355. Si cognominarono allora del Monte. Non però della casa reale Borbone, la quale non prima del secolo decimo terzo fu così nominata. Avevano il marchesato di S. M. Del Monte nell' Umbria ; ed è (dice il Burlamacchi) *piccola, ma libera sovranità*. Nel 1379, questo Pietro molestando con l'armi il Casale signore di Cortona, Siena per due suoi inviati fece intendere al già suo Senatore che smettesse, essendo il Casale sotto il patrocinio della repubblica.

[2] In Siena quello che poi s'intitolò senatore, era detto capitano della guerra, essendo dell'armi il suo uffizio principale. Nel 1355 dicevano Conservatore ; e aveva segnatamente in sua giurisdizione le cause criminali e quanto spettasse alla salute pubblica. Eleggevansi uomini di valore e di autorità. Il senatore incominciò nel 1368 ; quando i popolani, soverchiando, istituirono i Riformatori ; e per le solite antitesi e ironie della storia, la plebe scelse un titolo meno popolare di prima. Il podestà s' ebbe le cause civili, scaduto dall' antica potenza. Ed esso e il Senatore avevano a essere forestieri ; ma a questo talvolta facevasi eccezione. Nel 1374, abolita la carica del podestà, la giurisdizione sua intera passò al Senatore. Ma, appunto per questo il titolo di Senatore scambiavasi nell' uso popolare con quello di Podestà, come appare dalle parole premesse all'altra lettera di Caterina. Questo Pietro poi fu davvero nel 77 Podestà di Firenze.

no che per gentilezza nè per ricchezza nè per signoria, nè
prosperità nè grandezza [1] si possa ritrarre nè iscusare che
non sia servo atto a servire e ad osservare questi dolci e
santi comandamenti, e'quali sono dati a noi dalla prima e dolce Verità, il quale fu regola e via e vita nostra. E cosi disse egli: « Io sono Via, Verità e Vita. » O reverendo Padre,
ragguardate al nostro dolce Salvatore, che fu datore della
legge, che perfettamente la volle osservare in sè. Bene è
adunque grande confusione, e deesi vergognare l'uomo che
vede Dio umiliato a sè uomo. Onde se la Ragione si dà a con-
siderarlo, giammai non leverà il capo contra Dio per superbia, nè per neuno stato che abbia.

Oh dolce e inestimabile diletta Carità! che se' fatto servo
per fare l'uomo libero, e hai dato a te la morte per dare
a noi la vita; e se'schernito [2] alla obrobriosa morte della
Croce per rendere a noi l'onore, il quale noi perdemmo
per lo peccato della disobedienzia. Oimè, trovammo la
morte per la ribellione che facemmo a'comandamenti di Dio;
e ogni dì cadiamo in questa morte eternale, trapassando la
dolce volontà di Dio. Venne l'Agnello immacolato, svenato
in sul legno della santissima croce, arso al fuoco della divina
Carità; e hacci renduta e restituita [3] la grazia con la obedienzia santa sua. Adunque io vi prego dolcemente in Cristo
dolce Gesù, che noi seguitiamo questa via e regola de'veri
e santi comandamenti, osservandoli in fino alla morte, con
la memoria del sangue del Figliuolo di Dio, acciò che siamo
più animati [4] ad osservarli. O quanto è dolce questa servi-

---

1 *Prosperità* può essere anco in istato modesto; può *grandezza* senza
signoria.

2 Hai patiti gli obbrobri fino a quel della croce. *A* per *fino a* conserva usi vivi: *faccende a gola.*

4 *Restituire,* col suono dice più stabile cosa da *risiedere.*

3 Dall'esempio di lui.

tudine, che fa l'uomo libero dalla servitudine del peccato!

Ora restringiamo questi comandamenti in due parti: cioè nell'amore e dilezione di Dio, e del prossimo. E questo amore 'l fonderemo in uno timore santo di reverenzia; [1] ed eleggeremo innanzi la morte, che offendere a quella cosa [2] che noi amiamo, non per timore di pena, ma perch'egli è degno d'essere amato, però che è somma ed eterna Bontà. E quanto più amerete Dio, tanto più si distenderà l'amore al prossimo vostro; sovvenendolo spiritualmente e temporalmente, secondo che vengono e' casi, e il tempo che bisogna servire al prossimo suo. E così sarà adempiuta la volontà di Dio in noi, che non vuole altro che la nostra santificazione.

Non dico più. Raccomandovi quanto l'anima mia due piati, de' quali vi parlerà ser Francesco [3] portatore di questa lettera. L'uno si è del monastero di Santa Marta, [4] che sono perfettissime serve di Dio; l'altro si è di monna Tommasa grande serva di Dio, e a me carissima madre. So veramente, che se non fusse di ragione, nol dimanderebbero. Pregovi caramente che le spacciate 'l più tosto che potete, sì che non abbiano lunghezza di tempo. Non dico più. Innamoratevi e bagnatevi nel sangue del Figliuolo di Dio. Benedicetemi il mio singolare figliuolo [b] e tutti gli altri. Gesù dolce, Gesù Amore.

---

[1] Con proprietà sapiente spiegato il senso del timore di Dio, ch'è *vereri* non *metuere;* parole da Cicerone distinte nell'arringa che di lui abbiamo più giovanile.

[2] Dio. *Offendere* coll' *a* è più secondo l'origine.

[3] Forse un Landi, nobile senese, discepolo a Caterina.

[4] Agostiniane.

[b] O figliuolo o congiunto al marchese, o altro che gli era presso, e a chi ella intendeva d'essere madre in ispirito.

CLXXXI. — *A Niccolò da Osimo.*[1]

Edifizio dell' anima: non sia in rena o in terra, ma nella viva pietra, Gesù. Egli lo murò del suo sangue. Similitudine dell' architetto, che adopra la virtù della mente e della volontà nel concetto e nell'opera manuale. Accenna al ritorno del Pontefice, e alla Crociata.

Al nome di Gesù Cristo crocifisso e di Maria dolce.

A voi, dilettissimo e carissimo padre in Cristo Gesù, io Catarina, serva e schiava de' servi di Gesù Cristo, scrivo nel prezioso sangue suo; con desiderio di vedervi una pietra ferma, fondata sopra la dolce pietra ferma, Cristo Gesù. Sapete che la pietra e lo edificio che fosse posto e fatto sopra l'arena e sopra la terra, ogni piccolo vento o piova che venga, il dà a terra. Cosi l'anima che è fondata sopra le cose transitorie di questa tenebrosa e caduca vita, che passano tosto come il vento e come polvere che si pone al vento, ogni piccolo contrario la dà a terra. E così quando fussimo fondati in amore proprio di noi medesimi, il quale è la più perversa lebbra e piaga che possiamo avere. Egli è quella lebbra che tutte le virtù fa guastare; e non hanno in loro vita, perocchè sono private della madre della carità; onde non vivono perchè non sono accostate[2] con la vita. Desidera dunque l'anima mia di vedervi fondati nella viva pietra. O carissimo padre, ècci migliore e più dilettevole cosa, che dovere edificare lo edificio dell' anima nostra? Dolce cosa è, che abbiamo trovata pietra, maestro[3] e servitore uno manuale che bisogna a questo edificio. Oh come è dolce maestro il Padre Eterno, dove si riposa tutta la sapienzia e scen-

---

[1] Gregorio XI in un Breve del 76 a que' d' Osimo lo chiama *Notarium et Secretarium nostrum;* e dice d'avere alla città rimastagli fedele, concedute, anco a istanza di Niccolò, certe grazie.

[2] Nel senso antico di *unite strettamente.*

[3] Architetto.

zia e bontà infinita! Egli è lo Dio nostro, che è colui che è. Tutte le cose che participano essere, è [1] secondo di lui. Egli è uno maestro che fa quello che abbisogna; e non vuole altro che la nostra santificazione. E ciò che dà e permette, [2] per nostro bene, cioè per purgazione de' peccati nostri, o per accrescimento di perfezione e di grazia. Bene è adunque dolce questo nostro maestro: sì ben sa edificare, e porre quello che bisogna a noi. E ha fatto più: che, vedendo che l'acqua non era buona a intridere la calcina per porre la pietra, cioè, delle dolci e reali virtù, donocci il sangue dell'Unigenito suo Figliuolo. Sapete che, innanzi al decreto [3] dell'avvenimento del Figliuolo di Dio, niuna virtù aveva valore di poter dare all'uomo la vita, la quale per lo peccato aveva perduta. O padre, ragguardiamo la inestimabile carità di questo maestro, che, vedendo che l'acqua de' santi Profeti non era viva, che ci desse vita, ha tratto di sè e pôrto a noi il Verbo Incarnato unigenito suo Figliuolo, e hagli data la potenzia e virtù sua in mano, e halo posto nello edificio nostro per pietra; senza la quale pietra noi non possiamo vivere. Ed è sì dolce (perchè gli è unito questo Figliuolo ed è una cosa col Padre), che ogni cosa amara, per la dolcezza sua, vi [4] diventa dolce. In lui è dunque calcina viva, e non terra nè rena. O fuoco dolce d'amore, tu ci hai dato per servitore e manoale l'abbondantissimo e

---

1 Pare che l'*e* si rechi a *tutte le cose* accordato il singolare al plurare, perchè tutte le cose è l'universo. Così comunemente: *è molt'anni* (presi quegli anni come uno spazio, una misura di tempo): così *ogni cosa bello,* perchè *ogni cosa* qui vale *tutto. Secondo di lui,* secondo la volontà sua e la sua idea.

2 È da ripetere *dà e permette per,* o da aggiungere *è per.*

3 Dante: « *L'Angel che venne in terra col decreto Della molt'anni lagrimata pace.* » Ma il decreto era dato in cielo fin dalla prima colpa; e la speranza nella redenzione era vita.

4 Meglio *ci.*

clementissimo Spirito Santo, ch'è esso amore; il quale è quella mano forte che tenne confitto e chiavellato in croce il Verbo. Egli ha premuto questo dolcissimo corpo, e fattegli versare sangue, il quale è sufficiente a darci la vita, e edificare ogni pietra. Ogni virtù ci vale e dà vita quando è fondata sopra Cristo, ed intrisa nel sangue suo.

Spezzinsi dunque li cuori nostri d'amore, a ragguardare, che quello che non fece l'acqua, ha fatto il sangue. Or chi vorrebbe meglio? chi sarà colui che si vada oggimai avvolgendo per li fossati, cercando veruna trista o disordinata dilettazione del mondo? Dissolvansi per caldo queste pietre degl'indurati cuori nostri.

Dunque il Padre (che è a vederlo!) [1] con la sapienzia sua e potenzia e bontà ci s'è fatto maestro (perocchè il maestro è quello che lavora, cioè con la virtù [2] che ha dentro da sè; però [3] con la memoria dove sta quello che bisogna fare, e con lo intelletto col quale ha cognosciuto, e con la mano della volontà ha adoperato) creando e edificando l'anima nostra ad imagine e similitudine sua. Perdemmo poi la Grazia per lo peccato commesso: ed egli venne, e unissi

---

1 Come dire: mirabile a vedersi, a pensarsi misterioso!

[2] Non è vero maestro, cioè artista, chi non ha in sè il disegno dell'opera da edificare. Dalla memoria ne deve raccogliere gli elementi; giacchè chi nulla rammenta, nulla pensa, non che comporre di nuovo cosa veruna. Gli elementi devono essere scelti e ordinati in nuova forma, o le forme note applicate al bisogno: e questa è opera dell'intelletto. Poi viene l'opera manuale, che non può essere convenientemente eseguita se il manovale stesso non sia alquanto artista, o se un artista con l'idea sua non indirizzi il materiale lavoro. Nell'esecuzione ha poi parte maggiore la volontà; che l'autore assomiglia alla mano, perchè la mano dev'essere guidata dall'occhio e dalla mente. Nelle tre facoltà dell'anima vede Caterina le persone divine in imagine.

[3] Qui dev'essere sbaglio; e leggersi o opera o simile; ovvero togliersi la particella.

e innestossi nella natura nostra; e ha dato tutto a noi, perocchè la sua virtù la dè nel Figliuolo. E fecelo insiememente maestro, come è detto, dandogli la potenzia: e fecelo
pietra (così dice santo Paolo) cioè, che la pietra nostra è
Cristo: fecelo servitore, [1] e lavoratore di questo edificio
cioè, che la sua inestimabile Carità e amore col quale ha
data la vita, col sangue suo ha intrisa questa calcina. Sicchè non ci manca nulla.

Godiamo, dunque, e esultiamo, poichè abbiamo sì dolce
maestro, e pietra, e lavoratore; e hacci murati col sangue
suo, e ha fatto sì forte questo nostro muro, che nè dimonia
nè creature, nè grandine nè tempesta nè vento potrà muovere questo edificio se noi non vorremo. Levisi dunque la
memoria, e ritenga in sè tanto beneficio. Levisi lo intelletto e il cognoscimento a vedere l'Amore e la sua bontà,
che non cerca nè vuole altro che la nostra santificazione;
e non vede sè per amore proprio di sè, ma per l'onore del
Padre e salute nostra. Allora, quando la memoria ritenerà,
lo intendimento ha inteso e cognosciuto; non si debbe tenere, e non so che si possa tenere, [2] la volontà, che non
corra, con uno ardore riscaldato dal caldo della Carità, ad
amare quello che Dio ama, e odiare quello ch'egli odia. Di
niuna cosa si potrà turbare; nè [3] impedirà mai il santo proponimento. Ma sarà in vera pazienzia, perchè sarà fondato
sopra la viva pietra, Cristo.

E però vi dissi che io desideravo che voi fuste pietra
fondata sopra la pietra detta; e così vi prego per l'amore
di Cristo crocifisso, che sempre cresciate e perseveriate nel
santo proponimento. Non vi movete mai, nè allentiate per

---

[1] Paolo: « *Formam servi accipiens.* »

[2] Alla sua anima amorosa pare impossibile che tutti non siano
con lei presi da tanto amore.

[3] Sottintende: *niuna cosa.*

veruno contrario che addivenisse. Siatemi una pietra, ferma, fondata nel corpo della santa Chiesa; cercando sempre l'onore di Dio, e la esaltazione e rinnovazione della santa Chiesa.

Pregovi che non allenti il desiderio vostro, nè la sollici-tudine di pregare il Padre santo che tosto ne venga, e che non indugi più a rizzare l'arme de'fedeli Cristiani, la san-tissima croce. Non guardate per lo scandolo che ora sia addivenuto. Non tema, ma virilmente perseveri, e tosto mandi ad effetto il santo suo e buono proponimento. Per-chè sentisse delle percosse 'che vi fussero date, o per le dimonia o per le creature, statemi pietra viva fondata nella sposa di Cristo; annunciando sempre la verità, se ne dovesse andare la vita. Non vedete voi per voi, [1] ma sempre atten-derete di vedere l'onore di Dio. Tanto tempo abbiamo ve-duto il vituperio del nome suo, che ora ci dobbiamo disporre di dare la vita per la loda e gloria del nome suo. Or solli-citamente, padre! Non negligenzia. Ora, mentre che ab-biamo il tempo, e 'l tempo è nostro; diamo la fadiga al Prossimo nostro, e la loda a Dio. Spero, per la bontà sua, che voi 'l farete; perdonate però alla mia presunzione, pe-rocchè l'amore e l'affetto me n'ha colpa.

Ho avuta grande letizia del buono desiderio e proponi-mento del santo Padre, sì della venuta sua, e sì del santo e glorioso passaggio, il quale è aspettato con grande desi-derio da'servi di Dio. Non dico più.

Ho inteso che 'l Maestro dell'Ordine nostro, il Padre santo lo vuoi promuovere a dargli altro benefizio. Pregovi che, se cosi è vero, che voi preghiate Cristo in terra che procuri [2] all'Ordine d'uno buono Vicario, chè n'abbiamo

---

[1] La stampa *noi.*

[2] Come *provvedere* coll'*a* insieme e col *di.* E il vocabolo lo com-porta anche meglio, se badisi agli usi di *curare.*

grande bisogno. Pregovi che gli ragioniate, se vi pare, di maestro Stefano, che fu Procuratore dell'Ordine quando frate Raimondo era in corte. Credo che sappiate ch'egli è uomo buono e virile. Spero che, se noi l'avessimo, che per la grazia di Dio e per lui l'Ordine si racconcerebbe. Honne scritto al Padre santo; non però detto cui egli ci dà, [1] ma hollo pregato che cel dia buono, e ragionine con voi e con l'arcivescovo d'Otranto. Se bisognasse, che per questo o per veruna altra cosa in utilità della santa Chiesa, che frate Raimondo venisse a voi, Padre; scrivetelo: egli sarà sempre obediente a voi. Altro non dico. Permanete nella santa e dolce dilezione di Dio. Gesù dolce, Gesù Amore.

CLXXXII. — *A Suor Bartolomea della Seta, Monaca del Monasterio di Santo Stefano di Pisa.*[2]

Carità insegna pazienza, cioè forza : l'amor propio è impaziente e debole.

Al nome di Gesù Cristo crocifisso e di Maria dolce.

[3] Dico che consuma.... il freddo, cioè la freddezza dell'amore proprio di sè medesima; lo quale amor proprio accieca l'ani-

---

1 Forse *dia*. Apparisce di qui che Raimondo era prima del 76 già stato a Avignone. E avrà parlato di Caterina a Gregorio; che da' suoi stessi prelati poteva averne novella. Onde sapendo i Fiorentini già bene in che conto il pontefice la tenesse, scelsero lei oratrice.

2 I Della Seta antica ragguardevole famiglia di Pisa. Del monastero di Santo Stefano il Burlamacchi non trova memoria : ma pare che fosse fuor di città e dell'ordine di Vallombrosa, e che poi tramutassesi in città, in San Benedetto, che era di monache Cavaleresse dell'ordine di Santo Stefano. Il primo tratto di questa lettera trovasi per disteso in altra più importante a Maddalena, monaca di Santa Abonda. Però qui l'ommettiamo.

3 Il vestimento dell'amore : di che ragiona nel tratto precedente, da leggere nella lettera sopra indicata.

ma, e non le lassa cognoscere nè sè nè Dio, e tollele la vita
della Grazia, e ingenera impazienzia. E la radice della superbia
mette allora fuore i rami suoi. Onde offende Dio, e offende il
prossimo con disordinato affetto; ed è incomportabile a sè
medesimo; e sempre ribella all'obedienzia sua. E tutto questo
fa l'amor proprio di sè. Ma il vero vestimento, detto, tutti gli
consuma e tolle via. E rimane nel lume della divina Grazia, e
non va per la tenebra; ma in verità va per la via del cousu-
mato e immacolato Agnello, e per la porta di Cristo crocifisso
entra alle nozze del Padre eterno. Ine è fermata e stabilita
in Dio, e non ha paura che 'l mondo nè 'l dimonio nè la
carne la possa separare; e trnova vita senza morte, sazietà
senza fastidio, e fame senza pena. Or non più! porta, porta,
e fà spalle di portatore, e non rifiutare peso, se vuoli ben
guadagnare insino all' ultimo. Perocchè troppo sarebbe sconvenevole, che la Sposa andasse per altra via che lo sposo
suo. Altro modo non c'è a voler portare, se non essere
vestita, come è detto. E però vi dissi io che desideravo di
vederti vestita del vestimento reale, cioè, dell'abisso [1] della
carità del Re eterno. Altro non dico. Nasconditi nel costato di Cristo crocifisso, e bàgnati e annégati nel sangue
dolcissimo suo. Permani nella santa e dolce dilezione di Dio.
Gesù dolce, Gesù amore.

---

[1] Pare che accenni a quello del salmo ove dice della terra : « *Abys-
sus, sicut vestimentum, amictus ejus.* »

CLXXXIII. — *All' Arcivescovo d' Otranto.*[1]

Chi studia sè per amore proprio. badando a sè stesso, va addietro, non innanzi nella verità; sì sconosce. Nella via del bene non temiamo nè triboli nè ladroni. Il più danno che possan farci i nemici, è rapirci l'amore. Ma nè questo nè altro ci possono fare, se noi non cediamo a essi l'arme della nostra libera volontà. Pare che Caterina indovinasse l'animo debole di questo vescovo; il quale, forse più per debolezza di suddito ligio a Giovanna, e per vanita, che per malizia, segui poi lo scisma. Da' mali d'Italia e della Chiesa deduce ragione a speranza. Propone un nuovo Generale dell'Ordine.

Al nome di Gesù Cristo crocifisso e di Maria dolce.

A voi, dilettissimo e reverendo padre in Cristo Gesù, io vostra indegna figliuola, Catarina, serva e schiava de' servi di Gesù Cristo, scrivo a voi nel prezioso sangue suo; con desiderio di vedervi pastore buono e fedele a Cristo Gesù, col lume e cognoscimento della sua bontà. Sapete che colui che va col lume di notte,[2] non offende: così l'anima che è alluminata di Dio,[3] non può offendere; perocchè apre l'oc-

---

[1] Giacomo d'Itri; prima vescovo d'Ischia, poi di Martorano, nel 1363 d'Otranto. Nel 67 fece in Napoli alla regina discorso eloquente sui misfatti impuniti in quel regno commesso. Nel 1370 Urbano V lo fece visitatore de' Monisteri basiliani del regno; Gregorio nel 76 Patriarca di Costantinopoli, lasciandogli la chiesa d'Otranto. Aderi a Urbano VI; ma poi a Clemente, che nel dicembre del 78 lo fece de' suoi cardinali; nel 79, partendosi verso Francia lo lasciò suo legato presso Giovanna. Ma prevalendo Carlo di Durazzo, il legato d'Urbano fece incarcerare e Giacomo e un altro cardinale legato dell'antipapa. Chi lo fa morto in carcere, chi di poi ravveduto.

[2] Simile in Dante:

> « Facesti come quei che va di notte,
> Che porta il lume dietro, e sè non giova,
> Ma dopo sè fa le persone dotte. »

Il languore e lo stento del terzo verso aggiunge stima alla semplice prosa della fanciulla non dotta.

[3] Più potente che in Dante nel luogo stesso: « *Appresso Dio m' alluminasti.* »

chio del cognoscimento e della ragione, e ragguarda che via
tenne quello dolce Maestro suo. E come l'ha veduta, per
volontà e desiderio ch'egli ha di seguitare il maestro subito corre con sollicitudine e senza negligenzia; non sta
a voltare il capo in dreto, cioè a vedere sè medesimo. Vede
bene sè col cognoscimento de' peccati e difetti suoi; e
confessa, sè per sè non essere; e cognosce in sè la smisurata
bontà di Dio, che gli ha dato ogni essere. E a questo cognoscimento si debbe sempre rivoltare e stare; ma dico che non
si volti nè si debba voltare a vedere se per amore proprio
o delettazione, nè per piacimento di veruna creatura.[1] Dico
che l'anima che è alluminata dal vero lume, a questo non
si volge; ma poi che ha veduto sè, e trovata la bontà di
Dio, allora si dà per la via,[2] cioè per tutte quelle vie e
modi che tenne il dolce Gesù, e li Santi che 'l seguirono.
Ponsi Gesù per obietto suo; ed è tanto il desiderio e l'amore
che ha di tenere la via dritta per giugnere al suo obietto,
fine dolce suo, che, perchè trovi spine e triboli e ladri
che 'l volessero robbare,[3] non cura nè teme di cavelle; nè
per veruna cosa che trovi, vuole tornare indreto. Perocchè l'amore gli ha tolto il timore servile di paura; e va
dietro alle pedate di coloro che seguitano Cristo: e vede
*e e e cognosce che essi furono uomini nati come egli, pa-
sciuti e nutricati come esso; e quella benignità e larghezza
di Dio trova ora, che era allora.

---

[1] Studi sè, per conoscersi davvero, non per vagheggiarsi, nè per
iscusarsi a sè stesso; e neanco per oziosa vanità, ch'è un indiretto
solletico dell'amore proprio. La psicologia, fatta centro della scienza,
sorge al tempo d'Elvezio e del Bentham.

[2] Dante: « Supin si diede alla pendente roccia. » Virgilio: « Saltu
præceps sese..... In fluvium dedit. » Ma in questi vale, abbandonarsi; in
Caterina è più libero, darsi con l'impeto affettuoso dell'anima.

[3] Così in più dialetti; e tiene dell'origine nordica (giova che tale
vocabolo non sia nato qui, se pur troppo allignatoci), rauben.

Or di questo vero lume e cognoscimento desidera l'anima mia che voi, pastore e Padre mio, siate ripieno con abbondantissimo fuoco d'amore; sicchè nè diletti nè piacimenti nè stato nè onore del mondo vi possano offuscare questo lume; nè spine nè triboli nè ladro veruno vi possa impedire il corso di questa dolce via: ma sempre ci specchiamo nel Verbo Incarnato, unigenito Figliuolo di Dio, il quale fu a noi via e regola, che, osservandola, sempre ci dà vita. Oimè, Padre, non voglio che sia tentazione o illusione di dimonio che c'impedisca; che sono posti come spine per impedire il nostro andare. Non sia il tribolo della carne nostra che sempre impugna e ribella allo spirito, che è uno nemico perverso, che mai non lo lassiamo indietro; ma sempre viene con esso noi: non sieno ladri e demonii incarnati delle creature, che spesse volte ci vogliono tollere l'amore [1] e la pazienzia, con molte ingiurie e persecuzioni che ci fanno. Anco, alcuna volta pigliano l'offizio delle dimonia, volendo impedire li santi e buoni proponimenti che l'uomo averà e adopererà [2] secondo l'onore di Dio. A costoro non basta il loro male che fanno in loro medesimi; chè ancora vogliono fare in altrui. Virilmente dunque perseveriamo nella via nostra, e confortianci, perocchè per Cristo crocifisso ogni cosa potremo.

Io godo ed esulto, considerando me dell'[3] arme forte che Dio ci ha data, e della debilezza de'nemici. Ben sapete che nè dimonio nè creatura può costringere la volontà ad uno minimo peccato. Questa è una mano sì forte, che

---

[1] La più grave tentazione che dagli avversari ci venga, non è il dolore o il disagio, la contradizione o l'umiliazione; è il pericolo che noi disimpariamo l'amare.

[2] Gl'impediranno che operi. Non s'intenda *adoprare* il proponimento, ma assoluto *operare*.

[3] Come *pensare* col *di*.

tenendo el coltello con due tagli, cioè d'odio e d'amore, non sarà veruno nemico sì forte, che si possa difendere, che non sia percosso o gittato a terra. Oh inestimabile ardentissima e dolcissima Carità, che, acciò che li cavalieri che tu hai posti in questo campo della battaglia possano virilmente combattere, e specialmente li pastori tuoi che hanno più percosse e più che fare che gli altri, gli hai dato una corazza sì forte, cioè la volontà, che niuno colpo, perchè percuota, la può nocere; perocchè egli ha con che ripararsi da' colpi, e con che difendersi. Guardi[1] pure, che il coltello, che Dio gli ha dato, dell'odio e dell'amore, egli nol ponga nelle mani del nemico suo: la corazza allora poco ci varrebbe, chè, colà dov'ella è forte, diverrebbe molle. Chè io m'avvedo che nè dimonio nè creatura m'uccide mai se non col mio coltello stesso; con quello che io uccido lui, dandogli,[2] egli uccide me. Chi uccide il vizio, il peccato? solamente l'odio e l'amore: e il dispiacimento ch'io ho conceputo in esso[3] e l'amore che io ho conceputo alla virtù per Dio. Se il dimonio e la sensualità vuole voltare questo odio e questo amore, cioè che tu odii quelle cose che sono in Dio, e ami la tua sensualità che sempre ribella a lui; perchè il dimonio voglia fare questo, non potrà, se la mano forte della volontà non gli 'l porge. Ma se gli 'l desse, col suo[4] medesimo l'ucciderebbe. Dunque è da vedere quanto sarebbe spiacevole a Dio, e danno a noi; chè (sapete) padre, perchè voi sete pastore, non sarebbe pur danno a voi, ma a tutti li sudditi vostri;

---

[1] Credo abbia a leggere: *guarda, purecchè;* cioè: eccetto solo, purchè (nel senso già spiegato di *guarda*).

[2] *Dandoglielo.* Forse avrà inteso *dandolgli.*

[3] Contro. Dante: « *Spirto non vidi in Dio tanto superbo.* »

[4] Manca forse *coltello.* Ma può stare così.

ed ogni[1] operazione che aveste a fare per voi, e per la dolce
Sposa di Cristo, la santa Chiesa, questo sarebbe impedimento.

Su dunque! non più dormite; rizzisi el gonfalone della santissima croce. Ragguardiamo l'Agnello aperto per noi,
che da ogni parte del corpo suo versa sangue. O Gesù dolce, chi t'ha premuto, che in tanta abondanzia ne versi?
Rispondi: l'amore di noi, e l'odio del peccato. Egli ci ha
dato sangue intriso col fuoco della sua carità. Or a questo
arbore ci appoggiamo, e con esso andiamo per la via sua
detta. Bene aviamo materia di godere, però che ogni nostro
nemico è diventato debile e infermo, per questo dolce Figliuolo di Maria, unigenito Figliuolo di Dio. Il dimonio è indebilito, che non può tenere più la signoria dell'uomo, perduta l'ha. La carne nostra, che 'l Figliuolo di Dio prese di
noi, è flagellata con obbrobri, strazi, scherni e improperii;
onde l'anima, quando riguarda la carne sua, debbe subito
perdere, e allentare la sua ribellione. Le lode degli uomini,
o loro ingiurie che ci facessero, ogni cosa verrà meno, ponendosi innanzi il dolce Gesù, che non lassù nè per ingiuria che gli fusse fatta, nè per nostra ingratitudine, nè per
lusinghe, che non compisse l'obedienzia per onore del Padre, e per salute nostra; sicchè l'onore del mondo s'atter-
rerà[2] col desiderio e con l'amore dell'onore di Dio.

Or correte dunque per questa via. Siate, siate gustatore
e mangiatore dell'anime, imparando dalla prima e dolce Verità e Pastore buono, che ha data la vita per le pecorelle sue.
Siate, siate sollicito d'adoperare per onore ed esaltazione
della santa Chiesa; e non temete per alcuna cosa che sia
avvenuta, o che vedeste avvenire; perocchè ogni cosa è
illusione di dimonio, che 'l fa per impedire li santi e buoni

---

[1] Non correggo *e ad ogni:* de' soliti modi. Potrebbesi anche leggere *e d'ogni.* Ma più franco così.

[2] La stampa *atterrava.*

proponimenti, che, perchè [1] non si faccia quello che è cominciato, pare che s'avvegga del male suo. Ma confortatevi, e confortate il nostro Padre santo; e non temete di cavelle; e confortatevi virilmente, non vi restate. Fate che
io senta e veda che mi siate così una colonna ferma, che
per veruno vento [2] moviate mai. Arditamente e senza veruno timore annunciate e dite la verità di quello che vi
pare che sia secondo l'onore di Dio e renovazione della
santa Chiesa. Or abbiamo noi altro che uno capo? E questo
si dia a cento migliaia di morti se bisogna, e ogni [3] pena e
flagello, per amore di Cristo, che con tanto fuoco d'amore
non vide [4] sè per sè, ma per onore del Padre e per salute
nostra.

Non dico più, Padre; chè io non mi resterci mai. Ebbi
grande letizia delle buone novelle che ci mandaste dell'avvenimento di Cristo in terra, e del cominciamento del
santo Passaggio. Non caggia tepidezza nè sgomento in voi
nè nel santo Padre per le cose che sono poi avvenute; che
con [5] questo, che ci pare contrario, si farà ogni cosa.

Io ho inteso che il Maestro [6] dell'Ordin nostro 'l santo

---

[1] Benchè si vada lenti e alla ciociata, e al ritorno del pontefice, e
alla riforma della Chiesa; nondimeno il demonio s'avvede che siamo
avviali. E forse intende anco di certi prelati renitenti, che altrove chiama *demoni incarnati*.

[2] Dante : « *Sta come torre ferma, che non crolla Giammai la cima
per soffiar de' venti.* »

[3] Può sottintendersi l'*a*, o un altro verbo da cui *ogni* dipenda.
Dice: una vita sola abbiamo; e, sostenuta una morte, la battaglia è vinta,
la corona pronta. Ma, fossero mille morti, al premio gli è poco.

[4] Pare intenda *non ebbe riguardo*.

[5] La guerra in Toscana, e il sommuoversi delle città papali. Dice:
non solo nonostante questo, ma *con questo* riavrà il meglio; perchè e
i reggitori e i popoli, dalle percosse reciproche, si faranno ravveduti;
e l'Italia e la Chiesa l'innoverà.

[6] Generale domenicano **Frate Elia da Tolosa**, succedeva nel 67 a

Padre 'l vuole promuovere. Pregovi per l'amore di Cristo crocifisso che vi sia raccomandato l'Ordine, e che ne preghiate Cristo in terra, che ci dia uno buono vicario. Vorrei che lo informasse di Maestro Stefano della Cumba, che fu procuratore dell'Ordine della Provincia di Tolosa. Credo che se egli cel darà, sarà grand'onore di Dio e racconciamento dell'Ordine; perocchè mi pare ch'el sia uomo virile e virtuoso, e senza timore. Ècci ora bisogno di medico che non abbia timore, e usi il ferro della santa e dritta giustizia; perocchè tanto unguento s'è usato infino a qui, che li membri sono quasi tutti imputriditi. Io n'ho scritto al Padre santo: non ho detto però cui egli ci dia; ma ho pregato che cel dia buono, e che ne ragioni con voi e con messer Niccola da Osmo.

Se vedeste, per questo o per altro, fusse utilità o bisogno che frate Raimondo vi venisse;[1] scrivetelo, ed egli sarà subito alla vostra obedienza. Altro non dico. Permanete nella santa e dolce dilezione di Dio.

Ser Gerardo Bonconti vi si manda molto raccomandando; e la madre mia [2] come a caro padre, ed esso come indegno servo vostro. Gesù dolce, Gesù amore.

Frate Simone, fatto vescovo della città di Nantes. Nell' 80, tenendo per Clemente, Elia fu deposto da Urbano VI, e ne'paesi non tocchi da scisma gli sottentrò Raimondo, confessore di Caterina.

[1] Di lì a poco e' ci andò in Avignone. Non lo manda da sè, sebbene già donna autorevole; ma, con modestia prudente, fa ch'altri lo chiami. E così l'Italiana fervente propone a Generale un Francese, pur che buono, per meglio persuadere i suoi spassionati consigli.

[2] Essendo Lapa in Siena, convien dire che il Bonconti pisano, il quale apparisce scrittore di questa lettera, fosse in Siena allora: e poi seguitò in Fiancia Caterina.

CLXXXIV.—*Al Priore e Fratelli della Compagnia della Vergine Maria.*[1]

Predica amore. Amore dilegua le tenebre del cuore, le quali ci tolgono di conoscere esse tenebre nostre. La ragione libera può vincere le battaglie del male; giova la memoria della nostra caducità a confermare la libertà nostra. Ma quella memoria non basta senza l'amore di Dio. Aminsi anco i nemici, non s'odii che il male. S'ami Maria. Le si chieda la concordia cittadina, e fine alle guerre.

Al nome di Gesù Cristo crocifisso e di Maria dolce.

Carissimi e dolci figliuoli in Cristo dolce Gesù. Io Catarina, serva e schiava de' servi di Gesù Cristo, scrivo a voi nel

---

[1] Detta al tempo del Burlamacchi, Della Disciplina della Vergine Maria dello Spedale, o Della Madonna de' Disciplinati, o Della Scala, o Della Madonna sotto lo Spedale. L'origine recasi al principio del secolo quarto, che i primi Cristiani di Siena si raccoglievano a orare in certe grotte non lontane dalla torre dove il loro Apostolo sant'Ansano fu rinchiuso, e di dove andò martire a morte. Certo è che questa Compagnia precedette al tempo di san Bonaventura, il quale vuolsi istitutore delle congregazioni de' laici. Lì sopra s'edificò poi il suntuoso spedale, de' più antichi d'Europa, se nel secolo nono lo fondò il Beato Sorore calzolaio. Fu detto da lui della Scala da tre giadini scoperti nello scavare le fondamenta, giadini d'un tempio di Diana. Così al Paganesimo sopra edificava il Cristianesimo ; e sopra la vergine cacciatrice, regina delle tenebre notturne e delle infernali, innamorata d'Endimione, s'innalzava l'imagine della Vergine vincitrice dell'abisso, alba d'un nuovo dì senza occaso alla terra. Servirono ad altri usi pii le rendite dello spedale, aumentate via via, anche per merito del Capitolo della Cattedrale, il quale nel secolo XIII ne eleggeva il rettore. E forse dall'essere l'edifizio di contro alle scale della chiesa, il nome gli venne. Poi la nomina del rettore spettò alla Repubblica : dal che confermasi come certe giurisdizioni ecclesiastiche si venissero tramutando in civili, di consenso de' papi. Sotto le volte la Compagnia ha chiesa e stanze ; e nell'insegna aveva l'imagine della Vergine, una croce, e una disciplina, a segno delle mortificazioni usitate. Congregavansi fino al principio del secolo passato innanzi l'alba de' dì festivi

prezioso sangue suo; con desiderio di vedervi legati nel legame dolce della carità, il quale fu quello legame che tenne confitto e chiavellato Dio-ed-uomo in sul legno della santissima croce. Sapete che nè chiodi nè croce era. sufficiente a tenerlo se la carità non l'avesse tenuto. Ella è. quello

---

e di tutti i venerdì, a meditare e pregare più ore. E loro uffizio era eziandio soccorrere poveri in palese e in segreto, attendere a spedali dentro e fuor di città, sovvenire fanciulle necessitose, donne partorienti, pellegrini, carcerati, e giovani da educare. Sceglievansi confratelli di vita piovata, dopo indagine lunga, e dopo lo squittinio de' diciotto degli anziani, de' quali dovevano quindici essere consenzienti; al quale seguisse la deliberazione in piena adunanza, col sì de' due terzi. Chi si disonorava, espulsone per sempre. Sotto quelle volte ci aveva Caterina una stanzetta per sè, per pregare, non vista, con gli altri; e i suoi discepoli a quel consorzio ascriveva. Parecchi cospicui per santità furono di quel consorzio; tra gli altri il beato Pietro Pettinagno terziario di san Francesco, le cui *sante orazioni efficaci* sono ricordate da Dante; e Iacopone da Todi, il beato Bernardo Tolomei fondatore de'monaci Olivetani, il beato Colombini de' Gesuati, il beato Giovanni Delle Celle: e dopo il tempo di Caterina, san Bernardino, san Giovanni da Capistrano: onde una leggenda d' esso Bernardino dice questa compagnia, *fonte e esemplare e scuola di divozione*. Altre compagnie di disciplinanti in Italia tolsero questa a modello. E a proposito d' essa, racconta il Naconi che, faccend' egli, giovane ancoia, sotto quelle volte suoi accordi con altri contro i reggitori del Comune che, al parer loro, opprimevano la nobiltà, Caterina in ispirito, essendo tra le compagne sue, parlando a lui come se le fosse presente, lo riprese che facesse casa di congiura di quella ch' è casa di Dio e d' orazione. E più giorni dopo, a Stefano, venutole innanzi, impose per penitenza il disciplinarsi aspramente. Così ai gentiluomini la popolana imperava. E allora prenunziò che quel luogo sarebbe chiuso; come fu dieci anni dopo la morte sua per sospetti civili. Anco senza profezia era ben facile a chi conosce la polizia e di principi e di repubbliche, predire la cosa. Così nel 1419 in Firenze furono, e in città e fuoi a un miglio, chiuse le confraternite tutte a un tratto, tolti i libri, venduti i mobili, e datone a' poveri il prezzo; fatte da altri abitare le stanze, chè se ne sperdesse e la consuetudine e la speranza. Ma e l' una e l' altra repubblica ritrattarono l' interdetto.

dolce e soave [1] legame, che legè [2] la natura divina nella natura umana. Chi ne fu cagione? Solo l'amore. L'amore fu quello che trasse [3] noi di Dio, creandoci alla imagine e similitudine sua. E per amore, avendo noi perduta la Grazia, e volendoci restituire e rendere quello che avevamo perduto per lo peccato e difetto [4] nostro, ci mandò Iddio 'l Verbo dell'unigenito suo Figliuolo, e volse che col sangue suo riavessimo la Grazia; ed egli, Figliuolo obediente, corse all'obbrobriosa morte della croce, siccome innamorato della salute nostra. Sicchè ogni cosa che Dio ha fatta e fa a noi, è fatta per amore; e però l'anima, che ragguarda questo smisurato e ineffabile amore, vi apre l'occhio dell'intelletto e del cognoscimento nel suo obietto del sangue di Cristo crocifisso, nel quale sangue se gli rappresenta più la larghezza dell'ineffabile carità, che in veruna altra cosa. E così disse Egli, che maggiore amore non può mostrare l'uomo, che dare la vita per l'amico suo. Oh inestimabile amore, se tu commendi che maggiore amore non può essere, che dàre la vita per l'amico suo, quanto maggiormente è degno di commendazione l'amore tuo verso di noi, che, essendo fatti nemici, tu hai data la vita, e pagato il prezzo del sangue tuo per noi! Questo eccede ogni amore. O dolce e amoroso Verbo Figliuolo di Dio, tu se' fatto tramezzatore; hai pacificato con la morte tua l'uomo con Dio: chè i chiodi ci sono fatti chiave che ha disserrata vita eterna; ed è aperta per siffatto modo, che a veruno può essere chiusa se egli non vuole; pe-

---

[1] Anco Dante accoppia le due voci, e pospone *soave* come qui.

[2] Meglio qui che in Dante di Dio stesso: nodo per cui sono *conflati insieme sostanza* e *accidente;* dove le due figure, per soprappiù, mal si avvengono.

[3] Men proprio del solito.

[4] *Difetto* qui propriamente denota l'originale imperfezione, effetto della colpa prima.

rocchè l'uomo non può esser costretto a veruno peccato, se egli non vuole. Il peccato è quello che ci chiude la porta, e tolleci il fine per lo quale fummo creati: il peccato ci tolle la vita, e dacci la morte; tolleci la luce, e dacci la tenebra, perchè offusca l'occhio dello intelletto, e non gli lassa vedere il sole nè la tenebra, la tenebra dico del cognoscimento [1] di sè; dove vede e truova la tenebrosa sensualità, che sempre ribella e impugna contra il suo Creatore; e perchè non vede la tenebra sua, però non può cognoscere l'amore e il lume della divina bontà. Dissi, che l'anima che ragguarda questo smisurato amore, ha conceputo amore ineffabile; ha fatta [2] e confermata la sua volontà con quella di Dio! Giudica e vede bene, che Dio non vuole altro che la nostra santificazione; e ciò ch' egli ci dà e permette, o tribolazioni, o consolazioni, o persecuzioni o strazi o scherni o villanie, ogni cosa ci è data perchè siamo santificati in lui. Perchè la santificazione non si può avere senza le virtù, e le virtù non si possono avere, se non per lo suo contrario. [3] E però l'anima che cognosce questo amore, non si può turbare nè contristare di veruna cosa che avvenga, di qualunque cosa si sia; perchè sarebbe do-

---

[1] Bello che l'anima offuscata non s'accorga non solamente del vero, ma neanco della propria insufficienza a vederlo; non conosca bene nè il rimedio del male nè il male. Dice *tenebra* il conoscimento di sè con apparente contradizione, ma piena di buon senso, in quanto l'uomo non può riflettersi sopra sè stesso senza conoscere l'imperfezione propria, e senza avvedersi ch'egli non la può interamente conoscere. Indagine profonda dell' anima.

[2] Bello il fare la *volontà;* perchè questa è attività suprema dello spirito, il cooperare alla creazione, creando quasi l'attività propria col deliberatamente esercitarla.

[3] Forse sbagliato. Forse intende che l'uomo imperfetto non può ascendere al bene senza accorgersi del male per emendarlo e evitarne i pericoli.

lersi del suo bene, e della bontà di Dio che il permette a noi. È vero che la sensualità si vuole [1] sentire quando la cosa che gli dispiaccia: ma la ragione la vince, e fàlla stare suggetta siccome debbe. E con che faremo stare suggetta questa sensualità, che non ribelli al suo Creatore? dicovelo. I diletti e le tribolazioni si raffrenano con la dolce e santa memoria di Dio, cioè con la continua considerazione della morte, la quale trarremo per lo cognoscimento di noi medesimi. Noi vediamo, carissimi figliuoli e fratelli in Cristo dolce Gesù, che noi siamo tutti mortali; che, subitochè siamo creati nel ventre della madre nostra, siamo condannati alla morte, e dobbiamo morire, e non sappiamo quando nè come. E chi sarà colui che, se egli considera in sè che la vita sua è tanto breve che aspetta di dì in dì la morte (perocchè la vita nostra è quanto una punta [2] d'ago), che non raffreni e tagli ogni disordinata letizia la quale pigliasi dalle stolte e vane letizie del mondo? Dico che si raffrenerà, e non cercherà nè onori nè stati nè grandezza; nè ricchezza possederà con avarizia: anco, se egli averà la ricchezza, sarà fatto dispensatore di Cristo a' poveri, e non le vorrà possedere nè tenere con superbia; anco con vera e profonda umiltà, vedendo e cognoscendo che veruna cosa ci è stabile nè ferma in questa tenebrosa vita; ma ogni cosa passa via come il vento. Se ella è tribolazione, egli la porta pazientemente, perchè vede che è piccola ogni tribolazione che in questa vita potiamo sostenere. E perchè è piccola? perchè è pic-

---

[1] *Vuole* qui forse vale *si deve:* e accenna alla volontà corrotta, secondo che dicesi: legge delle membra, legge del peccato. *Sentire,* vale qui *risentire.* Poi correggasi: *quando la cosa gli dispiaccia,* o: *quand' è cosa che gli dispiaccia,* o *quando che la cosa gli dispiaccia:* dove il *che* soprabbonda, com'usa nella lingua parlata famigliare.

[2] Riduce in imagine viva il senso della radice di *punctum,* senso morto nell'intelligenza de' più.

colo il tempo nostro. Perocchè la fadiga che è passata, tu
non l'hai; e quelle che sono a venire, non se' sicuro d'avere, perchè non sai se la morte ti verrà e sarai privato d'ogni
fadiga. Hai adunque solo questo punto del tempo che t'è
presente. Sicchè la memoria della morte telle la impazienzia
nelle tribolazioni e la disordinata letizia nelle consolazioni.

È vero che non vuole essere pura [1] là memoria della morte,
perchè caderebbe in confusione; volsegli adunque dare compagnia, e la compagnia si è l'amore ordinato col santo timore di Dio, cioè d'astenersi da' vizü e da' peccati per non
offendere il suo Creatore. Il peccato non è in Dio; e però
non è degno d'essere amato nè desiderato da noi che siamo
figliuoli suoi, creature create alla imagine e similitudine sua.
Dobbiamo amare quello ch' egli ama, e odiare quello
ch' egli odia. Allora si apre l'occhio dello intelletto, e vede
quanto è utile il dispregiare i vizii e amare le virtù, e quanto
gli è danno il contrario: chè il dormire ne' vizii e nelli peccati, venendogli la morte di subito (che non è sicuro), gli
dà l'eterna dannazione, dove non ha poi rimedio veruno;
e vivere virtuosamente gli dà sempre letizia, pace con Dio
e pace col prossimo. Levatosi da ogni rancore, sentesi una
carità fraterna d'amare il prossimo suo come sè medesimo
ama. E così dobbiamo amare amici e inimici in quanto creature ragionevoli, e desiderare la salute loro; e ingegnarci,
giusta il nostro potere, di portare e sopportare i difetti loro,
odiando il vizio che fusse in loro, ma non loro. Piagnete con
coloro che piangono, e godete con coloro che godono. Cioè,
con coloro che sono nel peccato mortale, che si può dire
che sieno nel tempo del pianto e della tenebra; piagnere
con loro per compassione, e offerirgli per santo desiderio di-

---

[1] In senso di *semplice,* anche non di bene; onde *pretto* anche di
male.

nanzi a Dio : e allegrare [1] con loro che vivono in virtù, e allegrarci con loro, non con invidia del loro bene, ma in uno santo ringraziamento della divina bontà, che li ha tratti della tenebra e ridotti alla luce della Grazia. E a questo modo vive in unità, e osserva il comandamento di Dio; che per l'amore suo ama il prossimo. Questo è il segno che c'è dato da Cristo per essere cognosciuti d'esser figliuoli e discepoli suoi, e così disse egli a'discepoli : « Amatevi, amatevi insieme ; chè a questo sarà cognosciuto che voi siate discepoli miei ! » Passando per questa dolce e soave via, vive in Grazia ; e poi si trova nell'ultimo nell'eterna visione di Dio !

Ma sopra tutte l'altre cose, figliuoli miei, di che io vi prego e costringo, si è che voi v'amiate insieme : perocchè noi ci dobbiamo innestare il cuore e l'affetto nell'amore di Cristo crocifisso. E perchè noi vediamo che sommamente egli ha amato l'uomo, così noi dobbiamo trarre [2] questo amore, e legarci stretti col prossimo nostro sì e per siffatto modo, che nè dimonio, nè ingiuria che ci fusse fatta da esso prossimo nostro, nè amore proprio di noi medesimi, ci possa mai sciogliere nè rimuovere [3] da questo legame dell'amore. Considerando me, che, in altro modo, l'anima sta in istato di dannazione ; e [4] però dissi, che io desideravo di vedervi legati nel legame della carità : chè per ogni ragione dovete essere uniti, sì perchè sete tutti creati da Dio, e ricompe-

---

[1] Senza il *si,* come tanti altri neutri assoluti. Poi ridice *allegrarci;* e la ripetizione non è sbaglio dello scrittore, ma fa meglio notare la ragione e i limiti di quell'allegrezza.

[2] Ritrarre quasi da esemplare, dedurre quasi da fonte; attrarre a noi per forza di desiderio e di volontà.

[3] Qui dice meno che sciogliere, ogni minimo allentare.

[4] Potrebbesi a qualche maniera attaccare il *considerando* al precedente costrutto; potrebbesi togliei l'*e* innanzi il *però:* ma anche così regge.

rati d'uno medesimo sangue; e poi per la santa e dolce congregazione la quale avete fatta nel dolce nome di Maria, la quale è nostra avvocata, madre di grazia e di misericordia.[1] Ella non è ingrata a chi la serve; anco, è grata e cognoscente. Ella è quello mezzo, che drittamente è uno carro di fuoco, che, concependo in sè il Verbo dell'unigenito Figliuolo di Dio, recò e donò il fuoco[2] dell'amore: perocch'egli è esso amore. Adunque servitela con tutto il cuore e con tutto l'affetto, perocchè ella è madre dolcissima vostra.

Anco vi prego; che abbiate in odio e in dispiacimento il peccato della immondizia, e ogni altro difetto: chè non sarebbe cosa convenevole che con immondizia serviste a Maria che è somma purità. Non dormite più, padri, fratelli e figliuoli carissimi: levatevi con amore della virtù, e odio e dispiacimento del peccato. Vedete che è tanto abbominevole dinanzi a Dio il peccato, che permise che il Figliuolo ne sostenesse morte e passione;[3] ed egli con tanto amore sostenne pena, strazii, scherni e villania, e nell'ultimo l'obbrobriosa morte della croce. Bagnatevi nel sangue di Cristo crocifisso; nascondetevi nelle piaghe sue per affetto d'amore. Maggiore amore non può mostrare l'amico, che dare la vita per l'amico suo; ed egli v'ha dato la vita, avendo svenato ed aperto il corpo suo. Ammollinsi i cuori vostri ora in questo santo tempo, il quale ci rappresenta questo Agnello immacolato, arrostito in su la croce al fuoco dell'ardentissima carità: e nella Pasqua dolcemente vi si dà in cibo. E però vi prego che tutti vi disponiate alla santa

---

[1] La Chiesa in un inno: « *Maria mater gratiæ, Mater misericordiæ.* »

[2] Accenna al carro d'Elia.

[3] Pospone, intendendo: non morte soltanto, ma dolorosissima.

comunione; se non ne avesse già legame, che non si potesse sciogliere senza andare a Roma.

Altro non dico. Amatevi, amatevi insieme. Permanete nella santa e dolce dilezione di Dio. Io, indegna serva vostra, mi raccomando alle vostre orazioni; benchè io son certa che il fate. E pregovi, e stringovi da parte di Cristo crocifisso, che in tutte le vostre orazioni e sante operazioni che Dio vi concede di fare, voi l'offeriate e facciatene sacrifizio a Dio per la reformazione della dolce sposa di Cristo, della santa Chiesa, per pace ed unità di tutti i Cristiani; e singolarmente per la nostra città, che Dio ci mandi vera e perfetta unione, [1] e ch'egli escano d'ogni offesa che fatta avessero contra al nostro Salvatore e alla Chiesa santa. E pregate strettamente [2] che la ruina che ci è venuta della guerra de' Fiorentini [3] col santo Padre per li nostri peccati, che Dio, per la sua pietà, la converta in vera pace. Chè io vi dico, che se noi non ci aitiamo con le molte e continue orazioni a chiamare la divina misericordia, noi siamo nel peggiore stato, l'anima e il corpo, che noi fussimo mai. Bussiamo alla misericordia sua con l'orazione e desiderio di pace: ed egli è benigno, che none spregiarà la voce del popolo che griderà a lui. Udito il dolce e buono Gesù che ce lo insegna, che noi dobbiamo bussare e chiamare a lui col lume della fede, che noi crediamo essere esauditi da lui: altrimenti, l'orazione non varrebbe niente. Dice la dolce prima Verità: « Bussato, e saravvi

---

1 Sentiva che c'è delle unioni imperfette e false.

2 Come sovente dice *vi stringo,* non per obbligare, ma per pregare: senonchè la preghiera obbliga più strettamente, siccome vincolo d'amore e umiltà.

3 Siena, collegata a Firenze, pati l'interdetto; e lo *Stato senese fu più volte messo a ruba dalle masnade che militavano per la Chiesa.* Dice così il gesuita Burlamacchi, non io.

aperto : chiedete, e saravvi dato : chiamate; e saravvi risposto. » Poichè egli c' insegna il modo, pigliamolo con buona e santa sollicitudine, con lunga e perfetta perseveranzia ; che, come dice egli stesso, se non vel desse per altro, per l' importunità della perseveranza col darà. Altro non dico. Gesù dolce, Gesù Amore. Maria. [1]

CLXXXV. — A *Gregorio XI*.

Che il conoscimento di sè insegna all' uomo il vero amore e di sè e degli uomini ; che l' amore disordinato di sè rende i pastori e i reggitori fiacchi al fare giustizia. Consigli di pace ; che la guerra volgasi piuttosto oltremare ; che tengasi in fede Pisa e Lucca ; che migliori elezioni facciansi di caidinali.

[2] Al nome di Gesù Cristo crocifisso e di Maria dolce.

A Voi, reverendissimo [3] e dilettissimo padre in Cristo Gesù, la vostra indegna, misera, miserabile figliuola Cata-

---

[1] Alla Compagnia della Vergine, soggiunge, con affettuosa variante all' addio solito suo, *Maria.*

[2] Nota il Burlamacchi, che, secondo il consiglio di Paolo : *qualunque cosa voi fate in parola o in opera, fatela in* nome *del Signor nostro Gesù,* Caterina, così come Paolo incomincia le sue lettere da *Paulus apostulus Jesu Christi,* ed ella *al nome di Gesù Cristo;* e questa invocazione ripete dumilatrecencinque volte. Meno spesso, ma frequente assai, rincontrasi questo nome nelle lettere di Santa Teresa : frequente in quelle del B. Colombini senese ; e frequente sonava dalle labbia dell' altro senese frate cittadino, Bernardino, che primo si pensò di proporlo agli occhi e alla memoria dei Fedeli, scritto in lettere d' oio.

[3] Al papa ella dà del *santissimo* e *beatissimo,* del *reverendissimo* che al presente si pigliano tutti i preti, e che del resto non è leggier titolo, se nella riverenza inchiudesi insieme il riguaido verecondo, la tema affettuosa, il rispetto pensato e cordiale ; ora gli dà del diletto, dilettissimo, carissimo, dolce, dolcissimo. Così San Bernardo nelle lettere al suo discepolo Eugenio terzo, memorabili per aidita caiità, *amantissimo patri et domino.* Meno distanza però poteva parere che

rina, serva [1] e schiava de' servi di Gesù Cristo, scrive nel prezioso sangue suo; con desiderio di vedervi uno arbore fruttifero, pieno di dolci e soavi frutti, e piantato in terra fruttifera (perocchè se fusse fuora della terra, si seccherebbe, e non farebbe frutto); cioè nella terra del vero cognoscimento di voi. Perocchè l'anima che cognosce sè medesima, s'umilia, perocchè non vede di che insuperbire; e nutrica in sè il frutto dolce dell'ardentissima carità, cognoscendo in sè la smisurata bontà di Dio; e cognoscendo sè non essere, ogni essere che ha, retribuisce poi a Colui che è. Onde allora pare che l'anima sia costretta ad amare quello che Dio ama, e odiare quello ch'egli odia.

Oh dolce e vero cognoscimento, il quale porti teco il coltello dell'odio, e con esso odio distendi la mano del santo desiderio a trarre e uccidere il vermine dell'amore proprio di sè medesimo, il quale è uno vermine che guasta e rode la radice dell'arbore nostro, sì e per siffatto modo che niuno frutto di vita può produrre, ma seccasi, e non dura la verdura sua; perocchè colui che ama sè, vive in lui la perversa superbia (la quale è capo e principio d'ogni male) in ogni stato ch'egli è, o prelato o suddito. Che se egli è

---

corresse, segnatamente in que' tempi, dal maestro abate famoso, al discepolo papa, che, verso la fine del trecento, dal papa in corte d'Aviguone, alla terziaria in casa d'un tintore di Siena, donna allora non nota a lui che per fama; giacchè questa lettera è innanzi il 1376, tempo del viaggio di lei in Avignone. Ch'ella scrivesse anco a Urbano quinto, non è provato; giacchè prima del 1370 non pare che ella avesse lingua nelle pubbliche cose.

[1] Il titolo preso dai papi di *servus servorum Dei*, primo se lo appropriò Gregorio il Grande per ammonire il patriarca di Costantinopoli che intitolava sè vescovo ecumenico, come dire, ispettore e prelato di tutta la terra abitata. L'umiltà sincera è la miglior via ad acquistare potenza d'autorità. San Bernardo incomincia le sue lettere: *Bernardus Clarævallis, abbas modicum id quod est*, o *minimum id quod est*. La grande Contessa Matilde: *Dei gratia si quid est*. —

solo[1] amatore di sè medesimo, cioè che ami sè per sè, e non sè per Dio; non può far altro che male, e ogni virtù è morta in lui. Costui fa come la donna che partorisce i figliuoli morti. E così è veramente; perchè in sè non ha avuta la vita della carità, e attendette solo alla loda e alla gloria propria, e non del nome di Dio. Dico dunque: se egli è prelato, fa male, perocchè per l'amore proprio di sè medesimo (cioè, per non cadere in dispiacimento delle creature) nel quale egli è legato per piacimento e amore proprio di sè, muore in lui la giustizia santa. Perocchè vede commettere i difetti e' peccati a' sudditi suoi, e pare che facci vista di non vedere, e non gli correggere; o se pure li corregge, li corregge con tanta freddezza e tiepidità di cuore, che non fa cavelle,[2] ma è uno rampiastrare[3] il vizio: e sempre teme di non dispiacere, e di non venire in guerra. Tutto questo è perchè egli ama sè. E alcuna volta è che essi vorrebbero fare pur con pace; io dico che questa è la più pessima crudelità che si possa usare. Se la piaga, quando bisogna, non s'incende col fuoco, e non si taglia col ferro, ma ponesi solo l'unguento; non tanto ch'egli abbi sanità, ma imputridisce tutto, e spesse volte ne riceve la morte.

Oimè, oimè, dolcissimo Babbo mio! questa è la cagione che li sudditi sono tutti corrotti di immondizia e di iniquità.

---

[1] La stampa dice che *s'egli è solo ed è amatore;* il che non dà senso. Ma deve intendersi *amatore* non *d'altro che di sè medesimo;* giacchè l'amare sè è necessità di natura, purchè facciasi in ordine a tutti gli amori.

[2] *Niente.* Dice il Burlamacchi, che ai Lombardi *cuel* vale *niente.* In Siena e in vari paesi degli Stati Romani, dicesi tuttavia *cavelle* o piuttosto *covelle.* E forse viene da *quello,* che, accompagnato colla negazione la quale deve precedere sempre, significa *neppur quella cosa,* quel *minimo che;* giacchè nel latino e nel italiano, sì fatto pronome ha valore di pleonasmo intensivo.

[3] Non correggo *rappiastrare,* perchè può essere il *rimpiastrare,* mutato alla senese in *a* il *re im,* di cui la voce si forma.

Oimè, piangendo il dico : quanto è pericoloso questo vermine detto ! che non tanto che dia la morte al pastore, ma
tutti gli altri ne vengono in infermità e in morte. Perchè
sèguita[1] costui tanto unguento? perchè non ne gli viene
pena; perocchè dell'unguento che pongono sopra gl'infermi,
non ne gli cade dispiacere neuno, nè neuno malevolere;[2]
però che non ha fatto contra la sua volontà; perocch'egli
voleva unguento, e unguento gli ha dato. Oh miseria umana!
Cieco è lo infermo che non cognosce il suo bisogno ; e cieco
è il pastore che è medico, che non vede nè riguarda se non
al piacere, e alla sua propria utilità ; perocchè, per non perderlo, non ci usa coltello di giustizia, nè fuoco dell'ardentissima carità. Ma costoro fanno come dice Cristo : che se
uno cieco guida l'altro, ambidue ne vanno nella fossa. E
l'infermo e il medico ne vanno all'inferno. Costui è dritto[3]
pastore mercenaio, perocchè non tanto che esso tragga le
pecorelle sue di mano del lupo, egli è divoratore d'esse pecorelle. E di tutto questo è cagione, perchè egli ama sè
senza Dio : onde non sèguita il dolce Gesù, pastore vero,
che ha dato la vita per le pecorelle sue. Bene è dunque
pericoloso in sè e in altrui questo perverso amore, e bene
è da fuggirlo, poichè ad ogni generazione di gente fa tanto
male. Spero per la bontà di Dio, venerabile Padre mio, che
questo spegnerete in voi ; e non amerete voi per voi, nè il
prossimo per voi, nè Dio; ma ameretelo perchè egli è somma
e eterna Bontà, e degno d'essere amato ; e voi e il prossimo

---

[1] Sèguita a usarlo.

[2] Lascio *male* per *malo* com'è nel 17° del Purgatorio di Dante ;
perchè qui l'ammodernare o l'accorciare in *mal,* nocerebbe al numero, quale Caterina per istinto lo sente e fa sentire a chi sa.

[3] Veramente mercenario. Questo è l'antico senso di *diritto,* cioè
proprio; che usavasi anco in male: perchè la coscienza umana, siccome nel nulla sente l'ente, così nel male, che è negazione, vuol cercare e trovare una qualche affermazione in cui si riposi.

amerete a onore e gloria del dolce nome di Gesù. Voglio
dunque che siate quello vero e buono pastore che se aveste
cento migliaia di vite, vi disponiate tutte a darle per onore
di Dio, e per salute delle creature. O Babbo mio, dolce
Cristo in terra, seguitate quello dolce Gregorio;[1] perocchè
così sarà possibile a voi come a lui; però che egli non fu
d'altra carne che voi; e quello Dio è ora, che era allora:
non ci manca se non virtù, e fame della salute dell'anime.
Ma a questo c'è il rimedio, Padre; cioè che noi leviamo
l'amore detto di sopra, da noi e da ogni creatura fuora di
Dio. Non s'attenda più nè ad amici nè a parenti, nè a sua
necessità temporale; ma solo alla virtù, e alla esaltazione
delle cose spirituali. Chè per altro non vi vengono meno
le temporali, se non per abbandonare la cura delle spirituali.

Or vogliamo noi dunque aver quella gloriosa fame che
hanno avuta quelli santi e veri pastori passati, e spegnere
in noi questo fuoco, cioè dell'amore di sè? Facciamo come
eglino, che col fuoco spegnevano il fuoco; perocchè tanto
era il fuoco della inestimabile e ardentissima carità che ar-
deva nelli cuori e nell'anime loro, che erano affamati, e fatti
gustatori e mangiatori dell'anime. Oh dolce e glorioso fuoco, che è di tanta virtù, che spegne il fuoco, e ogni disordinato diletto e piacere, e amore di sè medesimo; e fa[2] come
la gocciola dell'acqua, che tosto si consuma nella fornace.
E chi mi dimandasse come ci vennero a questo dolce fuoco
e fame (conciosiacosachè noi siamo pur arbori infruttiferi
per noi); dico che essi s'innestaro nell'arbore fruttifero della
santissima e dolcissima croce, dove essi trovaro l'Agnello
svenato con tanto fuoco d'amore della nostra salute, che

---

[1] Il Grande. E ben gli si avviene il nome di *dolce,* perchè dalla
mansuetudine dignitosa gli veniva la forza, dall'amore il coraggio.

[2] Questo *fa* si reca al secondo, cioè al disordinato amore di sè.

non pare che si possa saziare. Anco[1] grida che ha sete ;
quasi dica : io ho maggior ardore e sete e desiderio della
salute vostra, che io non vi mostro con la passione finita. [2]
Oh dolce e buono Gesù ! Vergogninsi li pontefici e li pastori,
e ogni creatura, dell'ignoranzia e superbia e piacimenti nostri, a ragguardare tanta larghezza e bontà e amore ineffabile
del nostro Creatore. Il quale s'è mostrato a noi arbore, nella
nostra umanità, pieno di dolci e soavi frutti ; perchè noi,
arbori salvatichi, ci potessimo innestare in lui. Or questo
fu dunque il modo che tenne lo innamorato di [3] Gregorio e
gli altri buoni pastori ; cioè, cognoscendo, loro senza neuna
virtù non essere,[4] ragguardando il Verbo, arbore nostro ; e
fecero uno innesto in lui, legati e vinti [5] col legame del-
l'amore. Perocchè di quello che l'occhio vede, di quello si
diletta, quando è cosa bella e buona. Adunque videro, e vedendo, si legaro sì e per siffatto modo che non vedevano
loro, ma ogni cosa vedevano e gustavano in Dio. E non era
nè vento nè grandine, nè dimonia, [6] nè creature, che le
potesse tollere che non producessero frutti domestichi : perocchè erano innestati nel midollo dell'arbore nostro, Gesù.
E li frutti, dunque, loro producevano eglino per lo midollo
della dolce carità, nella quale erano uniti. E non ci ha altro modo.

---

[1] Per *anzi*, spesso riviene. Da *ante*.

[2] Finita nel *consummatum est ;* ma il *sitio* suona perpetuo nello
scorrere del sangue vivificatore.

[3] Gentile idiotismo, che ora direbbesi: *Quell'innamorato di.* E il
lo non è che scorcio di *quello*. Ma non vedere in Gregorio Magno
che un innamorato, è segno di grande potenza d'amori grandi.

[4] Può intendersi in doppio modo: conoscendo di non avere nessuna virtù di per sè ; e: conoscendo di non essere, cioè non esistere
veramente senza virtù.

[5] Sta per *avvinti*. Come in Dante *vincia* spiegasi per *circondava*.

[6] *Dimon ;* anco in Dante. *Dimonia* plurale, come tuttavia nel con-
tado *le prata* e simili.

E questo è quello ch'io voglio vedere in voi. E se per insino a qui non ci fussi stato ben fermo, in verità voglio e prego che si facci questo punto del tempo che c'è rimasto, virilmente, e come uomo virile, seguitando Cristo, di cui Vicario sete. E non temete, Padre, per veruna cosa che avvenga da questi venti tempestosi che ora vi sono venuti, cioè di questi putridi membri che hanno ribellato a voi. Non temete: però che l'aiuto divino è presso. Procurate pure alle cose spirituali, a' buoni pastori, a' buoni rettori nelle città vostre; perocchè per li mali pastori e rettori avete trovata ribellione. [1] Ponetici dunque rimedio; e confortatevi in Cristo Gesù, e non temete. Andate innanzi, e compite con vera sollicitudine e santa quello che per santo proponimento avete cominciato; cioè dell'avvenimento vostro, e del santo e dolce Passaggio. E non tardate più, perocchè per lo tardare sono avvenuti molti inconvenienti; e il demonio s'è levato e leva per impedire che questo non si faccia, perchè s'avvede del danno suo. Su dunque, Padre! e non più negligenzia. Drizzate il gonfalone della Santissima croce, perocchè coll'odore della croce acquisterete la pace. Pregovi che coloro che vi sono ribelli, voi gl'invitiate ad una santa pace, sicchè tutta la guerra caggia sopra gl'infedeli. Spero per l'infinita bontà di Dio, che tosto manderà l'aiutorio suo. Confortatevi, confortatevi, e venite, venite a consolare li poveri [2] li servi di Dio, e figliuoli vostri. Aspettiamovi con affettuoso e amoroso desiderio. Perdonatemi, Padre, che tante parole v'ho dette. Sapete che

---

[1] Il Cardinal di Sant'Angelo, francese, Legato del papa in Bologna, col negare a Firenze in tempo di carestia l'occorrente, e col provocare la città di Prato contr'essa, irritò la Repubblica Fiorentina: la quale, mandando ne' paesi soggetti al pontefice stendardi con sopra scritto *libertas,* sollevò contro lui, nella lega detta della libertà, molte città, molte terre e castello.

[2] Avrebbe a dire: *li poverelli servi.*

per l'abondanza del cuore la lingua favella. Son certa che, se sarete quello arbore che io desidero di vedervi, che neuna cosa vi impedirà.

Pregovi che vi mandiate proferendo come padre, in quello modo che Dio v'ammaestrerà, a Lucca e a Pisa, [1] sovvenendoli in ciò che si può e invitandoli a star fermi e perseveranti. Sono stata a Pisa e a Lucca, infino a qui, invitandoli quanto posso che lega non faccino con membri putridi, che son ribelli a voi: ma essi stanno in grande pensiero, perocchè da voi non hanno conforto, e dalla contraria parte sempre so'[2] stimolati e minacciati che la faccino. Ma per infino a qui, al tutto non hanno acconsentito. Pregovi che ne scriviate anco strettamente a messer Piero:[3] e fatelo sollecitamente, e non indugiate. Non dico più.

Qui ho inteso che avete fatto i Cardinali. [4] Credo che sarebbe onore di Dio, e meglio di noi, che attendeste sempre di fare uomini virtuosi. Se si farà il contrario, sarà grande vituperio di Dio, e guastamento della santa Chiesa. Non ci maravigliamo poi, se Dio ci manda le discipline e i flagelli suoi; perocchè giusta cosa è. Pregovi che facciate virilmentè ciò che avete a fare, e con timore di Dio.

Ho inteso che 'l Maestro dell'Ordine nostro [5] voi 'l do-

---

[1] Pisa poi, raccettando i Fiorentini, cadde nell'interdetto: Lucca, che vacillava, fu tenuta in fede al pontefice per la parola di Caterina.

[2] Nel verso di Dante: « *Per un ch' io so', ne farò venir selle,* » non è da leggere *son* per evitare lo scontro col *ne* e il simile suono de' tronchi *un* e *venir.*

[3] Piero Gambacorti, che teneva il freno di Pisa.

[4] Il dì 20 di dicembre del 1375, sette francesi, uno italiano, e uno spagnuolo, che fu poi antipapa. Il presentimento di Caterina, nell'umilmente disapprovare, era giusto: nè quei tanti Francesi potevano piacere a lei; tantomeno, che tre di quelli erano al papa stretti congiunti di sangue.

[5] Generale dell'Ordine, frate Elia da Tolosa, che non fu poi promosso.

vete promuovere ad altro benefizio. Onde io vi prego per l'amore di Cristo crocifisso, che, s'egli è così, che voi precuriate di darci uno buono e virtuoso vicario;[1] perocchè l'Ordine ne ha bisogno, però che egli è troppo insalvatichito.[2] Potretene ragionare con messer Niccola da Osimo,[3] e coll'arcivescovo di Tronto:[4] e io ne scriverò a loro.

Permanete nella dolce e santa dilezione di Dio. Dimandovi umilmente la vostra benedizione. Perdonate alla mia presunzione, che presumo di scrivere a voi. Gesù dolce, Gesù Amore.[5]

CLXXXVI. — *A Neri di Landoccio.*

Le disposizioni al bene e naturali e soprannaturali non bastano: richiedesi una deliberata e abituale disposizione dell'anima a riceverlo degnamente.

Al nome di Gesù Cristo crocifisso e di Maria dolce.

Carissimo e dolcissimo figliuolo in Cristo dolce Gesù. Io Catarina, serva e schiava de'servi di Gesù Cristo, scrivo a te nel prezioso sangue suo; con desiderio di vederti disponere il vasello del cuore e dell'anima tua a ricevere quello che Dio ti vuole dare col mezzo dell'orazione. Perchè[6] vo-

---

[1] Finchè eleggasi nuovo Generale.

[2] F. Raimondo, confessore di Caterina, Generale nel 1380, si dedicò a riformarli.

[3] Segretario del papa, uom di vaglia.

[4] Di Otranto. Tronto tiene di *Hydruntum.*

[5] Francesco di Salles, altra anima amante, finisce parecchie delle sue lettere con *viva Gesù*. L'invocazione di Caterina è più cordiale, e più sua.

[6] Questo modo di fermare la mente con una interrogazione acciocchè meglio s'attenda alla sentenza seguente, non l'ha Caterina dall'arte, ma l'arte lo adopra. Orazio: « *Ne quis humasse velit Ajacem, Atrida, vetas cur? Rex sum — Nil ultra quæro plebejus. — Quid? si quis non sit avarus, Continuo sanus? — Minime — Cur, Stoice? — Dicam.* »

gl' io che ti disponga? Perchè in altro modo nol potresti ricevere. Chè, come Dio è sempre disposto a dare, così l'anima
debbe sempre disponere sè medesima a ricevere. E con che
si dispone? Con quella disposizione che ha ricevuta da Dio;
la quale ricevemmo quando fummo creati all' immagine e similitudine sua. Però che allora ricevemmo il vasello della
disposizione, e 'l lume: cioè la memoria, la quale è quello vasello che ritiene; e l' intelletto, ricevendo[1] il lume della fede nel santo battesimo; e la volontà, la quale è disposta, ed atta ad amare: perocchè senza amore non può vivere. Sicchè dunque la disposizione dell' amore abbiamo
avuta da Dio per lo essere; perocchè siamo fatti per amore:
e però doviamo col libero arbitrio presentare e offerire nel
cospetto di Dio questo essere dato per amore, e coll' amore
ricevere l' amore: l' amore dico, generale, che Dio ha ad
ogni creatura ragionevole, e' doni e le grazie particolari, le
quali l' anima si sente ricevere in sè medesima. Allora invi-
tiamo Dio a traboccare sopra di noi il fuoco e l'abisso della
sua inestimabile carità, con uno lume soprannaturale, e con
una plenitudine di grazia, c con uno adornamento di virtù;
lavando la faccia dell' anima nel prezioso sangue dell' umile
e immacolato Agnello. E con una fame dell' onore di Dio e
della salute dell'anime corre in su la mensa del crociato desiderio, e ine mangia questo dolce e soave cibo tanto ab-
bondantemente, che scoppia e crepa[2] la propria sensualità;
c cosi rimane morta la volontà ad ogni amore proprio e appetito sensitivo. E così si dispone, come sposo fedele della
Verità; e[3] a morire e dare mille volte la vita, se fusse pos-

---

1 Sta come per *ricevente*.

2 Anco Dante: « *La sete* on*de ti crepa..... la lingua — A Fiorenza fa
scoppiar la pancia*, » Questi modi famigliari e di spregio non si disdi-
cono ragionando de' più bassi appetiti.

3 L' *e* potrebbe levarsi via ; ma può stare, intendendo : si dispone
come sposo ad amare, come fedele a morire.

sibile, per essa Verità. Ora è il tempo, carissimo e dolcissimo figliuolo, da ponerla: e allora sarai atto a ponerla, quando averai per [1] sempre la detta disposizione. Non dico più. Permane nella santa e dôlce dilezione di Dio. Gesù dolce, Gesù Amore.

CLXXXVII. — *A Don Giovanni Sabbatini da Bologna, e Don Taddeo de' Malavolti da Siena, Monaci della Certosa a Belriguardo.*

Chi cerca il diletto, ha pena; e chi la pena, ha diletto. L' avversità dà la forza, la esercita e accresce. Chi non vuole, non perde per dolori l' affetto del bene. Saper aspettare. Non tenerezza o compassione della parte di sè meno nobile. Non eleggiamo dolori a nostro gusto: chè Dio da sè li ordina a salute e perfezione nostra. Pazienza pura.

Al nome di Gesù Cristo crocifisso e di Maria dolce.

Carissimi figliuoli in Cristo Gesù. Io Catarina, serva e schiava de' servi di Gesù Cristo, scrivo a voi nel prezioso sangue suo; con desiderio di vedervi cavalieri virili senza veruno timore servile. Cosi vuole il nostro dolce Salvatore, che noi temiamo lui, e non gli uomini del mondo; così disse egli: « Non temete coloro che possono uccidere il corpo; ma me, che l' anima e il corpo posso mettere nell' inferno. » E però voglio che voi siate annegati nel sangue del Figliuolo di Dio, arsi nel fuoco della divina carità; perocchè qui vi si perde ogni timore servile, rimane solo il timore di riverenzia. Or che può fare il mondo, il dimonio, e i servi suoi a colui che si trova in questo smisurato amore, che s' è posto per obietto il sangue? niente: Anzi sono istrumenti di darci, e di provare [2] in noi, la virtù; imperocchè la virtù si

---

[1] Non so se il *per* non sarebbe da togliere.

[2] Ci preparano l' anima; e l' anima già virtuosa, mettono a prova che aumenti i suoi meriti.

prova per lo suo contrario. E però debbe l'anima godere e esultare, cercare con sua pena sempre Cristo crocifisso, e per lui annichilare e avvilire sè medesimo;[1] dilettarsi sempre di pena e di croce. Volendo pena, tu hai diletto; e volendo diletto, tu hai pena.

Adunque meglio ci è annegarci nel sangue, e uccidere le nostre perverse volontà con cuore libero al suo Creatore, senza veruna compassione di sè medesimo. Allora sarà pieno il gaudio e la letizia in voi. Aspetterete senza fadiga affliggitiva.[2] Di nessuno comandamento che ci fusse fatto, doviamo sentire pena, ma piuttosto diletto; perocchè non è veruno comandamento fatto per gli uomini, che ci possa tòrre Dio, ma sono cagione di darci la virtù della pazienzia, e fannoci più solliciti di correre in cella ad abbracciarci coll'arbore della croce, in cercare la visione invisibile, che non vi può essere tolta; perocchè l'affetto e la Carità, se noi non vogliamo, mai si perde. Or che dolce diletto sarebbe ad essere perseguitato per Cristo crocifisso! Di questo voglio che vi dilettiate per qualunque modo Dio vi dà croce; non eleggendola a vostro modo, ma a modo di colui che ve la dà, riputandovi indegni di tanta grazia quanta è ad essere perseguitati per Cristo crocifisso.

Sappiate, figliuoli miei dolci in Cristo Gesù, che questa è la via de' Santi che seguitarono la via di Cristo : altra via non ci è, che ci menasse a vita. E però voglio che con ogni sollicitudine e con odio santo di voi medesimi voi vi stu-

---

[1] *L'anima e sè medesimo;* come Dante : « *Supìn giaceva in terra alcuna gente.* »

[2] Fatica che stanchi la volontà, e abbatta il vigore dell'anima. *Aspettare* sta forse in senso di *sostenere;* come nel salmo *sostenere* è affine a *aspettare : «propter legem tuum sustinui te, Domine. Sustinuit anima mea in verbo ejus, speravit anima mea in Domino.* Nell'affettazione è sofferenza e speranza.

diate di seguitare questa dolce e dritta via. Al luogo santo dell'orazione date buona sollicitudine e perseveranzia, mentre che lo Spirito Santo ve la porge: non sia schifata nè fuggita da voi, se la vita ne dovesse andare. Per tenerezza [1] nè per compassione di corpo non lassate mai; perchè il dimonio non vorrebbe altro se non privarci dell'orazione, o per compassione di noi, del corpo proprio, [2] o per tedio [3] di mente. E però, per veruna di queste cose dobbiamo lassare l'esercizio dell'orazione; ma col pensiero della bontà di Dio, cognoscendo noi difettuosi, cacciamo le cogitazioni del dimonio, e la tenerezza di noi. Nascondetevi nelle piaghe di Cristo crocifisso: amatevi insieme per Cristo crocifisso: non temete di cosa che avvegna. Ogni cosa potrete per Cristo crocifisso, che sarà in voi, che vi conforterà.

Siate obedienti infino alla morte, di ciò che vi fusse imposto, che vi fusse più grave. Non schifate il frutto per fuggire fadiga, poniamochè d'alcuna cosa il dimonio ve la farebbe sentire, e schifare sotto colore di virtù, dicendo: « Questa era la consolazione dell'anima mia, ed accrescimento di virtù in me. » Non gli credete. Ma confidatevi, e tenete che quello che Dio vi donava per mezzo di quella consolazione, vi darà puramente per sè medesimo, per la sua bontà. Sapete bene, che una foglia d'arbore senza la Providenza sua non cade: sicchè ciò ch'egli permette al dimonio, o alle creature, che facciano a noi, è fatto colla sua Providenzia per necessità della nostra salute, o per accrescimento

---

[1] Tenerezza in volere gli agi, e compassione in temere i disagi. Compassione del corpo è locuzione che da sè condanna la cosa, perchè accenna a *passione*, e dimostra la fiacchezza ridicola di cotesto compatire a sè. Vale per più sillogismi.

[2] Spiega il *noi;* la parte di noi più bassa, quella che non è noi veramente.

[3] La stampa *odio*.

di perfezione. Adunque a riverenza voglio che l'abbiate. Spogliatevi il cuore, e l'affetto eziandio,[1] delle cose temporali, di fuore da quello che vi bisogna per la vostra necessità. Vestitevi di Cristo crocifisso, e inebriatevi del sangue suo : ivi troverete la letizia e pace compiuta. Non dico di più. Permanete nella santa e dolce dilezione di Dio. Amatevi, amatevi insieme. Gesù dolce, Gesù Amore.

CLXXXVIII. — *A Suor Bartolomea della Seta, nel Monasterio di Santo Stefano in Pisa.*

Il lume naturale ci mostra il bene vero : aggiungesi il lume della fede, e l'esempio del Redentore. A chi lo segue, sopraggiungesi un lume più alto. Il Redentore vinse dolori e lusinghe. Con l'affetto vinconsi le battaglie.

Al nome di Gesù Cristo crocifisso e di Maria dolce.

Carissima figliuola in Cristo dolce Gesù. Io Catarina, serva e schiava de' servi di Gesù Cristo, scrivo a voi nel prezioso sangue suo ; con desiderio di vedervi con vero e perfettissimo lume ; il quale lume ci tolle la tenebra, e dirizzaci per la via della verità ; fàcci cognoscere la nostra imperfezione, e il danno che te ne sèguita, e l'eccellenzia della perfezione, e quanto è utile a noi, e piacevole a Dio. E però da questo lume veniamo all'odio perfetto della propria sensualità e della imperfezione ; e veniamo ad amore della virtù ; in tanto che veruna cosa può cercare, volere o desiderare l'anima, se non quello che la faccia venire a virtù. Non rifiuta pene nè fadighe ; anco le abbraccia e dilettasi in esse, perchè vede bene che per altra via non può compire il de-

---

[1] La stampa : *Spogliatevi il cuore e l'affetto, eziandio* ec. Meglio è forse intendere *e l'affetto eziandio,* cioè non solo non empiere il cuore della cupidigia di cose temporali, ma neanco condiscendervi con quell'affetto che pare lecito, ma è lubrica via alle cadute.

siderio suo d'acquistare quella virtù che ama. Ed ella si fa una strada della dottrina di Cristo crocifisso, seguitandola con ansietato desiderio: ella non si reputa di sapere altro che Cristo crocifisso. [1] La sua volontà non è sua, perocchè ella l'ha morta e annegata nella dolce volontà di Dio; nella quale volontà s'è unita per affetto d'amore, e con lui fa mansione; perocchè allora Dio è nell'anima per grazia, e l'anima è in Dio. Ella levasi sopra di sè, cioè sopra il sentimento suo sensitivo, e gusta la dolcezza della verità eterna, la quale verità cognobbe nella dolce volontà di Dio col lume della fede; e vide nel sangue dell'Agnello, che la sua volontà non vuole altro che la nostra santificazione. La verità sua è questa: ch'egli ha creato l'uomo alla imagine e similitudine sua per dargli vita eterna, e acciocchè renda gloria, e loda al nome suo. Per la colpa di Adam, questa verità [2] non si adempiva nell'uomo: e però egli ci donò il Verbo dell'unigenito suo Figliuolo, ponendogli quella grande obedienzia, che col sangue suo ricomprasse il figliuolo [3] dell'umana generazione; ed egli, come innamorato, corse all'obbrobriosa morte della santissima croce; e non ritrasse la sua obedienzia per morte, per pena nè rimprovverio nè per lusinghe che ricevesse; ma, come valente e virile capitano, fece ancudine [4] del corpo suo. Nè anco si ritrasse per

---

1 Questo detto di Paolo è ben più sapiente, più umile insieme ed alto, e più confortante che quell'ironicamente modesto e non vero: « *Hoc unum scio, me nihil scire.* »

2 Secondo il potente uso biblico, *verità* a Caterina è l'intellettuale insieme e la morale, dalle quali ha realtà il vero attinto da' sensi, i quali senz'esse non porgerebbero che apparenze e illusioni.

3 Siccome il Vangelo intitola il *Redentore figliuolo dell'uomo;* Caterina comprende nel singolare di *figliuolo* gli uomini tutti e nati e nascituri.

4 Il *capitano* con l'*ancudine* non istà: ma anche Dante dà alla natura ferri da scaldare e ancudine sulla qual battere. Notabile il

nostra ingratitudine. Così fa l'anima che col lume ha cognosciuta questa verità: ella non si ritrae per mormorazioni, nè per battaglie del dimonio, nè per tenebre di mente,
nè per la fragile carne che impugna contro lo spirito; ma
tutte queste cose si mette sotto a' piei dell'affetto. Ella è
costante e perseverante; che tanto gode, quanto si vede
sostenere. Bene è dunque da cercare questo vero e perfetto
lume, e con odio levare da noi quella cosa che cel tolle,
cioè l'amore proprio di noi medesimi. A questo odio verremo, quando staremo serrati nella casa del cognoscimento di
noi; dove troveremo l'amore ineffabile che Dio ci ha, col
quale amore cacceremo l'amore proprio di noi. Perocchè
l'anima che si vede amare, non può fare che non ami. Allora s'infonde [1] uno lume sopranaturale nell'occhio dell'intelletto nostro, col quale lume veniamo ad ogni perfezione:
ma senza il lume non vi verremo mai. E però dissi ch'io
desideravo di vedervi con vero e perfettissimo lume. Di
questo voglio che vi studiate, quantunque potete, d'averlo
in voi....[2] Permanete nella santa e dolce dilezione di Dio.
Gesù dolce, Gesù Amore.

---

concetto che Gesù Cristo vinse e il dolore e le lusinghe: concetto pellegrino e vero, che accenna non solo alla tentazione nel deserto, ma
alle parole di Pietro da lui detto Satana, e alle lodi perfide de' Farisei.

[1] Dante: « *Quantunque alla natura umana lece*
Aver di lume, tutto fosse infuso
Da quel Valor (Dio).... »

Il lume soprannaturale viene accresciuto all'intelletto dal buono uso
della volontà.

[2] Manca. Forse particolarità proprie a suor Bartolommea e alla
scrivente.

CLXXXIX. — *A Monaci di Cervaia, e a Fra Giovanni di Bindo, Niccolò di Ghida, ed altri suoi in Cristo figliuoli, de' Frati di Monte Oliveto presso Siena.*[1]

Tre battesimi. Quello del sangue e del desiderio, intesi in nuovo senso, ma retto. La mano dell' amore tempera il sangue col fuoco. Il sangue fortifica la ragione e la libertà. La materia non solo obbedisce a una legge, è essa una legge, ma d'ordine inferiore. Il battesimo dell' amore rifacciasi tutti i dì. Nell' amore consuminsi le illusioni tentatrici; vincasi il tempo delle tenebre, il tedio di sè, la confusione di sè, la freddezza del cuore. Nell' anima è l' istinto del bene, rivelazione continua, che ci conforta a speranza.

Al nome di Gesù Cristo crocifisso e di Maria dolce.

A voi, dilettissimi e carissimi fratelli in Cristo Gesù, io Catarina, serva e schiava de' servi di Gesù Cristo, scrivo e confortovi nel prezioso sangue suo, il quale sangue fu sparto con tanto fuoco d'amore, che dovrebbe tràre a sè ogni cuore ed affetto della creatura. E non è grande fatto se la memoria del sangue è ne' cuori de' servi di Dio, però che egli è mescolato con fuoco.

Così mi ricordo che disse la prima Verità una volta ad una serva sua, dimandando ella, e dicendo: « Poichè tu eri morto, perchè volesti che il costato ti fusse aperto, e gittasse tanta abbondanza di sangue? » egli diceva allora: « Molte sono le cagioni; ma due principali te ne dirò. L'una, perchè io volsi[2] e che per l'apritura del lato vi manifestai il secreto del cuore: perocchè più era dentro l'affetto che io aveva all'uomo, che il corpo con l'atto di fuore non poteva mostrare. L'altra si fu il battesimo che per li meriti del sangue mio era dato all'umana generazione.[3] » Sapete

---

[1] La stessa lettera è a due conventi, de' Monaci neri nel genovese, e de' bianchi in quel di Siena.

[2] Volli manifestarvi.

[3] Vedasi il cap. 75 del Dialogo.

che egli gittò sangue, ed acqua; l'acqua per lo battesmo santo che è dato a' Cristiani, il quale ci dà la vita e la forma della Grazia, e il quale, per li meriti del sangue dell'Agnello, provide la divina eterna bontà per rimedio delle nostre ignoranzie e miserie. E per coloro che non potessero avere il battesmo dell'acqua, ha posto il battesmo del sangue e del fuoco; perocchè il sangue loro, sparto per Dio, sarebbe battesmo, siccome fu a' santi Innocenti.[1] E tutto questo varrebbe loro per lo sangue del Figliuolo di Dio, perchè il sangue de' martiri valse e vale per lo sangue suo. Ma noi miseri miserabili Cristiani, ricevuta già la Grazia, perchè non si leva su il cuore nostro freddo, pieno d'amore proprio e d'ignoranzia, a ragguardare tanto ineffabile fuoco d'amore, e la sua inestimabile providenzia? che, vedendo che per lò peccato noi perdiamo la Grazia e la purità che riceve l'anima nel santo battesmo (il quale è di tanta eccellenzia, che non si può prendere altro, che una volta), ha ordinato il battesmo del sangue e del fuoco, il quale possiamo continuamente prendere.

Confortianci dunque, fratelli miei, e non veniamo meno, nè per peccato commesso, nè per alcuna illusione o tentazione di dimonio: e sia la via sozza, brutta[2] quanto vuole. Perocchè il medico nostro Cristo ci ha data la medicina còntra ogni nostra infirmità, cioè il battesmo del sangue e

---

1 Intende de' non ancora circoncisi, o de' bambini non ebrei, che saranno in quella strage periti; ai quali dice che fu battesimo il sangue sparso. Ma Caterina più latamente intende per battesimo di sangue ogni mortificazione, anche incruenta, la quale, detraendo della vita materiale con intenzione espiatrice, aggiunge alla vita spirituale; e per battesimo di desiderio o di spirito, intende non solo il desiderio d'essere battezzati, che vale per l'atto, ma ogni affetto d'amore che purghi l'anima e la rinnovelli.

2 *Brutto* è più, in quanto è esso sozzura, e imbratta altre cose, e offende più il senso.

del fuoco, nel quale l'anima purifica e lava ogni peccato, consuma e arde ogni tentazione e illusione del dimonio : perocchè il fuoco è intriso col sangue. Adunque, bene è vero che egli arde[1] d'amore, e lo Spirito Santo è esso fuoco. Perchè l'amore fu quella mano che percosse il Figliuolo di Dio, e fecegli versare sangue ; e unironsi insieme ; e fu sì perfetta questa unione, che noi non possiamo avere fuoco senza sangue, nè sangue senza fuoco. E perchè l'uomo, mentre che vive nella carcere corruttibile del corpo suo (il quale è una legge[2] perversa, che sempre lo invita e inchina a peccato).... ha posto il dolce e buono Dio questo continuo rimedio, quale fortifica la ragione e la libertà dell'uomo, cioè questa continua medicina del fuoco dello Spirito Santo, che non gli è mai tolto : anco, adopera continuamente la Grazia e i doni suoi. In tanto che ogni dì puoi e debbi adoperare questo battesmo dolce, el quale t'è dato per grazia, e non per debito. Quando dunque l'anima ragguarda e vede in sè tanta eccellenzia e fuoco di Spirito Santo, inebriasi per siffatto modo dell'amore del suo Creatore, che ella al tutto perde[3] sè, e, vivendo, vive morta, e non sente in sè amore nè piacimento di creatura. Perocchè la memoria s'è già piena dell'affetto del suo Creatore; e lo intendimento non si sente a intendere[4] nè a vedere neuna

---

[1] La stampa : *egli arde l'amore dello Spirito Santo è esso fuoco.* Intendo : il sangue arde d'amore, ed essendo sangue di quella umanità a cui la divinità si è congiunta, non è maraviglia che in esso sia fuoco d'amore, quando lo spirito è amore, e Dio è carità.

[2] Il corpo stesso è una *legge :* locuzione potente, che nell'atto di denotare la debolezza della natura corporea corrotta che mal risponde allo spirito, la trasporta nel mondo ideale, e ne fa, più che una forza, un principio. O dopo la parentesi o prima, una qualche parola manca.

[3] In simile senso il Vangelo parla del dover perdere quel che vuolsi salvare.

[4] Non credo sia sbaglio, ma modo efficace per significare la co-

cosa creata fuore di Dio: ma solo intende e vede, sè medesimo non essere, e la bontà di Dio in sè; la quale bontà infinita, vede che non vuole altro che il suo bene. E allora l'amore suo è diventato perfetto verso di Dio; e non avendo in sè altro, nè intendendo altro, non si potrebbe tenere allora il veloce corso del desiderio; ma corre senza veruno peso o legame, perocch'egli ha tagliato da sè, e levato ogni peso che gli fusse cagione a impedire questo corso. E sono questi cotali sì legati nel giogo di Cristo, che amano loro per Dio, e Dio per Dio, ed il prossimo per Dio.

A questa perfezione, carissimi fratelli, voi sete invitati e tratti dallo Spirito Santo, dallo stato del secolo allo stato della santa Religione; e sete legati col funicolo[1] della vera e santa obedienzia, menati a mangiare fialoni[2] di mele nel giardino della santa Chiesa. Adunque io vi prego, poichè è tanto dilettevole, che giammai non volliate il capo addietro per veruna fadiga o tentazione che il dimonio vi desse; e non venga mai a tristizia o a confusione l'anima vostra: perocchè il dimonio non vorrebbe altro. Onde egli spesse volte darà molte molestie e varie battaglie, e faratti falsamente giudicare contra l'obedienzia che ti fusse imposta. E non fa questo perchè di primo colpo creda che noi cadiamo, ma solo perchè l'anima venga a disordinata tristizia e confu-

---

scienza riflessa; quel sentimento degli atti intellettuali, ch'è un giudizio: come i Latini intendevano *sententia;* e in Dante è *sentire,* là dove dice: « *Quella pietà che tu per tema senti* » (giudichi esser timore.)

[1] Nella versione latina della Bibbia *funicolo* talvolta dice la traccia della via, come fune tesa per indicare il sentiero, o accompagnante chi va perchè poi ritrovi le sue orme.

[2] *Fialone,* e *fiadone* da *fiale* (usato dal Redi), corrotto di *fava.* Il Burlamacchi (toscano) sbaglia a dire errato *fiadone* che altra stampa legge; e sbaglia a dir questo uno accrescitivo creato per maggiore efficacia, che sarebbe goffaggine: ma gli è piuttosto una forma di diminutivo alla francese e alla greca.

sione di mente ; perocchè, essendo condotta l' anima in su
la tristizia e confusione per tedio di sè, [1] perde e abandona
i suoi esercizii spirituali li quali faceva, parendole che le sue
operazioni non debbano essere accette nè piacevoli a Dio;
perchè gli 'l pare fare in tante tenebre e freddezza di cuore, parendole essere privata del calore della carità, che le
pare meglio di lassarle stare, che di farle. Allora il dimonio
gode, perchè la vede per la via di conducerla a disperazione; perocchè in altro modo non può guadagnare, se non
per questo. Non è dunque da fare così : perocchè, se tutti
i peccati si raunassero in un corpo d' uno uomo, e gli rimanga la vera speranza e la viva fede della infinita misericordia ; non ci potrà tollere che noi non partecipiamo e
riceviamo [2] il frutto del sangue del Figliuolo di Dio, il quale
il dolce Gesù sparse, volendo adempire l' obedienza del Padre e la salute nostra. E perchè egli non aveva in sè altra
volontà se non adempire quella del Padre suo; ogni pena,
strazio, scherni, e morte gli tornava a grandissima dolcezza;
in tanto che gli parbe giungere alla pasqua, giungendo alle
pene. Questo parbe che mostrasse nella cena, quando disse
a' discepoli suoi : « Con desiderio ho desiderato di fare questa pasqua. » Questa era la pasqua ; che vedeva compiuto
il tempo, e venuto quello che tanto aveva desiderato, cioè
di fare sacrificio del corpo suo al Padre per noi in sul legno
della santissima croce. Or così voglio, dunque, che facciate
voi ; perocchè così fa l' anima innamorata di Dio ; cioè, che
non schifa fadiga che trovi, nè per dimonio nè per obedienzia ; ma tanto gode, quanto si vede sostenere. E tanto gode
ed esulta, quanto si vede più legato corto dal prelato suo

---

1 Giobbe: « taedet animam meam vitae meae. »

2 Non solo averne una qualche parte, ma riceverlo tutto : dacchè
l' anima dalla virtù d' esso sangue è fatta capace ad accogliere tanta
redenzione.

per obedienzia; perocchè vede, quanto l'affetto e la volontà
è più legata quaggiù, tanto è più larga e legata con Cristo.

E se mi diceste : « Che modo tengo quando sento le
tenebre e la cecità della mente, che non pare che ci sia
punto di lume, onde io mi possa attaccare a speranza? »
dicovelo, fratelli e figliuoli miei. Voi sapete che il peccato
sta solo nella perversa e mala [1] volontà. E però l'anima,
quando vede la buona volontà in sè, che elegge innanzi la
morte, che offendere attualmente il suo Creatore; debbe
allora abandonare la confusione di sè, e andare per lo lume,
il quale trova, d'una Grazia [2] nascosa nell'anima, la quale
Dio gli ha data, [3] conservandogli la buona volontà. Or a questa mensa dunque si debbe pascere, esercitandosi in ogni
santa operazione. E risponda alla confusione del dimonio, e
dica : « Se la divina Grazia non fusse in me, io non averci
buona volontà ; ma seguiterei le malizie tue, e le mie perverse cogitazioni. Ma io mi confido in *Domino nostro Jesu
Christo*, [4] il quale mi conserverà fino all'ultimo della vita
mia. »

Voglio, dunque, che apriate l'occhio della ragione, fratelli miei, a cognoscere voi medesimi : perocchè nel cognoscimento di noi medesimi l'anima s'umilia ; il qual cognoscimento riceve per le molte tenebre e molestie delle dimonia,
e cresce in sollicitudine, ed in amore di Dio ; perocchè
vede che senza lui non si può difendere, e trova in sè Dio

---

[1] Qui *perversa* può denotare pure il primo torcersi dal bene ;
mala, la più deliberata e abituale malvagità : e però questo può essere più.

[2] Non muto ; perchè può intendersi : trova il lume venirgli, quasi
da fonte segreta, da una Grazia riposta in lui stesso, quasi tesoro affi-
dato ai divini istinti della sua propria natura. Così quest'anima eletta
il soprannaturale concilia col naturale, e la fede con la ragione.

[3] Nella stampa *data e*, forse *e conservatagli*.

[4] Insegna ai monaci che al diavolo parlino latino.

per santa e buona volontà. Così dunque abbiamo veduto in che modo troviamo Dio nel tempo delle tenebre, e come nelle cose amare l'anima trova dolcezza solo per l'affettuoso e consumato amore; il quale l'anima concepe, e trova continuamente nel battesmo del sangue e del fuoco dello Spirito Santo. Il quale è a noi principio, regola, mezzo e fine nostro: nel quale fine l'anima non è più viandante nè peregrina in questa vita; ma è fermata e stabilita nella visione eterna di Dio, ove riceve il frutto d'ogni sua fadiga. Adunque corriamo, diletti figliuoli miei, none schifando nè fuggendo neuna fadiga, ma seguitando il Capo nostro Cristo Gesù. Altro non dico. Volate con l'ale della profonda [1] umilità e della ardentissima carità. Permanete nella santa e dolce dilezione di Dio. Gesù dolce, Gesù amore.

—

CXC. — *A Francesco di Pipino Sarto da Firenze,*[2] *e a Monna Agnesa sua donna.*

Mali del consorzio co' non buoni, beni del consorzio co' buoni; con faconda brevità accennati.

Al nome di Gesù Cristo crocifisso e di Maria dolce.

Carissimi figliuoli in Cristo dolce Gesù. Io Catarina, serva e schiava de' servi di Gesù Cristo, scrivo a voi nel prezioso sangue suo; con desiderio di vedervi alluminati di vero lume, acciocchè perseveriate nella virtù infino alla morte. Senza il lume, carissimi, andereste in tenebre, e non cognoscereste la verità; e le cose dolci vi parrebbero amare, e le amare

---

[1] Profondo anche l'alto.
[2] Questo sarto era caro e pregiato anco ai discepoli di Caterina. Parla di lui Stefano Maconi in una lettera inedita che conservasi in Siena.

dolci. [1] Ma avendo il lume, saremo cauti, e fuggiremo tutte quelle cose che avessero a diminuire in noi le virtù, e l'amore che dobbiamo avere, schietto, al nostro Creatore. Con questo lume vederemo quanto è pericolosa la conversazione di quelli che vivono senza il timore di Dio; però ch'ella è il fondamento della nostra ruina. [2] Ella ci fa ingrossare [3] la coscienzia; tolleci la madre dell'orazione, leva via l'astinenzia, impedisce il fervore; dilata [4] l'affetto ne' diletti vani del mondo, furaci l'umiltà santa, tolleci l'onestà, apre [5] i sentimenti del corpo, e accieca l'occhio dell'intelletto nostro, in tanto che mai non pare che l'anima abbia incominciato a cognoscere [6] il suo Creatore; e così a poco a poco non s'avvede la creatura, e trovasi d'un angelo terrestre, diventato dimonio d'inferno. E dove è la purità che tu solevi avere? Ove è il desiderio di patire per Dio? Dove sono le lagrime che tu solevi spandere nel cospetto di Dio con umile e continua orazione? dov'è la carità fraterna che tu avevi a ogni creatura ragionevole? Nulla ce n'è rimaso, però che il dimonio ha furato tutto col mezzo degli servi suoi.

Non voglio, figliuoli carissimi e dolcissimi, che questo addivenga a voi: ma la vostra conversazione sia sempre

---

[1] Il bene vero sul primo dà meno gusti; il falso, quanto più solletica, più da ultimo offende. « *Ab ipso fonte leporum Surgit amari aliquid.* »

[2] Pare avvertitamente quasi per ironia, contrapposto *fondamento* a *ruina.*

[3] Nel senso del biblico *incrassatum.* Non è forza di virtù vera senza delicatezza.

[4] Non per ampliarlo, ma per gonfiarlo prima, e poi dissiparlo.

[5] Se non è sbaglio, intendasi: aprire alle impressioni che fiaccano, e da ultimo corrompono.

[6] Perde il sentimento del bene in maniera che pare n'abbia smarrita l'idea.

con quelli che temono ed amano Dio in verità. Questi sono cagione di riscaldare la freddezza del cuore nostro, e dissolvono la durizia, con dolci ragionamenti di Dio; ragionando della grande bontà e carità sua verso di noi. E l'uno è cagione di dare lume all'altro, ricercando la dottrina di Cristo crocifisso, e la vita de' Santi. Odiansi[1] tutti e' sentimenti del corpo: con una modestia santa abbraccia la umiltà, e la viltà[2] sua sorella, disprezzando sè medesimo. E così, brevemente, sèguita[3] della conversazione de' servi di Dio; siccome ogni male ci dà quella de' servi del mondo. Onde dice lo Spirito Santo per bocca del profeta: « Tu sarai santo con i santi, innocente cogl' innocenti, ed eletto cogli eletti; e perverso con i perversi. [4]

Voglio dunque che a questo abbiate una grande avvertenzia, di sempre conversare con i servi di Dio, e serve; e gli altri e l'altre fuggire come fuoco. E non vi fidate mai di voi, dicendo: « io son forte, e non temo che questi

---

[1] Da questo e da altri luoghi apparisce in che senso ella intenda la parola *odiare*. Siccome l'uomo non può odiare i sentimenti suoi propri, ma quello ch'è male in essi, cioè quel che non è, e quel che le nostre volontarie illusioni fingono che ci sia; così nel prossimo nostro noi non dobbiamo odiare le persone nè alcuna loro qualità (la quale, per abusata che sia, ha però un principio di bene), ma sola la negazione del bene. In questo rispetto l'odio non è più odio. E però dice Caterina sovente che l'uomo deve odiare quel che Dio odia: or ·Dio non odia nè persona nè cosa.

[2] Non ha, qui nè altrove, il senso moderno di abbiettezza d'animo, per paura o altro sentimento che detragga all'umana dignità. Dice soltanto umiliazione nelle apparenze, il poco pregio che altri faccia di noi; secondo il senso proprio del *rinviliare*, scemare di prezzo. E il popolo, per *a buon mercato* dice assolutamente *vile.*

[3] E questi beni conseguono dalla..... Così tiene luogo di nome reggente, e *sèguita* ha forma come d'impersonale se non sbaglio. Potrebbe anco intendersi imperativo: prosegui tu a dire e arguire.

[4] È franteso dai più questo passo del Salmo: ma anche come volgarmente recasi a modo di proverbio, ha la sua verità.

mi faccia cadere. » Non così, per l'amore di Dio! Ma con vera umiltà cognosciamo che, se Dio non ci tiene egli, noi saremmo dimoni incarnati. Noi n'abbiamo esempio innanzi siffatto, che sempre doviamo stare in tremore. [1] Son certa che, se avrete vero lume, che voi in questo e in ogni altra cosa compirete la volontà di Dio, e il desiderio mio: altrimenti, no. E però vi dissi, che io desideravo di vedervi illuminati d'esso lume.

Per fretta non dico più ora. Permanete nella santa e dolce dilezione di Dio. Gesù dolce, Gesù amore.

—

CXCI. — *A Tommaso d'Alviano*. [2]

Giacchè guerra ci ha a essere, sia pura di cupidigie, e conduca presto la pace. Non è guerra giusta senza misericordie. Queste sentenze spiegano l'altra: che chi combatte per la Chiesa, anco che lo faccia con intenzione non perfetta, ne ha premio. Intende: anco che non sia santo, se crede operare il bene, e l'opera davvero, avrà premio proporzionato al bene che fa. La lettera è più d'ammonizione, la qual vela un modesto rimprovero, che di lode. A uomo d'armi ella parla men severo che al papa.

Al nome di Gesù Cristo crocifisso e di Maria dolce.

Carissimo fratello in Cristo dolce Gesù. Io Catarina, serva e schiava de'servi di Gesù Cristo, scrivo a voi nel prezioso sangue suo; con desiderio di vedervi servo fedele alla santa Chiesa, sì come colonna e difenditore di questa dolce sposa di Cristo. Perocchè, chi sarà trovato fedele nel punto della morte sua, non vederà [3] pena eternale. Ogni fedele Cristiano è tenuto d'esser fedele e di servire alla santa Chiesa, e ciascuno secondo lo stato suo.

---

[1] Accenna a un fatto che doveva esser noto e solenne. Forse le guerre che diedero luogo all'interdetto, nate appunto dalle leghe, e dagli esempi dell'odio.

[2] Capitano di ventura.

[3] Forma biblica: « *Non videbit mortem.* »

Dio mette i suoi lavoratori in questo glorioso giardino: e noi siamo quelli lavoratori, i quali dobbiamo servire in tre modi. L'uno modo tocca generalmente a tutti i fedeli Cristiani, i quali debbono lavorare con umili e sante orazioni, e con vera obedienza; cioè essere obedienti e riverenti alla Santa Chiesa; la quale è il giardino de'Cristiani, dove essi si dilettano, e onde essi traggono la vita della Grazia, quando essi non sono spregiatori del sangue, cioè che lo spregino nel peccato mortale, e con la irreverenzia e disobidienzia alla santa Chiesa; ma stiano come lavoratori, come detto è. Il secondo modo, di coloro che sono posti a lavorare in questo giardino per ministri, quali hanno a ministrare, i santi Sacramenti della santa Chiesa, a pascerci e nutricarci spiritualmente; i quali ci debbono nutricare di dottrina e di esempio. E se l'esempio loro non fosse specchio di virtù, non è però di meno,[1] la vita che noi traiamo da questi Sacramenti, colà dove noi li riceviamo degnamente. E non debbe essere di meno per alcun difetto o malo esemplo de' pastori, la riverenzia che noi dobbiamo avere verso di loro; perchè la virtù del Sacramento non riceve alcuna lesione per alcun difetto loro: e però noi li dobbiamo avere in riverenzia[2] per virtù del Sacramento. E perchè essi sono i suoi Unti, e chiamali per la Scrittura i suoi Cristi; e' non vuole che essi siano toccati, o buoni o cattivi che siano, per mano de' secolari. E però è molto spiacevole e abominevole a Dio questo peccato; e gl' iniqui uomini, come membri del dimonio, se ne vogliono far giudici in punire i loro difetti; e, come ciechi, perseguitano la santa madre Chiesa.

---

[1] Dante: « *Nè pertanto di men parlando vommi.* »

[2] Così, in proposito simile, lo sdegnoso poeta:

> « *E se non fosse che ancor lo mi vieta*
> *La reverenza delle somme chiavi.....*
> *I' uscrei parole ancor più gravi.* »

E per questa malvagia e iniqua persecuzione ha proveduto Dio del terzo modo, cioè de' terzi che lavorino in questo giardino; e questi sono coloro che la sovvengono temporalmente, servendola fedelmente dell'avere e della persona.
Intra li quali mi pare che Dio abbia eletto voi, perchè voi gli
siate servo fedele ora nel gran bisogno suo. Questo servizio
è tanto piacevole a Dio, che la lingua nostra non sarebbe
sufficiente a narrarlo; e specialmente quando l'uomo serve
non tanto per diletto [1] o per propria utilità, quanto per zelo
della santa Chiesa, cioè per lo suo crescimento ed esaltazione. E tanto è piacevole a Dio, che eziandio se molti fossero
che non avessero quella dritta e santa intenzione la quale
debbono avere, anco ne saranno però rimunerati d'ogni servigio che sarà fatto a questa dolce Sposa. E Dio sarà per coloro che s'affadigheranno per lei: e se Dio è per loro, neuno
sarà contra loro.

E però io v'invito, carissimo fratello, ad affadigarvi virilmente, voi e gli altri che sono a vostra compagnia, affadi-
gandovi con vera e santa intenzione per la dolce sposa di
Cristo. È questa la più dolce fadiga, e di più utilità, che alcuna altra fadiga del mondo. Questa è una fadiga, che,
perdendo, vincete; cioè, che perdendo la vita corporale
avete vita eterna. Però che nel sangue sparto per la santa Chiesa si lavano tutti i difetti e le iniquitadi che si fossero commesse. E se vince, ha già fatta l'offerta dinanzi a Dio della vita sua, perchè si mise alla morte: e se
egli acquista della sostanzia temporale, è sua lecitamente. E
chi non volesse,[2] fratello carissimo, disponere sè a ogni pena

---

[1] A que' tempi massimamente poteva la guerra parere un diletto,
una varietà della caccia; in specialità poi guerra fatta in Toscana da
avventurieri che nulla avevano da perdere. S'ingegna la scrivente di
attenuare il male ch'ella non poteva evitare, consigliando almeno astinenza da opere vili.

[2] Per *vorrebbe.* Se pure non si creda omesso *chi è che non.*

e tormento per esser servo fedele di questa sposa? Non vi si metterà colui che è accecato, ed è spregiatore del sangue di Cristo, e che la perseguita: onde a nno tratto *perde* l'anima e il corpo, e consuma i beni temporali. Oh quanta grazia v'ha fatta Dio a voi e agli altri che la servono, che ve [1] n' ha fatto aiutare, e non perseguitare. Onde io dico: se voi deste il corpo vostro ad ardere, non potreste satisfare a tanta grazia.

E però vi prego, che gli rispondiate con amore ineffabile, e ad essere specchio di virtù nello stato vostro; acciocchè voi facciate con santa e buona intenzione, e siate colonna ferma e servo fedele. Il gonfalone della santissima Croce non si parta mai dal cuore e dalla mente vostra; perocchè, non essendo virtuoso, nè purificato la [2] coscienza con la santa confessione, non sareste servo fedele nè a Dio nè alla Chiesa sua, nè sareste buono lavoratore in questo giardino santo.

E però vi dissi, che io desideravo di vedervi servo fedele alla santa Chiesa. Pregovene e costringovene, voi e gli altri, da parte di Cristo crocifisso, che cosi facciate. E sempre condite la virtù della giustizia con la misericordia; però che, altrimenti, non sarebbe virtù. Bagnatevi nel sangue di Cristo crocifisso; e con santa intenzione e buona sollecitudine fate quello che avete a fare. E io leverò le mani e la mente al cielo, e orerò continuamente per voi e per gli altri, pregandolo che vi guardi da ogni male e che ci dia grazia che si faccia una dolce pace; e dopo la pace andiamo tutti di bella brigata [3] sopra gl'Infedeli. Quello mi darà grandissima

---

1 *Ve l' ha fatta.* Il *ne* per *la* o *lo,* dicevasi; e l'usa il popolo tuttavia; non però cosi per l'appunto. Ma forse è da leggere *aiutatore, e perseguitatore.*

2 Petrarca: « *Umida gli occhi.* »

3 Raimondo dice che mai Caterina non si pensò di accompagnare l'impresa di guerra; ma egli e altri attestano che voleva andarsene pellegrina. Intende dunque, le sia, a lei e ad altri, aperta al pellerinaggio più sicura la via. Ma, consigliando la guerra, ella ci prendeva

allegrezza; e questo mi dà grandissima pena, cioè di vedere che noi siamo condotti a tanto, che l'uno Cristiano combatta coll'altro, e i figliuoli ribellano al padre, perseguitando 'l sangue di Cristo crocifisso. Altro non vi dico. Permanete nella santa e dolce dilezione di Dio. Gesù dolce, Gesù amore.

CXCII. — *A Neri di Landoccio.*

Non tema della propria salute; e s'adoperi a conseguirla.

Al nome di Gesù Cristo crocifisso e di Maria dolce.

Carissimo e dolcissimo figliuolo in Cristo dolce Gesù. Io Catarina, serva e schiava de' servi di Gesù Cristo, scrivo a te nel prezioso sangue suo; con desiderio di vederti sempre crescere di virtù in virtù, infine che io ti vegga tornare al mare pacifico [1] dove tu non arai mai dubitazione d'essere separato da Dio. Però che la puzza della legge perversa che impugna contro lo spirito, sarà rimasa alla terra e averále renduto il debito suo. Voglio, dolcissimo figliuolo, che, mentre che vivi in questa vita, tu t'ingegni di vivere morto ad ogni propria volontà: e con essa morte acquisterai le virtù. Per questo modo vivendo, darà a terra la legge della perversa volontà. E così non dubiterai che Dio permetta in te quello che permise in quell'al-

---

già parte. Non avrebbe impugnate le armi, ma si sarebbe esposta al pericolo; come fece in Italia, e come desiderava finire la vita. Temeva ella l'uccidere, non il morire. Il Delle Celle scrive a certa Domitilla la quale con altre donne intendeva ire all'impresa di Terra Santa; e perchè queste recavano l'autorità della Senese, Giovanni risponde: « Siate forti in amore di solitudine e pure come lei; poi potrete avventurarvi al viaggio. »

[1] Dante: « *E la sua volontade è nostra pace:*
    Ella è quel mare a cui tutto si muove
    Ciò ch'ella cria, e che Natura face. »

tro; [1] nè averai pena, perchè per spazio di tempo l'umanità [2] tua sia separata da me e dall'altra [3] congregazione. Confòrtati; e stíati a mente quello che disse la Verità, cioè che delle sue mani non ne sarebbe tolto veruno. Dico, delle sue mani, perchè ogni cosa è suo. E io so che tu m'intendi senza molte parole. Altro non dico. Permani nella santa e dolce dilezione di Dio. Gesù dolce, Gesù amore.

—

CXCIII. — *A Misser Lorenzo del Pino da Bologna, dottore in Decretali.* [4]

(Fatta in astrazione).

All'uomo di legge parla di verità: riprende i legulei che si fanno soprappagare le parole, che rubano, crudeli a sè più che ai poveri: i legulei porci d'incontinenza; perchè l'incontinenza della parola ne trae altre seco; e perchè la sensualità è una specie di bugia, fondandosi in illusioni turpi. L'uomo corrotto, per non credere al vero, crede al falso; quel ch'e' tiene con disordinato amore è condotto a perdere con dolore; si fa incomportabile a sè; corrompe i beni d'ogni stato. In ogni stato può farsi del bene; e nel matrimonio e nella ricchezza; purchè se n'usi con lume di ragione e larghezza di cuore; astenendosene con l'anima nell'usarne in atto.

Al nome di Gesù Cristo crocifisso e di Maria dolce.

Carissimo fratello e figliuolo in Cristo dolce Gesù. Io Catarina, serva e schiava de'servi di Gesù Cristo, scrivo a

---

[1] Accenna a un fatto che noi ignoriamo, e ella stessa pare non voglia troppo chiaramente indicarlo. Forse di taluno che si scostò dal consorzio de'buoni; e dal costui esempio Neri forse sgomento, diffidava di sè. Ma l'innominato di cui qui si tocca, non era de'discepoli di Caterina, s'ella per rassicurare il Pagliaresi, soggiunge le parole di Cristo in Giovanni: « *quos dedisti mihi, non perdidi ex eis quemquam.* » E il Guidini attesta essere stata credenza che tutti i discepoli di lei andrebbero a salvazione.

[2] Neri doveva essersi di persona allontanato da lei e dagli altri suoi fidi.

[3] Qui vale *rimanente,* non un'altra diversa.

[4] Nobile bolognese, rinomato lettore dell'Università dal 65 al 91,

voi nel prezioso sangue suo; con desiderio di vedervi amatore e seguitatore della verità, e spregiatore della bugia.
Ma questa verità non si può avere nè amare s'ella non si
cognosce. Chi[1] è Verità? Dio è somma ed eterna Verità. In
cui la cognosceremo? In Cristo dolce Gesù; perocchè col
sangue suo ci manifesta la verità del Padre eterno. La verità sua è questa, verso di noi : che egli ci creò alla imagine e similitudine sua per darci vita eterna, e participassimo e godessimo del bene suo. Ma per la colpa dell'uomo
questa verità non s'adempiva in lui; e però Dio ci donò
il Verbo del suo Figliuolo; e imposegli questa obedienzia,
che dovesse restituire l'uomo a Grazia con molto sostenere,
purgando la colpa dell'uomo sopra di sè, e nel sangue suo
manifestasse la sua verità. Onde per l'amore ineffabile che
l'uomo trova mostrarsi a sè da Dio, con questo mezzo del
sangue di Cristo cognosce, che non cerca nè vuole altro che
la nostra santificazione. E per questo fine fummo creati : e
ciò che Dio dà e permette a noi in questa vita, dà, perchè
siamo santificati in lui. Questa verità, chi la cognosce, non
se ne scorda, ma sempre la sèguita e ama, tenendo per le
vestigie di Cristo crocifisso. E siccome questo dolce e amoroso Verbo, a nostro esempio e dottrina, spregiò il mondo

---

anziano del Comune nel 67, e nel 76 del consiglio de'Quattrocento; nel
seguente de' quattro deputati alla pace con papa Gregorio; nell'80, de-
putato a rispondere rifiutando gl'inviti di Clemente antipapa, intendendo Bologna liberarsi dal principato d'Urbano, ma il pontificato di
lui riverire. Scrisse sulle Decretali; e sono stampati di questo dottore
consulti.

    [1] Non dico *che è,* come Pilato, e come i filosofi. L'assoluta verità
deve di necessità essere un ente necessario, e conoscere sè verità, ed
essere in atto per potere operare ogni vero, il che non potrebbe, se
non fosse un atto essa stessa e, come verità conoscentesi, amare sè. Il
chi di questa donna, che corregge e filosofi e Pilato, è una dimostra-
zione dell'unità trina di Dio.

e tutte le delizie, e volle sostenere fame e sete, obbrobrii e rimproverii infino all' obbrobriosa morte della croce, per onore del Padre e salute nostra; così queste vie e vestigie sèguita colui ch' è amatore della verità, la quale cognobbe col lume della santissima fede. Perocchè senza questo lume non si potrebbe cognoscere; ma, avendolo, la cognosce; e cognoscendola, l' ama, e diventa amatore di ciò che Dio ama, e odia ciò che Dio odia.

Questa differenzia è tra colui che ama la verità, e colui che l' odia. Colui che odia la verità, è quello che giace nella tenebra del peccato mortale. Questo odia [1] quello che Dio ama, e ama quello che Dio odia. Dio odia il peccato e 'l disordinato diletto e piacere del mondo; e egli l' ama, nutricandosi nella miseria del mondo; e in ogni stato si corrompe. Onde, s' egli ha offizio per lo quale egli abbia a ministrare alcuna cosa al prossimo suo, egli nol serve se non in quanto se ne vede trarre utilità, e più no: ed è fatto amatore di sè medesimo. Cristo benedetto diè la vita per noi, ed egli non vuole dare una parola in servizio del prossimo [2] che non si vegga pagato e soprappagato. E se egli è poverello che non possa pagare, egli il fa stentare prima che gli dica la verità; e spesse volte non gliela dice; ma fassi beffe di lui; e dove egli debbe esser pietoso e padre de' poveri, ed egli è fatto crudele all' anima sua, perchè offende li poverelli. Ma il misero uomo non vede, che il sommo Giudice non gli renderà altro che quello che riceve da lui; perocchè giustamente ogni peccato è punito, e ogni bene è remunerato. Cristo abbracciò la povertà volontaria, e fu amatore della continenzia; e il misero uomo il quale è fatto seguitatore e amatore della bugia, fa tutto il contrario; però

---

[1] *Quello* per *quegli,* anche Dante.

[2] I legulei fanno spesso pagare le parole scritte e dette, e anco le non dette, che forse son le più dotte.

che non tanto che egli stia contento a quello ch' egli ha, o ch' egli rifiuti per amore della virtù, ma egli invola l' altrui. E non che egli stia contento allo stato del matrimonio nel quale, se l' osserva come diè, può stare con buona coscienzia; ma egli come disordinato e animale bruto s' involle in ogni miseria, e come il porco s' involle nel loto, così fa egli nel loto dell' immondizia.

Ma noi potremmo dire: « Come farò io, che ho le ricchezze e sono nello stato del matrimonio, se queste cose sono dannazione dell' anima mia? « O carissimo fratello, in ogni stato che è l' uomo, può salvare l' anima sua e ricevere in sè la vita della Grazia; ma non mentre che egli sta in colpa di peccato mortale. Però che ogni stato è piacevole a Dio; e non è accettatore degli stati, ma del santo desiderio. Onde noi le possiamo tenere quando si tengono con ordinata volontà; perocchè ciò che Dio ha fatto, è buono e perfetto, eccetto il peccato, che non è fatto da lui, e però non è degno d' amore. Le ricchezze e lo stato del mondo, se l' uomo le vuol tenere, il può; e non offende Dio nè l'anima sua: ma se egli le lassasse, sarebbe maggior perfezione, però che maggiore perfezione è a lassare che a tenere. Ma s' egli non vuole lassare attualmente, debbe lassare e rifiutare col santo desiderio, e non ponere in loro il suo principale affetto, ma solo in Dio; e tenerle per uso a' suoi bisogni e della sua famiglia, e come cosa prestata, e non come cosa sua. Facendo così, non riceve pena mai d'alcuna cosa creata; perocchè la cosa che non si possiede per amore, non si perde mai con dolore. Onde vediamo che i servi del mondo, amatori della bugia, portano nella vita loro grandissime pene, e infine all' ultimo crociati tormenti. Chi n' è cagione? Il disordinato amore che ha a sè e alle cose create, amandole fuori di Dio. Perocchè la divina Bontà ha permesso che ogni disordinato affetto sia incomportabile a sè medesimo.

Questo cotale sempre crede la bugia, perocchè in lui non è

cognoscimento di verità. E credesi di tenere il mondo e starsi in delizie, farsi Dio del corpo suo, e delle altre cose ch'egli ama disordinatamente, uno Dio; ed e'gli conviene lassare. Onde noi vediamo, che o egli le lassa morendo, o Dio permette che elle ci siano levate dinanzi. E tutto dì il vediamo: però che testè è l'uomo ricco, e testè povero; oggi è salito nello stato del mondo, e domane è disceso; ora sano, e ora infermo. E così ogni cosa è mutabile. E souci levate dinanzi quando ce le crediamo bene stringere; o noi siamo tolti a loro col mezzo della morte.

Sicchè vedete che ogni cosa passa. Onde, vedendo che elle passano, si debbono possedere con modo e lume di ragione, amandole con quel modo che si debbono amare. E così tenendole, non le terrà con tenimento di colpa, ma con grazia; e con larghezza di cuore, e non con avarizia; con pietà de' poveri, e non con crudeltà; con umiltà, e non con superbia; con gratitudine, e non con ingratitudine; e ricognoscerallo dal suo Creatore, e non da sè. E con questo medesimo amore ordinato amerà e' figliuoli, e gli amici e i parenti, e ogni altra creatura che ha in sè ragione. E terrà lo stato del matrimonio ordinato, ma[1] ordinato sì come Sacramento; e' averà in reverenzia e' dì che sono comandati dalla santa Chiesa. Sarà, e viverà,[2] come uomo, e non come animale: e non essendo continente,[3] sarà continente, e ordinerà la volontà sua. Questi sarà un arbore fruttifero, che producerà e' frutti della virtù; e sarà odorifero, perchè, stando nella puzza, getterà odore; e il seme che uscirà di lui, sarà buono e virtuoso.

---

[1] *Non* solamente *ordinato* secondo ragione, ma come sacerdozio.

[2] Si dimostrerà nella vita.

[3] Non avrà l'astinenza da ogni piacere de' sensi, ma saprà usarli con astinenza. Dante: « *Donne..... e mariti che fur casti Come virtute e matrimonio impone.* »

Sicchè vedete che in ogni stato potete avere Dio; perocchè lo stato non è quello che cel tolle, ma solo la mala volontà. La quale volontà essendo posta in amore della bugia, è disordinata; e con essa volontà corrompe ogni sua operazione. Ma s'egli ama la verità, sèguita le vestigie della verità; onde odia quello che odia la verità, e ama quello che ama la verità: e allora è buona e perfetta ogni sua operazione. In altro modo non gli sarebbe possibile di partecipare la vita della Grazia; nè alcuna sua operazione farebbe frutto di vita.

Onde, non cognoscendo io altra via, dissi che desideravo di vedervi amatore e seguitatore della verità, e spregiatore della bugia; cioè, che odiate il dimonio padre delle bugie, [1] e la propria sensualità, che sèguita cosiffatto padre; e amiate Cristo crocifisso, ch'è via, verità, e vita. Perocchè, chi va per lui, giugne alla luce, e vestesi del lucido vestimento della carità, dove sono fondate tutte le virtù. La quale carità ed amore ineffabile, quando è nell'anima, non si chiama contenta allo stato comune, ma desidera d'andare più innanzi. Onde dalla povertà mentale desidera d'andare all'attuale, e dalla mentale continenzia vuole andare all'attuale, per osservare e' comandamenti e consigli di Cristo; cominciandogli a venire a tedio il fracidume del mondo. E perchè molto gli pare malagevole stare nel loto e non imbrattarsi; desidera con ansietato desiderio, e alfocata carità di sciogliersi a un tratto dal mondo, in quanto gli fosse possibile. E non essendogli possibile di levarsi attualmente, si studia d'essere perfetto nello stato suo: almeno il desiderio non gli manca.

---

[1] Dante: « l'udii dire a Bologna Del diavol vizii assai; tra' quali udi' Ch'egli è bugiardo e padre di menzogna.» Mendax est, et pater ejus. L'indeterminato ejus è meglio reso dal plurale della Senese, che dal singolare del Fiorentino.

Adunque, carissimo fratello, non dormiamo più, ma destianci dal sonno. Aprite l'occhio dell'intelletto col lume della fede a cognoscere e amare e seguitare questa verità, la quale cognoscerete nel sangue dell'umile ed amoroso Verbo. E il sangue cognoscerete nel cognoscimento di voi, però che la faccia dell'anima si lava col sangue : e 'l sangue è nostro, e neuno cel può tollere, se noi non vogliamo. Non siate adunque negligente ; ma, come vasello, empietevi nel sangue di Cristo crocifisso. Altro non dico. Permanete nella santa e dolce dilezione di Dio. Gesù dolce, Gesù amore.

—

CXCIV. — A Monna Tora, figliuola di Misser Pietro Gambacorti in Pisa.

Spogliarsi di sè. Amare Dio con amore libero e schietto. In lui pace: le cose di fuori, appunto perchè da meno di noi, ci danno noiosa guerra. L'orazione madre concepisce le virtù nell'amore di Dio, le partorisce nell'amore del prossimo. Ella c'innamora dell'alto patire. Accenna alle contradizioni che aveva Tora dal padre ambizioso.

Al nome di Gesù Cristo crocifisso e di Maria dolce.

Carissima figliuola in Cristo dolce Gesù. Io Catarina, serva e schiava de'servi di Gesù Cristo, scrivo a te nel prezioso sangue suo ; con desiderio di vedere spogliato il cuore e l'affetto tuo del mondo e di te medesima.[1] Perocchè in altro modo non ti potresti vestire di Cristo crocifisso, perchè 'l mondo non ha neuna conformità con Dio. Onde l'affetto disordinato del mondo ama la superbia ; e Dio l'umiltà : il mondo cerca onori, stato e grandezza ; e Cristo

---

[1] Somiglia a quel di Dante : « *Fece me a me uscir di mente ;* » che rammenta quel di Virgilio : « *Dum memor ipse mei.* » Ma qui più bello, perchè la volontà propria vana è dipinta come estrinseca alla natura dell'uomo, e però da potersene spogliare ; e così l'uomo, anzichè perdere di sè e uscire di sè, rientra in sè stesso, e si riacquista.

benedetto le dispregiò, abbracciando la vergogna, li scherni, le villanie, fame, sete, freddo e caldo, infino alla obbrobriosa morte della croce; colla quale morte rendette onore al Padre, e noi fummo restituiti a Grazia. Questo affetto disordinato cerca di piacere alle creature, non curando dispiacere al Creatore; e egli non cercò mai se non di compire l'obedienzia del Padre eterno per la nostra salute. Egli abbracciò e vestissi della povertà volontaria; e 'l mondo cerca le grandi ricchezze. Bene è dunque differente l'uno dall'altro: e però è di necessità che se 'l cuore è spogliato del mondo, sia pieno di Dio; e se egli è spogliato di Dio, sia pieno del mondo. Così disse il nostro Salvatore: « Neuno può servire a due signori; chè, se serve all'uno, è in contento [1] all'altro. »

Dobbiamo adunque con grande sollecitudine levare il cuore e l'affetto da questo tiranno del mondo, [2] e ponerlo tutto libero e schietto in Dio, e senza neuno mezzo; non doppio, [3] nè amare fittivamente: però che egli è 'l dolce Dio nostro che tiene l'occhio suo sopra di noi, e vede l'occulto segreto del cuore nostro. Troppo è grande simplicità e mattezza la nostra, che, vedendo noi che Dio ci vede, e ch'egli è giusto giudice che ogni colpa punisce, e ogni bene rimunera, e noi siamo come accecati e senza veruno timore, aspettando quello tempo che noi non abbiamo nè siamo sicuri d'avere. Sempre ce n' [4] andiamo attaccando; e se Dio ci taglia uno ramo, e noi ne pigliamo un altro. E più ci cu-

---

[1] La stampa *contempto*, che dagl'Italiani non si può pronunziare se non come *contento*, con qualche varietà nell'accento. Così da *redemptus*, *redento*.

[2] Il mondo tiranno. Non è per l'appunto come nell'inno: « *Perfecta Christi charitas Mundi tyrannum conterit* » ?

[3] Ellissi che può spiegarsi: *non essere doppio*; o recarsi il *doppio* all'*occhio*, come contrario dell'*occhio semplice* del Vangelo; o farlo avverbio: amare doppiamente.

[4] Non correggo *ce gli andiamo* che può sottintendersi a lui.

riamo di perdere queste cose transitorie e delle creature, che noi curiamo di perdere Dio. Tutto questo ci avviene per lo disordinato amore che noi ci abbiamo posto, tenendole e possedendole fuora della volontà di Dio. Onde in questa vita ne gustiamo l'arra dell'inferno; perocchè Dio ha permesso giustamente che chi disordinatamente ama queste cose, sia incomportabile a sè medesimo. E sempre ha guerra nell'anima e nel corpo: perocchè porta pena [1] di quello che possiede, per timore ch'egli ha di non perderlo; e per conservarlo, che non gli venga meno, s'affadiga dì e notte; e pena porta anco di quello che non ha, perchè l'appetisce d'avere. E così mai l'anima non si quieta in queste cose del mondo, perciocchè sono tutte meno di sè. Elle sono fatte per noi, e non noi per loro; e noi siamo fatti per Dio, acciò che gustiamo il suo sommo e eterno bene. Solo adunque Dio la può saziare; in lui si pacifica e in lui si riposa. Però che essa non può volere nè desiderare neuna cosa che essa non trova in Dio. Egli sa, può e vuole dare a noi più che non sappiamo desiderare per la nostra salute. E noi il proviamo: perocchè, non tanto ch'egli ci dia addomandando, ma egli ci diè prima che noi fussimo; perocchè, non pregandolo mai, ci creò alla immagine e similitudine sua, e recreocci a Grazia nel sangue del suo Figliuolo. Sicchè dunque l'anima si pacifica in lui, e non in altro; perocchè egli è colui che è somma ricchezza, somma sapienzia, somma bontà e somma bellezza; in tanto che neuno può estimare la sua bontà.

---

[1] Qui, come spesso, ha senso di dolore; e diciamo, *portar dolore*, e simili, sì perchè peso, sì perchè con ciò viene a dirsi che l'animu lo piglia spontanea sopra di sè. Ma qui può congiungersi il senso di dolore con quello di punizione; e in questi accoppiamenti, che non fanno punto ambiguità, anzi aggiungono all'evidenza, sogliono compiacersi gli scrittori consumati, e i dicitori potenti, ai quali abbondano i sentimenti e le idee.

grandezza e diletto, se non esso medesimo.[1] Sì che egli sa, può e vuole saziare e compire li santi desiderii di chi si vuole spogliare del mondo, e vestirsi di lui. Adunque io voglio che a questo poniamo ogni nostro studio, cioè di spogliare il cuore e l'affetto nostro di tutte le cose terrene e delle creature, amando ogni uomo in Dio e per Dio, e fuora di lui nulla.

A questo t'invito, dolcissima figliuola, cioè a ponere e a fermare il cuore e la mente tua in Cristo crocifisso; lui cercare e di lui pensare; dilettandoti di stare sempre innanzi a Dio con umile e continua orazione. La quale io ti do per principale tuo esercizio; che quanto t'è possibile tu spenda tutto il tempo tuo: però che essa orazione è quella madre che nella carità di Dio concepe le vere virtù, e nella carità del prossimo le parturisce. In essa orazione impara l'anima a spogliarsi di sè, e vestirsi di Cristo. In essa gusterai l'odore della continenzia; in essa acquisterai una fortezza, che non curerai battaglie del demonio, nè ribellione della fragil carne, nè detto di creatura che ti volesse rimuovere dal santo proponimento. Contra tutti starai forte, costante e perseverante insino alla morte. In essa orazione t'innamorerai delle pene per conformarti con Cristo crocifisso. In essa ritroverai un lume sopranaturale, col quale caminerai per la via della verità. Molte altre cose t'avrei a dire sopra questa madre dell'orazione; ma la brevità del tempo nol patisce. Stúdiati dunque pure[2] in essa. E sempre t'ingegna di cognoscere te, e li tuoi difetti, e la grande bontà di Dio in te, e l'affetto della carità sua, e gl'infiniti beneficii. Altro non dico. Permani nella santa e dolce dilezione di Dio. Gesù dolce, Gesù amore.

---

[1] Dante: « *Lo sommo Ben, che solo esso a sè piace.* »
[2] Non vale qui, *solo*, ma sì, con*tinuo.*

CXCV. — *A Stefano di Corrado Maconi.*[1]

Amore sensitivo indebolisce e dissecca l'anima; il sangue redentore le dà morbidezza e vigore di vita. Parla ella più al Sangue che a Stefano.

Al nome di Gesù Cristo crocifisso e di Maria dolce.

Carissimo Figliuolo in Cristo dolce Gesù. Io Catarina, serva e schiava de' servi di Gesù Cristo, scrivo a te nel prezioso sangue suo; con desiderio di vederti forte e perseverante nella battaglia, acciò che riceva la corona della gloria. E tu sai bene, che solo a' perseveranti è data la corona ed il frutto delle fadighe.

Ma tu mi dirai: « In che modo posso avere questa fortezza, conciosia cosa che[2] io sia tanto debole, che ogni piccola cosa mi fa dare a terra? » Io ti rispondo e confessoti, che tu sei debile e fragile secondo la sensualità; ma, secondo la ragione e la fortezza dello spirito, non è così; perocchè nel sangue di Cristo siamo fortificati: solo la debilezza sta nella sensualità. Possiamo dunque vedere per che modo s'acquista questa fortezza, poichè ogni debilezza è nella parte sensitiva. Dico, che per questo modo acquisteremo questa gloriosa virtù della fortezza e lunga perseveranzia. Poichè la ragione è fortificata nel sangue di Cristo, ci doviamo annegare in questo dolce e glorioso prezzo, vedendolo coll'occhio dell'intelletto, e lume della santissima fede nel vasello[3] dell'anima nostra, cognoscendo l'esser nostro

---

1 Di nobile antica famiglia. Segretario e de' più diletti discepoli di Caterina. Morì quarantaquattr'anni dopo la morte di lei.

2 Doveva essere modo comune e familiare, se Caterina l'adopra. Componesi di *cum hoc sit causa quod*. Ma il *ciò* anco in altre locuzioni apparisce, se non superfluo del tutto, non necessario; come in Dante: « *Non sarebbe Lo mio dover per penitenzia scemo Se ciò non fosse che.....* »

3 La stampa *vascello:* e dicevasi. Così *piatoso* che è scritto poi per *pietoso*.

da Dio, e la ricreazione, che Dio ci fece a Grazia, nel sangue dell' unigenito suo Figliuolo, dove ci fu tolta la debilezza. O figliuolo carissimo, riguarda e godi, che tu se' fatto vasello, che tieni il sangue di Cristo crocifisso, se tu 'l vorrai gustare per affetto d'amore.

O sangue pietoso! che per te si distillò la pietosa Misericordia. Tu se' quello glorioso sangue dove lo ignorante uomo può cognoscere e vedere la verità del Padre eterno, con la quale verità, e amore ineffabile, fummo creati a la immagine e similitudine di Dio. La sua verità fu questa: perchè participassimo e godessimo di quello sommo bene suo, il quale egli gusta in sè. Nel sangue ci hai manifestata questa verità; e per altro fine non creasti l'uomo.

O Sangue, tu dissolvesti la tenebra, e desti la luce all'uomo, acciocchè cognoscesse la verità, e la santa volontà del Padre eterno. Tu hai empiuta l'anima di Grazia, onde ella ha tratto la vita, ed è privata della morte eternale. Tu ingrassi l'anima del cibo dell'onore di Dio, e salute dell'anime; tu satolli d'obbrobri, desiderandoli, e portandoli per amore di Cristo crocifisso. Tu ardi e consumi l'anima nel fuoco della divina carità, cioè che consumi ciò che trovasi nell'anima fuora della volontà di Dio. Ma tu non l'affliggi nè disecchi per colpa di peccato mortale. O sangue dolce, tu la spogli del proprio amore sensitivo, il quale amore indebilisce l'anima che se ne veste; e hala vestita del fuoco della divina carità: perchè non può gustare te, Sangue, che tu non la vesta di fuoco (perchè tu fusti sparto per fuoco d'amore), accostandoti nell'anima. Perchè amore non è senza fortezza, nè fortezza senza perseveranzia: e però la fortifichi e conforti in ogni avversità.

Adunque vedi, dolcissimo figliuolo, che questo è il modo a venire a perfetta fortezza: che tu t'unisca nel fuoco della divina carità, la quale troverai nel Sangue. E nel Sangue ffoga e uccidi ogni propria volontà. Allora, essendo accostato [1] con la somma Fortezza, sarai forte e perseverante, e ucciderai la debilezza della propria sensualità; e nella amaritudine gusterai la dolcezza, e nella guerra la pace.

Confòrtati, figliuolo, e non venire meno sotto la disciplina che Dio t'ha posta; tanto che sia venuta l'ora tua. Pensa ·che sempre a cavare il fondamento si dura maggiore fadiga: fatto il fondamento, agevolmente si fa l'edificio. Tu fa il principio tuo; poi compiutolo di fare, agevolmente farai ogni altra cosa. Non voglio che ti paia duro; ma la durizia, che si dissolva con la memoria del Sangue. Porta, porta; sia fatto portatore. Ma tanto ti dico....[2] Di questo però ne fa ciò che lo Spirito santo te ne fa fare. Ma a pena mi tengo che io non dica quella parola che disse Cristo. [3] Spero che a luogo e tempo suo si farà. E tu briga di fornire la ·navicella dell'anima tua, e d'empire il vasello del cuore, di Sangue. Altro non dico. Permani [4] nella santa e dolce dilezione di Dio. Gesù dolce, Gesù amore.

—

CXCVI. — A Gregorio XI.

Che la legge di creazione e di redenzione è legge d'amore. Il pontefice le obbedisca; tanto più che i figliuoli erranti hanno scusa dal mal governo che si fece di loro.

Al nome di Gesù Cristo crocifisso e di Maria dolce.

Santissimo e reverendissimo padre mio in Cristo Gesù. Io Catarina, indegna e miserabile vostra figliuola, serva e schiava

---

[1] Strettamente unito.

[2] Manca. Forse il Maconi omise, perchè qui toccavasi delle recenti sue inimicizie coi Rinaldini e co' Tolomei. *Portare* assoluto nel senso morale di *sopportare* si ha già in altre lettere.

[3] Il Burlamacchi crede siano le parole: « Và, vendi quant'hai, e dà a' poveri. »

[4] Nella stampa sempre *permane;* ma dice anco *escie* per *esci:* onde non pare che sia per istare alla forma latina.

de' servi di Gesù Cristo, scrivo a voi nel prezioso sangue suo; con desiderio di vedervi pastore buono; considerando me, babbo mio dolce, che il lupo ne porta le pecorelle vostre, e non si trova chi le rimedisca. [1] Ricorro dunque a voi padre e pastore nostro, pregandovi da parte di Cristo crocifisso, che voi impariate da lui, il quale con tanto fuoco d'amore si diè all' obbrobriosa morte della santissima croce per trarre la pecorella smarrita dell' umana generazione delle mani delle dimonia; perocchè, per la rebellione che l'uomo fece a Dio, la possedevano per sua possessione.

Viene dunque la infinita bontà di Dio, e vede 'l male e la dannazione e la ruina di questa pecorella; e vede che con ira e con guerra non ne la può trarre. Onde, non [2] istante che sia ingiuriato da essa (perocchè, per la rebellione che fece l' uomo disobbedendo a Dio, meritava pena infinita). La somma ed eterna Sapienza non vuole fare così; ma trova uno modo piacevole, e più dolce e amoroso che trovare possa; perocchè vede, che per neuno modo si traie [3] tanto il cuore dell'uomo, quanto per amore; però ch' egli è fatto per amore. E questa pare la cagione che tanto ama, perchè non è fatto d' altro che d' amore, secondo l' anima e secondo il corpo. Perocchè per amore Dio il creò alla immagine e similitudine sua; e per amore il padre e la madre gli diè della sua sustanzia concependo e generando 'l figliuolo. E però ve-

---

1 *Rimedire* metatesi di *redimere*, con uscita di *ere* in *ire* come da *acuere* *acuire*. Nè si riscatta con solo danaro; onde la voce è qui propriamente adoprata dalla donna scrittore. Ch'anzi il latino *emere* avendo in antico, secondo Festo il senso generico di *acquistare*; vedesi di qui l' analogia dell' altro significato di *rimedire* cioè *mettere insieme*, che la Crusca nota senza mostrare il vincolo delle idee.

2 Per *non ostante* è negli antichi e nel popolo tuttavia. E non è forse sproposito, se s' intenda che lo *stare* d' un oggetto può impedire lo starsi e il muoversi d' altro oggetto, cioè farsi ostacolo.

3 Così *aiere* per *aere*.

dendo Dio che egli è tanto atto ad amare, drittamente egli gitta[1] l' amo dell' amore, donandoci il Verbo dell' unigenito Figliuolo, prendendo[2] la nostra umanità, per fare una grande pace. Ma la giustizia vuole che si faccia vendetta della ingiuria che è stata fatta a Dio: viene dunque la divina misericordia e ineffabile carità, e per satisfare alla giustizia e alla misericordia, condanna il figliuolo suo alla morte, avendolo vestito della nostra umanità, cioè della massa d' Adam, che[3] offese. Sicchè per la morte sua è placata l'ira del Padre, avendo fatta giustizia sopra la persona del figliuolo: e così ha satisfatto alla giustizia, e ha satisfatto alla misericordia, traendo delle. mani delle dimonia l' umana generazione. Ha giuocato[4] questo dolce Verbo alla braccia in sul legno della santissima croce, facendo uno torniello la morte con la vita e la vita con la morte: sicchè per la morte sua distrusse[5] la morte nostra, e per darci la vita consumò la vita del corpo suo. Sicchè dunque con l' amore ci ha tratti, e con la sua benignità ha vinta la nostra malizia; in tanto che ogni cuore dovrebbe essere tratto; perocchè maggiore amore non poteva mostrare (e così disse egli) che dare la vita per l' amico suo. E se egli commenda l' amore che dà la vita per l' amico, che dunque diremo dell' ardentissimo e consumato

---

1 La stampa *el l' amo*. Potrebbe essere: gitta egli, Dio, l' amo: ovvero, *ell' amo*, posto intero il pronome *illum*, che è articolo a noi. O forse *lamo* come *liofante* per *elefante* e simili.

2 Per *prendente* all' antica.

3 Assoluto per *peccare* è negli antichi.

4 Anco i Latini, *ludo di Marte* la guerra. *Fare alle braccia*, lottare colla morte. La Chiesa nell'inno della Risurrezione: « *Agnus redemit oves, Christus innocens Patri reconciliavit peccatores. Mors et vita duello Conflixere mirando. Dux vitæ mortuus regnat vivus.* »

5 La Chiesa: « *Fulget crucis mysterium, Quo vita mortem pertulit, Et morte vitam protulit.* » La morte corporea lottò con la vita umana in Cristo, la vita dello spirito vinse la morte.

amore che diè la vita per lo nemico suo? Perocchè per lo peccato eravamo fatti nemici di Dio. Oh dolce e amoroso Verbo, che con l'amore hai ritrovata la pecorella, e con l'amore gli hai data la vita, ed ha'la rimessa nell'ovile, cioè rendendole la Grazia, la quale aveva perduta !

Oh santissimo babbo mio dolce, io non ci vedo altro modo nè altro rimedio a riavere le vostre pecorelle, le quali come ribelle si sono partite dall'ovile della santa Chiesa, non obbedienti, nè subietti[1] a voi padre. Onde io vi prego da parte di Cristo crocifisso, e voglio che mi facciate questa misericordia, cioè con la vostra benignità vinciate la loro malizia. Vostri siamo, o Padre. E io cognosco e so che a tutti in comune lor pare aver male fatto; e poniamochè scusa non abbino nel male adoperare, nondimeno, per le molte pene e cose ingiuste e inique[2] che sostenevano per cagione de' mali pastori e governatori, lor pareva non potere fare altro. Perocchè sentendo il puzzo della vita di molti rettori, e' quali sapete che sono demoni incarnati, vennero in tanto pessimo timore, che fecero come Pilato, il quale per non perdere la signoria, uccise Cristo : e così fecero essi, che per non perdere lo stato, vi hanno perseguitato. Misericordia adunque, padre, v'addimando per loro. E non ragguardate all'ignoranzia e superbia de' vostri figliuoli ; ma con l'esca dell'amore e della vostra benignità, dando quella dolce disciplina e benigna re-

---

[1] Lascio *subietti,* che non s'accorda con *pecorelle,* ma logicamente co' popoli.

[2] Tra le altre iniquità il Burlamacchi rammenta le frodolente arti di Gherardo di Puy Governatore di Perugia per il papa, il quale Gherardo attizzava discordie in Arezzo, e per dar noia alla repubblica di Siena, aggiungeva ai Salimbeni, che intendevano prevalervi forse di guerra, sciogliendo dalle milizie proprie soldati, che andassero a quella volta. Lo sciogliere dal servizio d'una parte per assoldare dall'altra, è giuoco vecchio, non bene nè di Marte nè di Cristo.

prensione che piacerà alla Santità vostra, rendete pace a noi miseri figliuoli che abbiamo offeso. Io vi dico, dolce Cristo in terra, da parte di Cristo in cielo, che facendo così, cioè senza briga e tempesta, essi verranno tutti con dolore dell' offesa fatta, e metterannovi il capo in grembo. Allora goderete, e noi goderemo; perchè con amore averete rimessa la pecorella smarrita nell' ovile della santa Chiesa. E allora, babbo mio dolce, adempirete il santo desiderio vostro e la volontà di Dio, cioè di fare il santo passaggio; al quale io v' invito per parte sua a tosto farlo, e senza negligenzia. Ed essi si disporranno con grande affetto; e disposti sono a dare la vita per Cristo. Oimè, Dio, amore dolce! Rizzate, babbo, tosto il gonfalone della santissima croce, e vederete li lupi diventare agnelli. Pace, pace, pace! acciocchè non abbi la guerra a prolongare [1] questo dolce tempo. Ma se volete fare vendetta e giustizia, pigliatela sopra di me misera miserabile, e datemi ogni pena e tormento che piace a voi, infino alla morte. Credo che per la puzza [2] delle mie iniquità sieno venuti molti difetti e molti inconvenienti e discordie. Dunque sopra me misera vostra figliuola prendete ogni vendetta che volete. Oimè, padre, io muoio di dolore, e non posso morire. Venite, venite, e non fate più resistenzia alla volontà di Dio che vi chiama; e le affamate pecorelle v' aspettano che veniate a tenere e possedere il luogo [3] del vostro antecessore e campione, apostolo Pietro. Perocchè voi,

---

[1] Per *differire* ha esempi parecchi; ma qui è più proprio che altrove, secondo l' origine di *longe*, cioè far più lontano.

[2] Se poi, de' mali pastori parlando, userà questo modo, ne avrà doppio diritto, l'umile pura donna.

[3] In Dante, Pietro è che parla: « *Il luogo mio, Il luogo mio, il luogo mio, che vaca Nella presenza del figliuol di Dio.* » Riprendendo Gregorio XI un vescovo francese che non risiedesse col suo popolo, quegli: *E voi, padre?* Che fu impulso sempre più urgente a Iorlo via da Avignone.

come vicario di Cristo, dovete riposarvi nel luogo vostro proprio. Venite dunque, venite, e non più indugiate; e confortatevi, e non temete d'alcuna cosa che avvenire potesse, perocchè Dio sarà con voi. Dimandovi umilemente la vostra benedizione e per me, e per tutti li miei figliuoli;[1] e pregovi che perdoniate alla mia presunzione. Altro non dico. Permanete nella santa e dolce dilezione di Dio. Gesù dolce, Gesù amore.

CXCVII.— *A Matteo di Tomuccio da Orvieto.*

L'imagine, frequente a lei, della foglia che si volge al vento, le ispira il concetto di questa lettera. Il demonio, il mondo, la carne; tre venti che percuotono l'anima. Il demonio ci nuoce non tanto con tentazioni dirette di vanità, quanto col farci relatori superbi e insofferenti, spiatori e giudici calunniosi d'intenzioni che non ben conosciamo. Il falso zelo è ignorante, immaturo, fantastico; vuol porre regola a Dio, mandare tutti gli uomini per la strada che piace a lui. L'anima schietta gode d'ogni forma di bene, coglie il fior delle cose. Il vento del mondo spira invidia e odio cupido; anco con le gioie e con gli agi porta fumo molesto. Il vento del piacere sensuale (qui rammenta il canto di Dante) getta l'uomo nel fango e nel fracidume; lo fa sospettoso e bestemmiatore delle anime pure; gli rende le stesse voluttà nauseose. Più che le penitenze, è riparo l'orazione e l'umile conoscimento di sè. Le profonde e delicate osservazioni sugli abusi dell'amore legittimo provano come l'altezza e purità del sentire, meglio che l'esperienza, affini la mente a conoscere i segreti dell'anima.

Al nome di Gesù Cristo crocifisso e di Maria dolce.

Carissimo fratello e figliuolo in Cristo dolce Gesù. Io Catarina, serva e schiava de' servi di Gesù Cristo, scrivo a voi nel prezioso sangue suo; con desiderio di vedervi pietra ferma, e non foglia che si volla ad ogni vento. Perocchè l'anima, che non è fondata sopra la viva pietra, Cristo dolce

---

[1] Di spirito. Più che quaranta, oltre le donne. In questa lettera il nome di *babbo* ricorre più volte, crescendo la famigliarità rispettosa coll'autorevolezza e la necessità de' consigli.

Gesù (cioè che l'affetto e 'l desiderio suo sia fondato solamente in Dio, e non nelle cose transitorie del mondo, le
quali passano tutte come 'l vento), viene meno, perch' è privata della divina Grazia. La quale Grazia conserva l'anima;
ricevene la vita: e dàlle perfetto lume, privandola della tenebra, e fondandola in vera e perfetta pazienzia, e in vero
e santo timore di Dio, con perfetta umiltà e carità fraterna
col prossimo suo. E non si muove per impazienzia al vento
delle tribolazioni, nè con disordinato diletto si muove per
lo vento delle consolazioni; nè non enfia di superbia per lo
vento della ricchezza, e del fumo [1] dell'onore del mondo.

E tutto questo gli diviene perchè non si muove: perchè il suo fondamento è Cristo crocifisso. Onde, perchè sof-
fino quelli tre venti perversi principali, donde viene ogni altro vento, non li cura. Cioè il dimonio; che della bocca sua
esce il vento [2] di molte e diverse cogitazioni e battaglie;
quando battaglia di vanità (la quale fa il cuore leggiero, e
non maturo; e per essa vanità cresce l'appetire e 'l desiderare gli stati del mondo), e quando con colore di virtù.
E questo è il più malagevole vento a cognoscere, che sia;
e solo l'umile è quello che 'l cognosce, e non può essere
ingannato da loro. [3] Il colore della virtù, che il dimonio pone,
è questo: che, se egli trova l'anima ignorante e senza la
virtù dell'umiltà o vero cognoscimento di sè; poniamochè

---

1 Non muto *del,* ma mi piace *vento del fumo,* che dice meglio che
fumo sospinto dal vento, o vento con fumo; rappresenta il fumo stesso
della superbia e vanità come un vento che assale molesto.

2 Dante delle sei ale di Lucifero: « *Quelle svolazzava sì che tre
venti si movèn da cllo. Quindi Cocito tutto s'aggelava.* » Bello in Dante
che il vento del superbo agghiacci l'inferno intorno a sè: ma più altamente bello, che non soli gl'intenti della vanità, ma l'orgogliosa
smania altresi del bene e lo zelo falso siano venti del diavolo.

3 Dalle apparenze del bene, e dalla vanità, e dal diavolo che la
soffia.

abbi cominciato a desiderare Dio e mostrar segno di virtù, (perchè è ancora imperfetto, e non ha tanto cognoscimento che gli basti, di sè) si dà[1] vedere i fatti del prossimo suo temporalmente e spiritualmente, cioè[2] nelle cose temporali e spirituali. Onde allora il dimonio soffia col vento del falso giudicio; giudicando il prossimo suo, e' servi di Dio e gli servi del mondo iniquamente; e non sen' avvede.[3] Onde questo cotale vuol tollere la signoria del giudicio di mano a Dio; però che solo egli li ha a giudicare. Perchè non sen' avvede? Perchè il dimonio gli ha ammantellato questo giudicio col mantello della virtù, però che gli pare fare per bene. Ed è sì doppio questo parere, che spesse volte ne gli pare fare sacrificio a Dio. Ma egli s' inganna, per la superbia che è in lui: perocchè, s' egli fusse veramente umile e fondato in vero cognoscimento di sè, egli si vergognerebbe di vedersi cadere in siffatto giudizio: perocch' egli vederebbe ch' egli è un voler ponere regola a Dio. Però che allora vuole po-. nere regola a Dio, quando si scandalizza ne' servi suoi, volendo mandare[4] le creature a modo suo, non secondo che Dio le chiama. E però colui che sarà fondato sopra la viva pietra, Cristo, farà resistenzia a questi movimenti, e non consentirà; ma con vera umiltà s' ingegnerà di godere e rendere gloria a Dio dei costumi e de' modi de' servi suoi, e di avere compassione a' difettuosi, pregando la divina Bontà che volla l' occhio della misericordia sopra di loro, traendoli del peccato e riducendoli alle virtù. E così trae dalla spina la rosa. E ha la mente sua schietta;[5] e non va fan-

---

[1] Leggerei *si dà a vedere,* cioè si perde a spiare e scrutare, con orgogliosa severità.

[2] Questo *cioè* forse è giunta di chi copiava.

[3] Gli pare virtù il suo giudizio temerario.

[4] Più bello che *indirizzare* o simile, perchè nell' affettata cura del bene altrui fa sentire il disprezzo imperioso.

[5] Vale insieme diritta e semplice e sincera e pura.

tasticando, empiendosi la memoria di diverse fantasie di cose
spirituali, che gli pare ricevere nella mente, e delle temporali; come fanno e' matti e li stolti, e li presontuosi, che
non hanno ancora veduto loro,[1] e vogliono investigare e'
fatti d'altrui con specie di bene; e lassansi percuotere a
questo perverso vento, che è tanto pericoloso. O maledetta
bocca, come hai attossicato il mondo colla puzza tua in
quelli che sono nel secolo, e fuore del secolo, come detto è!
E poichè ha giudicato col cuore, getta la puzza della mormorazione, e rimane scandalizzata e vuota, la mente, in[2]
Dio e nel prossimo suo. Bene è dunque da fuggirlo con
vera e santa sollecitudine.

L'altro pericoloso e perverso vento è 'l mondo. Il quale
col disordinato amore proprio di sè si diletta, e cerca i diletti e le consolazioni sue, ponendovi l'occhio dell'intelletto
su, e ricoprendo la tenebra e la miseria e poca fermezza e
stabilità del mondo con la bellezza, mostrandogli[3] bello e
piacevole; e così lo inganna, mostrando lunga vita, e ella
è breve; parendogli che tutti i diletti e consolazioni e ricchezze del mondo sieno ferme e sue, ed elle sono mutabili,
e songli date in presta, e per uso a sua necessità. Però-
chè di bisogno[4] è, che o siano tolte all'uomo, o l'uomo sia
tolto a loro. Onde allora sono tolte a noi, quando alcuna
volta le perdiamo, o che ci sono involate da altrui, o per al-

---

1 Sè.

2 L'*in* si reca a *scandalizzata*. Scandalizzarsi de' buoni, e di quelli
che noi non sappiamo di certo se'buoni o no, è uno scandalizzarsi di
Dio. E *vuota* rimane tra mezzo, portato lì dalla foga del pensiero; ma
è negligenza bella e provvida, perchè fa pensare come la mente del
falso zelatore, piena di sè, si vuoti dell'amore fraterno; e della propria
vanità che non può concepire il bene, si vuoti di Dio.

3 Senza il *si*, vive. Nostra giovane.

4 Dante della fortuna: « *Necessità la fa esser veloce: Sì spesso
vien chi vicenda consegue.* »

tri diversi accidenti che vengono altrui : per li quali si consumano e vengono meno. Dico che allora siamo tolti a loro, quando la prima dolce Verità ci chiama, separando l'anima dal corpo ; dove s'abbandona il corpo e 'l mondo con tutte le sue delizie : della quale separazione neuno è che nè ricchezza nè onore ne'l possa campare, che non l'abbia. L'anima dunque, debile e accecata, che non ha tratta la terra del mondo dall'occhio suo, anco, se l'ha posto per obietto, si volle, come la foglia dell'arbolo, al vento del proprio amore disordinato di sè e del mondo. Di questa maledetta bocca esce un'invidia verso del prossimo suo, con una reputazione di sè ; mormorando. E assai volte ne viene in odio e in rancore col prossimo. E delle cose altrui spesse volte fa sue ; e per acquistarle userà giuri, spergiuri, falso testimonio. E in tanto cresce, che desidera la morte del prossimo suo. E quelli che debbe amare come sè, egli n'è fatto divoratore e della carne e della sustanzia sua. Egli è senza alcuna fermezza : e cosa che cominci, di virtù, rare volte la trae a fine. Costui è fondato sopra l'arena, chè neuno edificio vi si può fare, che tosto non caggia a terra. Costui è privato della vita della Grazia, e ha perduto il lume della ragione ; va come animale, e non come creatura ragionevole.

Convienci dunque, ed è di necessità,[1] d'esser fondati nella pietra viva, nella quale coloro che v'hanno posto l'occhio dell'intelletto, e l'affetto per santo desiderio, non possono esser percossi, nè si lassano percuotere da questo malvagio vento ; anco, fanno resistenzia, e difendonsi con lo dispiacimento del mondo, e della vanità e diletti suoi ; ed

---

[1] Convenienza d'obbligazione, e peiò di moiale bellezza : necessità di iagione e di fatto, confeimata dalla coscienza dentio e dal consentimento ieale degli uomini fuoii, e dalla punizione che il coiso delle cose appoita a chi finge ignoiaila.

abbattono la superbia con la profonda umiltà, e desiderando povertà volontaria. E chi ha la ricchezza e lo stato, tienlo, ma nol possiede con disordinato amore fuore della volontà di Dio; ma con amore e santo timore il tiene, e come dispensatore di Cristo, sovvenendo a' poveri, e notricando e' servi di Dio, e avendoli in riverenzia, considerando che sempre offrono orazioni e affocati desiderii, sudori e lagrime dinanzi da Dio per la salute d'ogni creatura. Questi tali godono in ogni tempo e stato che sono, perchè sono privati della amaritudine della disordinata volontà, fondata in proprio amore. Poi, dunque, che è tanto dilettevole questo fondamento; non è da aspettare il tempo ad acquistarlo; perchè non siamo sicuri d'averlo.

L'altro principale vento, dico che è la carne; il quale gitta siffatta puzza e miserabile, che non tanto che ella puta dinanzi a Dio, ma ella pute alle dimonia, e drittamente fa l'uomo bestiale; perocchè quella vergogna [1] ha, che l'animale. Costui fa, come il porco, che s'involle nel loto: così egli si volle nel loto della disonestà. E in qualunque stato egli è, guasta sè medesimo. Onde, se egli è legato allo stato del matrimonio, con disordinato amore contamina lo stato suo; e dove egli debbe andare a quello sacramento con timore di Dio, egli vi va disordinato e con poca onestà. E i miserabili non ragguardano in tanta eccellenzia quanto è venuta la nostra umanità per la unione che Dio ha fatta nella miserabile carne nostra; perocchè se essi aprissero l'occhio dell'intelletto a ragguardarla, eleggerebbero innanzi la morte, prima che darsi a tanta miseria. E sai che puzza esce da questa bocca che attossica chiunque se gli approssima? Il cuore ne diventa sospettoso; la lingua mormora, e bestem-

---

[1] Orazio: « *Circes pocula..... Turpis et excors, Vixisset Canis immundus, vel amica luto sus.* »

mia;[1] credendo che quello ch'è in lui sia negli altri. Siccome lo infermo che ha guastato lo stomaco, che, non parendogli buono il cibo, perchè è corrotto, e non tanto ch'e' comuni cibi, ma il suo particolare che 'l medico gli ha dato che pigli, vedendolo prendere a chi ha il gusto sano, gli pare malagevole e incredibile che non gli sappi di quello sapore che ha lui; così li stolti, che si danno alla dilettazione carnale, hanno sì guasto l'appetito loro, che non tanto della comunità, cioè di quelli che comunemente si veggono in questo difetto, ne pigliano male, ma ne' sani si scandalizzano; e nel particolare cibo, cioè nella donna sua, si scandalizza, il quale Dio gli ha dato per condiscendere alla sua fragile infermità. Onde questo cibo gli fa male, stando disordinatamente, come detto è, e pigliando sospezione spesso volte e gelosia, giudicando la cosa buona cattiva, e venendone in odio e in dispiacimento, colà dove debbe essere amore. Costui ha un disordinato vedere: e questo gli addiviene perchè l'occhio è infermo; però che, se fusse sano, non farebbe così. O quanti miserabili difetti e inconvenienti per questo miserabile vento ne vengono! E sempre si rode in sè medesimo. E poichè ha gittato della bocca la puzza, e egli giunge al giudicio della sposa sua; onde ne gli viene questo altro difetto: che se a lui gli viene desiderio, per spirazione divina, di levarsi da questo, e conservare lo stato perfetto, per lo vermine, che è già entrato in corpo, della sospezione, se gli spegne l'odore della virtù, e ritorna al primo suo fracidume; e quello che in prima gli piaceva, gli viene a dispiacere. E non è costante nè perseverante nella virtù; anco, volle il capo indietro a mirare l'arato, e non

---

1 Tiene dell'origine *blasphemia;* e in altri dialetti e nel toscano antico, *biastema.* Nè solo di Dio. Dante: « *Bestemmiavan..... L' umana specie, il luogo, il tempo..... di lor nascimenti.* » Ma denigrare coll'impuro giudizio gli atti e il nome altrui, è bestemmia davvero.

ragguarda sè medesimo a cognoscere il suo difetto e la sua infermità. E tutto questo gli addiviene perchè non fece il fondamento sopra la viva pietra; e però è stato assalito, e percosso da questo malvagio vento. È di bisogno, dunque, che si levi dal miserabile fondamento della carogna, e fondisi nella viva pietra, Cristo. Allora, venendo il vento, non gli potrà nocere : anco, farà resistenzia con la vera virtù della continenzia e della purità, disciplinando la volontà sua disordinata con la disciplina della ragione, e del santo timore di Dio; dicendo a sè medesimo : «Vergógnati, anima mia, di volere lordare la faccia tua, e di corrompere il corpo per immondizia. Perocchè tu se' fatta alla immagine e similitudine di Dio; e tu, carne, se' venuta a tanta dignità per la unione della natura Divina fatta [1] in te natura umana, che se' levata sopra tutti i cori degli angeli. » Allora sentirà l'odore della purità, e 'l desiderio di rimediare co' lo strumento dell'orazione e della vigilia, con odio e dispiacimento d'esso vizio; usando gli altri strumenti [2] di fuori corporali, cioè di molestare il corpo colla penitenzia, quando egli vuole impugnare contra lo spirito. E sopra tutti gli altri rimedii contra questo vizio è l'orazione umile, e la vigilia, ed il perfetto cognoscimento di sè. Non sia mai alcuno che stia a contrastare con esso, avviluppandosi la mente delle forti cogitazioni e movimenti che sente venire. Anco, intenda a pigliare i rimedii, e col pensiero del rimedio cacciare le forti cogitazioni e immaginazioni; perocchè sarà un'acqua che spegnerà el fuoco del disordinato movimento.

---

[1] Questo della carne levata sopia i cori degli angeli (sebbene nel senso biblico *carne* valga *vita*), è un de' raiissimi modi di lei che non paiono di teologica piopiietà; ma, per approssimazione, quando non pongono in termini propri il domma, anco i Padii ne hanno di somiglianti.

[2] Di edificazione. Il contrario della dissoluzione a cui vuolsi rimediare. Ma la penitenza non è che strumento esteriore.

Allora non tema, ma virilmente pigli il gonfalone della santissima croce; e con essa s'appoggino, e navichino [1] con i detti rimedii coloro che sono fondati sopra questa viva pietra, con fermezza e perseveranzia infino alla morte. Perocchè veggono bene, che solo la perseveranzia è quella che è coronata, e none il cominciare.

Voglio adunque, carissimo fratello e figliuolo, che vi leviate dalla imperseveranzia, e incominciate a entrar dentro da voi; perocchè mi pare, secondo che si vede dinanzi alla divina Bontà, [2] che già buon pezzo siate uscito fuori di voi. E tutto questo è, perchè il principio e 'l fondamento non fu fatto bene in verità, nè fondato sopra la viva pietra. Perocchè per altro non addiviene che e' servi di Dio non sono perseveranti, se non perchè sono fondati imperfettamente; ed essendo debili, e giungendo e' fortissimi venti, cioè il dimonio, il mondo, e la carne; e trovandoli senza fortezza e senza alcun riparo d'esercizio di virtù; vengono meno. Onde, considerando me e' rimedii del vostro cadere, e il bisogno di pigliarli, e [3] di fare più perfetto principio, e con più profonda umiltà, e dispregiamento di voi; dissi, che io desideravo di vedervi pietra ferma, fondato sopra la pietra viva, Cristo dolce Gesù, e non sopra l'arena. Spero nell'infinita bontà di Dio, che se voi vi vorrete umiliare a cognoscere voi, che voi adempirete la volontà sua e il desiderio mio, e voi acquisterete la vita della Grazia, sarete privato della tenebra, ed averete perfetto lume. Altro non dico. Permanete nella santa e dolce dilezione di Dio. Gesù dolce, Gesù amore.

---

[1] In Dante. Ma non si convengono le imagini di *nave* e di *pietra*.

[2] Vedere il male, è principio al ravvedersene, e però ne ringrazia la divina bontà.

[3] La stampa: *è di*.

CXCVIII. — *A Frate Bartolomeo Dominici dell' Ordine de' Frati Predicatori in Asciano.*

Accenna agli Apostoli, ispiiati di coiaggio santo, li vuole imitati. Sempre raccogliere, e sempre seminare. Conti col diavolo. Ciociata. Prima d'una fanciulla da sovvenire, poi delle monache. Saluti schietti.

Al nome di Gesù Cristo crocifisso e di Maria dolce.

A voi, dilettissimo e carissimo figliuolo mio in Cristo Gesù, io Catarina, serva e schiava de' servi di Dio, scrivo e confortovi nel prezioso sangue del Figliuolo suo; con desiderio di vedere in voi tal fortezza ed abondanzia e plenitudine dello Spirito Santo, quale venne sopra a' Discepoli santi, acciocchè potiate crescere e fruttificare, in voi e nel prossimo vostro, la dolce parola di Dio. Poichè il fuoco dello Spirito Santo fu venuto sopra di loro, essi salsero in su 'l pulpito dell' affocata croce, ed ine sentivano e gustavano la fame del Figliuolo di Dio, e l'amore che portava all'uomo: onde allora escivano le parole di loro, come esce il coltello affocato dalla fornace;[1] e con questo caldo fendevano i cuori degli uditori, e cacciavano le dimonia. E perduti loro medesimi, non vedevano loro, ma solo la gloria, e l'onore di Dio, e la salute [2] nostra.

Così voi, dolcissimo mio figliuolo, vi prego, e voglio in Cristo Gesù, che vi riposiate in sul pulpito della croce, e ine al tutto perdiate e anneghiate voi medesimo, con lo insaziabile desiderio; traendo fuore l'affocato coltello, e percuotendo le dimonia visibili e le invisibili, le quali spesse volte vogliono contristare la coscienza vostra, per impedire

---

1 Salmo: « *Ignitum eloquium tuum vehementer.* » E altrove.

2 La stampa: *vostra.* Vede i discepoli del Redentore di tutti, abbracciare in amore tutti e ciascuno degli uomini che sono e saianno. Così intendeva ella l'amore.

il frutto che si fa nella creatura. Non vi vollete, dunque, a questo perverso dimonio. E specialmente ora, ch'è tempo di raccogliere e di seminare.[1] Dite al dimonio, che faccia ragione con meco, e non con voi.[2] Oltre, dunque, virilmente! e non dormiamo più, perocchè il tempo s'approssima.

Ho ricevuta grande letizia, perchè mi pare che molto frutto vi si faccia. E amo d'alcuna[3] buona novella, che frate Raimondo vi mandò, la quale ebbe da Messere Niccola da Osimo,[4] sopra i fatti del passaggio. Godete e esultate, perocchè i desiderii nostri s'adempiranno.

Non ho tempo di potere scrivere. Nanni[5] sta molto bene, e gode. Benedicete il mio figliuolo frate Simone; e ditegli che disponga la bocca del desiderio a ricevere il latte, perocchè la mamma ne gli manderà. Stiavi a mente quella fanciulla, che vi fu raccomandata, di quello testamento; e anco la mia Santa Agnesa;[6] se vi venisse incerto, o altro per dare. Permanete nella santa e dolce dilezione di Dio. Alessa, e la perditrice[7] del tempo, molto molto vi si raccomandano. Gesù dolce, Gesù amore.

---

[1] Ambedue insieme le cose. Nel campo del bene e del vero c'è a ogni ora da mietere; ma c'è pur sempre da lavorare di nuovo per gli anni vegnenti.

[2] Venga a fare i conti meco; e saprò trovarci io la magagna. Parla del demonio invisibile e del visibile.

[3] Una.

[4] Prelato, del quale altrove.

[5] Forse il beato Giovanni di Gabriele Piccolomini, domenicano, discepolo a lei.

[6] Da sovvenire alle monache di Montepulciano; non perchè fossero ivi congiunte di sangue a lei, ma benchè ce ne fosse. Prima però alla fanciulla. — *Incerto,* provento di soprappiù: modo usato tuttavia, e cosa abusata: e non tanto forse i preti con chierica, quanto certi fratacchioni di piazza lo sanno.

[7] La solita Cecca, scrivente. Il nome sottintendevasi: tanto il titolo piacevolmente modesto da lei dato a sè, gli era in uso.

CXCIX. — *A Niccolò Da Vezzano, Canonico di Bologna.*[1]

(La qual lettera fu fatta in astrazione).

L'amore del bene sia schietto e liberale; non a modo nostro, nè in parte, ma del bene tutto. La mente è l'occhio, ma senza il lume rivelato non vede; nè il lume giova senza la virtù del volere. L'amore del prossimo è vivo dell'amore di Dio. Conosciuto il bene supremo, l'uomo, per il contrario, conosce meglio la pochezza propria, si difende contro sè medesimo; vince le molestie della negligenza, la guerra del sonno spirituale; fa sortite animose. L'amore, del bene troppo confidente in sè, ci addormenta. Le minime cose sublimansi nell'altezza del fine. Al forte le cose prospere e le avverse sono come la mano diritta e la manca; se ne serve. Pregi e difetti de' preti. Lettera delle più sapienti.

Al nome di Gesù Cristo crocifisso e di Maria dolce.

Carissimo fratello e figliuolo in Cristo dolce Gesù. Io Catarina, serva e schiava de' servi di Gesù Cristo, scrivo a voi nel prezioso sangue suo; con desiderio di vedervi costante e perseverante nella virtù, della quale Dio v'ha dato desiderio per la sua infinita misericordia. Ma non so vedere che la persona venga a perfetta virtù con perseveranzia, se non con amore schietto e liberale, e senza mezzo di sè;[2] cioè, che non voglia servire Dio a suo modo, nè in parte, ma tutto, e con tutto il cuore e con tutta l'anima e con tutte le forze sue, e senza il mezzo della propria sensualità. La quale sensualità è degna d'odio, e non d'amore, perchè sempre ricalcitra e ribella al suo Creatore. Questa è

---

[1] I Da Vezzano o Vizziani, una delle cinquanta famiglie senatorie di Bologna. Ma il Burlamacchi non trova un canonico Da Vezzano a quel tempo. Sibbene Da Ozzano, vicario del vescovo, e poi arciprete di San Giovanni in Persiceto. I Da Ozzano, d'origine fiorentina, trovansi in Bologna del 1289; e gentiluomini.

[2] Senza frapporre tra sè e il bene supremo le proprie voglie di bene minore. Così l'uomo si fa impedimento a sè stesso.

quella parte che sempre debbiamo odiare in noi, e fare guerra con lei, e darle il contrario di quello che ella addimanda.

Ma noi diremo: « Per che modo posso venire a questo amore e odio, poichè per altra via io non posso venire a virtù, nè perseverare nel bene cominciato? » Rispondo, che col lume verremo ad amore e odio: perocchè la cosa che non si vede, non si può cognoscere, nè la malizia nè la virtù sua; e non cognoscendosi, non s'odia, e non s'ama. Onde · c'è bisogno il lume dell'intelletto, cioè che lo intelletto sia alluminato del lume della santissima fede.

L'occhio [1] abbiamo noi, che è una delle potenzie dell'anima; e della fede riceviamo la impronta nel santo Battesimo. Ma se questo lume, venuto al tempo della discrezione, non è esercitato con la virtù, ma è offuscato con l'amore proprio e piacere del mondo, non potremo vedere. Ma, tolta questa nuvila, l'occhio vede. E se la libera volontà vuole aprire quest'occhio, e ponersi per obietto Cristo crocifisso, e il puro e schietto e dolce amore che egli ci ha, (che ci ama non per sua utilità, perocchè utilità non gli potiamo fare, chè non abbisogna del nostro bene; ma solo per fare utilità a noi, acciocchè siamo santificati in lui); dico che vedendolo tanto schietto, così schiettamente il riceve dentro nell'affetto e volontà sua. E di quello amore ch'egli ha tratto del dolce e amoroso Verbo, di quello amore ama

---

1 Siccome l'uomo ha da natura l'occhio, e di fuori la luce senza la quale non vede; così la naturale intelligenza abbisogna d'un lume che incominci a esercitare la sua facoltà. Questo lume non può venire dall'umana parola; perchè l'un uomo essendo nelle medesime condizioni dell'altro, non può dare quel che non ha: onde l'imaginare che la società senza Dio abbia creata la civiltà, anco la meramente umana, è un romanzo fondato sopra l'assurdo. La similitudine di Caterina è un argomento potente che prova la Rivelazione.

il prossimo suo, amandolo puramente, e fedelmente cercando la sua salute; sovvenendolo, giusta al suo potere, di quello che Dio gli ha dato a ministrare. [1] E con quella perfezione l'ama e serve, ch'egli ha tratto dal cognoscimento della divina carità; perocchè la carità del prossimo declina [2] da quella di Dio. Onde, perch'egli ama Dio, ama il prossimo suo, e ingegnasi di servirlo; perchè cognobbe la verità di Dio, vedendo l'amore ineffabile ch'egli ha manifestato col mezzo del sangue del suo Figliuolo.

E perchè vede che Dio non cessa mai la sua bontà, cioè d'operare in lui e nell'altre creature la grandezza e bontà sua, facendogli molti beneficii; però non pare [3] possa, nè può, cessare d'amare il suo Creatore, mentre che sta in questo cognoscimento: perocchè condizione è dell'amore, d'amare sempre, quando si vede amare. E l'amore non sta mai ozioso, ma sempre adopera grandi cose. Onde l'anima viene a fortezza e a perfetta perseveranzia; e per lo grande cognoscimento che truova della bontà di Dio, cognosce molto più perfettamente la miseria sua: perocchè ogni cosa si cognosce meglio per lo suo contrario, vedendo col lume della santissima fede, sè non essere, ma l'essere suo avere da Dio, e ogni grazia ch'è posta sopra l'essere; perocchè senza l'essere, neuna grazia saremmo [4] atti a ricevere. E vedesi recreato a Grazia nel sangue dell'unigenito suo Figliuolo: e con tutto questo sempre si vede essere ribello a Dio. Onde

---

1 Chi ha, è amministratore in servigio di chi non ha: siano beni della materia, siano ricchezze di spirito.

2 Siccome le acque che derivano, scendono per declivio; così *declinare* vale *derivare*. E altri dissero *dichinare*.

3 *Parere* non è qui apparenza nè mera opinione, ma vale: non è da credere che possa, e non può veramente nel fatto. Spiega e giustifica il *videatur* di Cicerone.

4 La stampa: *saremo*.

ha materia di concipere uno santissimo odio, e odiare in sè la perversa legge che impugna contro lo spirito.

E pensate che non si debbe odiare solo in uno tempo, cioè quando alcuna volta si vede assediato dalle impugne e molestie della carne, e della negligenzia e sonnolenzia [1] sua; ma d'ogni tempo debbe odiare; ogni tempo gli debbe essere tempo d'odio; poniamochè debba crescere più a un'ora, che un'altra, secondo le molestie, e le disposizioni che egli sente in sè. E perchè egli senta abbassare il fuoco, e cominci a mortificare, [2] non debbe però levare l'odio; ma nel tempo della pace s'abbia ben cura, perocchè egli non se ne può fidare: ma riescagli [3] addosso con una vera, e profonda umilità. Sì [4] con l'odio e con la umilità si levi più tosto egli contra alla sensualità, che la sensualità contra di lui; perocchè se non facesse così, si desterebbe la propria passione, la quale pareva che dormisse: e quasi parendo morta, è peggio che mai. Perchè, mentre che noi viviamo, ella non muore. Ma bene s'addormenta, chi più sodo, [5] e chi più leggiero; e questo è, secondo l'odio e l'Amore delle virtù.[6] Il quale odio la castiga, e l'amore l'addormenta.

---

[1] Anco quella della negligenza è una molestia che l'uomo dà a sè, e quella della sonnolenza fomentata è una guerra.

[2] Neutro assoluto; come *intiepidire* e *intiepidirsi*.

[3] Faccia nuove sortite, come sopra nemico, i cui aguati sono da prevenire con aperto valore.

[4] Pare stia non per *sibbene*, ma per *così*. Dante: « Tu *non hai* fatto *sì all'altre bolge.* »

[5] Dormire sodo, per *forte*, in Toscana dicono tuttavia.

[6] Crederei andasse levato *della virtù*, e inteso: l'odio d'elle proprie debolezze e de' pericoli che ne seguono (ch'altrove ella dice *dispiacimento*) tiene l'anima desta, che non si riposi languida nell'amore proprio; il quale colla sicurtà sua falsa addormenta. Ma può a qualche modo spiegarsi anco *delle virtù*, notando che quell'amore del bene in cui l'uomo si gloria confidandosi delle forze proprie, assonna esse forze.

Chi n' è cagione? Il lume. Perocchè, se non avesse veduta e cognosciuta la sua fragilità, non l'averebbe spregiata con odio : ma perchè cognobbe come ella è vile, [1] l'odia, e ricalcitra sempre contra di lei continuamente. Onde, vedendo che ella non cessa d'impugnare, non vuole egli, nè debbe volere, cessare la guerra, nè volere fare pace con lei.

Or questo è quello principio e reale fondamento per lo quale l'uomo viene ad ogni virtù, ed ogni sua operazione fa perfetta, di qualunque operazione si vuole essere, o spirituale o temporale. Perocchè tanto è temporale, quanto l'affetto la fa temporale; e più, non. [2] Egli è costante e perseverante, e non si volle per ogni vento; sodo sodo. [3] E tanto gli pesa la mano manca quanto la dritta, cioè tanto la tribulazione quanto la consolazione. S'egli è secolare, egli è buono nello stato suo; s'egli è prelato, egli è buono e vero pastore; e s'egli è chierico, egli è fiore odorifero nella santa Chiesa, e gitta odore di virtù, e dà l'onore e la gloria a Dio, e la fadiga al prossimo, dandogli de' frutti dell'umile e continua orazione, dispensando largamente di quelle grazie che Dio gli ha date a dispensare. E la sustanzia temporale, la quale riceve dal sangue di Cristo crocifisso, egli la spende, non sceleratamente, nè con vanità, nè con parenti suoi, se non in quanto eglino avessero bisogno per necessità, [4] siccome a poverelli; ma per altro modo, non. [5]

---

[1] La stampa : *virile.*

[2] Le più materiali cose nobilita il fine, le più spirituali avvilisce. Sapientemente detto: e con potente concisione.

[3] Saldo e grave, intero e autorevole. Dante : « *duo vecchi in abito dispari Ma pari in atto d' onestate sodo.* »

[4] C'è de' bisogni che sono quasi il contrario della necessità. E i congiunti e gli aderenti di certi prelati sono, o erano, pieni di cosiffatti bisogni.

[5] La stampa *non è.* Forse il codice *none.*

Con vera coscienzia rende il debito [1] a' poveri, e al ben della Chiesa, e per la sua propria necessità. E se facesse altrementi, vederebbesi [2] stare in gravissima colpa.

Egli non si scandalizza, nè fa mai guerra col prossimo suo : col peccato sì, ma non con la propria persona del prossimo : anzi l' ama come sè medesimo, cercando teneramente la salute sua. E perchè egli ha fatto guerra con sè medesimo e con la propria sensualità ; però non la può fare, nè fa, con Dio, nè col prossimo suo : perocchè, ogni offesa che si fa a Dio o al prossimo, si fa perchè egli [3] non s' odia, ma amasi di proprio amore sensitivo. Per la quale cosa non persevera mai in alcuno bene che cominciasse ; perocchè la perseveranzia viene dall' odio e dall' amore, come detto è ; e l' amore s' acquista per lo lume della santissima fede. La quale è la pupilla dell' occhio dell' intelletto, esercitato con libera volontà, che in verità voglia cognoscere sè e la bontà di Dio in sè, e ricognoscere ogni grazia dal suo Creatore, e il difetto e le colpe sue dalla propria sensualità.

Altra via non ci ha. E però vi dissi, che io desideravo di vedervi costante e perseverante nella virtù, considerando me che ella non si può avere se non per lo modo che detto abbiamo. Onde io vi prego per l' amore di Cristo crocifisso, che ora, mentre abbiamo il tempo, il quale è tempo di vigilia, [4] e di cognoscimento, che potiamo cognoscere con frutto e con merito ; e, passato il tempo, sa-

---

1 L' elemosina è il primo debito ; poi il richiesto in servigio della Chiesa : le necessità del prete ultime. Non dice *i bisogni*, nè *i piatti*.

2 Sentirebbe sè stesso : e avrebbe bentosto salutare rimorso.

3 Ambiguo nel costrutto ; ma intendesi il senso. Non è il prossimo che si odia ; ma egli che offende il prossimo, non odia sè, cioè le proprie debolezze, e però offende il prossimo.

4 Dante : « *A questa tanto piccola vigilia De' nostri sensi, che del rimanente..... Fatti non foste a viver come bruti, Ma per seguir virtute e conoscenza.* »

pete che non è così. Voi non stiate a dormire, ma vegliate continuamente; e non solo della vigilia corporale, ma della vigilia intellettuale, alla quale vigilia sèguita la continua orazione, cioè l'affocato desiderio e amore dell'anime verso il suo Creatore; perocchè sempre òra in onore di Dio e in salute dell'anime. Bagnatevi nel sangue di Cristo crocifisso; e ine muoia ogni piacere e parere umano: sicchè, morta ogni volontà propria, corriate per la via della verità. Altro non vi dico. Permanete nella santa e dolce dilezione di Dio. Gesù dolce, Gesù amore.

CC. — *A Frate Bartolomeo Dominici,* *dell' Ordine de' Predicatori, in Asciano.*

Il sacerdote sia luce con calore d'affetto. Gusto del bene. Parla del suo venire, e della sua infermità. E d'una pace da farsi.

Al nome di Gesù Cristo crocifisso e di Maria dolce.

A voi, dilettissimo e carissimo fratello e figliuolo mio in Cristo Gesù, io Catarina, serva e schiava de' servi di Dio, scrivo, e confortovi nel prezioso sangue del Figliuolo suo; con desiderio di vedere in voi adempita quella parola che disse il nostro Salvatore a' discepoli suoi, cioè: « Voi sete luce del mondo, e il sale della terra. » Così desidera l'anima mia con grandissimo desiderio, che voi siate voi [1] quello figliuolo alluminato del lume e calore dello Spirito Santo, condito col sale del vero cognoscimento e della vera sapienzia, [2] sicchè cacciate con perfetta sollicitudine il peccato e le dimonia

---

[1] Forse il secondo *voi* è da tòrre via.

[2] Tra *sapienza* e *conoscimento* è differenza, come tra *sapere* e *scire;* se non che le due voci italiane nel senso cristiano dicono molto più: e *conoscimento,* così assoluto, ha un valor singolare nel linguaggio singolare di questa donna.

delle tenebrose anime delle creature. Ma non veggo che questo potesse ben fare nè avere, [1] nè adempire il mio desiderio, se non per continuo e affocato amore, e per lo continuo accostarvi ed unirvi, senza negligenzia, [2] nel vero lume e sapienzia, fuoco, calore della divina Carità, il quale fu manifestato a noi per l'unione che Dio fece coll'uomo. E dico, figliuolo mio dolcissimo, che non sarà neuna anima che ragguardi Dio diventato uomo, corso all'obbrobrio della santa Croce, e versando l'abondanzia del sangue suo, che non attenga, [3] e participi, ed empiasi di vero amore. E così si diletterà del cibo del quale Dio si dilettò; e sarà mangiatore e gustatore dell'anime. Questo è uno cibo di tanta dolcezza e suavità, che ingrassa l'anima; e d'altro non si può dilettare. Dicovi che i vostri denti debili saranno qui fortificati, sicchè potrete mangiare i bocconi grossi e piccoli. [4]

Mettetevi dunque virilmente a fare ogni cosa, e cacciare le tenebre, e fondare [5] la luce; non ragguardando alla nostra debilezza: ma pensate, [6] per Cristo crocifisso potrete ogni cosa. Io vi starò dallato, e mai non mi partirò da voi

---

[1] Fare questo bene, e averlo come possessione nostra per abito.

[2] Sarebbe parola debole qui e importuna, se il contrario di *diligenza* non denotasse mancamento di quella sollecitudine che è mossa da instante amore.

[3] Forse *ottenga*. Se non *attinga*.

[4] Sarete atto al bene grande; ma non sdegnerete l'apparentemente piccolo, ringrandito dal fine. Frequenti in Dante le imagini tolte dal senso del gusto; e questo è più conveniente di quello: « *Con quanti denti questo amor ti morde,* » parlando dell'amore di Dio.

[5] Dante, del cielo: « *templo Che solo amore e luce ha per confine.* » La luce qui si presenta come solida cosa, al modo che gli antichi imaginavano i cieli. Dante: « *Pareva a me che nube ne coprisse Lucida, spessa, solida, e polita Quasi adamante.* »

[6] Il *che* sovente omettevano; ma qui lo direi tralasciato dallo scrivente.

con quella visione invisibile che fa fare lo Spirito Santo: perocchè visibilmente non veggo modo per ora di potere venire, se già Dio non disponesse altro. Volentieri sarei venuta se Dio l'avesse conceduto; sì per onore suo, e sì per recreazione di voi e di me, che grande mi sarebbe stata: ma perchè il tempo è assai corrotto all'acqua, e il corpo mio è molto aggravato già più di dieci dì, in tanto che con fadiga vo la domenica alla chiesa; Frate Tomaso [1] ha avuta compassione di me, e non gli è paruto che io sia venuta, [2] benchè potere non ci sia stato. Farò dunque invisibilmente ciò ch'io potrò. E pènsate che se Dio l'avesse ordinato che io venisse, che io non farei resistenzia a lui, nè farò. Pregate dunque Dio, che ne faccia quello che debbe essere più suo onore.

Fate che la pace di coloro che mi scriveste, si faccia prima che ne veniate. Benedicete e confortate tutte coteste pecorelle affamate e assetate in Cristo Gesù, e missere Biringhieri, [3] e tutta l'altra famiglia; e dite loro che non s'indugino tosto passare [4] i tenebrosi affanni e sollecitudini del mondo, e gli iniqui peccati mortali, che cogliono la vita; ma acquistino la grazia e il lume dello Spirito Santo. Benedicete Frate Simone, figliuolo mio in Cristo Gesù. Permanete nella santa e dolce dilezione di Dio. Dite a Neri, [5] che sia sollicito a seguitare le vestigie di Cristo crocifisso. Alessa, e Lisa, e Cecca vi si raccomandano. Gesù dolce, Gesù amore.

---

[1] Della Fonte.

[2] Per *venissi*. Sovente nell'antico i tempi si scambiano. Nelle parole seguenti ci avrebbe a essere errore. Forse intende: anche con licenza sua, non potere, per cagione di salute e per altre.

[3] Piovano d'Asciano.

[4] Passar sopra, non curando.

[5] De' Pagliaresi, discepolo.

CCI. — *A Don Giovanni Monaco della Certosa in Roma, il quale era tentato, e voleva andare al Purgatorio di San Patrizio,*[1] *e non avendo licenza, stava in molta afflizione di mente.*

Alla legge mosaica sopraggiungesi la legge di Carità, ma non abolisce quella. Al lume naturale sopravviene il soprannaturale, che a quello si concilia, e lo fa più ampio e sereno. Carità fecondata dal lume della fede, genera obbedienza e pazienza, sorelle. L' obbediente ha più sicurtà e men rimorsi. Consolazioni mentali negate, perchè troppo cercate: battaglie alla spicciolata, più meschine e più pericolose delle sostenute in compagnia de' fratelli. Alle fantasie divote opporre pensieri veri. Non si lasci prendere all' amo del bene. Così lo consiglia (mirando sempre al proposito, senza mai espressamente toccarne) non vada in una caverna d' Irlanda a cercare la Grazia, che può meglio avere nella sua cella e nello studio profondo di sè.

Al nome di Gesù Cristo crocifisso e di Maria dolce.

Carissimo fratello e figliuolo di Maria dolce in Cristo dolce Gesù. Io Catarina, serva e schiava de' servi di Gesù Cristo,

---

[1] San Patrizio vescovo e apostolo dell' Irlanda. La tradizione narra che a scuotere gli animi de' restii, entro un cerchio fatto col suo bastone egli facesse apparire una profondità dalla quale uscivano strida di tormentati : ma aggiunge insieme, che l' impressione era tutta negli spiriti ; e soggiunge che, per affermazione del Santo, chiunque in un certo recinto passasse la giornata con dolore vero delle colpe commesse, ne avrebbe perdono. Di qui il Purgatorio e il pozzo di san Patrizio : duplice leggenda da non si confondere. E la tradizione era un onore reso alla potenza della Grazia, e a quella dell'umana volontà, che può, nell'atto d' umiliarsi, con le forze sue rinnovate innovare la vita. E perchè alla pietà verso Dio era in altri tempi congiunta la pietà della patria; un' altra tradizione racconta come san Patrizio sull' alto d'un monte, dopo lungo digiuno, pregasse, con altre grazie spirituali, che l' Irlanda non fosse mai distrutta da Barbari, *ne consumeretur a Barbaris.* Quest' uffizio era serbato a genti civili. Nel secolo scorso correvano tuttavia voci che in quel luogo settentrionale dell' isola vedessersi paure ; che nessuno straniero però potette avverare. Alessandro VI aveva già fatto dal vescovo chiudere il pozzo, e smentire la favola, che fruttava a quelli del luogo danari. Perchè i rei di colpe gravi

scrivo a voi nel prezioso sangue suo; con desiderio di vedervi fondato in vero e perfettissimo lume; perocchè senza il lume non potremmo discernere la verità. Ma attendete, che sono due lumi, e l'uno non impedisce l'altro, ma unisconsi insieme : siccome la Legge nuova non tolse via la vecchia; tolse sibbene la imperfezione. Perocchè la Legge vecchia era fondata solo in timore, onde era imperfetta; ma poichè venne la Legge nuova, si conformò l'una coll'altra, la quale è Legge d'amore. Così è uno lume imperfetto, e uno lume perfetto. Il lume imperfetto è il lume che naturalmente Dio ci ha dato, col quale cognosciamo il bene. È vero che l'uomo, offuscato dalla propria fragilità, none 'l [1] cerca dove egli il debbe cercare, ma in cose transitorie, nelle quali non è perfezione di bene; e none 'l cerca in Dio, colà dov'è sommo ed eterno Bene. Ma se questo lume naturale eserciterà con virtù, cercando il bene colà dov'egli è; cioè, che l'anima cognosca la bontà del suo Creatore e l'amore inestimabile che egli ci ha (il quale amore e bontà troverà nel cognoscimento di sè); per questo modo, con sollicitudine . e non con negligenzia esercitando la vita sua, acquisterà il secondo lume, che è sopranaturale; non lassando però il primo : ma leverassi dalla sua imperfezione, e farassi perfetto col lume perfetto sopranaturale.

Che fa questo lume nell'anima? e a che si cognosce che ella lo abbia? Dicovelo. Il primo lume vede le virtù; quanto [2] elle sono piacevoli a Dio, e utili all'anima che le possiede; e quanto è spiacevole e nocivo il vizio, il quale priva l'anima della Grazia. Il secondo lume abbraccia le

---

ci andavano, e, dopo lunga astinenza, calati nell'angusta caverna sotto la quale s'apriva il pozzo, e stativi un dì, si tenevano tersi di macchia.

[1] La stampa: *non il ;* così altrove, ma non frequente.
[2] La stampa: *quando.*

virtù, e parturiscele vive nella carità del prossimo suo.
L' essere giunto al secondo lume dimostra che il primo naturale non fu impedito dall'amore proprio: e però ha ricevuto il sopranaturale.

Chi dimostra che questo lume sia infuso nell' anima per
Grazia? le virtù reali: tra le quali virtù, due sono le principali, che più realmente cel dimostrano, guidate dal lume
della santissima fede, perchè nel lume sono state acquistate.
Queste due virtù sono sorelle vestite di fortezza e di lunga
perseveranzia.

La principale virtù di queste due prima parturite dalla
Carità col lume [1] della Fede, è la vera e perfetta obedienzia.
L' obedienzia tolle la colpa e la imperfezione, perchè uccide
la propria volontà, onde nasce la colpa; perocchè tanto è
colpa o virtù, quanto procede dalla volontà. Onde, se l'anima fosse tutta ansietata di molte diverse cogitazioni e battaglie del dimonio, o dalle [2] creature, o che la fragile carne
impugnasse con disordinati movimenti; e la volontà stia
salda e ferma, che non tanto che ella non consenta, ma dis-
piacciagli infino alla morte; [3] non offende: anco, ne [4] merita,
e crescene in maggiore perfezione, colà dove ella voglia cognoscere la verità, vedendo che Dio gli 'l permette per farla

---

[1] Questo lume che feconda la carità, rammenta la parola dell' Angelo: « *Virtus Altissimi obumbrabit tibi.* » Notisi che la carità è madre in quanto congiunta alla fede, ma che la fede senza carità non
genera abiti nè atti virtuosi: notisi che la legge d'amore compie quella del timore, ma non la distrugge, così come la cognizione soprannaturale corona la naturale, non già che la sciolga e disperda. E il
paragone si riconosce più intimamente vero, pensando che siccome la
legge mosaica era anch'essa rivelazione, così il retto esercizio del lume naturale non si ha senza l'aiuto d'un lume sopra natura.

2 Forse *delle*. Ma ha senso anche *dalle*.

3 *Infino* è d'intensità, non di tempo. Come *Tristis est anima mea
usque ad mortem.*

4 La stampa: *nè*. Ma vuol dire: anzi acquista merito dalle battaglie.

venire a più perfetto cognoscimento di sè e della bontà sua in sè. Per lo qual cognoscimento cresce in maggiore amore e umiltà. E però dissi che cresceva in maggiore perfezione. Così la virtù non è virtù solamente l'atto, ma in quanto ella è fatta volontariamente con dritta e santa intenzione. Adunque la volontà è quella che offende : e però l'obedienzia, la quale uccide la propria volontà, leva via la colpa, uccidendo quella che la commette. [1] L'obediente non si fida mai di sè, perchè cognosce il suo infermo e basso vedere ; e però come morto si gitta nelle braccia dell'Ordine e del prelato suo con fede viva e lume sopranaturale, credendo che Dio farà discernere al prelato suo la necessità della sua salute. Eziandio se 'l prelato fusse imperfetto e idiota, senza lume, averà viva fede che Dio l'allumini per la sua necessità. E perchè nel lume ha veduto lume, [2] però s'è fatto suddito. Chi manifesta questo lume ? la vera obedienzia. Ella è lunga e perseverante, e non corta ; cioè, che 'l vero obediente non obedisce pure in uno modo, nè in uno luogo, nè a tempo, ma in ogni modo, in ogni luogo ed in ogni tempo, secondo che piace al prelato suo. Egli non cerca le proprie consolazioni mentali ; ma solo cerca d'uccidere la

---

1 Chi non per stupidità e noncuranza, ma per amore dell'ordine e della concordia, e per risparmiare a sè licenze pericolose, obbedisce in ciò che non sia male, non a tutti, ma agli eletti da sè e dai migliori con norma certa ; non deve rispondere de' propri atti tanto rigidamente quanto chi di suo moto li fa. E questa ai soggetti è scusa di parecchi errori e falli ; e aggrava la colpa di chi abusa della loro fiducia e docilità.

2 Salmo : « *In lumine tuo videbimus lumen.* » Un inno : « *Splendor paternæ gloriæ, A luce lucem proferens Lux lucis, et fons luminis.* » Nell'inno intende della luce sensibile e della spirituale (ma nella sensibile stessa è dello spirituale) ; nel salmo, della mente divina che illustra le umane ; in Caterina, della intelligenza naturale che riceve in sè la soprannaturale, come sede a questo fine creata.

propria volontà: e propone [1] il coltello in mano all'obedienzia, e con esso coltello l'uccide; perchè ha veduto nel
lume, che, se non l'uccidesse, sempre starebbe in pena e in
offesa della perfezione alla quale Dio l'ha chiamato; e vederebbesi privato della ricchezza del lume sopranaturale;
il quale lume è mostrato essere nell'anima dalla virtù d'obedienzia. [2]

Quale è l'altra virtù che manifesta questo lume? è la
pazienzia: la quale è uno segno dimostrativo, che in verità
amiamo, perchè ella è il mirollo della carità. Ella è sorella
dell'obedienzia. Anco, la obedienzia è quella che fa paziente
l'anima; perchè non si scandalizza di veruna obedienzia imposta a lui dal prelato suo. Ella è vestita di fortezza; e
però porta pazientemente le riprensioni e i costumi dell'Ordine. Quando gli è retta [3] la propria volontà, non attedia, [4]
ma gode ed esulta con grande giocondità. Non fa come il
disobediente, che ogni cosa fa e sostiene con fadiga e con
molta impazienzia; in tanto che, alcuna volta, dimandando
al prelato suo una licenzia di cosa che gli sia molto ferma
nella volontà, non avendola, piglia pena; che eziandio il
corpo pare che infermi. Meglio gli sarebbe con l'odio santo
uccidere la propria volontà, la quale gli dà tanto tormento.
Questa pazienzia sta sul campo della battaglia con l'arme

---

[1] Non correggo *pone ;* giacchè il senso di *proporre,* non è il figurato.

[2] Quello che pare restringa e offuschi la libertà e la chiarezza del-
l'intelligenza, cioè il sottostare all'altrui volontà; quando sia a fine
altissimo di fede e d'amore sovrumani, la amplia e la rasserena. Così
l'umiltà, che pare avvilisca, esalta la vera dignità dello spirito: così
l'astinenza, risparmiando, moltiplica e avviva e sublima i piaceri.

[3] Siccome la cosa che si regge, acciocchè non cada, è tenuta; così
retta qui vale insieme *rattenuta* e *sostenuta.* E *sostenere* avveduta-
mente dicevano per *rattenere.*

[4] Non prende tedio. Neutro assoluto, come *infastidire* per *infasti-
dirsi* e simili.

della fortezza, e collo scudo della santissima fede ripara e' colpi; e sostenendo vince, e col coltello dell'odio e dell'amore percote i nemici suoi. Prima uccide il principale nemico della perversa Legge che sempre impugna contra lo Spirito; e con essa uccide i diletti e piaceri del mondo, i quali per amore del suo Creatore egli odia, e le cogitazioni del dimonio, il quale ne dà molte con diverse fantasie; e con pensieri veri[1] e santi le caccia da sè, conservando la buona e santa volontà, che non vada dietro ad esse.[2] Questa pazienzia, guidata dal lume, non vuole combattere in luoghi dubbiosi, con speranza di nòn avere poi a combattere più.[3] Non vuole così: perocchè ella si diletta di stare in battaglie. Perchè nella battaglia si prova; e, provata, riceve la gloria, e in altro modo no. Non fa come il semplice, che ancora è imperfetto in questo lume sopranaturale; e per lo poco lume, sentendosi molto passionato, per tòllersi questa fadiga, e per timore di non offendere, si vorrà mettere a cosa che sarà di tanto pericolo che a un tratto ne potrebbe andare l'anima e 'l corpo; e farassene sì forte imaginazione per illusione del dimonio, e per volontà ch'egli ha di vivere senza passione. Onde egli riceve le pene; che colui, che l'ha a[4] governare, non gli potrà trare questa fantasia. E se egli non gli dà licenzia di quello che vuole

---

[1] Opposto a *fantasie*. Tant'era ella lontana dagli abbarbagli della divozione fatua.

[2] La stampa: *essa*.

[3] Luoghi dubbiosi par voglia dire quelle mezze battaglie che paiono facili, e alle quali l'anima debole si espone, talor anco senza necessità, sperando così di scappare a lotte maggiori con gli uomini e con sè stessa. In queste parole mi par di scorgere rivelato un grande arcano del cuore. I deboli, dimenticando che la vita è una lotta incessante, vanno in cerca di pericoli piccoli e di sterili scaramucce a bel diletto; e sperano sottrarsi alla legge della milizia perpetua con quelle bravate fugaci.

[4] Nella stampa l'*a* manca.

fare, ne viene a tedio, a confusione di mente, e ad impazienzia; e spesse volte entro [1] la disperazione. Questo egli è segno che quello che vuole fare, non è secondo la volontà di Dio. Che se così fusse, direbbe: « Signore, se questo è secondo la tua volontà, dánue lume a chi m'ha a licenziare; e quando che no, dimostralo. [2] » E con fede viva si pacificherebbe nella mente sua, vedendo che il negare o il concedere, qualunque si fusse, procedesse [3] dalla volontà di Dio.

Non voglio, dolcissimo e carissimo figliuolo, che siate voi di questi cotali : ma voglio che col lume, come vero obediente e paziente, stiate nel campo della battaglia, come detto è, dove comunemente combattono i servi di Dio; non volendo pigliare battaglia nuova, nè particolare, la quale sia oscura e dubbiosa. Pigliate quella che è lucida, e generale. [4] In tutto annegate qui la vostra volontà; e in ogni altra cosa, ma singolarmente vi parlo al presente per quello che mi disse il Visitatore. Lassatevi guidare alla volontà sua, la quale non è sua, ma è da Dio. Perocchè il vostro credo che sia inganno di dimonio, che coll'amo del bene vi vuole pigliare. Son certa che con questo lume cognoscerete la verità; cognoscendola, ringrazierete il sommo ed eterno Padre, che con la santa obedienzia v'ha campato di questo pericolo. Altrimenti, no. E però considerando io quanto v'è di necessità questo lume, dissi che io desideravo di vedervene illuminato. L'obedienzia e la pazienzia dimostrano s'egli è in voi; cioè, che non ricalcitriate alla volontà del prelato; ma con pazienzia la porterete come vero obediente, dilettandovi di rompere la vostra volontà.

---

[1] Quasi in fossa angusta, o in apertura d'abisso.

[2] La stampa: *dimostrarlo*. Ma il senso è: dimostra il tuo volere a me, e a chi m'ha a dare licenza o a negarla.

[3] Forse *procede*.

[4] Bello il confortare a combattere di concordia nella schiera comune, e non accattare duelli di virtù sfidatrice.

E se non trovaste in voi questo lume come vorreste e come si debbe avere, intrate con odio santo nella cella del cognoscimento di voi, e di Dio in voi. E nel sangue del dolce e amoroso Verbo s'inebrii l'anima vostra. Nel quale cognoscimento s'acquista ogni grande perfezione, con fede, sperando nel sangue sparto con tanto fuoco d'amore, senza pena o tedio di mente. Figliuolo mio dolce, chinate il capo all'obedienzia santa; e permanete in cella, abbracciando l'arbore della santissima croce.

Altro non vi dico. Guardate (quanto avete cara la vita dell'anima vostra, e quanto temete d'offendere Dio) che voi non seguitiate la [1] vostra volontà. Permanete nella santa e dolce dilezione di Dio. Gesù dolce, Gesù amore.

CCII. — *A Maestro Jacomo Medico in Asciano.*[2]

Perseveranza. Prontezza risoluta a ben fare. Distacco dalle cose vili. Apparecchi morali al viaggio del santo sepolcro.

Al nome di Gesù Cristo crocifisso e di Maria dolce.

A voi, reverendissimo e carissimo padre in Cristo dolce Gesù: io Catarina, serva e schiava de' servi di Gesù Cristo, scrivo e confortovi nel prezioso sangue del Figliuolo di Dio; con desiderio di vedervi vero cavaliero di Dio, sempre seguitando la via delle virtù; non vollendovi a dietro a ragguardare l'arato, ma sempre ragguardare quello che avete

---

[1] La stampa: *a.*

[2] È poi detto *Reverendissimo padre.* Poteva essere insieme medico e prete. E gioverebbe che la medicina fosse esercitata come sacerdozio gratuito; e che vari ordini religiosi, o rami di quelli, si consacrassero alla speciale cura di tale o tal genere di malattie, segnatamente di quelle che hanno maggiori vincoli di causa o d'effetto con le facoltà morali e intellettuali.

a fare : perocchè colui che si volle a dietro, segno è ch' è stanco. E però noi, fratello carissimo, non ci dobbiamo mai stancare nelle sante e vere [1] operazioni. E veramente così è, che colui che comincia, e non persevera, non è degno di corona.[2] Così disse il nostro dolce Salvatore : che de' perseveranti [3] e violenti, cioè che fanno forza e violenza alle loro male cogitazioni, di coloro è il reame del Cielo.

Dicovi dunque, fratello e figliuolo càrissimo, che voi non potreste avere questa perseveranzia della virtù, nè avere Dio nell' anima vostra, avendo la conversazione de' dimoni visibili e incarnati, cioè delle creature che vi volessero ritrarre dal santo e buono proponimento, traendovi fuore di voi. E però sappiate che il dimonio non vuole altro che trarvi fuore di voi. Perocchè l' anima tratta di sè medesima, perde ogni esercizio, e cade nel perverso vizio della superbia ; e non può sostenere sè, nè neuna creatura con pazienzia : per contrario di quella dolce virtù piccola della vera umiltà. E colui che non è umile, non può essere obediente a Dio. Oh quanto sarebbe cosa sconvenevole che voi, che sete eletto sempre a lodare Dio, voi seguitaste le perverse volontadi degli uomini, essendo amatore degli nomini, e non di Dio! Oimè, non sarebbe altro che diventare membro del dimonio.

Pregovi dunque per l' amore di Cristo crocifisso, che siate non crudele, ma pietoso inverso dell' anima vostra : e allora dimostrerete la pietà, quando trarrete la puzza de' peccati mortali dell' anima vostra, e pianteretevi le vere e reali

---

[1] Commutansi nella sapienza del linguaggio popolare, ancora meglio che nella squallida superbia del filosofico, le idee di buono e di vero.

[2] Dall' Apostolo.

[3] Perseveranza non c' è senza vigore ; ma appunto acciocchè perseveri, dev' essere e equabile e pacato vigore.

virtù, come uom virile. Non facciamo dunque come l' animale che sèguita le sue voluntadi [1] senza niuna ragione: ma, come uomo virile, seguitate la via delle virtù. E non indugiate, e dite: «Domane farò.» Però che non sete sicuro d'avere il tempo; siccome disse il nostro dolce Salvatore: « Non vogliate pensare del dì di domane. Basti al dì la sollecitudine sua.» [2] Oh quanto dolcemente ci manifestò il poco tempo che l' uomo ha! e noi miseri miserabili, con tutta la nostra sollecitudine e con molti affanni spendiamo il tempo nostro, che è la più cara cosa che noi abbiamo, inutilmente! Destianci dunque oggi mai dal sonno, e non dormiamo più, perocchè non è tempo da dormire; ma destatevi dal sonno della negligenzia e dell' ignoranzia.

Ho inteso che voi e misser Sozzo volete andare al santo Sepolcro: [3] la qual cosa molto mi piace. E però d' una cosa vi prego per l' amore di Cristo crocifisso, voi e misser Sozzo, che voi vi disponiate, prima che andiate, a questo santo viaggio, e che ordiniate prima la santa confessione, e scarichiate le coscienzie vostre còn modo e con ordine, come se fosse nell' estremità della morte. Non aspettate disporvi per la via. E se questo non faceste, meglio sarebbe che non metteste 'l piede fuora dell' uscio. Pregovi, padri, e fratelli in Cristo Gesù, che non vi lasciate ingannare alla fragilità umana, nè a tanta lebbra di cupidità: perocchè nè avere

---

[1] Nel singolare suona più proprio all' uomo. Nel plurale si approssima al senso di *voglie*.

[2] Intende altrimenti dal solito quelle parole che nel Vangelo consigliano a non si affannare per le necessità e i travagli del remoto tempo avvenire. Caterina con ingegnosa novità applica al pane dello spirito quel ch' è detto dell' occorrente al vivere esteriore.

[3] In altra lettera sconsiglierà poi una donna da tale viaggio. Secondo le persone e i tempi ella viene variando i consigli. Ma del viaggio santo intende che facciasi opera di rinnovazione interiore. Così vuol ella e i pellegrinaggi de' privati e le crociate de' popoli.

nè neuna creatura risponderà per voi, ma solamente le virtù virili, e la buona coscienza.

Altro non dico. Abbiate sempre Dio dinnanzi agli occhi vostri. Io mi offero a voi per continua orazione. Permanete nella santa e dolce dilezione di Dio. Gesù dolce, Gesù amore.

CCIII. — *Ad alcuni Novizi,*[1] *nel Convento di Monte Oliveto a Perugia.*

Dalla gratitudine ogni virtù. I benefizii di Dio destano in noi l'amore a Dio e alle creature sue ragionevoli. Dall'amor proprio l'ingratitudine, la quale non sapendo portare il benefizio (che non possiamo però scuotere), ci fa incomportabili a noi. Pace falsa nella soddisfazione delle voglie nostre, tutt'altro che la pace della coscienza. Gusto dell'anime s'affina nell'orazione, che ci unisce a Dio, e c'ispira allegrezza cordiale. Desiderio orante. Obbedienza ardente.[2]

Al nome di Gesù Cristo crocifisso e di Maria dolce.

Carissimi figliuoli in Cristo dolce Gesù. Io Catarina, serva e schiava de' servi di Gesù Cristo, scrivo a voi nel prezioso sangue suo; con desiderio di vedervi grati e cognoscenti verso il vostro Creatore, dell'infiniti benefizii ricevuti da lui; acciocchè per la ingratitudine non si disecchi in voi la fonte della pietà, ma nutrichisi con gratitudine.

Ma attendete, che gratitudine solamente di parole non è quella che risponde;[3] ma le buone e sante operazioni. In che la mostrarete? in osservare i dolci comandamenti di

---

1 *Novizi* qui vale già *professi*, ma di fresco, e forse ancora stanti in compagnia di novizi, come usava nelle Religioni. Questo monastero era poco discosto dalla città, fondato nel 1366 dal cardinale Capoccio.

2 Splendida lettera e copiosa d'esperienza d'amore.

3 Bella ellissi: non corrisponde ai benefizii, al dovere; non soddisfà. Ma *rispondere* è più viva imagine che *corrispondere,* e presenta in un suono armonia di più sensi.

Dio. E oltre a' comandamenti, osserverete i consigli mentalmente e attualmente. Voi avete eletta questa via perfetta de' consigli; e però ve li conviene osservare insino alla morte: altrimenti, offendereste Dio. Ma l'anima grata sempre gli osserva.

Sapete che nella vostra professione prometteste d'osservare obedienzia, continenzia, e povertà volontaria. E se voi non gli osservaste, dieschereste in voi la fonte della pietà. Grande vergogna è al religioso a desiderare quello che già ha spregiato. Chè non tanto ch'egli non debba desiderare o possedere sustanzia temporale; ma dalla memoria si de' trarre eziandio il ricordamento del mondo, delle [1] ricchezze e diletti suoi, e empirla del povero, umile ed immacolato Agnello; e con una carità fraterna vivere caritativamente. [2]

Così vuole la carità fare utilità al prossimo suo: chè quando l'anima ragguarda, e vede non poter fare utilità a Dio, perchè non ha bisogno di noi, e volendogli mostrare che in verità cognosce le grazie che ha ricevute, e riceve da lui; il mostra verso la Creatura che ha in sè ragione: [3] ed in tutte quante le cose s'ingegna di mostrare nel prossimo suo la gratitudine.

Onde tutte le virtù sono esercitate per gratitudine: cioè, che per amore che l'anima ha al suo Creatore, è fatta grata,

---

[1] La stampa: *dalle.*

[2] La carità dell'intenzione e delle parole e di qualche atto esteriore non è la carità della vita. Certi caritatevoli si credono liberati dal debito d'essere caritativi, e che le carità li dispensino dalla carità.

[3] La comune dote della ragione, senza che si badi a inuguaglianze di condizioni e di patrie, e neanco di virtù, è titolo a quella carità ch'è dovere di gratitudine verso Dio. Cosi l'uguaglianza (da' filosofi predicata ma non praticata) diventa dovere meglio che diritto; dovere e diritto tanto più naturale, che da soprannaturali ragioni è raffermato e innalzato.

perchè col lume ha ricognosciute le grazie che ha ricevute
e riceve da lui in sè. Chi la fa paziente a portare le ingiurie, strazii, rimproverii e villanie dagli uomini, e le molestie e battaglie dalle dimonia? la gratitudine. Chi il fa annegare la propria volontà, e subiugarla alla santa obedienzia, e conservare l'obedienzia sua infino alla morte? essa
gratitudine. Chi gli fa osservare il terzo voto della continenzia? la gratitudine: chè, per osservarla, mortifica il
corpo suo con la vigilia, digiuno, e con l'umile fedele ·e
continua orazione. [1] E con l'obedienzia uccide la propria
volontà; acciocchè, mortificato il corpo. e morta la volontà,
la potesse osservare, ed in essa osservanzia mostrare la gratitudine. Sicchè le virtù sono uno segno dimostrativo, che
dimostrano che l'anima non è scognoscente d'essere creata
alla imagine e similitudine di Dio, e della ricreazione che
ha ricevuta nel sangue dell'umile, dolce, crociato e amoroso agnello, ricreandola a Grazia, la quale avevano perduta
per la colpa. E così di tutte l'altre grazie che ha ricevute,
spirituali e temporali, in comune, e in particolare; [2] ma [3]
tutte con gratitudine le ricognosce dal suo Creatore.

Allora cresce un fuoco nell'anima, d'uno santissimo desiderio, che sempre si notrica di cercare l'onore di Dio e
la salute dell'Anime, con pena, [4] sostenendo infino alla morte. Se fusse ingrata, non tanto che ella si dilettasse di sostenere per onore di Dio e la salute dell'anime, ma se la

---

[1] Come si compiace intorno a *orazione* moltiplicare gli aggiunti,
che, più che raccomandarla, la accarezzino! E cosi intorno ad Agnello.

[2] Discorre con la memoria del cuore le grazie a una a una, e sotto
certi capi generali le accoglie meditando. Analisi e sintesi mistica. E
l'affetto, anche umano, quand'è profondo, ha di bisogno delle due operazioni, e con esse esercita l'intelletto.

[3] Qui il *ma* non contrappone nè eccettua, sì bene rincalza; e si
ricorda della sua origine, *magis*.

[4] A costo d'ogni pena.

paglia se gli vollesse tra' piei, sarebbe incomportabile a sè
medesimo ; l' onore vorrebbe dare a sè, notricandosi del cibo
della morte, cioè dell' amore proprio di sè medesimo, il
quale germina la ingratitudine, privando l' anima della
Grazia.

Onde, considerando me quanto è pericoloso questo cibo,
che ci dà morte ; dissi ch' io desideravo di vedervi grati e
cognoscenti di tante grazie quante avete ricevute dal nostro Creatore ; e massimamente della smisurata grazia che
v' ha fatta, d' avervi tratti fuore dalle miserie del mondo,
e messi nel giardino della santa religione, posti ad essere
angeli terrestri in questa vita. Questa è una grazia, alla
quale Dio vi richiede che gli mostriate segno di gratitudine
con la vera e santa obedienzia. Chè tanto dimostra il religioso di cognoscere lo stato suo, quanto egli è obediente ;
e cosi per lo contrario il disobediente dimostra la sua ingratitudine. Bene se ne avvede il vero obediente, che tutta
la sua sollicitudine pone in osservare l' Ordine suo, e osservare i costumi, e ogni cerimonia, [1] e compire la volontà
del suo prelato con allegrezza, non volendo giudicare nè
investigare la sua intenzione, nè dire : « Perchè pone egli
maggior peso a me, che a colui ? » Ma semplicemente obedisce con pace, quiete e tranquillità [2] di mente. E già non
è questo grande fatto ; perocchè egli ha tolta da sè la propria volontà, che gli faceva guerra. Non fa così il disobediente, che dinanzi a sè non pnone altro che la propria
volontà, e tutti quelli modi i quali possa pigliare per com-

---

[1] Discerne i costumi, le pratiche morali dell' istituto, dalle cerimonie esterne pratiche di pietà ; richieste anch' esse all' ordine del
vivere e alla concordia fraterna e all' edificazione comune, ma non così
essenziali.

[2] Petrarca : « *Pace tranquilla.* » E Lucrezio. C' è una pace inquieta
e torbida, una quiete sonnolenta e morta.

pire quello che desidera. Egli diventa non osservatore dell'Ordine, ma trapassatore; fassi giudice della volontà del suo prelato. Questi gusta l'arra dell'inferno, e sempre sta in amaritudine; ed è atto a cadere in ogni male. Non è costante nè perseverante; ma volle il capo addietro a mirare l'arato. Egli cerca la congregazione, e fugge la solitudine: cerca la pace della volontà sua che gli dà morte, e fugge chi gli dà vita, cioè la pace della coscienzia, ed abitazione della cella, e il diletto del Coro. Perocchè 'l Coro gli pare che sia drittamente uno serpente velenoso, o cibo che gli abbia a dare morte: con tanto tedio vi sta e con tanta pena; perchè la superbia e disobedienzia e ingratitudine sua gli hanno ripieno lo stomaco, e guasto il gusto dell'anima. [1] Ma l'obediente, del Coro si fa giardino; dell'Officio, dolci e soavi frutti; e della Cella si fa uno cielo; della solitudine si diletta per meglio accostarsi al suo Creatore, e non mettere mezzo tra lui e sè; e del cuore suo fa tempio di Dio. Col lume della santissima fede ragguarda dove meglio trovi questa virtù, e con che mezzo meglio la possa imparare, quando l'ha trovata. Cercando, la trova nell'umile, svenato e consumato per amore, [2] dolce Agnello, il quale per obedienza del Padre e salute nostra corse all'obrobriosa morte della santissima croce, con tanta pazienzia, che 'l grido suo non fu udito per veruna mormorazione. Vergogninsi, e confondansi nella superbia loro tutti i disobedienti, a ragguardare l'obedienzia del Figliuolo di Dio.

---

1 Un Domenicano, ch'io, giovane, sentii predicare ammirato per la declamazione; quand'era nel chiostro, si scusava del poltrire in letto la mattina, dicendo a' superiori, che un'imagine della vergine posta nel coro gli destava cattivi pensieri. Notisi la freschezza e lo splendore del periodo seguente.

2 Trasposizione voluta dall'affetto, e ben più gentile che nel Petrarca: « *Del fiorir queste, innanzi tempo, tempie.* »

Poichè l' ha trovata, con che l'acquista?[1] col mezzo dell' orazione, la quale è una madre che concepe e parturisce le virtù nell' anima. Perocchè quanto più ci accostiamo a Dio, più partecipiamo della sua bontà, e più sentiamo l' odore delle virtù; perchè solo egli è il maestro delle virtù: e da lui le riceviamo, e l' orazione è quella che ci unisce col sommo Bene. Adunque, con questo mezzo acquistiamo la virtù della vera obedienzia. Egli ci fa forti e perseveranti nella santa religione, che per veruna cosa non rivoltiamo il capo addietro. Ella ci dà lume a cognoscere noi medesimi, e l' affetto della carità di Dio, e gl' inganni delle dimonia. Egli [2] ci fa umili; tantochè per umilità l' anima si fa serva de' servi. Fa aprire tutto sè medesimo nelle mani del suo maggiore: e se per lo tempo passato o per lo presente il dimonio avesse obumbrata la coscienzia sua per battaglie, o eziandio fusse attualmente caduto in colpa di peccato mortale, umilmente manifesta [3] la sua infirmità, siccome a medico, tante volte quante gli accadesse: e per vergogna non se ne ritrae, nè debbe ritrarre; ma con pazienzia riceve la medicina e correzione che 'l medico suo spirituale gli desse, credendo con fede viva che Dio gli darà tanto lume quanto è bisogno alla salute. Così debbe fare, acciò tagli la via al dimonio, che non vorrebbe altro se non ponere una vergogna negli occhi nostri, acciocchè tenessimo dentro nell' anima nostra i difetti e le cogitazioni, e non gli manifestassimo. Questa madre dell' orazione ci leva questa vergogna, come detto è. Ella è di tanta dolcezza, che

---

1 Dice *acquistare* quel che sopra *imparare*. E la dottrina è acquisto, la virtù dottrina. Dante: « *Quantunque s' acquista Giù per dottrina.* »

2 Alterna *Egli* ed *Ella: ella,* l' orazione; *egli,* il mezzo, o, meglio Dio.

3 *Fa aprire* si reca *all' orazione o al mezzo o a Dio; manifesta* al *religioso.* Passaggi grammaticalmente irregolari, ma chiari di senso.

la lingua nostra nol potrebbe narrare. Adunque doviamo con sollicitudine esercitarci in essa, e riposarci al petto suo, e mai non lassarla. E, però che[1] alcuna volta il dimonio, stando noi in orazione, o dicendo l'Offizio, obumbrasse la mente nostra d'una tenebra con diverse e laide cogitazioni; non doviamo però mai lassare la nostra orazione, ma perseverare in essa, e col pensiero santo cacciare il pensiero rio, ed osservare[2] la buona e santa volontà, che non consenta a quelle cogitazioni. Facendo così, non cadrà mai in confusione, ma pigliarà speranza in Dio; e con pazienzia porterà quelle fadighe della mente. Umiliandosi, dirà: « Signor mio, io cognosco, che non sono degno della pace e quiete della mente, come gli altri servi tuoi. Pure[3] che tu mi conservi la buona e santa volontà, sicchè mai non offenda te. » Allora Dio, che ragguarda alla perseveranzia e umiltà de'servi suoi, dona in quell'anima il dono della Fortezza, infonde in essa uno lume di verità, ed uno accrescimento di desiderio di virtù; con una allegrezza cordiale, che tutto pare che vi si dissolva;[4] con uno ardore di Carità verso Dio e verso il Prossimo suo. Tante sono le grazie e' doni che si ricevono da Dio col mezzo dell'orazione, che la lingua nostra non è sufficiente a narrarle. Ma vuole essere umile, fedele e continua, cioè col continuo santo desiderio. Con questo santo desiderio fare tutte le nostre operazioni manuali e spirituali: facendolo, sarà uno continuo orare; perchè òra nel cospetto di Dio il santo e vero desiderio. Faràvi dilettare

---

[1] *Perchè,* nel senso antico: *per quanto.*

[2] Non dice *conservare* o *serbare,* ma con sapienza d'istinto, *osservare;* perchè nella volontà umana è segnata una legge, alla quale attenendosi, l'uomo è giusto.

[3] *Purchè.* Basta che.

[4] Di Caterina stessa, la leggenda latina, e delle delizie dell'anima sua: *Tota diffluebat.* La Cantica: *Deliciis affluens.* Ora abbiamo *l'andare in broda.*

nelle fadighe, e abbracciare la viltà : diletteravvi nella mortificazione che vi fusse fatta fare per lo vostro maggiore.

Non mi distendo più sopra questa materia; chè troppo averemmo che dire. Ma pregovi che v' inebbriate del sangue di Cristo crocifisso, dove troverete l' ardore dell' obedienza. Tiratelo a voi coll' amo [1] dell' orazione, acciocchè mostriate d' essere grati e cognoscenti a Dio, siccome egli vi richiede per la grazia che avete ricevuta. Non facendolo, vi tornerebbe a morte quello ch' egli v' ha dato in vita. Altro non vi dico. Permanete nella santa e dolce dilezione di Dio. Gesù dolce, Gesù amore.

—

CCIV. — *A Frate Bartolomeo Dominici dell'Ordine de'Predicatori, quando predicava ad Asciano.* [2]

Nel divino modello acquistasi larghezza di cuore, il contrario di coscienza gretta. Mosè e Paolo insegnano a sagrificare noi per risparmiare agli erranti la pena. La carità insegna a vivere con gli erranti, ma non per soddisfazione nostra. Falsa coscienza dell'amor proprio. Caterina vuol rispondere al diavolo per il Frate. Saluti di cclia monacale.

Al nome di Gesù Cristo crocifisso e di Maria dolce.

A voi, dilettissimo fratello mio in Cristo Gesù, io Catarina, serva e schiava de' servi di Gesù Cristo, scrivo, e con-

1 Trarre l' ardore coll' amo non sarebbe proprio, se non s' intendesse l' *obbedienza ardente;* come *vis auri* per *oro di molto.* E la locuzione *ardore dell' obbedienza* è di così potente bellezza (perchè dice insieme la prontezza e l' amore, la libertà e l' ispirazione), che compenserebbe sovrabbondantemente il difetto. Qui non è l' affettato e il contorto del Canzoniere : « *Non smorzo i dolci inescati ami.* »

2 Dominici o di Domenico, senese, confessore anch' egli di Caterina, innanzi che Raimondo da Capua venisse, fu uomo dotto e prudente e buono; onde Raimondo se ne giovò a riformare in più parti d' Italia l' Ordine domenicano. Vescovo titolare di Corone, morì in Rimini l' anno 1417, il settantadue di sua vita. Laureato in Teologia nella città

fortovi nel prezioso sangue di Dio; con desiderio di vedervi tanto annegato e affocato in Cristo Gesù, che al tutto vi perdiate voi medesimo. Ma questo non veggo che potiate avere se l'occhio dell'intelletto [1] del vero desiderio non si leva sopra di voi a ragguardare l'occhio ineffabile della divina carità, col quale Dio ragguardò (e ragguarda) la sua creatura, prima che ci creasse. La quale poichè ragguardò in sè medesimo, innamorossene smisuratamente; tanto che per amore ci creò, volendo che noi godessimo e participassimo quello bene che aveva in sè medesimo. Ma per lo peccato d'Adam non s'adempiva il desiderio suo. Costretto dunque Dio dal fuoco della divina carità, mandò il dolce Verbo incarnato del Figliuolo suo a ricomprare l'uomo, e trarlo di servitudine: ed il Figliuolo corre, e dassi all'obbrobriosa morte della croce, e a conversare co' peccatori e co' publicani e scomunicati e con ogni maniera di gente. Perocchè alla carità non si può ponere legge nè misura; e non vede sè, nè cerca le cose sue proprie. E perchè il primo uomo cadde dell'altezza della Grazia per l'amore proprio di sè medesimo; però fu di bisogno che Dio usasse uno modo contrario a questo: e però mandò questo Agnello immacolato con una larga ed ineffabile carità, non cercando sè, ma solo l'onore del Padre e la salute nostra. Oh dolce e amoroso cavaliere, tu non ragguardi nè a tua morte nè a tua vita nè a tuo vituperio; anzi giochi in su la croce alle braccia con la morte del peccato; e la morte vince la vita del corpo tuo; e la tua morte distrusse la morte nostra. L'amore [2] n'è cagione, che voi vedete; perocchè l'oc-

---

di Bologna, scrisse un libro *de initio status fratrum et sororum de pœnitentia B. Dominici;* libro che fu annesso alle costituzioni dell'Ordine. Ebbe titolo di Beato.

[1] O *c del,* o piuttosto *con vero.*

[2] La stampa: *La morte.*

chio suo non si riposava se non nell' onore del Padre suo;
ed ine adempie il desiderio suo in noi, cioè che noi godessimo Dio, per lo quale fine egli ci creò. Oh carissimo e dolcissimo mio figliuolo, io voglio che vi conformiate con questo Verbo, il quale è nostra regola e de' Santi che l' hanno
seguitato. E così diventerete una cosa con lui, e participerete la sua larghezza, e non la stremità. [1] Dicovi dunque,
come detto è, che se l' anima non si leva, ed apre [2] l' occhio, e pongasi per obietto la smisurata bontà e amore di
Dio, il quale dimostra alla sua creatura; mai non verrebbe
a tanta larghezza, [3] e perfezione, ma sarebbe tanto stretto
che non vi capirebbe nè sè nè il prossimo. E però vi dissi,
e voglio, che stiate annegato e affocato in lui; ragguardando
sempre l' occhio dolce della sua carità : perocchè allora perfettamente amerete quello ch' egli ama, e odierete quello
ch' egli odia. Levate dunque, levate via il cuore vile e la
disordinata e stretta coscienzia ; e non date l' occhio [4] al
perverso dimonio, che vuole impedire tanto bene, e non
vorrebbe essere cacciato della città sua. E voglio che con
cuore virile e sollicitudine perfetta il faciate, vedendo che
altra legge è quella dello Spirito Santo, che quella degli uomini. Accordatevi con quello dolce innamorato di Paolo, e
siate uno vasello di dilezione [5] a portare e a bandire il nome

---

1 Le angustie dell' umana natura abbandonata a sè stessa.

2 Lascio *ponga* e *apre,* inuguaglianze non infrequenti negli scritti
antichi e nel linguaggio familiare; non sempre interdette, perchè possono avere la sua ragione.

3 Salmo: « *Latum mandatum tuum nimis — Eduxit me in latitu-
dinem — Dilatasti gressus meos.* « Poi dirà con biasimo *stretta coscienza;* intendendo non l' austerità sana, ma la pusillanime grettezza.

4 *Non correggo orecchio.* Dante : « *La mente e gli occhi, ov' ella
volle, diedi.* » Virgilio : « *Oculos dedere Cuncti in reginam.* »

5 Forse che non per isbaglio abbia Caterina inteso così il *vas electio-
nis ;* ma che l' elezione paresse a lei effetto e causa d' amore.

di Gesù. Ben mi pare che Paolo si specchiasse [1] in questo occhio, ed ine perdesse sè. Ed ine riceve tanta larghezza, che egli desidera e vuole essere scommunicato e partito da Dio per li fratelli suoi. Era innamorato Paolo di quello che Dio s'innamorò; e vede che la carità non offende, [2] nè riceve confusione. Moisè guardò all'onore di Dio; e però voleva essere cacciato del libro della vita, prima che 'l popolo avesse morte. Per la quale cosa io vi costringo, e voglio, che in Cristo Gesù stiate fermo a stirpare i vizii, e. piantare le virtù, seguitando la prima Verità, come detto è, e i Santi che hanno seguitato le vestigie sue; non ponendo regola nè misura al desiderio, che vuole essere senza misura. Fate ragione d'essere tra uno popolo infedele, scomunicato, pieno d'iniquità; convienvi per forza d'amore participare con loro. Perocchè io vi fo sapere che a questo modo participerete, con la carità, con [3] loro, cioè per l'amore che avete alla salute loro. Che se il nostro conversare fusse con amore proprio, o per diletto che ne traeste o spirituale e temporale, che fusse fuore di questa fame; sarebbe da fuggire e temere la loro conversazione. Levate adunque ogni amaritudine ristrettiva; [4] e credete più altrui, che a voi medesimo. E se il dimonio volesse pure stimolare la coscienzia vostra, dirgli che faccia ragione con meco di questo e d'ogni

---

[1] Sovente con questa imagine Dio è simboleggiato da Dante. In Dio l'uomo conosce sè, non per intuito diretto; chè il traslato del vedere non è da intendere tanto materialmente.

[2] Forse nel senso lat. anche biblico, d'*intoppare*. Scandalo è intoppo.

[3] La stampa *carità e con;* che non dà senso nessuno. Io intendo: con la carità, cioè per mezzo di lei, parteciperete con loro. Ma forse il codice legge meglio altrimenti.

[4] Per la quale abbiate rispetto più al sentimento vostro che al bene altrui. In questo senso gli raccomanda ;di credere più ad altri che a sè; e cioè non di rinnegare la natia coscienza propria ma l'amor proprio che si foggia a coscienza fattizia. In questo senso, *rispettivo* tiene del moderno *relativo* e del *soggettivo*.

altra cosa; perocchè la madre ha a rendere[1] ragione del figliuolo. Or così dunque voglio che siate sollicito; perocchè veruno caso o punto sarà sì forte, che la carità non rompa; e voi fortificherà.

Benedicetemi il mio figliuolo, Frate Simone,[2] e dite che corra col bastone[3] del santo desiderio, cioè della santa croce. Mandatemi a dire come voi vi riposate,[4] e come si vede l'onore di Dio.

Dice Alessia[5] grassotta, che voi preghiate Dio per lei e per me, e per Cecca perditrice di tempo. Pregate Dio per Lisa. Permanete nella santa pace e dilezione di Dio. Gesù dolce, Gesù amore.

—

CCV. — A Stefano di Corrado Maconi, poverello d'ogni virtù.[6]

Sappia essere libero, si sleghi da quella compassione di sè, femminile, che fa tepidezza.

Al nome di Gesù Cristo crocifisso e di Maria dolce.

Carissimo figliuolo in Cristo dolce Gesù. Io Catarina, serva e schiava de' servi di Gesù Cristo, scrivo a te nel

---

[1] Vuol essa aggiustare col diavolo i conti del frate. Ingegnoso e affettuoso modo di liberare la coscienza di lui da scrupoli insidiosi. Questo chiamarsi madre, dà a credere che la lettera non sia di quando il Dominici era confessore di lei.

[2] Da Cortona, compagno del Dominici.

[3] La croce a lei non è peso, ma aiuto a reggere i pesi. Salmo: « Virga tua et baculus tuus, ipsa me consolata sunt. »

[4] Nel bene che fate, e nel buon frutto visibile delle fatiche. ·

[5] Saracini. Il traduttore francese piglia quest'aggiunto di celia per un casato. Cecca (a cui congettura il Burlamacchi che Caterina dettasse) scrive sè perditrice di tempo; come il Maconi scrivendo a dettatura, aggiunge una menzione di suo, e s'intitola negligente o inutile fratello. Lisa, cognata.

[6] Umile aggiunto che dà il Maconi a sè stesso, copiando la lettera per inviarla a chi ne faceva raccolta.

prezioso sangue suo; con desiderio di vederti con tanto lume e cognoscimento, che tu vegga che tu hai bisogno di tagliare, e non di sciogliere. Perocchè chi non taglia, sempre sta legato; e chi non fugge, sempre rimane preso. Non fare più resistenzia allo Spirito Santo, che ti chiama; chè duro ti sarà a ricalcitrare a lui, e non ti lassare legare alla tepidezza [1] del cuore, nell' amore [2] compassionevole femminile, spesse volte colorato col colore della virtù. Ma sia uomo virile, che virilmente esca al campo della battaglia; ponendoti dinanzi all' occhio dell' intelletto il sangue sparto con tanto fuoco d' amore; acciocchè, fatto libero, sia inanimato alla battaglia. Rispondi, rispondi, figliuolo negligente; apri la porta del cuore tuo: chè grande villania è che Dio stia alla porta [3] dell' anima tua, e non gli sia aperto. Non gli essere mercenaio, [4] ma fedele. Bágnati nel sangue di Cristo crocifisso; dove tu troverai il coltello dell' odio e dell' amore, e tu taglierà' ogni legame il quale fusse fuore della volontà di Dio, e impedimento di perfezione; e troverai il lume con che tu hai bisogno di vedere che [5] t' è necessario di tagliare. Altro non ti dico. Permani nella santa e dolce dilezione di Dio. Gesù dolce, Gesù amore.

---

[1] *Legare* e *tepidezza* possono a qualche modo stare insieme, perchè la mancanza del calore restringe. Virgilio: « *glacie cursus frenaret aquarum.* « Hor.: « *gelu Flumina constiterint.* »

[2] Di te.

[3] Cantica: « *Ecce, sto ad ostium et pulso.* »

[4] Nel Vangelo. Il mercenario non ha fede che al soldo. E l' essere ghiotto di mercede, anco spirituale, ponendo questa per fine alle buone opere, è d' uomo che risica di farsi infedele.

[5] Intendo *che cosa;* pronome neutro, non particella. Il sentire la necessità del bene da farsi e vedere da qual male sciogliersi, e come, è grazia grande, vera rivelazione.

CCVI. — *A Gregorio XI.*

De' mali esempi de' pastori e reggitori di popoli: e del rivenire in Italia.

Al nome di Gesù Cristo crocifisso e di Maria dolce.

Santissimo e carissimo e dolcissimo padre in Cristo dolce Gesù, io vostra indegna figliuola Catarina, serva e schiava de' servi di Gesù Cristo, scrivo a voi nel prezioso sangue suo; con desiderio che ho desiderato di vedere in voi la plenitudine della divina Grazia; sì, e per siffatto modo che voi siate strumento e cagione, mediante la divina Grazia, di pacificare tutto l' universo mondo. E però vi·prego, padre mio dolce, che voi, con sollicitudine ed affamato desiderio della pace e onore di Dio e salute dell' anime, usiate lo strumento della potenzia e virtù vostra. E se voi mi diceste, padre: — il mondo è tanto travagliato! in che modo verrò a pace? — dicovi da parte di Cristo crocifisso: tre cose principali vi conviene adoperare con la potenzia vostra. Cioè, che nel giardino della santa Chiesa voi ne traggiate li fiori puzzolenti, pieni d' immondizia e di cupidità, enfiati di superbia; cioè li mali pastori e rettori, che attossicano e imputridiscono questo giardino. Oimè, governatore nostro, usate la vostra potenzia a divellere questi fiori. Gittateli di fuori, che non abbino a governare. Vogliate ch'egli studino a governare loro medesimi in santa e buona vita. Piantate in questo giardino fiori odoriferi, pastori e governatori che siano veri servi di Gesù Cristo, che non attendano ad altro che all' onore di Dio· e alla salute dell' anime, e sieno padri de' poveri. Oimè, che grande confusione è questa, di vedere coloro che debbono essere specchio in povertà volontaria, umili agnelli, distribuire della sustanzia della santa Chiesa a' poveri; ed egli si veggono in tante delizie e stati e pompe e vanità del mondo, più che se fussero mille volte nel secolo! Anzi molti secolari fanno vergogna a loro, vivendo in buona e santa vita. Ma pare che la somma e eterna Bontà faccia fare per forza quello che non è fatto per amore: pare che permetta che gli stati e delizie siano tolti alla sposa sua, quasi mostrasse che volesse che la Chiesa santa tornasse nel suo stato primo poverello, umile, mansueto, [1] com' era in quello tempo santo, quando non attendevano altro che all' onore di Dio e alla salute dell' anime, avendo cura delle cose spirituali, e non temporali. Chè, poi ch' ha mirato più alle temporali che alle spirituali, le cose sono [2] andate di male in peggio. [3] Però vedete che Dio per questo giudizio gli ha permessa molta persecuzione e tribolazione. Ma confortatevi, padre, e non temete per veruna cosa che fusse addivenuta o addivenisse, chè Dio fa per rendere lo stato suo perfetto; perchè in questo giardino si paschino agnelli, e non lupi divoratori dell' onore che debbe [4] essere di Dio, il quale furano, e dánnolo a loro medesimi. Confortatevi in Cristo dolce Gesù; chè io spero che l' adiutorio suo, la plenitudine della divina Grazia, il sovenimento e l' adiutorio divino [5] sarà presso da voi, tenendo il modo detto di sopra. Da guerra verrete a grandissima pace, da persecu-

---

1 Non dico che l'autore non possa aver detto: *Stato poverello, umile, mansueto.* Ma confesso che a me piacerebbe leggere *mansueta* recando questo e *umile* a *Chiesa.*

2 La stampa: *sonno.* E forse s' ha a leggere *sonne andate.*

3 Qui il padre Burlamacchi gesuita: « se vengasi al confronto, quando un tal pensiero tragga gli animi da ciò che più dee premere, in bene tornerebbe la perdita delle facoltà, e che la Chiesa nulla più possedesse di questi beni. »

4 La stampa: *e che debba.*

5 Distingue l'aiuto de' meriti di Gesù Cristo alla Chiesa di cui Gregorio è pontefice, la Grazia dello Spirito Santo amorosa, e la potenza del Padre.

zione a grandissima unione: non con potenzia umana, ma con la virtù santa sconfiggerete le dimonia visibili delle inique creature, e le invisibili dimonia, che mai non dormono sopra di noi.

Ma pensate, padre dolce, che maleagevolmente potreste fare questo, se voi non adempiste l'altre due cose che avanzano [1] a compire l'altre: e questo sì è dello avvenimento vostro, e drizzare il gonfalone della santissima croce. E non vi manchi il santo desiderio per veruno scandalo nè ribellione di città che voi vedeste o sentiste; anzi più s'accenda il fuoco del santo desiderio a tosto volere fare. E non tardate però la venuta vostra. Non credete al dimonio, che s'avvede del suo danno, e però s'ingegna di scandalizzarvi, e di farvi tôrre le cose vostre perchè perdiate l'amore e la carità e impedire il venire vostro. Io vi dico, padre in Cristo Gesù, che voi veniate tosto come agnello mansueto. Rispondete allo Spirito Santo, che vi chiama. Io vi dico: Venite, venite, venite, e non aspettate il tempo, chè il tempo non aspetta voi. Allora farete come lo svenato Agnello, la cui vice [2] voi tenete; che con la mano disarmata uccise li nemici nostri, venendo come agnello mansueto, usando solo l'arma della virtù dell'amore, mirando solo avere cura delle cose spirituali, e rendere la Grazia all'uomo che l'aveva perduta per lo peccato.

Oimè, dolce padre mio, con questa dolce mano vi prego e vi dico, che veniate a sconfiggere [3] li nostri nemici. Da parte di Cristo crocifisso vel dico: non vogliate credere a' consiglieri del dimonio, che volsero impedire il santo e buono proponimento. Siatemi uomo virile, e non timoroso.

---

1 Vanno avanti, precedono d'importanza.

2 In altro senso anco in Dante.

3 La stampa: *sconfigiare*: e, tolta la varietà senese, rimane *sconfigere*. Così in Dante *affige* per *affigge*.

Rispondete a Dio, che vi chiama che veniate a tenere e possedere il luogo del glorioso pastore santo Pietro, di cui vicario sete rimasto. E drizzate il gonfalone della croce santa: chè come per la croce fummo liberati (così disse Paolo), cosi levando questo gonfalone il quale mi pare refrigerio de' Cristiani, saremo liberati, noi dalla guerra e divisione e molte iniquità, il popolo infedele dalla sua infidelità. E con questi modi voi verrete, e averete la riformazione delli buoni pastori della santa Chiesa. Reponetele il cuore, che ha perduto, dell' ardentissima carità: chè tanto sangue li è stato succhiato per gl'iniqui devoratori, che tutta è impallidita. Ma confortatevi, e venite, padre, e non fate più aspettare li servi di Dio, che s'affliggono per lo desiderio. E io misera miserabile non posso più aspettare: vivendo, mi pare morire stentando, vedendo tanto vituperio di Dio. Non vi dilongate però dalla pace, per questo caso che è addivenuto di Bologna;[1] ma venite: chè io vi dico che li lupi feroci vi metteranno il capo in grembo come agnelli mansueti, e dimanderanno misericordia a voi, padre.

Non dico più. Pregovi, padre, che ôdiate, e scoltiate[2] quello che vi dirà frate Raimondo[3] e gli altri figliuoli che sono con lui, che vengono da parte di Cristo crocifisso, e da mia; che sono veri servi di Cristo e figliuoli della santa Chiesa. Perdonate, padre, alla mia ignoranzia; e scusimi dinanzi alla vostra benignità l'amore e dolore che mel fa dire. Datemi la vostra benedizione. Permanete nella santa e dolce dilezione di Dio. Gesù dolce, Gesù amore.

---

1 Bologna fu dell'ultime città a ribellare, nel 1376; discacciò il cardinal di Sant'Angelo, e si fece in repubblica. I Fiorentini poi vi mandarono dell'armi loro.

2 *Scoltare* leggesi nel Petrarca, e vive in qualche dialetto. Ben distingue *ascoltare* da *udire*. Il primo vale anco obbedire coll'opera.

3 Da Capua: di cui nel proemio.

CCVII. — *A Signori di Firenze.*[1]

Desidera con Cristo una pasqua di sacrifizio, la quale adempia il testamento ch' egli ci lasciò, dell' amore. La Chiesa è corpo di vita
ben più essenziale che ogn' altra società. Fossero demoni incarnati
i suoi ministri e il papa stesso, dobbiamo nella società religiosa
non ci dividere da essi; che sarebbe a noi morte. E sarebbe danno
civile alla Toscana la guerra, e le altre sue discordie attizzerebbe:
onde rovine peggio che in antico. Preparino guerra alle genti infedeli. Ricoverino sotto le ali del timore e dell' amore di Dio; ac-
cettino il vestimento nuziale di pace profferto. Respingerlo, semplicità e disonore.

Al nome di Gesù Cristo crocifisso e di Maria dolce.

A voi, dilettissimi e carissimi fratelli in Cristo dolce Gesù.
Io Catarina, serva e schiava de' servi di Gesù Cristo, scrivo
a voi nel prezioso sangue suo, risovvenendomi della parola
che disse il nostro Salvatore a' Discepoli suoi, quando disse:
« Con desiderio io ho desiderato di fare la Pasqua con voi,
prima ch' io muoia. » Lungo tempo[2] aveva pasquato il nostro Salvatore con loro: dunque di che Pasqua dice? Diceva dell' ultima Pasqua, la quale fece comunicando sè medesimo a loro. Ben mostra che faccia come innamorato della
salute nostra. Onde non dice: *Io desidero*; ma dice: *Con desiderio io ho desiderato*; quasi dica: « Io ho, lungo tempo,
desiderato di compire la vostra redenzione, e di darmivi in
cibo, e dare a me la morte per rendervi la vita. » Or
questa dunque è la Pasqua desiderata da lui: e però ha
letizia e gode e fa festa in sè, cioè perchè si deve adempire 'l suo desiderio, il quale tanto aveva desiderato; ed in
segno che ne sente letizia, dice Pasqua.[3] E poi lascia a

---

[1] Il Gonfaloniere di Giustizia e i Priori dell' Arti.

[2] Due altre volte. Ma può intendere e d'altre solennità infra l' anno;
chè ogni festa era pasqua.

[3] In ebraico vale *passaggio*. E rammentava la liberazione dall' egi-
zia servitù.

loro la pace e l'unione, e che si debbano amare insieme ;
e questo lascia per testamento e per segno ; cioè, che a questo segno sono cognosciuti i figliuoli e i veri discepoli di
Cristo. Dico che questo vero padre cel dà per testamento.
Noi dunque, figliuoli, non dobbiamo renunziare al testamento del padre; perocchè chi renunzia, non debbe avere
l'eredità.

E però dunque io desidero con grandissimo desiderio di
vedervi figliuoli veri e non ribelli al Padre vostro, e non
renunziatori al testamento della pace, ma adempitori d'essa
pace, legati, ed uniti [1] nel legame e nello amore dell'ardentissima carità. E, stando in questa dilezione, egli vi darà
sè medesimo in cibo; e riceverete il frutto del sangue del
figliuolo di Dio; per lo cui mezzo riceviamo l'eredità di
vita eterna. Perocchè, innanzi che il sangue fosse sparto,
vita eterna era serrata; e niuno poteva andare al fine suo,
il quale fine è Dio. E però era creato l'uomo. Ma perchè
l'uomo non era stato al giogo dell'obedienzia, ma fu inobediente, e ribello al comandamento suo; però venne la morte
nell'uomo. Mosso Dio dunque dal fuoco della sua divina
carità, donocci il Verbo dell'unigenito suo Figliuolo; il quale
per l'obedienzia del Padre suo ci diè 'l sangue con tanto
fuoco d'amore; in tanto che ogni cuore superbo e ignorante si dovrebbe vergognare non ricognoscendo tanto smisurato beneficio. Il sangue dunque ci è fatto bagno a lavare
le nostre infermitadi, e gli chiovi ci sono fatte chiave, [2] perocchè hanno disserrata la porta del cielo. Dunque, figliuoli
e fratelli miei, io non voglio che siate ingrati nè scognoscenti a tanto ineffabile amore quanto Dio vi mostra; pe-

---

1 Non ogni legame unisce: e gli schiavi e i padroni lo sanno.
2 Per *chiavi* ha simili esempi, anco scritti. Nè muto *chiavi fatte,*
che accenna a *chiovi.* Come in Dante : « *Le mura mi parea che ferro
fosse.* »

rocchè voi sapete bene che la ingratitudine fa seccare la fonte della pietà. E però questa è la pasqua che desidera l'anima mia di fare con voi; cioè, che voi siate figliuoli pacifici, e non siate ribelli al capo vostro, ma sudditi e obedienti infino alla morte.

Voi sapete bene, che Cristo lasciò il vicario suo, e questo lassù per rimedio dell'anime nostre; perchè in altro non possiamo avere salute, che nel corpo mistico della santa Chiesa, il cui capo è Cristo, e noi siamo le membra. E chi sarà inobediente a Cristo in terra, il quale è in vece di Cristo in cielo, non partecipa il frutto del sangue del Figliuolo di Dio; perocchè Dio ha posto, che per le sue mani ci sia communicato e dato questo sangue e tutti li sacramenti della santa Chiesa, li quali ricevono vita da esso sangue. E non possiamo andare per altra via, nè entrare per altra porta; però che disse la prima Verità: « Io sono Via, Verità, e Vita. » Chi tiene dunque per questa via, va per la verità, e non per la menzogna. E questa è una via d'odio del peccato, e non d'amor proprio di sè medesimo; il quale amore è cagione d'ogni male. Questa via ci dà amore delle virtù, le quali danno vita all'anima; onde essa riceve un'unione e dilezione col prossimo suo; chè innanzi elegge la morte, che offendere il prossimo suo. E bene vede che, se egli offende la creatura, egli offende il Creatore. Adunque bene è via di verità. Parmi ancora, che sia porta onde ci conviene entrare poichè abbiamo fatta la via. Così disse egli: « Ninno può andare al Padre, se non per me. »

Adunque vedete, figliuoli miei dolcissimi, che colui che ribella come membro putrido alla santa Chiesa, e al padre nostro Cristo in terra, è caduto nel bando della morte; perocchè quello che facciamo a lui, facciamo a Cristo in cielo, o riverenzia, o vituperio che noi facciamo. Vedete bene, che per la disobedienzia e per la persecuzione che avete fatta (credetemi, fratelli miei, che con dolore e pianto di cuore vel dico) voi sete caduti nella morte, e in odio e in dispiacere di Dio; e peggio non potete avere, che esser privati della Grazia sua. Poco ci varrebbe la potenzia umana se non ci fussi la divina. Oimè, che in vano s' affadiga colui che guarda la città, se Dio non la guarda. Se Dio dunque ha fatta guerra con voi per la ingiuria che avete fatta al padre nostro e vicario suo; sete, dico, indeboliti perdendo l' adintorio suo. Poniamochè molti sono quelli che non si credono per questo offendere Dio, ma pare a loro fare sacrificio a lui, perseguitando la Chiesa e i pastori suoi, e difendendosi dicendo: « E' sono cattivi; e fanno ogni male. » E io vi dico che Dio vuole, e ha comandato così, che eziandio se e' pastori, e Cristo in terra, fussero dimoni incarnati, non tanto che buono e benigno padre, e' ci conviene esser sudditi e obedienti a lui, non per loro in quanto loro, ma per la obedienza di Dio, come vicario di Cristo; [1] perocchè vuole che facciamo cosi. Sapete che il figliuolo non ha mai ragione contra del padre, sia cattivo, e riceva ingiuria da lui quanta si vuole; perocchè è tanto grande il beneficio dell' essere [2] ch' egli ha avuto dal padre, che per [3] niuna cosa

---

[1] Come sacerdote, non come principe.

[2] L' opera corporea è meno che la vita dello spirito; e la sanità d'uno spirito è meno che la salute della società tutta quanta. Or quand' anco la Chiesa non fosse una grande società più importante che tutte le civili; il trovarsi essa dalle civili indivisa, infino a tanto che i popoli hanno una fede, il non la rispettare è non solo un offendere la libertà e dignità umana, ma uno sforzarsi di disciogliere la società civile stessa, essendo i medesimi uomini insieme cittadini e credenti, e non potendo senza malattia di mente e di cuore, in queste due qualità contraddire a sè stessi. Questo adombra qui Caterina: però dice che, quand' anco il diritto del cittadino paresse patirne, il diritto e il dovere del credente dovrebbe imporre questo sacrifizio, dal quale alla fine la dignità stessa civile riceve incremento.

[3] Così Aldo: il Gigli, perchè. Intende: con nessun degno ricambio.

gli può rendere tanto debito. Or così pensate che egli è tanto l'essere e il beneficio della grazia che traiamo del corpo mistico della santa Chiesa, che niuna riverenzia o operazione che noi facciamo, o facessimo, potrebbe esser sufficiente a rendere questo debito. Oimè, oimè, figliuoli miei, piangendo vel dico, e ve ne prego e costringo da parte di Cristo crocifisso, che vi riconciliate e facciate pace con lui.

Oh non state più in guerra, e non aspettate che l'ira di Dio venga sopra di voi. Perocchè io vi dico che questa ingiuria egli la reputa fatta a sè. E così vogliate dunque ricoverare sotto l'ale dell'amore e del timore di Dio, umiliandovi, e volendo cercare la pace e l'unione col padre vostro. Aprite, aprite l'occhio del cognoscimento, e non ándate in tanta cecità. Perocchè noi non siamo Giudei nè Saraceni, ma siamo Cristiani battezzati, e ricomperati del sangue di Cristo. Non dobbiamo dunque andare contra al capo nostro per neuna ingiuria ricevuta; nè l'uno cristiano contra all'altro; ma dobbiamo fare questo contra agl'Infedeli. Perocchè ci fanno ingiuria; però che possedono quello che non è loro; anco, è nostro.

Or non più dormite (per l'amore di Dio!) in tanta ignoranzia e ostinazione. Levatevi su, e correte[1] alle braccia del padre nostro, che vi riceverà benignamente. Se 'l farete, averete pace e riposo spiritualmente e temporalmente, voi e tutta la Toscana:[2] e tutta la guerra, che

---

[1] La stampa sovente *corrite,* non sempre però. È dunque da credere modo degli scriventi, non di lei. Le forme erano promiscue; e altri antichi fanno *sentesti* per *sentisti,* e simili. Nè *corrire* da correre è più strano d'*accuire* da *acuere.*

[2] Non a caso dice *temporalmente,* sebbene le ragioni morali siano a lei le maggiori. Firenze contro quel principato de' preti, per mal governato che fosse, non ce ne poteva; e risicava da ultimo di perdere prima del tempo la sua propria vita. Nè a caso rammenta *tutta*

è di qua, anderà sopra gl' Infedeli, [1] rizzandosi il gonfalone della santissima croce. E se non facesse di recarvi a buona pace, arete il peggiore tempo, voi e tutta la Toscana, che avessino mai e' nostri antichi. Non pensate che Dio dorma sopra l'ingiurie che sono fatte alla Sposa sua, ma veglia. E non ci paia altrimenti perchè vediamo andare la prosperità innanzi; perocchè sotto la prosperità è nascosta la disciplina della potente mano di Dio.

Poichè Dio è disposto a [porgerci la misericordia sua, non state, fratelli miei, più indurati; ma umiliatevi ora, mentrechè avete il tempo. Perocchè l'anima che s'umilia, sarà sempre esaltata (cosi disse Cristo); e chi si esalta, sarà umiliato con la disciplina e co'flagelli e con battiture[2] di Dio.

Andate dunque con pace e unione. E questa è la Pasqua che io ho desiderio di fare con voi; considerando che in altra corte[3] non possiamo fare questa Pasqua, che nel corpo della santa Chiesa, perchè quivi è il bagno del sangue del Figliuolo di Dio, dove si lavano i fracidumi de' peccati nostri. Ine si truova il cibo dove l'anima si sazia e si notrica; e trovianvi il vestimento nuziale, il quale ci conviene avere, se vogliamo entrare alle nozze di vita eterna, alle quali siamo invitati dall'Agnello svenato e derelitto in croce per noi. Questo è 'l vestimento della pace, che pacifica il cuore, e ricuopre la vergogna della nostra nudità, cioè di molte

---

Toscana, perchè quella lega non poteva durare neanco con le città che era stretta, troppo avvezze a disunione e a guerra tra sè. E le altre poi non entrateci risicavano di mettersi contro, e seguirne fratricidii infami, e i tristi preti co' loro satelliti trionfarne.

[1] La stampa e rizzandosi. Bisogna togliere l'e.

[2] Dante: « Onde vi batte Chi tutto discerne — Nè, per esser battuta, ancor si pente. » Battiture può essere più pesante e sonoro e incessante de' flagelli: disciplina poi è men che flagello.

[3] Aula è il cielo a Dante.

miserie e difetti e divisioni,[1] le quali noi abbiamo l'uno con l'altro, le quali sono cagione e strumento di tòrci il vestimento della Grazia. Poi, dunque, che la benignità dolce di Dio ci rende il vestimento, non siate negligenti ad andare per esso con sollecitudine virilmente al capo nostro, acciò che la morte non vi trovi nudi. Perocchè noi dobbiamo morire, e non sappiamo quando. Non aspettate 'l tempo, perocchè 'l tempo non aspetta voi. Grande simplicità sarebbe d'aspettare, e fidarmi di quello che io non ne son sicuro, e non ho davvero.

Non dico più. Perdonate alla mia presunzione, e incolpatene l'amore ch'io ho alla salute vostra, e dell'anima e del corpo; e il dolore ch'io ho del danno che voi ricevete spiritualmente e temporalmente. E pensate che più tosto vel direi a bocca che per lettera. Se per me si può adoperare alcuna cosa che sia onore di Dio, e unione di voi e della santa Chiesa; sono apparecchiata a dare la vita, s'el. bisogna. Permanete nella santa e dolce dilezione del nostro signor Gesù Cristo. Gesù dolce, Gesù amore.

CCVIII. — *A Frate Bartolomeo Dominici dell'Ordine de' Predicatori, in Asciano.*

Mensa d'amore: ebbrezza d'amore.

Al nome di Gesù Cristo crocifisso e di Maria dolce.

Dilettissimo e carissimo mio figliuolo in Cristo Gesù. Io Catarina, serva e schiava de' servi di Dio, vi benedico e conforto nel prezioso sangue di Gesù Cristo. Con desiderio ho desìderato di fare Pasqua con voi prima che io muoia. Que-

---

[1] Vede chiaro che la più mortal piaga dell'Italia sono le sue discordie, e che una nuova non sana le antiche.

sta è la Pasqua ch'io voglio che noi facciamo; cioè di vederci alla mensa dell'Agnello immacolato, il quale è cibo, mensa, e servitore. [1] In su questa mensa sono e' frutti delle vere e reali virtù: ogni altra mensa è senza frutto; ma questa è con perfetto frutto, perocchè dà vita. Questa è una mensa forata, piena di vene che germinano [2] sangue; e tra gli altri v'ha uno canale, che gitta sangue e acqua mescolato con fuoco; e all'occhio che si riposa in su questo canale, gli è manifestato il secreto del cuore. Questo sangue è uno vino che inebbria l'anima; del quale quanto più beve, più ne vorrebbe bere; e non si sazia mai, perocchè 'l sangue e la carne è unita con lo infinito Dio. O figliuolo dolcissimo in Cristo Gesù, corriamo con sollicitudine a questa mensa. Adempite il mio desiderio in voi, sicchè io faccia la Pasqua, come detto è. E fate come colui che molto beve, che inebbria e perde sè medesimo, e non si vede. [3] E se 'l vino molto gli diletta, anco ne beve più; in tanto che, riscaldato lo stomaco dal vino, nol può tenere, e sì 'l vomica [4] fuore. Veramente, figliuolo, che in su questa mensa noi troviamo questo vino; cioè 'l costato aperto del Figliuolo di Dio. Egli è quello sangue che scalda, e caccia fuore ogni freddezza, rischiara la voce di colui che beve, e letifi-

---

[1] Un inno: « Se nascens dat in socium; Convescens, in edulium.— Cibum turbæ duodenæ Se dat suis manibus. »

[2] Così rampollare, polla, pollone, comuni e all'acque e alle piante. Nelle acque è una vita; dall'umore le piante hanno vita. E poichè secondo le nuove osservazioni e secondo i più coerenti principii della scienza, in ogni corpo, per inerte che appaia, s'inchiudono germi viventi, anche in questo rispetto qui non è improprio germinare.

[3] Coll'occhio della mente non vede sè. La similitudine è giusta in quanto l'amor proprio è vinto dall'amore del bene supremo.

[4] Salmo: « Eructavit cor meum verbum bonum; dico ego opera mea regi. » In Virgilio vomere e della follata moltitudine e della luce.

ca [1] l' anima e il cuore. Perocchè questo sangue è sparto col fuoco della divina carità; e scalda tanto l' uomo, che gitta [2] sè fuore di sè: e quinci viene, che non può vedere sè per sè, ma sè per Dio, e Dio per Dio, e il prossimo per Dio. E quando egli ha bene bevuto; ed egli 'l gitta sopra 'l capo de' fratelli suoi: ed ha imparato da colui che continuamente in mensa versa non per sua utilità, ma per nostra. Noi dunque, che mangiamo alla mensa predetta, conformandoci col cibo, [3] facciamo quello medesimo non per nostra utilità, ma per onore di Dio, e per la salute del prossimo. E per questo sete mandato. Confortatevi dunque, perocchè questo fuoco vi darà la voce, e torrà la fiocaggine.

Se io potrò, vi verrò molto volentieri. Richiamatevene a Cristo, che mi faccia venire. Dite a missere Biringhiere, [4] che si conforti in Cristo Gesù, e ragguardi la brevità del tempo, e il prezzo che è pagato per lui. Io il verrò a vedere, se io potrò. Dite a frate Simone, che io torrò la fune [5] della Carità, e terrollo legato al petto suo, siccome la madre il figliuolo. Sono consolata di questo prete, perocchè pare che abbia buona volontà: menatelo a' frati di Monte

---

[1] Salmo: « *Vinum lætificet cor hominis.* » Petraica: « *La voce la suo nome rischiari.* »

[2] Dante: « *Come fuoco di nube si disserra*
   Per dilatarsi, sì che non vi cupe,
   Ma, fuor di sua natura, in giù si atterra;
   Così la mente mia, tra quelle dape
   Fatta più grande, di sè stessa uscio. »

[3] Con Gesù Cristo fatto a noi cibo. L' uomo qui non assimila il cibo a sè, ma sè a quello.

[4] Biringhieri degli Arzocchi, nobile senese, pievano della Terra d' Asciano.

[5] Dante: « *Se tu senti altre corde tirarti verso lui* (Dio) » Petrarca: « *So di che poco canape s' allaccia Un' anima gentil, quand' ella è sola.* »

Oliveto, e sbrigatelo d'acconciare[1] il più tosto che voi potete. Siate, siate sollicito. Monna Giovanna[2] vi conforta e benedice. Ricordivi di Giovanna pazza, ed invasata nel fuoco dell'Agnello smiraldato.[3] Lisa, e Monna Alessa, e Cecca,[4] cento migliaia di volte vi si raccomandano. Laudato sia Gesù, Gesù, Gesù.

—

CCIX. — A Gregorio XI.

Che la potestà temporale devesi deporre se scandalo alla spirituale; ma che il buono uso di questa può solo salvare quella.

Al nome di Gesù Cristo crocifisso e di Maria dolce.

Santissimo e reverendissimo padre in Cristo dolce Gesù; la vostra indegna figliuola Catarina serva e schiava de' servi

---

[1] La stampa *da conciare.*

[2] Forse la moglie di Giovanni Maconi, madre di Stefano; alla quale Caterina anche scrisse.

[3] Il Burlamacchi nota: « nè è gran fatto che a spiegare i non » ordinarî sentimenti del suo cuore vagliasi talora di nuovi vocaboli, » non essendo i costumati valevoli a poterli esprimere. » Anzi i più comuni vocaboli, in nuova forma congegnati dalla potente unità d'un pensiero o d'un affetto nuovo, servono alle anime elette per esprimere i sentimenti più reconditi e le idee più alte, e più corrispondenti all'istinto dell'umana comune natura. E direi che questo vocabolo non sia da Caterina creato. Esso Burlamacchi, nel riprendere il traduttore francese che ne scema il valore voltandolo in *miraculeux,* non ne mostra il valore. Forse da *smiraldo* che dicevasi per *ismeraldo,* intendendo la preziosità dell'oggetto; come Italiani e Latini e Greci dicono *aureo* di persona, e gl'Italiani *coppa d'oro ;* e, per *carezza, gioia.* Dante a Cacciaguida: « *Te, vivo topazio.* » Ed è comune: una *perla,* una *gemma.* La forma poi *smeraldato,* potrebbe stare come *dolciato* per *dolce.* O forse da *smirare* per *ismerare,* rendere mero lucente. Un antico: « *Gentilezza è una virtude smirata, che dona dolce cuore.* » E il Verbo è luce.

[4] Compagne di Caterina.

di Gesù Cristo, scrive alla Vostra Santitate nel prezioso sangue suo, con desiderio di vedervi giunto alla pace, pacificato voi, e li figliuoli con voi. La quale pace Dio vi richiede, e vuole che ne facciate ciò che potete. Oimè, non pare che voglia che noi attendiamo tanto alla signoria e sostanzia temporale, che non si vegga quanta è la destruzione dell'anime e il vituperio di Dio, il quale séguita per la guerra; ma pare che voglia che apriate l'occhio dell'intelletto sopra la bellezza dell'anima, e sopra il sangue del Figliuolo suo; del quale sangue lavò la faccia dell'anima nostra: e voi ne sete ministro. Invitavi dunque alla fame del cibo dell'anime. Perocchè colui che ha fame dell'onore di Dio e della salute delle pecorelle, per ricoverarle e trarle dalle mani delle demonia, egli lassa andare la vita sua corporale, e non tanto la sostanzia.[1] Benchè, potreste dire, santo Padre: « Per coscienzia io sono tenuto di conservare e racquistare quello della santa Chiesa. » Oimè, io confesso bene che egli è la verità; ma parmi che quella cosa che è più cara, si debba meglio guardare. Il tesoro della Chiesa è il sangue di Cristo, dato in prezzo per l'anima: perocchè il tesoro del sangue non è pagato per la sostanzia temporale, ma per salute dell'umana generazione. Sicchè, poniamo che siate tenuto di conquistare e conservare il tesoro e la signoria delle città la quale la Chiesa ha perduto; molto maggiormente sete tenuto di racquistare tante pecorelle, che sono uno tesoro nella Chiesa; e troppo ne impoverisce quand'ella le perde. Non che impoverisca in sè, poichè il sangue di Cristo non può diminuire; ma perde uno adornamento di gloria, il quale riceve dalli virtuosi e obedienti e sudditi a lei. Meglio c'è dunque lassar andare l'oro delle cose temporali, che l'oro

---

[1] Non solo le sostanze devonsi lasciare per i beni spirituali, ma la vita. Non dice che per le sostanze perdei la vita sia un falsi martire.

delle spirituali. Fate dunque quello che si può: e, fatto il potere, scusato sete dinanzi a Dio e agli uomini del mondo. Voi gli batterete più col bastone delle benignità, dell'amore e della pace, che col bastone della guerra; e verravvi riavuto il vostro spiritualmente e temporalmente.

Restringendosi l'anima mia fra sè e Dio, con grande fame della salute nostra e della riformazione della santa Chiesa e del bene di tutto quanto il mondo; non pare che Dio manifesti altro rimedio, nè io veggo altro in lui, [1] che quello della pace. Pace, pace dunque, per l'amore di Cristo Crocifisso! E non ragguardate all'ignoranzia, cechità e superbia de' figliuoli vostri. Con la pace trarrete la guerra e il rancore del cuore e la divisione; e unireteli. Con la virtù dunque caccerete il demonio.

Aprite, aprite bene l'occhio dell'intelletto con fame e desiderio della salute dell'anime, a riguardare due mali: cioè 'l male della grandezza, signoria, e sustanzia temporale, la quale vi par essere tenuto di racquistare; e il male di veder perdere la Grazia nell'anime, e l'obedienzia la quale debbono avere alla Santità Vostra. E così vederete che molto maggiormente sete tenuto di racquistare l'anime. Poi, dunque, che l'occhio dell'intelletto ha veduto, e discerne quale è il meno male; voi dunque, santissimo Padre, che sète in mezzo di questi due così grandi

---

[1] In Dio, carità, Caterina vede unico rimedio al rifarsi della potestà papale, la pace. Sul principio del 1376, forse dopo la prima lettera della Senese, inviò Gregorio XI due Italiani, uno siniscalco di Provenza e un dottore di legge, a Firenze, con proposte che furono rigettato, fors'anco perchè diffidavasi non tanto del papa quanto de' legati suoi frodolenti e violenti. Taluno dei più temperati tra questi riconosceva sopra le città ribellate il dominio d'un signore che al papa si dicesse vassallo: il quale spediente di legittimare l'usurpazione per serbarsi un brano di potestà, non poteva ispirare fiducia alla repubblica fiorentina.

mali, dovete eleggere il minore; e eleggendo il minore per fuggire il maggiore, perderete l'uno male e l'altro; e ambedui torneranno in bene: cioè che averete in pace racquistati li figliuoli, e averete il debito vostro. Mia colpa! [1] chè io non dico questo però [2] per insegnarvi, ma son costretta dalla prima dolce Verità, dal desiderio ch'io ho, babbo [3] mio dolce, di vedervi pacificato, e in quiete l'anima e il corpo. Perocchè, con queste guerre e malaventura, non veggo che possiate avere una ora di bene. Distruggesi quello delli poverelli ne' soldati, i quali sono mangiatori della carne e [4] degli uomini. E veggo che impedisce il santo vostro desiderio, il quale avete della reformazione della Sposa vostra. Reformarla, dico, di buoni pastori e rettori. E voi sapete che con la guerra malagevolmente il potete fare: chè, parendovi aver bisogno di principi e di signori, la necessità vi parrà che vi stringa di fare i pastori a modo loro, e non a modo vostro. Benchè ella è pessima ragione, che, per alcun bisogno che si vegga, si metta però pastori, o altri che si sia, nella Chiesa, che non sia virtuoso, e persona che cerchi sè

---

[1] Non intero il costrutto, ma intendesi. Usa la formola che precede alla confessione, per denotare umilmente che, sarebbe colpa di presunzione la sua, di lei che si sente colpevole come anima umana, e più che altre meno innocenti, a esporre tali verità, se il dovere non ce la obbligasse.

[2] Può non essere sbaglio dello scrittore il *però* aggiunto al *per ;* ma pleonasmo famigliare, come dire: *per questo fine d'insegnarvi.*

[3] Oltre al suono imitativo che esprime questa voce all'infante dalle labbra appena accostate e riaperte; l'italiana corrisponde alla siriaca, che pur significa *padre;* onde il titolo d'abate è lo stesso che quello di padre. Così Dante in più d'un luogo, e non de'più famigliari, ripete la voce *mamma.*

[4] Non correggo della *carne degli uomini,* perchè la distinzione porta un doppio ordine d'idee; cioè il distruggersi delle vite corporali, e il distruggersi dell'umana dignità. Il secondo senso è il titolo omerico: *re divoratore del popolo.*

per sè, ma cerchi sè per Dio, cercando la gloria e la loda del nome suo. E non debbe essere enfiato per superbia, nè porco[1] per immondizia, nè foglia che si volve al vento delle proprie ricchezze e vanità del mondo. Oimè, non così, per l'amore di Gesù Cristo, e per la salute dell'anima vostra! Tollete dunque via la cagione della guerra, quanto è possibile a voi, acciocchè non veniate in questo inconveniente di fargli secondo la volontà degli uomini, e non secondo la volontà di Dio, e desiderio vostro. Voi avete bisogno dell'adiutorio di Cristo Crocifisso; in lui ponete dunque l'affetto e il desiderio, e non in uomo e in aiutorio umano; ma in Cristo dolce Gesù, la cui vice voi tenete; che pare che voglia che la Chiesa torni al primo dolce stato suo. Oh quanto sarà beata l'anima vostra e mia che io vegga voi esser cominciatore di tanto bene, che alle vostre mani quello che Dio permette per forza, si faccia per amore! Questo sarà il modo a farlo con pace, e con pastori veri e virtuosi e umili servi di Dio; chè ne troverete, se piacerà alla Santità Vostra di cercarli. Chè sono due cose, perchè la Chiesa perde e ha perduto li beni temporali, cioè per la guerra, e per lo mancamento delle virtù. Chè colà, dove non è virtù, sempre è guerra col suo Creatore. Sicchè la guerra n'è cagione.[2]

Ora dico che, a volere racquistare quello che è per-

---

[1] Dante:

« Quanti si tengon or lassù gran regi,
Che qui staranno come porci in brago,
Di sè lasciando orribili dispregi! »

Ed altri assai che son peggio che porci.

[2] Il mal governo del temporale provoca guerra tra gli uomini, perchè è guerra a Dio; la guerra difficulta e ritarda il civile governo, moltiplica gli odii e le colpe, ed è nuova guerra contro Dio. Facendo il sacerdote dipendere da aiuti umani, gli toglie la libertà nell'eleggere uomini degni al governo.

duto, non ci è altro rimedio se no col contrario di quello con che è perduto, cioè racquistare con pace e con virtù, come detto è. A questo modo adimpirete l'altro desiderio santo vostro e de' servi di Dio, e di me misera miserabile; cioè di racquistare le tapinelle anime degl'infedeli che non participano [1] il sangue dello svenato e consumato Agnello.

Or vedete, santissimo Padre, quanto è il bene che se n'impedisce, e quanto è il male che sèguita e che se ne fa. [2] Spero nella bontà di Dio e nella Santità Vostra, che giusta al vostro potere v'ingegnerete di ponere il rimedio detto, della santa pace. Questo è la volontà di Dio. E dicovi da parte del dolce Gesù, che di questo e dell'altre cose che avete a fare, voi pigliate consiglio da' veri servi di Dio; perocchè vi consiglieranno in verità. E di loro vi dilettate; chè ne avete bisogno. E però sarà bene, e di grande necessità, che voi li teniate allato da [3] voi, mettendoli per colonne nel corpo [4] mistico della santa Chiesa.

Credo che F. J. da P. [5] portatore di questa lettera, sia

---

[1] Non dice che non possano partecipare, che sarebbe errore, giacchè la redenzione è per tutti. E qui sta il sublime del cristianesimo, al quale detrae il protestantesmo arido ed il giansenismo; sublime, che nelle applicazioni all'uguaglianza civile, diventa vera fraternità e libertà. Dice che non partecipano nell'atto. Maravigliosa, in questa donna, la proprietà del linguaggio nella semplicità e nel calore.

[2] Non solamente ne viene come conseguenza inevitabile, ma se ne fa come effetto volontario; e l'effetto si fa poi causa. Le colpe del governo spirituale e temporale possono ne' sudditi generare altre colpe. Ma questa generazione non iscusa nè i governanti nè i sudditi; e le nuove colpe de' governanti, a cui le colpe de' sudditi danno pretesto, non sono già necessarie, ma libere, e però degne di pena.

[3] Come *dentro da.*

[4] Corpo dell'edifizio, diciamo: e in questo rispetto la figura può stare. E la Chiesa figurasi come edifizio ne' libri sacri.

[5] Non si sa chi. Potrebbe spiegarsi per un *frate Jacopo da Pisa*; dove la Santa era stata, e dove il convento domenicano era splendido d'illustri memorie.

uno · vero e dolce servo di Dio : il quale vi raccomando ; e pregovi che piaccia alla Santità Vostra che lui e gli altri sempre vi vogliate vedere appresso. Altro non dico. Permanete nella santa e dolce dilezione di Dio. Perdonate alla mia presunzione. Umilemente v' addimando la vostra benedizione. Gesù dolce, Gesù amore.

—

CCX. — *A Misser Matteo*
Rettore della Casà della Misericordia in Siena.[1]

Nella misericordia abbraccinsi non solo i necessitosi più noti a noi, ma sì tutto il mondo ; e le necessità de' poveri infermi, e quelle dell' anime, e della Chiesa.

Al nome di Gesù Cristo crocifisso e di Maria dolce.

Dilettissimo e carissimo fratello e figliuolo in Cristo dolce Gesù. Io Catarina, serva e schiava de' servi di Gesù Cristo scrivo a voi nel prezioso sangue del figliuolo di Dio ; con

---

[1] Matteo di Cenni di Fazio, nobile senese, preposto all' ospedale il dì primo di settembre del 1373 : uomo buono, e che la leggenda dice per le orazioni di Caterina guarito dalla pestilenza nell' anno seguente. La casa della Misericordia era cent' anni fa stata fondata dal beato Andrea Gallerani nobile senese, che a edificarla consacrò i suoi averi, e alla cura degl' infermi la vita. Il Rettore, eletto dal Senato della repubblica, era il capo de' fratelli ; frati della Misericordia, i quali facevano voto d' obbedienza ad esso, e vita in comune, vestiti di lunga tonaca di color tanè, cintura di cuoio e cappa nera ; e dalla parte manca della cappa una croce. Nel 1408 i beni del luogo ascrissersi allo spedale della Scala, e l' edifizio all' Università ; la quale, sorta nel secolo precedente, nel 1320 accolse non pochi studenti anco di Bologna, venutivi per non so che dissapori. Allora vennero meno i frati della Misericordia : e ad essi eran simili quelli dello spedale della Scala ; laici che della beneficenza facevano opera religiosa, e dalla cui tradizione forse si originarono le compagnie della Misericordia, bella proprietà della Toscana, che vivono tuttavia. Oltre i frati, v' erano gli Oblati, e per le donne le Oblate, servigiali.

desiderio di vedervi annegato e affocato nell' abbondanza d' esso sangue suo. La memoria del quale sangue rende calore e lume all' anime fredde e tenebrose, dona larghezza, e tolle stremità; tolle superbia, e infonde umiltà; tolle crudelità, e dona pietà. O inestimabile dilezione di carità, non mi maraviglio se nel sangue tuo io trovo la virtù della pietà; imperocchè io vedo che per divina pietà tu hai svenato te medesimo, non per debito; e facesti vendetta della crudele e pessima crudeltà, che l' uomo ebbe a sè medesimo, quando per lo peccato si fece degno di morte. Adunque desidero di vedervi annegato in questo fiume, acciocchè ne traiate pietosa compassione e misericordia; la quale continuamente vi bisogna adoperare, secondo lo stato nostro.[1] E poniamochè io desidero di vedervi usare questa virtù in verso i poveri di Cristo delle sustanzie temporali; non son contenta qui, ma invitovi, secondo che Dio invita l' anima mia, a distendere li amorosi e ardentissimi desiderii, con occhi pietosi e lagrimosi, mostrando nel cospetto della divina pietà compassione a tutto il mondo. Ed egli t' insegna molto bene il modo, siccome ebbro d' amore; e per desiderio che ha di fare tosto l' operazione sua, dice: « Pigliate il corpo della santa Chiesa co' membri legati, e tagliati,[2] e poneteli con pietosa compassione sopra il corpo mio. » Sopra il quale corpo furono fabricate tutte le nostre iniquità. perocchè egli fu quello che prese con pena la città dell' anima nostra e il Padre, fu quello che accettò il sacrificio. Mangiamo, mangiamo adunque le anime[3] sopra a questa mensa del corpo del dolce Figliuolo di Dio; sicchè, passando i penosi e ansietati desiderii, con fadigosi aspettari,

---

1 Non correggo *vostro*, perchè credo che qui Caterina s' immedesimi a lui nella misericordia. *Omnibus omnia.*

2 Quelli che le sono uniti con legamenti di vita, e quelli che per discordia ne sono recisi. E gli uni e gli altri comprendere in carità.

3 La stampa; *anima.*

sopravenendo gli adempiuti dolci e innamorati desiderii, (dove l' anima si pacifica, quando si vede adempiuto quello che molto tempo ha desiderato), possiamo, con dolce voce e soave, gridare al Padre quello che dice la santa Chiesa; cioè: per Gesù Cristo nostro Signore tu ci hai fatto misericordia, levando i lupi, e piantando gli agnelli. [1] Adunque o padre, fratello e figliuolo in Cristo Gesù, levianci dal sonno della negligenzia, acciocchè in poco tempo noi esciamo delle mani de' lupi, e perveniamo a questa giocondità; non per voi, [2] ma solo per l' onore di Dio. Questa è quella virtù pietosa che io voglio che noi abbiamo. E però dissi ch' io desideravo di vedervi affocato nel sangue del Figliuolo di Dio; perocchè ella è quella memoria che notrica la virtù della pietà e misericordia [3] nell' anima nostra. Altro non dico. Permanete nella santa e dolce dilezione di Dio. Gesù dolce, Gesù amore.

CCXI.— *A Frate Raimondo da Capua a Vignone.*[4]

Carità è veste che adorna, arme che difende da colpi; e i colpi stessi fortifican l' arme, la veste ingemmano. Le molestie del male sente più chi ama il bene e è più puro. I contrarii si provano e afforzano. Dell' impazienza nostra dobbiamo essere impazienti, come di giogo servile, e del dolore fiacco dolerci. L' anima nelle prove si affina umiliandosi, e non si avvede di tutto il bene che n' ha. Anco il desiderio del bene è una pena: se osassimo scuoterla da noi, guai! Prega Raimondo conforti il papa a lasciare Francia, a riformare la Chiesa. Si sente morire. Lettera di delicatezza figliale e materna.

Al nome di Gesù Cristo crocifisso e di Maria dolce.

Reverendo padre in Cristo dolce Gesù. Io Catarina, serva e schiava de' servi di Gesù Cristo, scrivo a voi nel prezioso

---

[1] Nota il Burlamacchi che per *lupo* intende Caterina i cattivi reggitori. Sebbene la generazione degli animali denotisi con traslati tolti dalle piante; *piantare gli agnelli* non pare bello.

[2] Credo s' abbia a leggere *noi*.

[3] *Misericordia* nel linguaggio cristiano è più di *pietà*.

[4] Non ebbe che nel 79 propriamente il titolo di maestro, ma da

sangue suo; con desiderio di vedere voi e gli altri figliuoli vestiti del vestimento nuziale, il quale è quello vestimento che ricopre tutte le nostre nudità. Egli è un' arme, che non lassa incarnare[1] a morte i colpi dell' avversario dimonio; ma piuttosto l' ha a fortificare, che a debilire,[2] ogni colpo[3] di tentazione o molestia di dimonio o di creatura o della carne propria, che volesse ribellare allo spirito. Dico che questi colpi, non tanto che sieno nocivi, ma saranno pietre preziose e margarite poste sopra questo vestimento dell' ardentissima carità.

Or da che sarebbe l' anima che non portasse delle molte fadighe e tentazioni, da qualunque parte e qualunque modo Iddio le concede? Non sarebbe in lei virtù provata; perocchè la virtù si prova per lo suo contrario. Con che si prova la purità, e s' acquista? Col contrario, cioè con la molestia della immondizia. Perocchè chi fusse immondo, non gli bisognerebbe ricevere molestia dalle cogitazioni della immondizia; ma perchè si vede che la volontà è privata de' perversi consentimenti, ed è purificata d' ogni macchia per santo e vero desiderio che ha di piacere al suo Creatore, però il dimonio, il mondo e la carne gli danno molestia. Sicchè, ogni cosa contraria si caccia per lo suo contrario. Vedete che per la superbia s' acquista l' umiltà. Quando l' uomo si vede

---

questa lettera che certo è del 76, e indirizzata a lui in Avignone, apparisce che così era chiamato anco piima; come fino a' dì nostri soleva tra' frati, ancorchè non dottori, purchè di qualche sapere, e insegnanti. Se non si voglia apposto poi il titolo da chi copiò, come in altre.

[1] Penetrare nella carne viva mortalmente. In questo senso *accurnare* ha esempii parecchi. Forse quel di Dante: « *Se ben lo intendimento tuo accarno Con lo 'ntelletto;* » s' ha a intendere *penetro;* come altrove *intuarsi, immiarsi.*

[2] Neglio *addebilire.*

[3] La stampa: *colpa.*

molestare da esso vizio di superbia, subito s' umilia, cognoscendo sè difettuoso, superbo: che se non avesse avuta quella molestia, non si sarebbe sì ben cognosciuto. Poichè s' è umiliato e veduto;[1] concepe uno odio per siffatto modo, che gode ed esulta d' ogni pena ed ingiuria che sostenesse. Questo[2] fa come cavaliero virile, il quale non schifa i colpi. Anzi si reputa indegno di tanta grazia, quanta gli pare essere, a sostenere pena, tentazioni e molestie per Cristo crocifisso. Tutto è per l' odio ch' egli ha di sè medesimo, e per amore che ha conceputo alla virtù.

Adunque vedete che non è da fuggire nè dolersi nel tempo della tenebra, perocchè della tenebra nasce la luce. O Dio, dolce amore, che dolce dottrina dái, che per lo contrario della virtù s' acquista la virtù! Della impazienzia s' acquista la pazienzia: chè l' anima che sente il vizio della impazienzia diventa paziente della ingiuria ricevuta, ed è impaziente verso il vizio della impazienzia; e più si duole[3] ch' ella si duole, che di veruna altra cosa. E cosi nei contrari gli viene[4] acquistata la perfezione. E non se ne avvede: trovasi diventato perfetto nelle molte tempeste e tentazioni. E in altro modo non si giugno mai a porto di perfezione.

Sicchè, pensate in[5] questo: che l' anima non può ri-

---

1 Più evidente e *veduto*. Si vede quasi specchiandosi.

2 Sta, credo, per *questi*.

3 Non è giuoco di parole; ma sentimento nella sua acutezza profondo: non soffrire d' essere insofferente; dolersi del vano dolore, ben più che della cagione esterna che l' ha provocato.

4 Bel modo e propriissimo qui. L' accorgersi a ogni momento del diventar migliore sarebbe un non essere migliori davvero, perchè proverebbe che l' uomo spreca il tempo e l' attenzione in vagheggiare sè stesso. Poi *gli viene acquistata* dice come, senza che sia distrutto il merito della libertà, la Grazia che concede l' avversità e che la rende fruttuosa, sia dono.

5 Dice pensiero più intento e profondo che *pensate a*.

cevere nè desiderare virtù, che ella non abbia i desiderii,[1] molestie e tentazioni, a sostenere con vera e santa pazienza per amore di Cristo crocifisso. Doviamo dunque godere ed esultare nel tempo delle battaglie, molestie e tenebre, poichè di loro esce tanta virtù e diletto. Doimè,[2] figliuolo dato da quella dolce madre Maria,[3] non voglio che veniate a tedio nè a confusione per veruna molestia che sentiste nella mente vostra; ma voglio che voi conserviate la buona e santa e vera fedele volontà, la quale io so che Dio per sua misericordia v'ha dato. So che vorreste innanzi morire, che offenderlo mortalmente. Sicchè io voglio che dalle tenebre esca il cognoscimento di voi medesimo senza confusione; della buona volontà[4] esca uno cognoscimento della infinita bontà e inestimabile carità di Dio; e in questo cognoscimento stia ed ingrassi l'anima nostra. Pensate che per amore egli vi conserva la buona volontà, e non la lassa cor-

---

1 Anco il desiderio è un principio di molestia; perchè riconosce di non avere il bene a cui tende; perchè tiene .tese le facoltà dell'anima a conseguirlo (il quale stato non è agiatissimo, ma tanto più dà pena quanto il desiderio è più ardente); e perchè sebbene chi desidera, spera, non è però sicuro del come e del quando otterrà, onde nella stessa speranza si cela una tema. Tutte queste verità sono inchiuse nella parola *desiderii,* cosi collocata potentemente.

2 Composto di tre: *ohi, me, deh ;* ossia (come allora dicevasi, come dianzi ripeteva il povero Cesari) *doh!*

3 Il Naconi dice per ispirazione di Naria Raimondo eletto da Caterina a suo confessore. Ma qui la madre del dolce Gesù dà lei madre al suo padre spirituale.

4 Par che accenni a quelle parole: *pax hominibus bonœ voluntatis,* che è però male inteso da' più; giacchè, secondo il greco, ha a spiegarsi: agli uomini pace, quella pace che viene dalla buona volontà. Qui pare dunque che intenda: dalle prove del dubbio e del dolore risplenda il conoscimento di noi, umiliati, ma con pace serena; e da questa pace, ch'è la volontà veramente buona, sarà l'anima illustrata a conoscere la bontà di Dio, e si farà sempre più limpida e lieta.

rere per consentimento e diletto dietro alle cogitazioni del dimonio.[1] E cosi per amore ha permesso a voi e a me e agli altri suoi servi[2] le molte molestie e illusioni dal dimonio, dalle creature, e dalla carne propria, solo perchè noi ci leviamo dalla negligenzia, e veniamo a perfetta sollicitudine, a vera umilità, e ardentissima carità. La quale umilità viene per cognoscimento di sè, e la carità per lo cognoscimento della bontà di Dio. Ivi s'inebbria e si consuma l'anima per amore.

Godete, padre, ed esultate; e confortatevi, senza veruno timore servile, e non temete per veruna cosa che vedeste venire o che fusse venuta. Ma confortatevi; chè la perfezione è presso da[3] voi. E rispondete al dimonio, dicendo: « che quella virtù non ha adoperato in voi per me, perocchè non era in me; adopera per grazia della infinita pietà e misericordia di Dio. »[4] Sicchè per Cristo crocifisso ogni cosa potrete. Fate con fede viva tutte le vostre operazioni; e non mirate perchè vedeste apparire veruna cosa contraria, che paresse che fusse contra la vostra operazione. Confortatevi, confortatevi, perchè la prima e dolce Verità ha permesso[5] d'adempire il vostro e mio desiderio in voi. Svenatevi per affocato desiderio con lo svenato e consumato

---

[1] La stampa aggiunge: *per consentimento di volontà*. Ma gli è sbaglio di chi scrisse, o glossa trasportata nel testo.

[2] La stampa *di Dio*. Ma lo scrivente ce l'aggiunse per l'uso di rincontrarlo frequente dopo la parola *servi*.

[3] Siccome l'*a* in locuzioni parecchie invece di *da*, per simile viceversa. Qui rammenta *Regnum Dei intra vos est*. Non è il medesimo: ma questo gli è degno comento.

[4] Pare confuso insieme il parlare che fa Caterina a Raimondo, e Raimondo al demonio di sè. Il senso pare: le contradizioni ch'io rincontrai al bene, sono a fine di dimostrarmi che il bene e i mezzi d'averlo non sono merito mio, ma dono di Grazia.

[5] Forse *promesso*.

Agnello: riposatevi in croce con Cristo crocifisso: dilettatevi in Cristo crocifisso: dilettatevi in pene; satollatevi d'obbrobri per Cristo crocifisso: innestisi il cuore e l'affetto in su l'arbore della santissima croce con Cristo crocifisso; e nelle piaghe sue fate la vostra abitazione. E perdonate a me, cagione e strumento d'ogni vostra pena e imperfezione: chè, se io fussi strumento di virtù, sentireste voi e gli altri odore di virtù. E non dico queste parole, perchè io voglio che n'abbiate pena, perchè la vostra pena sarebbe mia;[1] ma perchè voi abbiate compassione, voi e gli altri figliuoli, alle miserie mie. Spero e tengo di fermo, per la grazia dello Spirito Santo, che porrà fine e termine in tutte quelle cose che sono fuor della volontà di Dio.[2]

Pensate che io misera miserabile sto nel corpo, e trovomi per desiderio continuo di fuore del corpo.[3] Oimè, dolce e buono Gesù! Io muoio e non posso morire, e scoppio, e non posso scoppiare, del desiderio che io ho della rinovazione della santa Chiesa per onore di Dio e salute d'ogni creatura; e di vedere voi e gli altri vestiti di purità, arsi e consumati nell'ardentissima carità sua.

Dite a Cristo in terra, che non mi faccia più aspettare. E quand'io vedrò questo, canterò con quello dolce vecchio di Simeone: *Nunc dimittis servum tuum, Domine, secundum verbum tuum in pace.* Non dico più; chè se io seguissi la volontà, testè[4] comincerei. Fate che io vi vegga

---

1 Coll'umiliarsi teme umiliarlo; col dolersi di quel ch'egli patisce come di fallo a lei proprio, teme accrescere il dolore di lui. Sentimento di figliale tenerezza, anzi di madre consumata nell'esperienza della pietà generosa. .

2 Dio non ci permetterà che i dolori necessarii a compire le imprese sue sante.

3 Paolo: « *Sive in corpus, sive extra corpus.* »

4 Dicevasi non pur del tempo passato, ma e del presente e del futuro: e qui tiene de'due, come porta questa forma del soggiuntivo.

e senta tutti legati e conficcati[1] con Cristo dolce Gesù, sì e per siffatto modo, che nè dimonia nè creatura vi possa mai partire nè separare da così dolce e soave legame. Amatevi, amatevi, amatevi insieme. Permanete nella santa e dolce dilezione di Dio. Gesù dolce, Gesù amore.

CCXII. — *A Neri di Landoccio.*

Dolce perseveranza.

Al nome di Gesù Cristo crocifisso e di Maria dolce.

Carissimo figliuolo in Cristo dolce Gesù. Io Catarina, serva e schiava de' servi di Gesù Cristo, scrivo a te nel prezioso sangue suo; con desiderio di veder crescere in te il santo e buono desiderio, con dolce[2] e vera perseveranzia infine alla morte. Pènsati, figliuolo mio, che ogni dì si conviene che noi c'ingegnamo di crescere in virtù; perocchè, non andando innanzi, sarebbe un tornare addietro. Spero, per la divina bontà, che s'adempirà in te il desiderio mio, in questo, e anco in altro.

Non dico al presente altro, per la brevità del tempo, e per occupazione d'alcune altre cose, a che mi conviene attendere. Confòrtati con Cristo crocifisso, con una buona[3] pazienza; e conforta e benedici molto molto per mia parte Mone:[4] e fa che prieghi Dio per questi tuoi fratelli, e' quali

---

[1] *Fitto* ha traslati vivi e nobili. *Ficcare*, che ora ha senso quasi sempre di spregio o di violenza, in Dante ha usi migliori.

[2] Non intende forse soltanto che la perseveranza è dolce all'anima ne' suoi effetti, e nell'atto stesso del fortemente serbarla; ma che la perseveranza *vera* non è dura nè aspra, è aliena dall'ostinatezza in sè, e dall'austerità verso altri importuna.

[3] C'è anco la *mala:* sdegnosa o vile o complice.

[4] Da *Simone* come *Meo* da *Bartolomeo.*

ti mandano molto- confortando e singolarmente per questo negligente di Stefano. [1] Barduccio [2] e Francesco [3] stanno bene, e molto ti confortano. Permani nella santa e dolce dilezione di Dio. Gesù dolce. Gesù amore.

—

CCXIII. — *A Suora Daniella da Orvieto, vestita dell'abito di Santo Domenico, la quale, non potendo seguire la sua grande penitenzia, era venuta in grande afflizione.*

Lettera delle più alte, e tra' lavori di più vera eloquenza che abbia la prosa italiana. La discrezione è figlia della carità, viene dal conoscere noi stessi e Dio ; rende il debito a Dio e agli uomini e a sè : e questo, vincendo il gusto della mortificazione importuna. Diversi gli stati del vivere ; siano i modi differenti. Misurare tutti e tutto alla stessa misura può essere ingiusto e falso. Al prossimo diasi la vita e ogni cosa, salvo la dignità dell' anima propria. Il corpo ci serva a crescere in virtù, non si fiacchi a farlo invalido al bene. L' occhio abbracci terra e cielo ; l' orecchio senta non solo la parola di Dio, ma i bisogni de' prossimi. La penitenza è mezzo, non fine ; se al fine non serve, è male. Sola la virtù dell' animo è bene infinito. Nell' animo è la radice : la penitenza taglia i difetti, non li svelle. Può fare lo spirito ostinato, vano, severo ad altrui, debole alle battaglie. L' astenersi dal patire è pazienza più alta ; il non cercare le consolazioni di certe astinenze, è astinenza che dona pace più lieta. Ogni tempo è tempo a' discreti. L' anima porta in sè il luogo e Dio. Il desiderio entro lei prega assiduo, e medita sè e l' infinito. Nelle ore meste dilatiamo l' anima a speranza ; per umiltà raccogliamola nelle liete. Serbiamo le forze nostre a' fratelli.

Al nome di Gesù Cristo crocifisso e di Maria dolce.

Carissima suoro e figliuola in Cristo dolce Gesù. Io Catarina, serva e schiava de' servi di Gesù Cristo, scrivo a te nel prezioso sangue suo ; con desiderio di vedere in te la virtù santa della discrezione, la quale virtù ci è necessaria ad avere, [4] se vogliamo la salute nostra. Perchè ci è tanto di

---

[1] Naconi, al qual pare che Caterina dettasse.

[2] Canigiani.

[3] Buonconti o il Landi altro discepolo.

[4] La stampa *d'avere.* Pare a me che debbasi leggere *o necessario d'avere o necessaria ad* o *da.*

necessità? Perchè ella esce [1] del cognoscimento di noi e di
Dio : in questa casa [2] tiene le sue radici. Ella è drittamente
uno figliuolo parturito dalla carità, che è propriamente discrezione, e uno lume e uno cognoscimento che l'anima ha
di Dio e di sè, come detto è. [3] La principale cosa che ella
faccia, è questa : che, avendo veduto con lume discreto a
cui ella è debitrice [4] e quello che debbe rendere, subito il
rende con perfetta discrezione. Onde a Dio rende gloria, e
loda al nome suo ; e tutte l'operazioni che fa l'affetto del-
l'anima, fa con questo lume, cioè che tutte sono fatte per
questo fine. Sicchè a Dio rende il debito dell'onore : non
fa come lo indiscreto rubbatore, che l'onore vuole dare a
sè ; e per cercare il proprio onore e piacere, non cura di
fare vituperio a Dio, e danno al prossimo. E perchè la radice dell'affetto dell'anima è corrotta dalla indiscrezione,
sono corrotte tutte le sue operazioni in sè e in altrui.
In altrui, dico ; perchè indiscretamente pone i pesi, e comanda ad altri, o secolari o spirituali, o di qualunque
stato si sia. Se egli ammonisce o consiglia, indiscretamente
il fa ; è con quello medesimo peso che egli pesa, vuole pe-
sare ogni altra persona. Il contrario fa l'anima discreta, che
discretamente vede il bisogno suo e l'altrui. Onde, poich'ella

---

[1] Come pianta. Virgilio : « *Exiit in cœlum ramis felicibus arbos.* »

[2] L'imagine di *casa* non istà con *radici;* ma anco alle piante, ri-
guardate come cosa animata e dotata di sentimento, attribuisconsi imagini d'abitazione e simili. Virgilio : « *Patrios cultusque habitusque
locorum — Has leges œternaque fœdera certis Imposuit Natura locis —
Divisœ arboribus patriœ — Summasque sequi tabulata per ulmos.* »

[3] Bello, che l'amore dia il discernimento del bene e del meglio;
e che tale discernimento venga dallo studio congiunto delle cose divine
e della nostra natura.

[4] Vede a chi deve, cioè a Dio, e in lui agli uomini; e vede quello
che deve e quanto. La persona, la qualità, la quantità sono i termini
delle nostre relazioni dalle quali risulta il giudizio del modo d'operare.

ha renduto il debito nell' onore a Dio, ella rende il suo a
sè, cioè odio del vizio e della propria sensualità. Chi n' è
cagione? è l' amore della virtù; amandola in sè. Questo medesimo lume, col quale ella si rende il debito, rende al prossimo suo. E però dissi: *in sè e in altrui.* Onde rende al
prossimo la benivolenzia, siccome egli è obligato, amando
in lui la virtù, e odiando il vizio. E amalo come creatura
creata dal sommo ed eterno Padre. E meno e più perfettamente rende a lui la dilezione della carità, secondo che
l' ha in sè. Sicchè questo è il principale effetto, [1] che adopera la virtù della discrezione nell' anima; perchè con lume
ha veduto che debito debba rendere, e a cui.

Questi sono tre rami principali di questo glorioso figliuolo
della discrezione, il quale [2] esce dall' arbore della carità. Di
questi tre rami escono infiniti e variati frutti, tutti soavi
e di grandissima dolcezza, che notricano l' anima nella vita
della Grazia, quando con la mano del libero arbitrio, e con
la bocca del santo e affocato desiderio li prende. In ogni
stato che la persona è, gusta di questi frutti, se ella ha il
lume della discrezione: in diversi modi, secondo il diverso
stato. Colui che è nello stato del mondo, e ha questo lume,
coglie il frutto dell' obedienzia de' comandamenti di Dio, e
il dispiacere del mondo, spogliandosene mentalmente, poniamochè attualmente ne sia vestito. [3] Se egli ha figliuoli,
piglia il frutto del timore di Dio, e col timore santo suo li
notrica. Se egli è signore, piglia il frutto della giustizia, perchè discretamente vuole rendere a ciascuno il debito suo;
onde col rigore della giustizia punisce lo ingiusto, [4] e il giu-

---

[1] La stampa *affetto*, che negli antichi trovasi per *effetto*.

[2] La stampa *le esce;* ma avrebbe a essere scorcio di penna che
ripete uscita di *quale;* o piuttosto sbaglio di lettura.

[3] Usa nelle necessità proprie e altrui i beni esterni, non vi si attacca.

[4] La stampa: *Punisce lo ingiusto che punisce la colpa.* Forse in-

sto premia, gustando il frutto della ragione; chè per lusinghe nè per timore servile non si parte da questa via. [1] Se egli è suddito, coglie il frutto dell' obedienzia e reverenzia [2] verso il signore suo; schifando la cagione e la via, [3] per la quale il potesse offendere. Se col lume non l'avesse vedute, non l'averebbe schifate. Se sono religiosi o prelati, tràggonne il frutto dolce e piacevole d'essere osservatori dell'ordine loro; portando e sopportando i difetti l'uno dell'altro, abbracciando le vergogne e 'l dispiacere, ponendosi sopra le spalle il giogo dell'obedienzia. Il prelato prende [4] la fame dell'onore di Dio e della salute dell'anime, gittandogli [5] l'amo della dottrina e della vita esemplaria. [6] In quanti diversi modi, e in diverse creature si colgono questi frutti! Troppo sarebbe lungo a narrarlo; con lingua non si potrebbero esprimere.

Ma vediamo, carissima figliuola (parliamo ora in particolare; e parlando in particolare sarà parlato in generale), [7] che regola dà questa virtù della discrezione nell'anima. Pare a me, che dia questa regola nell'anima e nel

---

tendeva dettare un de' due, é cassare l'altro. Potrebbesi leggere: *punisce l'ingiusto,* cioè *punisce la colpa,* e dare all'*e* il valore di *cioè,* e intendere che nel punire l'ingiusto, il discreto deve punire non l'uomo ma la colpa di lui, verso l'uomo al possibile usando misericordia. Chi conservasse la lezione tal quale, può assottigliando spiegare che l'uomo discreto punisce i suoi inferiori i quali ingiustamente puniscono.

[1] La stampa *vita.*

[2] Obbedienza non basta senza riverenza; e nella riverenza è men tema che amore.

[3] *Via* sono gli atti più o meno continui; *cagione* anco le occasioni accidentali o remote, e fin le apparenze.

[4] Accenna al traslato del frutto. Ma *prendere,* dicesi, anco da sè d'un affetto deliberato; e qui *fame* vale *desiderio.*

[5] Alle anime.

[6] Il sostantivo per *esemplare* è in Fr. Giordano.

[7] Nel particolare, per istinto filosofico maraviglioso, ella sente il generale: e ci riflette, e lo dice espressamente in linguaggio scientifico.

corpo, in persone che spiritualmente vogliono .vivere, e attualmente e mentalmente; benchè ella ogni persona regoli e ordini nel grado e nello stato[1] suo: ma parliamo ora a noi. La prima regola che ella dia nell' anima, è quella che detta aviamo, di rendere l' onore a Dio, al prossimo la benivolenzia, e a sè odio del vizio e della propria sensualità. Ella ordina questa carità nel prossimo: che per lui non vuole ponere l'anima[2] sua; cioè, per farli utilità o piacere non vuole offendere Dio; ma discretamente fugge la colpa, e dispone il corpo suo ad ogni pena e tormento, e alla morte, per campare un' anima, e quante ne potesse campare, dalle mani del dimonio. E disponsi a ponere la sustanzia temporale per sovvenire e campare il corpo del prossimo suo. Questo fa la carità con questo lume della discrezione; chè discretamente l' ha regolato nella carità del prossimo. Il contrario fa lo indiscreto, che non si cura d' offendere Dio, nè di ponere l' anima sua per fare servizio e piacere al prossimo indiscretamente; quando con fargli compagnia in luoghi scelerati, quando con falsa testimonianzia: e così in molti altri modi, come tutto dì vengono i casi. Questa è la regola della indiscrezione, la quale esce dalla superbia e dalla perversità dell' amore proprio di sè, e dalla cechità di non avere cognosciuto sè nè Dio.

E poichè l' ha regolata in questa carità del prossimo; e ella la regola in quella cosa che la conserva e cresce in essa carità, cioè nell' umile e fedele e continua orazione; ponendogli il manto dell' affetto delle virtù, acciocchè non sia of-

---

[1] Ciascuno stato ha più gradi. E anco i gradi sociali in certa guisa costituiscono stati differenti.

[2] Nel vangelo *anima* vale ora la vita terrena, ora la spirituale immortale. Intendendo nel doppio senso, Caterina sapientemente distingue, che per l' amore de' fratelli non si deve sacrificare la dignità e la purezza dello spirito proprio, ma sì tutti i vantaggi e piaceri, e la vita.

fesa [1] dalla tepidezza, negligenzia, e amore proprio di sè, spirituale nè corporale: però gli dà questo affetto delle virtù, acciocchè l'affetto suo non si ponga in veruna altra cosa dalla quale potesse ricevere alcuno inganno.

Anco ordina e regola corporalmente la creatura in questo modo: che l'anima la quale si dispone a volere Dio, fa il suo principio per lo modo che detto abbiamo: ma, perchè ella ha il vasello del corpo, si conviene che questo lume ponga la regola a lui, siccome egli l'ha posta nell'anima, come strumento ch'egli debbe essere ad aumentare [2] la virtù. La regola è questa che egli il sottrae dalle delizie e delicatezze del mondo, e della conversazione de' mondani; e dágli la conversazione de' servi di Dio; levalo da' luoghi dissoluti, e tiello ne' luoghi che lo inducono a devozione. A tutte le membra del corpo dà ordine, acciocchè siano modeste e temperate: [3] l'occhio non ragguardi dove egli non debbe, ma dinanzi a sè ponga la Terra, e 'l Cielo: [4] la lingua fugga il parlare ozioso e vano, [5] e sia ordinata ad annunziare la parola di Dio in salute del prossimo, e confessare i peccati suoi: l'orecchia fugga le parole dilettevoli, lusinghevoli, dissolute, e di detrazione, che gli fussero dette; e attenda a udire la parola di Dio, e il bisogno del prossimo, cioè volontariamente [6] udire la sua necessità. Così la mano

---

[1] Il manto delle virtù difende dal freddo amore proprio, e da ogni affetto inordinato, che è febbre alternata di caldo e freddo. Virgilio: « Ne frigora lædant. — Defendo a frigore. »

[2] Il corpo è strumento del bene, e quindi del meglio. Ma nessuna locuzione forse meglio di questa attribuisce al corpo la facoltà del progresso.

[3] Dante: « Viso temperato. »

[4] Non sola la terra, nè solo il cielo. Non è discreto, e non intende chi non comprende.

[5] Vano è peggio.

[6] Udire i bisogni del prossimo è come udire la parola di Dio. In

nel toccare o nell' adoperare, i piei nell' andare; a tutti dà
regola. E acciocchè per la perversa legge della impugnazio-
ne che dà la carne contra lo spirito, non si levi a disordi-
nare questi strumenti, pone la regola al corpo, macerandolo
con la vigilia, col digiuno, e con gli altri esercizii, i quali
hanno tutti a raffrenare il corpo nostro.

Ma attendi, che tutto questo fa non indiscretamente, ma
con lume dolcè di discrezione. E in che 'l mostra? In questo : che ella non pone per principale affetto suo, veruno
atto di penitenzia. E acciocchè non cadesse in cotale difetto
di ponere per principale affetto la penitenzia, provvide il
lume della discrezione, di mantellare l' anima con affetto
delle virtù. Debbela bene usare [1] come strumento, a' tempi
e a' luoghi ordinati, secondo che bisogna. Se il corpo per
troppa fortezza ricalcitrasse allo spirito, tolle la verga della
disciplina, e 'l digiuno, e 'l cilicio di molte gemme, [2] con
grande vigilia; e pongli allora de' pesi assai, acciocchè egli
stia più trito. [3] Ma se il corpo è debile, venuto ad infermità, non vuole la regola della discrezione, che faccia cosi.
Anco, debbe non solamente lassare il digiuno, ma mangi
della carne : e se non gli basta una volta il dì, pigline quat-

---

ogni povero (e povero è anco il principe, se infelice o abbisognante di
consigli) è Dio. Ma udire bisogna con volontà d' operare.

[1] La penitenza. Nella regolata mortificazione è più virtù che nella
indiscreta. Anco nel dolore può essere squisitezza, condiscendenza al-
l' amore proprio, una specie di voluttà. Virgilio : « Quid tantum in-
sano juvat indulgere dolori? » Petrarca :

« La fera dolcezza ch' è nel cuore — »

« .... Par ben ch' io m' ingegni
Che di lagrime pregni
Sien gli occhi miei, siccome il cuor di doglia. »

[2] Nodi, quasi gemme di pianta. Ma senza volerlo accennava forse
alla preziosità del dolore. Ed essa se ne ingemmava, come di fregio
nuziale.

[3] Secondo l' origine : tero attritus.

tro. [1] Se non può stare in terra, stia in sul letto; se non può inginocchioni, stia a sedere e a giacere, se n' ha bisogno. Questo vuole la discrezione. E però pone che si faccia come strumento, e non per principale affetto. [2]

· E sai perchè egli non vuole? Acciocchè l' anima serva a Dio con cosa che non gli possa essere tolta e che non sia finita, ma con cosa infinita, cioè col santo desiderio; il quale è infinito, per l' unione che ha fatta nello infinito desiderio di Dio; e nelle virtù, le quali nè dimonio nè creatura nè infermità ci possono tollere, se noi non vogliamo. Anco, nella infermità provi la virtù della pazienzia; nelle battaglie e molestie delle dimonia pruovi la fortezza e la lunga perseveranzia; e nella avversità che ricevesse dalle creature, pruovi la umilità, la pazienzia, la carità. E così tutte le altre virtù permette Dio [3] che ci sieno provate con molti contrarii, ma non tolte mai, se noi non vogliamo. In questo dobbiamo fare il nostro fondamento, e non nella penitenzia. Due fondamenti non può l' anima fare: o l' uno o l' altro si conviene che vada a terra. E quello che non è principale, usi per strumento. [4] Se io fo il mio principio nella penitenzia corporale, io edifico la città dell' anima sopra l' arena, che ogni piccolo vento la caccia a terra, e neuno edifizio vi possa [5] ponere su. Ma se io edifico sopra le virtù, è fondato [6]

---

[1] Tanto più liberale, che non lo dice per sè; ella, il cui stomaco non poteva la carne; e prendeva riposo sul nudo sasso. Conservavasi nello spedale di S. M. della Scala la pietra, lunga quanto persona d' uomo, dov' essa, dall' assistere agl' infermi, prendeva, forse più inferma, riposo.

[2] Forse anche qui per *effetto,* ma può e nell' uno e nell' altro senso.

[3] La stampa: *e che.*

[4] Di profonda verità. Nel bene son gradi: chi prende il minore per maggiore, o chi agguaglia i beni inuguali, erra e pecca; non fonda nè edifica, confonde e disfà.

[5] Forse *posso.*

[6] Bella ellissi impersonale.

sopra la viva pietra Cristo dolce Gesù; e non è veruno edifizio tanto grande che non stia su bene, nè vento sì contrario che mai il dia a terra.

Per questi e molti altri inconvenienti che ne vengono, non ha voluto che s'usi la penitenzia altro che per strnmento. Molti penitenti ho già veduti, i quali non sono stati pazienti nè obedienti, perchè hanno studiato à uccidere il corpo, ma non la volontà. Questo ha fatto la regola della indiscrezione. Sai che n'adiviene? tutta la consolazione e l'affetto loro è posto in fare la penitenzia a loro modo, e non a modo d'altrui. In essa notricano la loro volontà: mentre che essi la compiono, hanno consolazione e allegrezza, e pare a loro essere pieni di Dio, come se ogni cosa avessero compito; e non se ne avveggono, che caggiono nella propria reputazione,[1] e in giudizio.[2] Che se ognuno non va per questa via, gli pare che siano in stato di dannazione, in stato imperfetto. Indiscretamente vogliono misurare tutti i corpi d'una misura medesima, cioè con quella che essi misurano loro stessi. E chi li vuole ritrare da questo o per rompere la loro volontà, o per necessità che essi avessero; tengono la volontà più dura che 'l diamante; vivi[3] per sì fatto modo, che al tempo della prova o d'una tentazione o d'una ingiuria, si truovano in questa volontà perversa più dehili che la paglia.

La indiscrezione gli mostrava che la penitenzia raffrenasse l'ira, la impazienzia e gli altri movimenti di vizii, che vengono nel cuore: ed egli non è così. Móstrati questo glorioso lume, che con l'odio e dispiacimento di te, con aggravare la colpa con rimproverio, con la considerazione

---

[1] Opinione falsa, tenace di sè.

[2] Condanna. E essi credono sè dannati, o almeno non santi, se non facessero a modo loro.

[3] Mal vivi al proprio capriccio, il quale non sanno mortificare.

chi [1] è Dio che è offeso da te, e chi se' tu che l' offendi, con la memoria della morte; e con l' affetto delle virtù ucciderai il vizio nell' anima, e trarraine le barbe. La penitenzia taglia; ma tu ti trovi sempre la barba, la quale è atta a fare germinare, ma questo [2] divelle. È bene sempre atta questa terra, dove stanno piantati i vizii, a riceverne, se la propria volontà con libero arbitrio ve ne mette : altrementi no, poichè la radice n' è divelta.

E per caso addiviene che per forza, a quello corpo ch'infermato, gli convenga escire de' suoi modi : egli viene subito a uno tedio e confusione di mente, privato d' ogni allegrezza; e pargli essere dannato e confuso, [3] e non trnova la dolcezza nell' orazione, come gli pareva avere nel tempo della sua penitenzia. E dove n' è andata? nella propria volontà, dove ella era fondata. La quale volontà non può compire; non potendola compire, n' ha pena e tristizia. E perchè se' venuta a tanta confusione e quasi disperazione? E dove è la speranza che tu avevi nel regno di Dio? Èssene andata nell' affetto della penitenzia, per lo cui mezzo sperava d' avere vita eterna; non avendola più, parnegli essere privato.

Questi sono i frutti della indiscrezione. Se egli avesse il lume della discrezione, vedrebbe che solamente essere privato delle virtù gli tolle Dio; e col mezzo della virtù, mediante il sangue di Cristo, ha vita eterna. Adunque ci leviamo da ogni imperfezione, e poniamo l' affetto nostro nelle

---

[1] Scorci efficaci e eleganti di chi bada all' idea, e con lei domina la parola.

[2] Della virtù vera interiore.

[3] Aveva già senso più grave; come dice l' imprecazione: *Dio ti confonda*. Accenna il disordine della mente e del cuore, e la torba vergogna. Il costrutto è retto da *corpo*, al quale per soprabbondanza di spiritualità comunicansi le potenze dell' anima. In questo rispetto, il sistema de' sensisti prova contro di loro.

vere virtù, come detto è; le quali sono di tanto diletto e giocondità, [1] che la lingua nol potrebbe narrare. Neuno è che possa dare pena all'anima fondata in virtù, nè che le tolla la speranza del cielo; perchè ella ha morta in sè la propria volontà nelle cose spirituali, come nelle temporali; e perchè l'affetto suo non è posto in penitenzia nè in proprie consolazioni o rivelazioni, ma nel sostenere per Cristo crocifisso e per amore della virtù. Ond'ella è paziente, fedele; spera in Dio, e non in sè nè in sua operazione. Ella è umile, e obediente a credere ad altrui, più che a sè, perchè non presume di sè medesima. Ella si dilarga nelle braccia [2] della misericordia, e con essa caccia la confusione della mente.

Nelle tenebre e battaglie trae fuora il lume della Fede, esercitandosi virilmente con vera e profonda umilità; e nella allegrezza intra in sè medesima, acciò che 'l cuore non venga a vana letizia. Ella è forte e perseverante, perchè ha morta in sè la propria volontà, che la faceva debile e incostante. Ogni tempo gli è tempo; [3] ogni luogo gli è luogo. Se ella è nel tempo della penitenzia, a lei è tempo d'allegrezza e consolazione, usandola come strumento; e se per necessità o per obedienzia il conviene lassare, ella gode: perchè 'l principale fondamento dell'affetto delle virtù non può essere, nè è, tolto da lei; e perchè si vede annegare la propria volontà, alla quale ha veduto col lume che

---

[1] Più abituale, più pura e serena, e utile del diletto; e si diffonde dall'aspetto negli altri uomini e nelle cose. *Jucundus* da *juvat.*

[2] Pare simile a quel di Dante: « *La bella donna nelle braccia aprissi, Abbracciommi la testa.* » Le braccia della misericordia sarebbero dell'anima stessa; e ella, aprendole, si dilata ad accogliere ogni bene e ogni buono.

[3] Più sublime che in Paolo la distinzione de' tempi; ma si concilia con quella. Discrezione è unione: giudizio è paragone insieme e discernimento.

sempre gli è necessario di ricalcitrare con· grande diligenzia e sollicitudine.

In ogni luogo trova l'orazione, perchè sempre porta seco il luogo [1] dove Dio abita per grazia, e dove noi dobbiamo orare, cioè la casa dell'anima nostra, dove òra continuo il santo desiderio. Il quale desiderio si leva col lume dell'intelletto a specularsi in sè, e nel fuoco inestimabile della divina carità, il quale trova nel sangue sparto; per larghezza d'amore il quale sangue trova nel vasello dell'anima. A questo attende, e debbe attendere, di cognoscere acciocchè nel sangue s'inebbri, e nel sangue arda e consumi la, propria volontà; e non solamente a compire il numero di molti paternostri. Cosi faremo l'orazione nostra continua e fedele; perchè nel fuoco della sua carità cognosciamo ch'egli è potente a darci quello che noi addimandiamo; è somma Sapienzia, che sa dare e discernere quello che è necessario a noi; ed è clementissimo e piatoso Padre, che ci vuole dare più che noi non desideriamo, e più che noi non sappiamo addimandare per lo nostro bisogno. Ella è umile; perchè ha cognosciuto in sè il difetto suo, e sè non essere. Questa è quella orazione per cui mezzo veniamo a virtù, e conserviamo in noi l'affetto d'essa virtù.

Chi è principio di tanto bene? la discrezione, figliuola della carità, come detto è. E di quello bene che ha in sè, sì il porge al prossimo suo. Onde il fondamento che ha fatto,

---

1 È più vero che le forme del Cant. E la verità, teorica e pratica insieme, è, come deve la pura verità, più poetica: perchè il bello è criterio del veio; e di ciò potrebbesi scrivere un'opera grande. Da questo concetto fiorisce l'imagine del desiderio personificato, che prega nell'anima, portante in sè medesima lo spazio e Dio. E dall'imagine poetica esce, quasi da fiore frutto, un'altra idea filosofica: il desiderio, cioè la volontà, che, specchiandosi in sè, conosce sè e Dio; e perchè l'affetto aiuta la coscienza riflessa, e la illumina dell'innocente sua fiamma.

c l'amore e la dottrina che ha ricevuta in sè, vuole porgere, e porge, alla creatura; e mostrarlo per esempio di vita e per dottrina, cioè consigliando quando vede la necessità, o quando il consiglio gli fusse chiesto. Ella conforta, e non confonde, l'anima del prossimo, inducendola a disperazione quando fusse caduta per alcuno difetto; ma caritativamente si fa inferma con lei insieme, dandogli il rimedio che si può, e dilargandola in speranza nel sangue di Cristo crocifisso.

Questo, e infiniti altri frutti, dona al prossimo la virtù della discrezione. Adunque, poich'ella è tanto utile e necessaria, carissima e dilettissima figliuola e suora mia in Cristo dolce Gesù; io invito te e me a fare quello che per lo tempo passato io confesso non avere fatto con quella perfezione ch'io debbo. A te non è intervenuto come a me, cioè d'essere stata e essere molto difettuosa, nè d'essere andata con larghezza di vita, e non con estrema, [1] per lo mio difetto; ma tu, come persona che hai voluta atterrare la gioventudine del corpo tuo, acciocchè non sia ribello all'anima, hai presa la vita [2] estrema per siffatto modo, che pare che esca fuore dell'ordine della discrezione; in tanto che mi pare che la indiscrezione ti voglia fare sentire de'frutti suoi, e di fare vivere in questo la propria volontà tua. E lassando tu quello che se' usata di fare, pare che 'l Dimonio ti voglia fare vedere che tu sia dannata. A me spiace molto; e credo che sia grande offesa di Dio. E però voglio, e pregoti, che 'l principio e fondamento nostro con vera discrezione sia fatto nell'affetto delle virtù, siccome detto è. Uccidi la tua volontà, e fà quello che t'è fatto fare: attienti all'altrui vedere più che al tuo. Sèntiti il corpo debile e in-

---

[1] Fu in me difetto l'essere (come ora trivialmente direbbesi) di manica larga, il largheggiare nelle cose di coscienza; ma in te risica diventare difetto quel che voleva essere, e fino a un certo segno era, perfezione, l'estremo rigore, *strictum jus.* Gli estremi si toccano.

[2] Forse *via.*

fermo : prendi ogni dì il cibo che t'è necessario a ristorare la natura. E se la infermità e debilezza si leva, piglia una vita ordinata con modo, [1] e non senza modo. Non volere che 'l piccolo bene della penitenzia impedisca il maggiore : non te ne vestire per tuo principale affetto ; chè tu te ne troveresti ingannata : ma voglio che per la strada battuta della virtù noi corriamo realmente, e per questa medesima guidiamo altrui, spezzando e fracassando [2] le nostre volontà. Se averemo in noi la virtù della discrezione, il faremo : altrementi, no.

E però dissi ch'io desideravo di vedere in te la virtù santa della discrezione. Altro non dico. Permani nella santa e dolce dilezione di Dio. Perdonami se troppo presuntuosamente io avessi parlato : l'amore della tua salute, per onore di Dio, me n'è cagione. Gesù dolce, Gesù amore.

CCXIV. — *A Catarina dello Spedaluccio*,[3] *e a Giovanna di Capo.*

Le persecuzioni contro noi, neanche contro i buoni e il bene, non ci diano impazienza ; nè quella superbia che fa lo zelo stizzoso. Vede i mali della Chiesa, desidera a sè la morte. Solitudine dell'anima. A una giovanetta peccatrice consiglia che tenga la via migliore ; e se non si sente chiamata al chiostro, aspetti, e le sarà dato marito. La raccomanda a due donne pure con quell'affetto rispettoso che sanno le madri.

Al nome di Gesù Cristo crocifisso e di Maria dolce.

Carissime figliuole in Cristo dolce Gesù. Io Catarina, serva e schiava de' servi di Gesù Cristo, scrivo a voi nel prezioso

---

1 Petrarca : « *Nè..... chieggo altro che modo.* »

2 A correre forte alla meta, vuolsi vigore e di corpo e di spirito. Il condiscendere alle penitenze fiacca non solo il corpo ma l'anima, che tanto si sente più debole alle prove maggiori, quanto meno si vince ne' propri gusti ; e siano pure gusti di pietà e di dolore. Le minori annegazioni negano le maggiori Di qui appare più bello lo *spezzando* e *fracassando.*

3 Spedaluccio era un luogo in Siena presso il convento di San Do-

sangue suo; con desiderio di vedervi fondate in vera pazienza e profonda umiltà, acciocchè potiate seguitare il dolce e immacolato Agnello; perocchè in altro modo non potreste seguitarlo. Ora è il tempo, figliuole mie, di mostrare se noi abbiamo virtù; e se sete·figliuole, o no. Con pazienzia vi conviene portare le persecuzioni e le detrazioni, infamie e mormorazioni delle creature, con umiltà vera, e non con scandalo nè con impazienzia; nè levare il capo per superbia contra ad alcuna persona. Sapete bene che questa è la dottrina che n'è stata data; cioè, che in su la croce ci conviene pigliare il cibo dell'onore di Dio e della salute dell'anime, e con vera e santa pazienzia. Oimè, figliuole dolcissime, io v'invito da parte della prima dolce Verità, che voi vi destiate dal sonno della negligenzia e amore proprio di voi; e offerite umili e continue orazioni, con molta vigilia e cognoscimento di voi medesime, perocchè 'l mondo perisce per la moltitudine di molte iniquità e irriverenzia che si fa alla dolce sposa di Cristo. Or diamo dunque l'onore a Dio, e la fadiga al prossimo. Oimè, non vogliate, nè voi nè l'altre serve di Dio, che termini la vita nostra altro che in pianto e in sospiri; perocchè con altro mezzo non si può placare l'ira di Dio, la quale manifestamente si vede venire sopra di noi.

Oh disavventurata me! Figliuole mie, io credo essere quella miserabile che son cagione di tanti mali, per la molta ingratitudine e altri difetti che io ho commessi contra il mio Creatore. Oimè, oimè! Chi è Dio, che è offeso dalle sue

menico in Campo Regio; e quelle case sono tuttavia del convento: primo ospizio de' frati quando vennero a Siena. Non credo *spedale*, come il Burlamacchi dice; chè l'infermeria, massime a que' primi tempi poveri, non poteva essere altrove che là dove stavano i frati. Poi fu luogo di Terziarie. Questa Caterina era nobile; e da' prim'anni famigliare della Benincasa; e verso il 1410 viveva; citata come testimone nel processo a onore della vergine amica.

creature? è colui, che è somma ed eterna Bontà; 'l quale per la carità sua creò l'uomo alla immagine e similitudine sua; e ricreollo a grazia dopo il peccato nel sangue dello immacolato e amoroso Agnello, unigenito suo Figliuolo. E chi è l'uomo mercennaio e ignorante, che offende il suo Creatore? Siamo coloro, che non siamo noi per noi, se non quanto siamo fatti da Dio; ma per noi siamo pieni d'ogni miseria. E non pare che si cerchi se non in che modo si possa offendere Dio, e l'una creatura l'altra, in dispregio del Creatore. Vediamo co'[1] miserabili occhi nostri perseguitare il Sangue nella santa Chiesa di Dio, il quale Sangue ci ha dato la vita. Scoppino dunque i cuori nostri per ansietato e penoso desiderio: non stia più la vita nel corpo, ma innanzi morire, che vedere tanto vituperio di Dio. Io muoio vivendo, e dimando la morte al mio Creatore, e non la posso avere. Meglio mi sarebbe a morire che a vivere, innanzi che vedere tanta ruina quanta è venuta, ed è per venire nel popolo cristiano.

Traiamo fuore l'arme della santa orazione, perocchè altro rimedio io non ci veggo. Venuto è quello tempo della persecuzione de' servi di Dio, i quali si conviene che si nascondano per le caverne[2] del cognoscimento di loro e di Dio; chiamando a lui misericordia per li meriti del sangue del suo Figliuolo. Io non voglio dire più; perocchè se io

---

[1] La stampa con. Forse con i. Simile aggiunto pietoso in Virgilio: *Miseros artus*: e in Dante: « *con le miscre mani.* »

[2] Può accennare e alle prime persecuzioni della Chiesa; e anco a quel della Cantica, *in caverna maceriæ,* che intendono misticamente nella solitudine contemplante amorosa. Nella stranezza il traslato ha un senso e un valore; in quanto adombra la verità, altrove più chiaramente significata, del fare a noi romitorio di noi stessi, del portare sempre con noi in mezzo al mondo la solitudine nostra. Così diciamo che il mondo è un deserto a chi, compreso d'un grande affetto, pensiero o dolore, non vive d'altro consorzio che di quello.

andassi alla voglia, figliuole mie, io non mi resterei mai infino che Dio mi trarrebbe di questa vita.

A te dico ora, Andrea, [1] che colui che comincia, non riceve mai la corona della gloria, ma colui che persevera infino alla morte. O figliuola mia, tu hai cominciato a mettere mano all'arato delle virtù, partendoti dal vomito del peccato mortale; convienti dunque perseverare a ricevere il frutto della tua fadiga, la qual porta l'anima, volendo raffrenare la sua gioventudine, che non corra ad essere membro del dimonio. Oimè, figliuola mia! e non hai tu considerazione, che tu eri membro del dimonio, dormendo nel fracidume della immondizia; e Dio per la sua misericordia ti trasse di tanta miseria l'anima e 'l corpo, nella quale tu eri? Non ti conviene dunque essere ingrata nè sconoscente, perocchè male te ne piglierebbe; [2] e tornerebbe il dimonio con sette compagni più forte che di prima. [3] Allora dunque mostrerai la grazia, che hai ricevuta, d'essere [4] grata e cognoscente, quando sarai forte contra le battaglie del dimonio, contra il mondo e la carne tua, che ti dà molestia; sarai perseverante nella virtù. Attáccati, figliuola mia, se vuoi campare da tante molestie, all'arbore della santissima croce, con l'astinenzia del corpo tuo, con la vigilia e con l'orazione; bagnandoti per santo desiderio [5] nel sangue di Cristo crocifisso. E così acquisterai la vita della Grazia, e

---

[1] Femminino, come Tomma. E il veneto *Andriana* credo sia piuttosto *Andrea* che *Adriana*.

[2] Dante: « *A cui mal prenda.* »

[3] Dante: « *Assai più che di prima.* » I *sette*, dal Vangelo. E così tuttora in Toscana.

[4] *Essere grata alla grazia.* Ma non oso mutare; perchè in questa spostatura può intendersi, per sentimento se non per senso, che la gratitudine stessa alla grazia è una grazia.

[5] Più bello poeticamente e moralmente, epperò idealmente, che nel Petrarca : « *Oh rose sparse in dolce falda   Di viva neve, in ch'io mi specchio e tergo* » (non si sa se il Canonico si specchi nelle rose o nella neve viva di Madonna, se si terga colla neve o con le rose della *dolce falda*.)

farai la volontà di Dio, e adempirai il desiderio mio, il quale desidera che tu sia vera serva di Cristo crocifisso. Onde io ti prego che tu non sia più fanciulla,[1] e che tu vogli per sposo Cristo, che t'ha ricomperata del sangue suo. E se tu vorrai pure il mondo,[2] convienti aspettare tanto, che si possa avere il modo di dartelo per modo che sia onore di Dio e bene di te. Sia suddita e obediente infino alla morte, e non escire dalla volontà di Catarina e di Giovanna, chè so che elle non ti consiglieranno nè diranno cosa, che sia altro che onore di Dio, e salute dell'anima e del corpo tuo. E se tu nol farai, fara'mi[3] grandissimo dispiacere, e a te poca utilità. Spero nella bontà di Dio, che tu farai sì che egli n'averà onore, e tu n'averai il frutto, e a me darai grande consolazione.

A te dico, Catarina e Giovanna, che per l'onore di Dio e salute sua adoperiate infino alla morte. Figliuole dolci, ora è il tempo di fadighe, le quali ci debbono essere consolazioni per Cristo crocifisso. Altro non dico. Permanete nella santa e dolce dilezione di Dio. Gesù dolce, Gesù amore.

———

CCXV. — *A certi Monasteri di Bologna.*
(In astrazione fatta).

Le persone religiose peccano anche non adempiendo quella perfezione di consiglio alla quale si son dedicate. Desiderio del bene, appetito del male. Anco i tristi, vogliano o no, sentono riverenza a chi vive puro, povero, obbediente. I religiosi rei son colpevoli del tentare gli uomini a irriverenza delle istituzioni sante. Pittura amabile della monaca pura; dantesca, delle corrotte. La ricchezza e povertà è macchia della religione.

Al nome di Gesù Cristo crocifisso e di Maria dolce.

Carissime suore in Cristo dolce Gesù. Io Catarina, serva e schiava de' servi di Gesù Cristo, scrivo a voi nel prezioso sangue suo; con desiderio di vedervi fondate in vera e

———

[1] Paolo: « *Ut parvulus.* »

[2] Il matrimonio.

[3] La stampa: *farammi*.

perfetta carità. La quale carità è il vestimento nuziale il qual debbe avere l'anima ch'è invitata alle nozze della vita durabile; perocchè senza questo vestimento saremo sbandite dalle nozze di vita eterna. Cristo benedetto ci ha tutti invitati, e a tutti ci ha dato il vestimento della Grazia sua; la quale Grazia, ricevemmo nel santo battesimo. Questo è invitare e dare insiememente: perocchè nel battesimo c'è tolta la macchia del peccato originale, e data la grazia; però. che con quello battesimo, morendo il fanciullo nella purità sua, ha vita eterna, in virtù del sangue prezioso di Cristo crocifisso, il quale sangue fa valere il battesimo. Ma vivendo la creatura che ha in sè ragione, e giugnendo al tempo della discrezione, può tenere la invitata che gli fu fatta nel santo battesimo: e se non la tiene, è reprovato dal Signore dalle [1] nozze, ed è cacciato fuore, essendo trovato senza il vestimento nuziale. Perchè non l'ha? perchè non volse osservare quello che promesse nel santo battesimo, cioè, di renunziare al mondo e alle sue delizie, al dimonio e a sè medesimo, cioè alla propria sensualità. Questo debbe fare ogni creatura che ha in sè ragione, in qualunque stato si sia; perocchè Dio non è accettatore degli stati, ma de' santi desiderii. E chi non rende questo debito, il quale ha promesso d'osservare e di rendere, è [2] ladro, perocchè fura quello che non debbe; e però giustamente Dio il caccia, comandando che gli sian legate le mani e i piei, e gittato nelle tenebre di fuore.[3] Songli legati i piei dell'affetto,

---

[1] Non correggo *delle;* perchè modo italiano anche quello. Dante: « *O tu dal ciel !* »

[2] Manca l'*è* nella stampa.

[3] Vangelo: « *Tenebras exteriores.* » Dice *non debbe furare;* perchè *furare* si può anco il proprio, e quel che c'è debito, lecitamente, togliendolo ch'altri non se ne avveda, o avvedendosene quello, senza nè violenza nè frode nostra. *Furare* è altro dal rubare e essere ladro. Dante: *Notte nè sonno a voi non fura Passo che faccia il secol per sue vie.*

perocchè non può desiderare Dio; e a colui che è morto in peccato mortale ed è giunto allo stato della dannazione, gli sono legate le mani delle sue operazioni, perocchè non possono pigliare il frutto di vita eterna, il quale si dà a' veri combattitori, e' quali combattono co' vizii per amore della virtù: ma pigliano quello frutto che sèguita di riceverè per le sue cattive operazioni, il quale è cibo di morte.

O carissime suore, se tanto durissimamente sarà punita generalmente ogni persona che non renderà questo cosiffatto debito; che diremo di noi· misere ed ignoranti spose, le quali siamo state invitate alle nozze di vita eterna, e al giardino della santa religione, la quale è uno giardino odorifero pieno di dolci e soavi frutti, nel quale giardino la sposa, se ella attiene [1] quello ch' ella ha promesso, diventa uno angelo terrestre in questa vita? Perocchè, come gli altri uomini del mondo, vivendo nella carità comune, sono uomini giusti; e se fussero in peccato mortale, sarebbero animali bruti; così quelli che si conservano nello stato della continua continenzia, ed entrano nel giardino della santa religione, sono fatti angeli: e se non osservassero quello che hanno promesso, sarebbero peggio che dimonia. E non hanno questi cotali il vestimento predetto. Oh quanto sarà dura e aspra quella riprensione, che sarà fatta alla sposa di Cristo dinanzi al sommo giudice! Serrata gli sarà la porta dello sposo eterno. Or, che rimproverio sarà quello di vedersi privata di Dio, e della conversazione degli angeli, solo per suo difetto? O carissime suore, chi punto la considerasse, eleggerebbe prima la morte, che offendere la sua perfezione. Non tanto che offendere Dio, ma io dico, d'offendere la perfezione sua. Perocchè altro è stare in peccato mortale, per lo quale allora sta in offesa di Dio; e altro è offendere la per-

---

1 La stampa: *ottiene.*

fezione sua, la quale ha promessa di compire; cioè, che oltre all'osservare i comandamenti di Dio, ha promesso d'osservare i consigli attualmente e mentalmente. [1] Gli uomini che stanno nella carità comune, osservano i comandamenti e' consigli, perocchè sono legati insieme, e non si può osservare l'uno senza l'altro; ma osservangli mentalmente. Ma quello che ha promesso di compire la vita perfetta, li osserva mentalmente e attualmente. Onde dico che, se attualmente poi non li osserva, ma osservali pur mentalmente, offende la sua perfezione, per la quale egli promesse d'osservarli attuali e mentali.

Che promettemmo noi, carissime suore? promettemmo d'osservare i consigli, quando nella professione fecimo tre voti; perocchè noi promettemmo povertà volontaria, obedienzia, e continenzia. I quali non osservando, offendiamo Dio, per la promissione e voto fatto; e offendiamo la perfezione la quale noi abbiamo eletta. Perocchè se un altro che non gli avesse promessi d'osservare, non gli osserva attualmente, non offende; ma offende la perfezione, la quale si poneva in cuore di volere tenere: ma quello che ha fatto voto, offende.

E qual è la cagione che, dopo il voto fatto, non s'osserva? è per l'amore proprio di noi medesimi, il quale amore proprio ci tolle il vestimento nuziale; e tolleci la luce, e dacci la tenebra; e tolleci la vita, e dacci la morte, e l'appetito delle cose transitorie vane e caduche; e tolleci

---

1 **Non** solo negli atti singoli esterni, ma nell'abituale intenzione. Poi dice che tutti con l'intenzione devono mirare al perfetto; ma i più peculiarmente dediti a Dio, presentare agli altri nel fatto la moralità dell'idea. Però soggiunge, con verità profonda, che ne' religiosi è peccato quello che non sarebbe in altri; non solo perch'essi hanno liberamente promesso, e devono mantenere, ma perchè si son posti modello d'una morale idealità, alla quale mancando, degradano non solo sè, ma tutti coloro che mirano in essi.

il desiderio[1] santo di Dio. Oh quanto è miserabile questo amore! Perocchè ci fa essere perditori del tempo, il quale è tanto caro[2] a noi; facci partire dal cibo degli angeli, e andiamo al cibo degli animali bruti, cioè della creatura fatta animale bruto per la sua disordinata vita, il cui cibo sono i vizii e i peccati; e il cibo degli angeli terrestri sono le vere e reali virtù. Quanto è differente l'uno dall'altro? Quanto dalla morte alla vita, quanto dalla cosa finita alla cosa infinita.

Or vediamo quello di che si diletta chi è vera sposa di Cristo crocifisso, la quale gusta questo dolce e amoroso cibo; e di che si diletta quella ch'è fatta animale bruto. La vera sposa di Cristo si diletta di cercare lo sposo suo non tra la congregazione, ma nel cognoscimento santo di sè, dov'egli[3] 'l trova; cioè cognoscendo e gustando la bontà dello Sposo eterno in sè, amandolo con tutto il cuore, con tutta l'anima e con tutte le forze sue; dilettandosi di stare in su la mensa della santissima croce; volendo più tosto acquistare le virtù con pena e con battaglie, che con pace e senza pena, per conformarsi con Cristo crocifisso, seguitando le vestigie sue: in tanto che, se possibile le fusse servirgli senza pena, non vuole; ma, come vero cavaliero, con forza e violenzia fare[4] a sè medesimo, gli vuole servire, perchè ella è spogliata dall'amore proprio di sè, e vestita dell'affettuosa carità. E passa per la porta stretta di Cristo crocifisso: e però promise (e attende) d'os-

---

1 Bello il dire di Dio, desiderio; delle cose caduche, appetito.

2 Prezioso. Dante: « *il tempo è caro In questo luogo, sì ch'io perdo troppo Venendo teco.* »

3 *Egli* della sposa; perchè vede in essa l'uomo in genere, lo spirito umano. Onde poi la chiamerà Cavaliere.

4 *Con fare.* Trasposizione che, quando sia chiara, sarebbe desiderabile potere adoprare. I Francesi, tanto più castigati in questa materia, hanno pure: *Sans coup férir.*

servare povertà volontaria, obedienzia, e continenzia. Ella
ha gittato a terra il carico e il peso [1] della ricchezza del
mondo, delizie e stati suoi; e quando più se ne vede privata, più gode. E perchè ella è umile, ha obedienzia pronta,
e non ricalcitra all'obedienzia sua. Nè vuole mai passare il
tempo, che ella non si ponga dinanzi all'occhio suo i costumi dell'Ordine e la impromissione fatta. Lo studio suo
è della vigilia e dell'orazione : della cella si fa uno cielo,
con una dolce salmodia.[2] L'Officio suo non dice solamente
con le labbra, ma coralmente; e vuole essere sempre la
prima che entri in coro, e l'ultima che n'esca. Ed èlle
in abominazione la grate e il parlatorio, e la domestichezza
de' devoti. Non studia in fare celle murate,[3] nè fornite di
molto ornamento; ma bene si studia di murare la cella del
cuore suo, acciocchè i nemici non vi possano intrare; e
questa fornisce dell'adornamento delle virtù. Ma nella cella
attuale, non tanto che ella vi metta molto adornamento;
ma se v'ha alcuna cosa, sì ne la trae, per desiderio della
povertà, e per bisogno delle suore. E per questo,[4] conserva
l'anima e il corpo suo nello stato della continenzia; perocchè ha tolto le cagioni per le quali la potesse perdere. E
sta con una carità fraterna, amando ogni creatura che ha in
sè ragione; e porta e sopporta i difetti del prossimo suo
con vera e santa pazienzia. Ella sta come il riccio, con
vera guerra con la propria sensualità: ella è timorosa di
non offendere lo Sposo suo. Ella perde la tenerezza della

---

[1] Come dire carico pesante. I più riccacci hanno più carico, e più
tengono del somiere. Anco il poverello ha il suo peso de' suoi quat-
trinelli ; almeno a volte.

[2] Dante : « Alternando, Or tre or quattro, dolce salmodia. » Ma qui
intende ch'ella salmeggi da sè : dirà poi del coro cordiale.

[3] Fabbricate di nuovo più sontuose.

[4] Obbedienza e povertà le meritano purità.

patria, [1] il ricordamento de' parenti: solo coloro che fanno la volontà di Dio, le sono congiunti per affetto d'amore. [2] Oh quanto è beata l'anima sua. Ella è fatta una cosa con lo Sposo suo, e non può volere nè desiderare se non quello che Dio vuole. Allora, mentre ch'ella così dolcemente passa il mare tempestoso, e gitta odore di virtù nel giardino della santa religione, chi dimandasse Cristo crocifisso: « chi [3] è questa anima? » direbbe: « è un altro me, fatta per affetto d'amore. » Questa ha il vestimento nuziale: onde non è cacciata dalle nozze, ma con gaudio e giocondità è ricevuta dallo Sposo eterno. Questa gitta odore non tanto dinanzi a Dio, ma dinanzi agli iniqui uomini del mondo: perocchè, voglia il mondo o no, l'hanno in debita reverenzia.

Il contrario è di coloro che vivono in tanta miseria, fondate in amore proprio della propria sensualità; le quali sono tutte acciecate; onde la vita loro gitta puzza a Dio e alle creature; e per li loro difetti i secolari diminuiscono la reverenzia alla santa religione. Oimè, dove è il voto della povertà? Pèrocchè con disordinata sollicitudine e amore e appetito [4] delle ricchezze del mondo cercano di possedere quello che gli è vietato, con una cupidità d'avarizia e crudeltà del prossimo. Poichè vedranno il convento e le suore inferme, e in grande necessità; e non se ne curano, come esse avessero a reggere la brigata de' figliuoli, e lassarli loro eredi. Oh misera! Tu non hai questo attacco, ma tu vuoi

---

1 *Tenerezza* in Caterina suona sempre amore fiacco e passionato, che di leggieri si converte in odio o in disperata stanchezza. Ma ch'ella amasse la sua patria davvero, lo prova tutta la sua mirabile vita. Il simile dicasi de' parenti.

2 Dal Vangelo.

3 Da' Profeti e dalla Cantica: « *Quœ est ista?* »

4 Qui vale *amore passionato;* e però lo colloca dopo.

fare ereda[1] la propria sensualità; e vuoine reggere l'amistà
e la conversazione de' tuoi devoti, notricandoli con presenti;
e il dì stare a cianciare e novellare, e perdere il tempo tuo
con parole lascive e oziose. E così non te n'avvedi; o tu
te ne avvedi, e fai vista di non vedere : onde contamini la
mente e l'anima tua. Tu diventi farnetica[2] con le impugne
e molestie della carne, consentendo con la perversa e deliberata volontà. Oh misera ! Or debbe fare questo la sposa
di Cristo? Oh vituperata a Dio, e al mondo! Quando tu
dici l'offizio tuo, il cuore va a piacere[3] a te di piacimento
sensitivo, e delle creature che tu ami di quello amore medesimo. O carissime suoro, questa fadiga nel servizio del dimonio, e sta tutto dì attaccata alle grate e al parlatorio
sotto colore di devozione. O maledetto vocabolo, il quale
regna oggi nella Chiesa di Dio, e nella santa religione, chiamando divoti e devote[4] quelli e quelle che fanno l'operazioni delle dimonia ! Egli è dimonio incarnato, ed ella è
dimonia. Oimè, oimè, a che partito è venuto il giardino, nel
quale è seminata la puzza della immondizia ! E il corpo,
che debbe essere mortificato col digiuno e con la vigilia,
con la penitenzia, e con la molta orazione, ed egli sta in
delizie e adornato; e con lavamenti di corpo e disordinati
cibi, e con giacere non come sposa di Cristo, ma come serva

---

[1] Dante : « *Nella fortunata valle Che fece Scipïon di gloria ereda.* »

[2] Quest' unica parola della schietta fanciulla fa sentire quant' hanno
di profondo in Virgilio le similitudini della misera innamorata, a Bac-
cante, a Penteo ad Oreste, « *Concepit furias evicta dolore.* »

[3] Forse sbaglio; se non s'intenda trascorre a compiacere a te in
ree compiacenze.

[4] Accenna ai Fraticelli, ai Beguardi e alle Beguine che sotto specie
di pietà, spargevano errori e pratiche lubriche. Ma forse ella qui dà
al vocabolo senso più generale, comprendendovi quanti abusano o frau-
tendono la pietà; che, se non ingannatori, talvolta sono e non inno-
centemente ingannati.

del dimonio, e publica meretrice. E con la puzza della disonestà sua corrompe le creature; ed è fatta nemica dell'onestà, e de' servi di Dio; ed è trapassatrice dell'obedienzia: ella non vuole legge nè priora sopra al capo; ma il dimonio e la propria sensualità n'è fatta priora;[1] a lei obedisce, e cerca di servirla con ogni sollicitudine. Ella desidera la pena e la morte di chi la volesse trarre dalla morte del peccato mortale. E tanto è forte questa miseria, che in ogni male corre siccome sfrenata, e senza il freno della ragione. Ella assottiglia lo intendimento suo per compire i suoi disordinati desiderii: il dimonio non ne trova tante, quante ne trovano queste dimonie incarnate. Elle non si curano di fare nuove fatture[2] agli uomini per invitarli a disordinato amore verso di loro; in tanto che spesse volte s'è veduto, che dentro nel luogo che in sè è luogo di Dio, ha fatto stalla, commettendo attualmente il peccato mortale. Questa cotale è fatta adultera, e con molta miseria ha ribellato allo sposo suo. Onde ella cade dalla grande altezza del cielo nel profondo dell'inferno. Ella fugge la cella come nemico mortale; ella trapassa[3] l'Offizio suo; e non si diletta di mangiare in refettorio con la congregazione delle poverelle; ma per vivere più largamente e con più dilettezza[4] di cibi mangia in particolare: ed è fatta crudele a sè medesima, e però non ha pietà d'altrui. Onde nascono tanti mali? dal-

---

1 Dante ha i *conversi della chiostra infernale.* E Lucifero è *imperatore.*

2 Nalle.

3 Ne trasgredisce l'obbligo.

4 *Dilezioso* ha un antico per *delizioso; e dileticamento* è anco traslato. Non so se questo *dilettezza* sia sbaglio, o se tenga di *dilettanza* e di *dilettabile,* o accenni a cibi eletti. *Deletto* per *scelta* è non solo nel trecento, ma è latinismo del Machiavelli. Gli antichi hanno anco *dilizia* co' suoi derivati. E le V. S. P.: «*era molto delicato e uso a vita dileziosa.*»

l'amore proprio sensitivo, il quale ha offuscato l'occhio della ragione; onde non cognosce, nè lassa vedere, il suo male, nè in quello ch'ella è venuta, nè in quello ch'ella viene, se ella non si corregge. Perocchè se ella vedesse che la colpa la fa serva e schiava di quella cosa che non è, e conducela all'eterna dannazione; eleggerebbe prima la morte, che offendere il suo Creatore e l'anima sua. Ma per l'amore proprio, ella trapassa e non osserva il voto promesso; perocchè per amore di sè, ella possiede e desidera le ricchezze, e gli onori del mondo; la qual cosa è povertà e vergogna della Religione. Sapete che ne viene per possedere le ricchezze contra il voto fatto della povertà, e contra i costumi dell'Ordine? Escene disonestà e disobedienzia. Perchè disonestà? Per la conversazione che sèguita per lo possedere; perocchè, se ella non avesse che dare, non averebbe amistà d'altri che de' servi di Dio, i quali non amano per propria utilità, ma solo per Cristo crocifisso. E non avendo che dare, i servi del mondo, che non attendono ad altro che alla propria utilità, cioè per lo dono che ricevono, o per disordinato diletto e piacere, se ella non ha, e non vuole piacere ad altrui che a Dio, non v'anderanno mai. Onde *ipso facto* che la mente sua è corrotta e superba, subito è fatta disobediente, e non vuole credere ad altrui [1] che a sè. E così va sempre di male in peggio; in tanto che di tempio di Dio è fatto tempio del dimonio. Onde è sbandita delle nozze di vita eterna, perchè è spogliata del vestimento della carità.

Adunque, carissime suoro, poichè tanto è pericoloso il non rendere il debito d'osservare il voto promesso; studiamci d'osservarlo: e ragguardiamo la nudità nostra: quanto ella è misera cosa, acciocchè noi l'odiamo; [2] e vediamo il vesti-

---

1 *Altri,* dettava ella forse. E poi : *fatta.*
2 La stampa : *lodiamo.*

mento nuziale, quanto è utile a noi, e piacevole a Dio, acciocchè pienamente ne siamo vestite. E non vedendo io altro
modo, però vi dissi che io desideravo di vedervi fondate
in vera e perfetta carità ; e così vi prego, per amore di Cristo crocifisso, che facciate. Destatevi dal sonno ; e poniamo
oggimai termine e fine alla miseria e alla nostra imperfezione, perocchè non ci ha tempo. Egli è sonato a condan-
nazione, e data c' è la sentenza che noi dobbiamo morire,
e non sappiamo quando. Già è posta la scure alla radice
dell' arbore nostro. Adunque non è d'aspettare quello tempo
che noi non siamo sicuri d'avere ; ma nel tempo presente
annegare la nostra volontà, e morire spasimate per amore
della virtù.. A voi dico, Priora, che voi diate esemplo di
santa ed onesta vita, acciocchè in verità diate dottrina alle
vostre figliuole e suddite, e reprensione e punizione, quando
bisogna ; vietando loro le domestichezze de' secolari e la conversazione de' devoti, serrando le grate e il parlatorio, se
non per necessità, e comodo [1] ordinato. E invitatele a vo-
tare le celle, acciocchè non abbiano che dare, e l' adornamento delle cortine, e i letti della piuma, e i superchi e
dissoluti [2] vestimenti, se vi sono ; chè temo non ve ne abbia.
E voi siate la primaia, [3] carissima madre, acciocchè per
esempio di voi l' altre ci si dispongano. Morda e abbai il
cane della coscienzia vostra, pensando che n' averete a render ragione dinanzi a Dio. E non chiudete gli occhi per non

---

1 Nel senso dell' origine, d' utilità accomodata ; e anche questo con
ordine e norma. Lucilio : « *Commoda præterea patriæ sibi prima putare,
Deinde parentum, tertia jam postremaque nostra.* »

2 Di lusso, e fors' anco, sciolti troppo, e non accollati. Aveva, in
antico, senso più ampio. *Dial. S. Greg. M.:* « *Dissoluto in girare e
in truffare.* »

3 Più volte in Dante. Ma qui ancora più proprio, perchè ha senso
non solo di *prima* in ordine di tempo, ma di primaria e di principale.

vedere, perocchè Dio vi vede; e non sarete però scusata: perocchè vi conviene avere dodici occhi sopra le suddite vostre. Son certa, se sarete vestita del vestimento detto, voi 'l farete. Ed io ve ne prego, ed obligomi sempre a pregare Dio per voi, ed aitarvi a portare e' pesi con quello affetto della carità, che Dio mi darà. Fate che io ne oda buone novelle. Altro non vi dico. Permanete nella santa e dolce dilezione di Dio. Gesù dolce, Gesù amore.

—

CCXVI. — *A Nigi di Doccio Arzocchi.*[1]

Seguiamo Cristo per la via del perdono. Chi bada alle offese degli uomini, allenta il passo, e si fiacca. Superbia ingrossa l'intendimento, umiltà lo assottiglia. Pensi alle necessità della Chiesa. Caterina i falli altrui imputa a sè.

Al nome di Gesù Cristo crocifisso e di Maria dolce.

Carissimo figliuolo in Cristo dolce Gesù. Io Catarina, serva e schiava de' servi di Gesù Cristo, scrivo a voi nel prezioso sangue suo; con desiderio di vedervi seguitatore delle vestigie di Cristo crocifisso; perocchè per altra via non possiamo tenere in modo che ci desse vita. Quale è la via[2] sua? È questa: scherni, obbrobrii, ingiurie, strazii e villanie; e sostenere con vera e perfetta pazienzia infine alla morte. E non vollere il capo indietro per alcuna ingiuria o mormorazione che il mondo ci volesse dare: e non doviamo però allentare e' passi, ma con una vera perseveranzia rendere bene a coloro che ci fanno male.[3] Questa è la via la quale c'insegna, e ha fatta egli, cioè questo dolce e

---

[1] Dionigi, forse congiunto di sangue all' Arzocchi pievano d'Asciano.

[2] La stampa : *vita.*

[3] Non rendere bene per male, ben dice ch' è un allentare i passi, un perdere del progresso : non foss' altro per questo, che il badare alle offese, quand'anco non fosse miseria, è perditempo.

innamorato Agnello. Così disse egli, che era Via, Verità, e Vita. E veramente dà vita a coloro che vanno per questa via ; perocchè ci dà dottrina che in questa vita ci fa gustare l'arra di vita eterna, participando la vita della Grazia. Questo dolce maestro è salito in su la cattedra della croce per darci dottrina fondata in verità.

Noi dunque scolari dobbiamo stare abbasso per impararla, cioè nella bassezza della vera umiltà ; perocchè con superbia non si potrebbe imparare. Però ch'ella ingrossa lo intelletto dell'uomo, e nol lassa esser capace in [1] cognoscere Dio. Ma lo umile non è così : anco, ha l'occhio dell'intelletto purificato, e áne tratta la terra d'ogni amore proprio, e tenerezza sensitiva. E èssi fondato [2] in vero cognoscimento di sè ; nel quale cognoscimento vede meglio, e più sottilmente cognosce, della somma eterna bontà di Dio ; onde, più cognoscendo, più ama ; e quanto più ama, tanto acquista più perfetta umiltà e pazienzia. Perocchè l'umiltà è bália e nutrice della carità. Sicchè vedete, carissimo figliuolo, che ci conviene sedere abbasso, come veri discepoli : e per questo modo impareremo la dottrina ; e correremo, morti a ogni propria volontà, per la via della verità dolce ; e diletterenci in croce con ansietato e spasimato desiderio, cercando l'onore di Dio e la salute dell'anime.

Ora è il tempo, carissimo figliuolo, di levarsi dal sonno della negligenzia e della ingratitudine, e con sollecitudine essere grato e cognoscente, servendo, e amando [3] il pros-

---

[1] Qui come altrove, *in* ha più valore che *a*. Ed è uno de' modi proprii allo stile di lei.

[2] Bello, che il conoscere sè, sia fondamento a edificazione ; e che l'uomo coll'uso del libero arbitrio e di riflessione operosa, da sè vi si fondi.

[3] Servire senza amore è da schiavo o da tiranno ; amare senza servire, è da chi non sa che sia amore.

simo nostro. Però che la nostra gratitudine non possiamo mostrare a Dio per utilità che se gli possa fare; ma potiamla ben mostrare in servire il prossimo.

Quando fu tempo, figliuolo carissimo, che Dio ci richiedesse tanto il desiderio del suo onore, e della salute dell'anime, quanto ora? D'ogni tempo cel·richiede Dio; perocchè senza la carità del prossimo non potremmo avere vita eterna: ma quanto è più bisogno, più è richiesto. Onde, perchè ora vediamo i maggiori bisogni che si vedessero forse mai fra' Cristiani, non doviamo restare mai di continuamente offerire lagrime e orazioni umili; e a questo saremo cognosciuti, se saremo veri servi di Dio, e che noi teniamo per la via della verità, e sappiamo bene la sua dottrina. Oimè l non è più tempo da cercare sè per sè, ma di cercare Cristo crocifisso; e non terminare il pianto nostro sopra le miserabili anime che si veggono nelle mani delle dimonia, tanto [1] che Dio volla l'occhio della sua misericordia, e plachisi l'ira verso di noi miserabili. Oimè, che 'l mondo perisce per tante miserie quante si commettono, e irriverenzia e persecuzione della santa Chiesa. Io miserabile, cagione d'ogni male, vi prego per l'amore di Cristo crocifisso, che voi e gli altri figliuoli con pianto e sospiri e sante e umili orazioni preghiate il dolce e immacolato Agnello, che degni di farci misericordia, e donici la reformazione della sposa sua; e a noi miserabili cristiani dia lume e cognoscimento, obedienzia e riverenzia vera alla santa Chiesa; sì che vivano in pace e in quiete e in unione, sì come debbono fare e' veri figliuoli al padre loro; sicchè noi non ne stiamo più, come membri del dimonio. Oimè, che 'l cuore scoppia, e non può scoppiare, per l'amore di Cristo crocifisso. Ora ch'è 'l tempo, date l'onore a Dio, e la fadiga al prossimo; e cosi m'av-

---

[1] Fino a tanto.

vedrò se sarete figliuoli veri, o no. Chè io v'imprometto
che se noi nol faremo, che egli ci sarà richiesto con gran
rimproverio della prima Verità.

Dio vuole che noi strettamente il preghiamo; e così
disse egli a un servo suo : « Col mezzo delle molte orazioni, e ansietati e amorosi desiderii de' servi miei, farò misericordia al mondo. » Dunque non siate avari, ma siate larghi
nella larghezza della carità, dove tutte le virtù ricevono
vita ; e senz'essa, neuna operazione ci dà frutto di Grazia.
Per questo modo diventerete buono e perfetto ; e sarà tolta
da voi ogni ignoranzia, negligenzia e ingratitudine; sedendo
in terra umile, come detto è : e seguiterete le vestigia di
Cristo crocifisso. Altro non dico. Permanete nella santa e
dolce dilezione di Dio.

Raccomandateci a tutti e figliuoli e figliuole ; e ditegli
ch'egli è tempo di pianto, d'orazione, e di sospiri per la
dolce Sposa di Cristo, e per tutto il popolo cristiano, che si
vede in tanta afflizione per li nostri peccati. Confortate in
Cristo dolce Gesù Tommè [1] di Corradino, e ditegli che sem--
pre si ponga Dio dinanzi agli occhi suoi; acciò che quello
ch'egli fa, faccia sempre con lo santo timore di Dio, portando con vera pazienzia ciò che Dio permette ; e spregi
le consolazioni del mondo, e abbracci le persecuzioni con
santo e vero desiderio infino alla morte. Gesù dolce, Gesù
amore.

---

[1] Un motto popolare toscano : « *Al ventun san Tommè la Chiesa
canta ; Ai venticinque abbiam la Pasqua santa.* »

CCXVII. — *Alla Priora, e altre suore di Santa Maria delle Vergini, e alla Priora di Santo Giorgio, e all' altre Suore in Perugia.*[1]

Dividersi dal male è un congiungersi a Dio e alle anime umane in amore. La redenzione c'insegna la pena liberatrice. Accenna ai Fraticelli, ai difetti di certi monasteri: corre con gioia nelle lodi della solitudine povera e pura.

Al nome di Gesù Cristo crocifisso e di Maria dolce.

Carissime madri e figliuole in Cristo dolce Gesù. Io Caterina, serva e schiava de' servi di Gesù Cristo, scrivo a voi nel prezioso sangue suo; con desiderio di vedervi spose unite e legate nel legame della vera e ardentissima carità, il quale legame tenne confitto e chiavellato Dio-e-Uomo in sul legno della santissima croce. Egli è quello legame che unì Dio nell'uomo e l'uomo in Dio; e unisce l'anima col suo Creatore, e fálla amatrice delle vere e reali virtù. Questo legame che è? E uno amore che lega, e taglia e divide. Perocchè, come egli unisce e lega l'anima con Dio, così la divide e taglia dal peccato e dal proprio amore sensitivo, onde procede divisione,[2] e ogni male; e tolle l'acqua morta, e dà l'acqua viva della Grazia. Egli ci separa dalle tenebre, e dacci il lume; il quale lume ci fa vedere e gustare[3] la verità. O fuoco dolcissimo d'amore, che empì l'anima d'ogui dolcezza e suavità! perocchè neuna

---

[1] Erano a quel tempo le Domenicane a un miglio fuor di Perugia; poi tramutatesi dentro. L'altro monastero accennato nel titolo, il Burlamacchi arguisce che fosse di Francescane in Perugia stesso.

[2] Il male è divisione perchè negazione; quasi vuoto che si apre fra verità e verità nel giudizio dell'anima. Il dividersi dal male è un adunare nel giudizio e nel proposito le verità, e un attuarle.

[3] I traslati de' due sensi trovansi sovente accoppiati. Petrarca: « *la dolce vista.* » Dante: « *Veduta amara — Già di veder costui non son digiuno.* »

pena nè amaritudine può cadere in quella mente che arde
di così dolce e glorioso fuoco. La carità non giudica male:
non giudica la volontà dell'uomo, ma giudica la volontà di
Dio, vedendo e cognoscendo che non vuole altro che la
nostra santificazione. Poi, dunque, che egli non vuole altro che il nostro bene; e ogni cosa procede da lui, e tribolazione e tentazione; e ogni molestia, pena e tormento, e
ogni cosa permette Dio per nostro bene; di neuna l'anima può avere pena, se non solo del peccato, che non è:
e perchè non è in Dio, non è degno d'essere amato; anco, dee essere odiato, e innanzi eleggere la morte, che offendere il suo Creatore.

O dolcezza d'amore, come si può tenere il cuore della
sposa tua, che non t'ami, considerando che tu se' sposa[1]
di vita? Tu, Dio eterno, ci hai creati alla immagine e similitudine tua solo per amore: e avendo perduta la Grazia
per lo miserabile peccato, tu ci donasti il Verbo dell'unigenito tuo Figliuolo, e il Figliuolo ci ha data la vita, e ha
punite le nostre iniquitadi sopra il corpo suo, pagando
quello debito ch'egli non contrasse mai. Oimè, oimè, miserabili noi! noi siamo i ladri, ed esso è impiccato[2] per
noi. Vergognisi, vergognisi la ignorante e indurata e accecata sposa di non amare, poichè tanto si vede amare da
Dio, ed è di tanto diletto questo dolce e soave legame.

Questo è il segno dell'amore; che se ama Dio con la
ragione, sèguita le vestigie del Verbo dell'unigenito suo
Figliuolo. E se non ama, sèguita il dimonio e la propria sensualità; e conformasi con li costumi del secolo, che sono
contrari a Dio. Onde gusta la morte, e non se n'avvede, e

---

[1] Non correggo *sposo*, giacchè si può recare *sposa* a *dolcezza;*
come in Dante: « *le cose di Dio, che di bontate deono esser sposc.* »

[2] *Appeso* dicesi della croce. Gli antichi l'impiccato dicevano
impeso.

giace nella tenebra, perchè s' è privata del lume. E sta in continua pena e discordia col prossimo suo e in continua divisione, perchè è privata del legame della carità. E trovasi entro le mani delle dimonia, perocchè non come sposa di Cristo crocifisso, ma come adultera, ha lassato lo sposo eterno. Perocchè per altro non è detta la sposa adultera, se non quando parte l'amore dallo sposo, e ama, e uniscesi con quello che non dee. Sicchè, bene è dunque cosa pericolosa. [1] Ed è mercennaia colei che si vede amare, che non ama.

Adunque amatevi, amatevi insieme; perocchè a questo sarete conosciute se sete spose e figliuole di Cristo, o no: e non si conosce ad altro, se non all' amore fondato in Dio, e a quello ch' egli ha al prossimo suo. Con questo mezzo ci conviene giugnere al termine e fine nostro, seguitando le vestigie di Cristo crocifisso: non il padre, ma figliuolo; perocchè nel padre non cade pena, ma sì nel figliuolo.[2]

Adunque ci conviene seguitare la via della santissima croce, sostenendo obrobrii, scherni e villanie, spregiando il mondo con tutte le delizie e stati suoi; sostenendo fame, sete, con povertà volontaria, e con obedienza ferma, perseverante, con purità di mente e di corpo; con la conversazione delle persone che temono Dio in verità, e con la solitudine della cella; e fuggire il Parlatorio come veleno, e

---

[1] Il non amare, e il lasciar pure che l'amore allenti.

[2] La legge vecchia riguardava in Dio la potenza segnatamente; ne sperava premii, ne temeva pene; ma non aveva così diretto e prossimo il concetto del Dio amante e Redentore, e del sagrifizio, che colla pena volontaria, cioè col dolore spirituale o corporeo, risparmia agli altri e a noi stessi le punizioni, e i premii fa più molti e più grandi. La differenza tra le due leggi sta in questo: pena di gastigo patita per la colpa; e pena di dolore che libera dalla colpa. Non già che nella prima legge anche questa verità non fosse sentita; ma, ripeto, meno diretta e meno potente.

la conversazione de' devoti e de' secolari, perocchè non si confà alla sposa di Cristo; e non conversazione di frati incappucciati,[1] ma dei veri servi di Dio. Non è convenevole che sotto il capo spinato sieno i membri delicati; come fanno le stolte, che si dilungano dal loro capo Cristo, e non studiano altro che in delizie e in delicatezze di corpo. E specialmente noi che siamo levate dal secolo, e poste nel giardino della santa Religione, spose consacrate a lui, fiori odoriferi dobbiamo essere.

E veramente, se voi osserverete quello che prometteste, per[2] gittare ben grande odore, participerete della bontà di Dio, vivendo in Grazia; e gusteretelo nell'eterna visione sua. Se nol faceste, gittereste puzza di grande vituperio, e in questa vita gustereste l'inferno, e nell'ultimo la visione[3] delle dimonia. Per seguitare Cristo usciste del secolo, rinunciaste al mondo e alle ricchezze sue, promettendo vera povertà; e renunciaste alla propria volontà, promettendo vera obedienzia ; e partistevi[4] dallo stato comune, cioè di non volere essere sposa al mondo, per conservare la vera continenzia e virginità, ch'è uno odore dove Dio e li angeli si dilettano, e lor piace d'abitare in quella mente che sta nell'odore della purità. Sete congregate, non perchè voi stiate divise, nè in odio nè in rancore, nè in dispiacimento l'una coll'altra; ma perchè siate unite e

---

[1] Vestiti affettatamente a modo di frati, e però detti Fraticelli; eretici gabbatori di donne : setta nata nel 1294 da un Ermanno Pungilupo nelle Marche, diffusasi in molte parti, ma che in Toscana specialmente allignava.

[2] Qui vale *col*, come altrove. Vale: offrendo esempii di bene.

[3] Sottintende, nella rattezza del dire, un altro verbo innanzi a visione : ma dell'applicare alla vista i traslati del gusto si è detto ; e quanto al *gustare* in mal senso, esempi non mancano. Dante : « *Quel padre per lo cui ardito passo L'umana specie tanto amaro gusta.* »

[4] La stampa : *partitevi*.

legate nel legame della carità; perocchè altrimenti non potreste piacere a Dio, nè avere in voi alcuna virtù che fusse perfetta. Quanta confusione e quanta vergogna è e sarà in quella mente e in quell'anima che ha promesso e non attiene, ma fa tutto il contrario! Questa non sèguita Cristo, e non va per la via della croce; ma vuole andare per la via de' diletti. Non è questo il modo: ma Cristo umile ci conviene seguitare, Agnello immacolato, Agnello povero; e tanta è la povertà sua, che non ha luogo dove riposare il capo purissimo. E perocchè in lui non ha veleno di peccato, ed è obediente al Padre, per la salute nostra, infino all'obbrobriosa morte della croce, e però i santi e il glorioso padre nostro santo Domenico hanno fondato li Ordini loro in su queste tre colonne, cioè, povertà, obedienza, e continenzia, solo per potersi meglio conformare con Cristo, e seguitare la dottrina e i consigli suoi. Perocchè da queste tre procede ogni virtù, e dal contrario procedono tutti i vizii. Nella povertà abandoni la superbia e la conversazione del secolo, e delle perverse amistà, che non s'acquistano se non per doni: perocchè se tu non hai che donare, non trovi amistà, se non de' veri servi di Dio, i quali amano il dono dell'anima tua. Prívati della vanità del cuore, e della leggerezza della mente; e vieni all'abitazione della cella; onde [1] gusta la madre dell'orazione, la quale ti conserva e cresce nelle virtù. E vieni a perfetta purità, e così osserva il voto della continenzia; e non tanto che da uno peccato, ma da tutti s'astiene,[2] conculcando la propria sensualità, macerando, e sostenendo[3] il corpo dai

---

1 Di dove. La cella è come la fonte da cui deriva questa dolcezza che l'anima gusta.

2 Il passare dalla seconda alla terza persona, qui forse sia sbaglio degli scriventi.

3 Astenendo. Dante: « *fa che la tua lingua si sostegna.* »

propri diletti sensitivi; macerando, dico, col digiuno, con la vigilia, e con l'orazione.[1] E così diventa umile, paziente e caritativa, e porta e sopporta i difetti del prossimo suo; e uniscesi col suo Creatore per amore, e col prossimo per Dio; sostenendo ogni pena e disagio corporale, purchè egli possa guadagnare l'anima sua. E poi[2] sì dolcemente per lo modo detto è staccato dalla superbia, gusta l'odore della santa umilità; e tanto è obediente, quanto umile; e tanto è umile, quanto è obediente. Chi non è superbo, sèguita chi è umile: e se egli è umile, adunque è vero obediente. E così ha la terza colonna che conserva la città dell'anima sua. Perocchè 'l vero obediente osserva l'Ordine e i costumi suoi: l'obediente non alza il capo della propria volontà al prelato suo, e nol contrasta di parole, ma alla prima voce l'obedisce e di subito china il capo al giogo; e non dice: «Perchè comandi a me e dici a me questo, e non a quell'altra?» ma pensa in che modo possa essere pronta ad osservare l'obedienzia. O obedienza dolce, che non hai mai pena! Tu fai vivere, e correre li uomini, morti;[3] perocchè uccidi la propria volontà: e tanto quanto è più morto, più corre velocemente, perocchè la mente e l'anima ch'è morta all'amore proprio d'una perversa volontà sensitiva, più leggermente fa il corso suo, e uniscesi col suo Sposo eterno con affetto d'amore; e viene a tanta elevazione e dolcezza di mente, che essendo mortale, comincia a gustare l'odore e i frutti delli Immortali.[4]

Adunque siate, siate obedienti insino alla morte. Amatevi, amatevi insieme: legatevi nel legame della carità, perocchè in altro modo non potremo giugnere al termine nostro, nè

---

[1] Fatta in ore disagiate, e con disagio.
[2] Per *poichè*, Dante: « *poi fummo.* »
[3] Un inno: « *Fac ut portem Christi mortem.* »
[4] Sostantivo, come ne' Greci. Forma omerica ed attica.

avere il fine per lo quale noi fummo creati; e però dissi ch'io desideravo di vedervi spose unite e legate nel legame della vera e ardentissima carità. Altro non dico. Permanete nella santa e dolce dilezione di Dio. Gesù dolce, Gesù amore.

CCXVIII. — A Gregorio XI.

Dal mal goveino de' pielati, molti mali all'Italia e alla Chiesa. Rimedio, la benignità veiso i iibelli: distiazione piovvida dalla gueiia, che iespinga le aimi baibaiiche dall'Euiopa civile.

Al nome di Gesù Cristo crocifisso e di Maria dolce.

A voi, dilettissimo e reverendo padre in Cristo Gesù, io Catarina, serva e schiava de' servi di Gesù Cristo, vostra indegna misera miserabile figliuola, scrivo nel prezioso sangue suo; con desiderio di vedervi vero pastore; imparando dal padre, Cristo, il cui luogo voi tenete, che pose la vita per le pecorelle sue, non riguardando alla nostra ingratitudine, nè a persecuzione nè ad ingiurie nè a scherni nè a vituperii che gli fussero fatti da coloro i quali egli aveva creati, e fatto lor molti benefizii; e non lassa però d'adoperare la nostra salute; ma come innamorato dell'onore del Padre e della salute nostra, non vede le pene sue; ma con la sapienzia sua e pace e benignità vince la malizia nostra. Così vi prego e dico, dolce babbo mio, dalla parte di Cristo crocifisso, che facciate voi; cioè che voi con benignità e pazienzia, e umilità e mansuetudine vinciate [1] la malizia e la superbia de' figliuoli vostri, e' quali sono stati ribelli a voi, padre. Sapete che col dimonio non si caccia il dimonio; ma con la virtù si caccerà. Poniamo che abbiate

---

1 Anche questa letteia aviebbe a esseie sciitta innanzi il maggio 1376, piima cioè che Cateiina fosse destinata al viaggio d'Avignone.

ricevute grandissime ingiurie, avendovi fatto vituperio e toltovi il vostro; nondimeno, padre, io vi prego che non ragguardiate[1] alle loro malizie, ma alla vostra benignità; e non lassate però d'adoperare la nostra salute. La salute loro sarà questa, che voi torniate a pace con loro. Perocchè il figliuolo ch'è in guerra col padre, mentre che vi sta, egli il priva dell'eredità sua. Oimè, padre, pace, per l'amore di Dio, acciò che tanti figliuoli non perdano l'eredità di vita eterna. Chè voi sapete che Dio ha posto nelle vostre mani il dare, il tollere questa eredità, secondo che piace alla vostra benignità. Voi tenete le chiavi; e a cui voi aprite, sì è aperto; e a cui voi serrate, è serrato. Così disse il dolce e buono Gesù a Pietro, il cui loco voi tenete: « Cui tu scioglierai in terra, sarà sciolto in cielo; e cui tu legherai in terra, sarà legato in cielo. »

Adunque imparate dal vero padre e pastore. Perocchè vedete che ora è il tempo da dare la vita per le pecorelle che sono escite fuora della gregge. Convienvele dunque cercare, e racquistare con la pazienzia; e con la guerra, andando sopra gli infedeli, rizzando il gonfalone dell'ardentissima e dolcissima croce; a 'l quale rizzare, non si conviene più dormire; ma destarsi, e rizzarlo virilmente. Spero nella smisurata bontà di Dio, che riacquisterete gl'Infedeli e correggerete le malizie de' Cristiani; perocchè all'odore[2] della croce tutti correranno, eziandio coloro che sono stati più ribelli a voi.

Oh quanto diletto se noi vedessimo che il popolo cristiano desse il condimento[3] della fede agl'Infedeli! Perocchè poi, avendo ricevuto il lume, verrebbe a grande per-

---

[1] La stampa: *raguardate.*

[2] Accenna a quel della Cantica: « *In odorem unguentorum tuorum currimus;* » ch'è inteso dell'aura ispiratrice del bene.

[3] Vangelo: « *Voi siete il sale della terra.* »

fezione, siccome pianta novella avendo perduta la freddezza della infidelità, e ricevendo il caldo [1] e il lume dello Spirito Santo per la santa fede; producerebbe fiori e frutti delle virtù nel corpo mistico della santa Chiesa: sì che coll' odore delle loro virtù aiutarebbero a spegnere li vizii e li peccati, superbia e immondizia; le quali cose abondano oggi nel popolo cristiano, e singolarmente ne' prelati [2] e ne' pastori e ne' rettori della santa Chiesa; e' quali sono fatti mangiatori e devoratori dell'anime: non dico convertitori, ma devoratori. E tutto è per l'amore proprio che hanno a sè medesimi; del quale nasce superbia, cupidità, e avarizia, e immondizia del corpo e della mente loro. Veggono e' lupi infernali portare li sudditi loro, e non pare che se ne curino; tanta è la cura che hanno presa in acquistare diletti e delizie, loda e piaceri del mondo. E tutto procede dall' amore proprio di sè medesimo: perocchè se egli amasse sè per Dio, e non sè per sè, egli attenderebbe solo all' onore di Dio, e non al suo, e all' utilità del prossimo, e non all' utilità propria sensitiva. [3] Oimè, babbo mio dolce, procurate, e attendete sopra costoro; cercate li buoni uomini e virtuosi, e a loro date la cura delle pecorelle; perocchè questi cotali saranno agnelli, e non lupi, che notricheranno il corpo mistico della santa Chiesa. Onde a noi sarà utilità; e a voi sarà grande pace e consolazione: e aiterannovi a portare le grandi fadighe, ch'io so che voi

---

[1] Dante: « Accesi di quel caldo Che fa nascere i fiori e i frutti santi. » Sovente nel poeta ricorrono congiunti la luce e il calore: « Al sol che v' allumò e arse Col caldo e con la luce. »

[2] Qui il Burlamacchi rammenta le severe testimonianze del Petrarca nelle Lettere, di santa Brigida, di san Bernardo, di san Bernardino da Siena.

[3] Non ogni utilità Caterina vuole che l' uomo rinneghi, ma la sensitiva. Ecco distinzione che discerne quant' è di bene ne' computi pedanteschi del Bentham.

avete. Parmi che stiate, benigno padre mio, siccome sta l'agnello nel mezzo de'lupi. Ma confortatevi, e non temete, perocchè la providenzia e l'aiutorio di Dio sarà sempre sopra di voi. Non mirate, perchè vedeste apparire le cose molto contrarie, e che l'aiuto umano ci venga meno; e che quelli che ci debbono aiutare più ci manchino, facendo contra di voi. Non temete; ma più vi confidate, e non alienate nè impedite il vostro dolce e santo desiderio; ma più s'accenda l'uno dì che l'altro. Su, padre, mandate in effetto il proponimento [1] che avete fatto, dell'avvenimento vostro e del santo passaggio, al quale vedete che gl'Infedeli v'invitano, venendo a più possa a tollervi il vostro! [2] Su, a dare la vita per Cristo or abbiamo noi altro che uno corpo? perchè non dar la vita mille volte, se bisogna, in onore di Dio, e in salute delle creature? Così fece egli; e voi, vicario suo, dovete fare l'offizio suo. Questo è usanza, che, rimanendo il vicario, sèguiti le vestigie e i modi del signore suo. Adunque venite, venite, e non tardate più, acciochè tosto poniate il campo sopra gl'Infedeli; e che non riceviate, di questo fare, impedimento da questi membri putridi, che sono ribelli a voi. Pregovi e voglio che usiate uno santo inganno con loro, cioè con la benignità, come detto è; perocchè questo gli sarà uno fuoco d'amore, e carboni [3] accesi che gittarete sopra li capi loro; e per questo

---

1 Santa Biigida aveva a Uibano V piedetta la moite se iitoinasse a Avignone, e commessane l'ambasciata al pielato che fu poi Giegoiio XI; il quale non gli diede ietta: ma visto Uibano moiie, fece voto segieto di iiconduile la sede a Roma; e poi più volte piomise. Gl'indugi non fuiono iotti che dal valido impulso di Cateiina.

2 Gl'infedeli minacciavano già l'Italia. Per *vostro* non intende già Cateiina i dominii tempoiali del papa, ma quel che doviebbe per caiità esseie sentito dal padie comune come bene piopiio, la sicuiezza e la pace e l'onore de' figli suoi tutti.

3 Foima biblica, che coiiisponde al vendicaisi dell'offensore beneficandolo.

modo gli averete presi, e la sustanzia temporale, e le persone loro, dandovi aiuto in fare la guerra vera sopra gl'Infedeli. Così fece il nostro dolce Salvatore, perocchè, gittando tanto fuoco e caldo d'amore sopra coloro che erano ribelli a lui, seguitava a mano a mano,[1] che eglino erano aiutatori e portatori del nome di Dio. Siccome fu quello dolce banditore di Paolo, che, essendo lupo, diventò agnello, e vasello dolce di elezione; che di quello fuoco che Cristo gli aveva pieno il vasello suo, di quello portava per tutto quanto il mondo; li Cristiani traendo de' vizii e piantando in loro le virtù, e gl'Infedeli traendo d'errore e d'infidelità, e porgendogli il lume della santa fede. Or così vi dice e vuole la prima e dolce Verità, che voi facciate: e di quello che avete ricevuto, di quello date. [2]

Pace, pace, pace, babbo mio dolce, e non più guerra! Ma andiamo sopra li nemici nostri, e portiamo l'arme della santissima croce, portando il coltello [3] della dolce e santa parola di Dio. Oimè, date mangiare agli affamati servi suoi, e'quali aspettano voi e questo tempo con grandissimo e ardentissimo desiderio. Confortatevi, confortatevi, padre, e non prendete amaritudine affliggitiva; ma prendete amaritudine confortativa, avendo amaritudine del vituperio che vediamo del nome di Dio. Confortatevi per isperanza, che Dio vi provederà alle vostre necessità e bisogni.

Non dico più: chè se io andassi alla volontà, io non mi resterei infino, che io avesse [4] la vita in corpo. Perdonate alla mia presunzione: ma il dolore, e l'amore, che io

---

[1] Da ciò seguiva ben tosto.

[2] Vangelo: « Gratuito riceveste, gratuito date. »

[3] La parola ne' libri sacri è più volte detta *gladius,* che sempre è reso da *coltello* in que' del trecento.

[4] Il finire in *e* questa forma della prima persona, non è in Dante licenza di rima. L'hanno i Veneti tuttavia; e consuona al latino.

ho all'onore di Dio, e alla esaltazione della santa Chiesa, mi scusi dinanzi alla vostra benignità. Piuttosto vel direi a bocca, che per scrittura; perocchè io crederei più sfogare l'anima mia. Or non posso più. Abbiate pietade de' dolci e amorosi desiderii li quali sono offerti per voi e per la santa Chiesa, per continue lagrime e orazioni. Non si spregino[1] per negligenzia; ma con sollicitudine adoperate: perocchè pare che la prima Verità voglia producere li frutti. Tosto dunque ne verranno li frutti, poichè 'l fiore comincia a venire. Or con cuore virile, e non timoroso punto, seguitando l'Agnello svenato e consumato in croce per noi! Permanete nella santa e dolce dilezione di Dio.

Pregovi, reverendo padre, che quello che Neri[2] portatore di questa lettera vi dirà, che se egli è possibile a voi e di vostra volontà, voi gli diate e concediate. Pregovi che gli diate audienzia e fede di quello che egli vi dirà. E perchè alcuna volta non si può scrivere quello che vorremmo, sì dico, se mi voleste mandare a dire alcuna cosa segreta, il manifestaste a bocca a lui sicuramente (però che[3] potete) ciò che per me si può fare. Se bisognasse dare la vita, volentieri la darei in onore di Dio, e in salute dell'anime. Gesù dolce, Gesù amore.

---

1 La stampa: *spregiano*. Non credo valga *sprechino,* e neanco *disprezzino;* ma sì: *perdano il loro pregio.*

2 Ranieri di Landoccio de' Pagliaresi, discepolo e segretario di Caterina.

3 La stampa: *perlochè.*

CCXIX. — *A Frate Raimondo da Capua, dell'Ordine de' Predicatori, e a Maestro Giovanni Terzo, dell' Ordine de' Frati Eremiti di Santo Augustino, e a tutti gli altri loro compagni, quando erano a Vignone.*[1]

Uniti in caiità, saranno lieti e potenti. Dai mali della Chiesa deduce speianze a iinnovazione. Visione di lei, e dialogo con Gesù. Sua compassione doloiosa e esultante.

Al nome di Gesù Cristo crocifisso e di Maria dolce.

Dilettissimi figliuoli miei in Cristo Gesù. Io, misera madre, con desiderio spasimato ho desiderato di vedere i cuori e gli affetti vostri chiavellati in croce, uniti e legati con quello legame che legò e innestò Dio nell' uomo e l' uomo in Dio. Così desidera l' anima mia di vedere i cuori e gli affetti vostri innestati nel Verbo incarnato dolce Gesù, sì, e per siffatto modo che nè dimonia nè creature vi possano partire. Benchè io non dubito che, se voi sarete legati e infiammati del dolce Gesù, se fussero tutti i dimonii dello inferno con tutte le malizie loro, non vi potranno partire da sì dolce amore e unione. Adunque io voglio, poichè è di tanta fortezza ed è di tanta necessità, che voi non vi ristiate mai di crescere legna al fuoco del santo desiderio; cioè legna del cognóscimento di voi medesimi. Perocchè queste sono quelle legna che notricano il fuoco della divina

---

1 Nolte più che le dicessette letteie conservateci sciisse Cateiina a fiate Raimondo. Egli era andato piima di lei in Avignone; e ci stette anco venuta lei, come appaie dalla nota apposta a un' orazione che, lui piesente, ella fece in casa d' un Giovanni di Reggio (che sarà foise un nome fiancese latinizzato) dinanzi all' altare d' una cappella. Questa letteia è per disteso iecata da Ambiogio Politi, detto, per la divozione a lei, Cateiino.

carità : la quale carità s' acquista nel cognoscimento e nella inestimabile carità di Dio ; e allora s' unisce l' anima col prossimo suo. E quanto più dà della materia al fuoco, cioè legna di cognoscimento di sè ; tanto cresce il caldo dell' amore di Cristo e del prossimo suo. Adunque state nascosi nel cognoscimento di voi, e non state fuore di voi, acciocchè Malatasca [1] non vi pigli con le molte illusioni, e cogitazioni l' uno contra l' altro ; e questo farebbe per tollervi l' unione della divina Carità. E però io voglio, e vi comando, [2] che l' uno sia subietto all' altro, e l' uno portatore de' difetti dell' altro ; imparando dalla prima dolce Verità, che volse essere il più minimo, e umilmente portò tutte le nostre iniquitadi e difetti. Così voglio che facciate voi, figliuoli carissimi ; amatevi, amatevi, amatevi insieme. E godete ed esultate, perocchè il tempo della state ne viene.

Perocchè il primo d' aprile, la notte più singolarmente Dio aperse i secreti suoi, manifestando le mirabili cose sue sì e per siffatto modo, che l' anima mia non pareva che fusse nel corpo, e riceveva tanto diletto e plenitudine, [3] che la lingua non è sufficiente a dirlo ; spianando e dichiarando [4]

---

[1] Stefano Maconi, discepolo di Caterina, in una lettera inedita, così chiama il diavolo ; e così lo chiamava san Giuseppe da Copertino ; e, fino al tempo del Burlamacchi, le Cappuccine di Siena. E forse è più antico di Caterina questo titolo, che rammenta Malebianche dell' inferno di Dante, e certi de' frodolenti che sono Malebolge ; e bolgia è una specie di tasca. Dante dell' inferno dice : « *Che il mal dell' universo tutto insacca.* » O s' intenda che il diavolo abbia piene le tasche di lacciuoli contro noi, o che intaschi e tenga in serbo i torti nostri per accusarcene a Dio, come un Padre lo vide in una sua visione.

[2] Maggiori d' età, la chiamavano sempre madre.

[3] Assoluto, sottinteso *di grazia* o simile ; come in Dante *plenitudine volante;* schiera d' angeli *fitta.*

[4] Si può spianare difficoltà senza in tutto dichiarare ; come una via può essere non ardua e pure non luminosa. Il secondo *a parte* manca nella stampa.

a parte a parte sopra il misterio della persecuzione che ora ha la santa Chiesa,[1] e della rinovazione ed esaltazione sua, la quale dee avere nel tempo avvenire; dicendo che il tempo presente è permesso per rendergli lo stato suo; allegando la prima dolce Verità due parole che si contengono nel santo Evangelio, cioè: « Egli è bisogno che lo scandalo venga nel mondo; » e poi soggiunse: « Ma guai a colui per cui viene lo scandalo ! » Quasi dicesse: « Questo tempo di questa persecuzione permetto per divellere le spine della sposa mia, che è tutta imprunata; ma non permetto le male cogitazioni degli uomini. Sai tu come io fo ? Io fo come io feci quand' io ero nel mondo, che feci la disciplina di funi, e cacciai coloro che vendevano e compravano nel tempio; non volendo che della casa di Dio si facesse spelonca di ladroni. Così ti dico che io fo ora. Perocchè io ho fatta una disciplina delle creature, e con essa disciplina caccio i mercanti immondi, cupidi, e avari, ed enfiati per superbia, vendendo e comprando[2] i doni dello Spirito Santo. » Sicchè colla disciplina delle persecuzioni delle creature li cacciava fuore; cioè, che per forza di tribolazione e di persecuzione gli tolleva 'l disordinato e disonesto vivere.

E crescendo in me il fuoco, mirando vedevo nel costato di Cristo crocifisso intrare 'l popolo cristiano e lo infedele: e io passavo,[3] per desiderio e affetto d' amore, per lo mezzo di loro;[4] ed entravo con loro in Cristo dolce Gesù, aecom-

---

[1] Per il suo tempo non augura nulla di lieto; senonchè dalle ribellioni de' popoli contro i reggitori non degni deduce speranza allo spirituale rinnovarsi della Chiesa di Cristo.

[2] Per vendenti e compranti.

[3] Nella stampa c'è un' e che disturba.

[4] Il suo passare per mezzo rammenta nella visione di Giacobbe il passare per mezzo alle vittime offerte.

pagnata col padre mio santo Domenico, e Giovanni Singolare [1] con tutti quanti i figliuoli miei. E allora mi dava la
croce in collo e l'olivo in mano, quasi come io volessi; [2] e
così diceva che io la portasse all'uno popolo e all'altro. E
diceva a me : « Dì'a loro : io vi annunzio gaudio magno. [3] »
Allora l'anima mia più s'empiva; annegata [4] era co'veri
gustatori nella divina Essenzia per unione e affetto d'amore.
Ed era tanto il diletto che aveva l'anima mia, che la fadiga
passata del vedere l'offesa di Dio, non vedeva; anco, dicevo : « Oh felice e avventurata colpa ! » Allora'l dolce Gesù
sorrideva, e diceva : « Or è avventurato il peccato, che non
è cavelle? Sai tu quello che santo Gregorio diceva quando
disse : *felice e avventurata colpa.* [5] Quale parte è quella
che tu tieni, che sia avventurata e felice? e che dice santo
Gregorio? » Io rispondevo come esso mi faceva rispondere,
e dicevo : « Io veggio bene, Signore mio dolce, e bene so
che il peccato non è degno di ventura, e non è avventurato nè felice in sè; ma il frutto che esce del peccato.
Questo mi pare che volesse dire Gregorio : che per lo peccato d'Adam Dio ci diè il Verbo dell'unigenito suo figliuolo,

---

[1] Forse il Silenziario.

[2] Forse *volassi.*

[3] Ripete quel del Vangelo alla lettera. *Magno* è in Dante; e vive
in alcuni sensi.

[4] In Dante le anime beate, quasi faville prima posate su i fiori,
« *Riprofondavan sè nel mio gurge,* » in un fiume di luce.

[5] Cantasi nella benedizione del ceo pasquale. Prima di Gregorio
altri Padri esclamarono *felix culpa;* ma Caterina accenna per l'appunto al cantico della Chiesa. Così nelle segrete della messa Gregorio,
accennando alla invasione longobardica e ad altre calamità, vuolsi che
ci aggiungesse la preghiera *diesque nostros in tua pace disponas.* Concetto
simile al ricordato da Caterina è nel detto del grande Pontefice cittadino :
« Grandi sono i mali che per la prima colpa meritati soffriamo. » Ma
quale eletto non vorrebbe soffrire di peggio; piuttostochè non avere
un tanto Redentore?

e il Verbo diè 'l sangue : onde, dando la vita, ci rende la
vita con grande fuoco d'amore. Sicchè il peccato dunque
è avventurato, non per lo peccato, ma per lo frutto e dono[1]
che abbiamo d'esso peccato. Or così è. Sicchè dell'offesa
che fanno gl'iniqui Cristiani, perseguitando la sposa di Cristo, nasce la esaltazione, lume, e odore di virtù in essa
sposa. Ed era[2] questo sì dolce, che non pareva che fusse
nessuna comparazione dell'offesa alla smisurata bontà e benignità di Dio, che in essa sposa mostrava. Allora io godevo
ed esultavo ; e tanto era vestita[3] di certezza del tempo
futuro, che mel pareva possedere e gustare. E dicevo allora con Simeone : *Nunc dimittis servum tuum, Domine, secundum verbum tuum in pace.* Facevansi[4] tanti misteri, che
la lingua non è sufficiente a dirlo, nè cuore a pensarlo, nè
occhio a vederlo.

Or quale lingua sarebbe sufficiente a narrare le mirabili
cose di Dio ? Non la mia, di me misera 'miserabile. E però
io voglio tenere silenzio, e darmi solo a cercare l'onore di
Dio e la salute dell'anime, e la rinovazione ed esaltazione
della santa Chiesa ; e, per la grazia e fortezza dello Spirito Santo, perseverare infino alla morte. E con questo desiderio io chiamavo e chiamerò con grande amore e compassione il nostro Cristo in terra, e'voi, Padre, con tutti
quanti i cari figliuoli ; e dimandavo e avevo la vostra petizione. [5] Godete dunque, godete e esultate. O dolce Dio
amore, adempie tosto i desiderii de'servi tuoi. Non voglio

---

1 Il *fiutto* dice il meiito della espiazione ; *dono,* la giazia del perdono, maggioie del meiito.

2 Si faceva sentiie a me.

3 *Investirci,* diciamo d'un' idea, d'un'opinione, d'un sentimento.
Vestito di lume è in autoii sacii e piofani : e *ceitezza* è luce.

4 Opcravansi in me. Più che *facevansi vedeie.*

5 Impetiaie il chiesto da voi. Dante : « *Qui è vostio dimando.* »

. dire più; e non ho detto niente. Stentando muoio per desiderio. Abbiatemi compassione. Pregate la ,divina Bontà e Cristo in terra, che tosto si spazzi. [1] Permanete nella santa e dolce dilezione di Dio. Annegatevi nel sangue di Cristo crocifisso; e per nessuna cosa venite meno, ma più conforto pigliate. Godete, godete nelle dolci fadighe. Amatevi, amatevi, amatevi insieme. Gesù dolce, Gesù amore.

CCXX. — *A Suora Maddalena di Alessa*[2] *nel Monasterio di Santa Bonda presso a Siena.*

Carità è vestimento nuziale che copre la meritata vergogna del peccato purgandolo, e toglie la falsa vergogna timida delle contradizioni del mondo, anzi ne fa merito e fregio. È vestimento che riscalda di nobili affetti, vincendo il freddo dell'amore proprio. L'amor proprio è anche scoglio a cui rompe la navicella dell'obbedienza. A questa sia vela l'amore. L'amore raffermi la pazienza generosa delle altrui molestie e dicerie.

Al nome di Gesù Cristo crocifisso e di Maria dolce.

Carissima figliuola in Cristo dolce Gesù. Io Catarina, serva e schiava de' servi di Gesù Cristo, scrivo a te nel prezioso sangue suo; con desiderio di vederti vestita del vestimento reale, cioè del vestimento dell' ardentissima carità, che è quel vestimento che ricopre la nudità, e nasconde la vergogna, e scalda, e consuma il freddo. [3] Dico che ricopre la nudità; cioè che l'anima creata all'imagine e similitudine di Dio, avendo l'essere, senza la divina Grazia non

---

1 Impersonale valente. Comprende ogni lordura ogni ingombro. «*Scopabo eam in scopa ferens.*» Ma in Caterina l'atto è più spedito e non meno potente.

2 Un altro titolo dice *Maddalena di Caterina.* Ma questo pare il più approvato.

3 In Dante, *caldo,* assoluto, dell'amore di Dio.

averebbe il fine per lo quale fu creata. Convienci adunque principalmente avere il vestimento della Grazia, il quale riceviamo nel santo Battesimo mediante il sangue di Cristo. Con questo vestimento i fanciulli che muoiono in puerizia, hanno vita eterna: ma noi spose, che abbiamo spazio di tempo, se non ci è posto uno vestimento d'amore inverso lo Sposo Eterno, cognoscendo la sua inestimabile carità, potremmo dire che questa Grazia che noi abbiamo ricevuta nel Battesimo, fusse nuda. E però è di bisogno che noi leviamo l'affetto e il desiderio [1] nostro con vero cognoscimento di noi ad aprire l'occhio dell'intelletto, e in noi cognoscere la bontà di Dio, e l'amore ineffabile ch'egli ci ha. Perocchè l'intelletto, che cognosce e vede, non può fare l'affetto[2] che non ami, e la memoria che non ritenga[3] il suo benefattore. E così coll'amore trae a sè l'amore: e trovasi vestita e ricoperta la sua nudità. Dico che nasconde la vergogna in due modi. L'uno, che per dispiacimento ha gittato da sè la vergogna del peccato; come[4] che dalla vergogna che in quell'anima era venuta per la offesa fatta al suo creatore, è restituita[5] per lo vestimento dell'amore delle virtù, ed è venuta ad onore di Dio e ha frutto in sè. Perchè d'ogni nostra operazione e desiderio Dio ne vuole il fiore dell'onore, e a noi lassa il frutto. Sicchè vedi che nasconde la vergogna del peccato. Dico ancora, che un'altra vergogna le tolle; cioè, che di quello che la sensualità

---

[1] Più proprio levare che in Dante: « L'amor della spera suprema Torcesse in suso il desiderio vostro. »

[2] Posponendo l'affetto a che, s'ha il senso più netto, senza bisogno di giunte. Ma anco così, secondo il fare di queste lettere, corre.

[3] Non solo l'imagine, ma ritiene esso benefattore. La memoria s'immedesima all'intelletto e all'affetto.

[4] Qui non vale benchè; ma risponde all'utpote e a come quella che.

[5] Secondo l'origine, può stare assoluto per ristabilita. « Restituit rem. »

con amore proprio e parere del mondo si vergogna, la volontà, morta in sè e in tutte le cose transitorie, non vede
vergogna. Anco, si diletta delle vergogne, strazii, scherni,
villanie, rimproverii: tanto ha bene, quanto si vede conculcare dal mondo. Onde ella è contenta, per onore di Dio,
che 'l mondo la perseguiti colle molte ingiurie, il dimonio
colle molte tentazioni e molestie, la carne con voler ribellare allo spirito. Di tutte gode per vendetta e odio di sè,
per conformarsi con Cristo. crocifisso, riputandosi indegna
della pace e quiete della mente. E non se ne vergogna
d'essere schernita e beffata [1] da tutti tre questi nemici; cioè
il mondo, la carne, il dimonio, perchè la volontà sensitiva
è morta. Vestita del vestimento della somma ed eterna volontà di Dio, anco halle in debita riverenzia, e ricevele con
amore, perchè vede che Dio le permette [2] per amore, e non
per odio. Con quello affetto che noi vediamo che elle sono
date, con quello le riceviamo. Dolce è adunque a desiderare vergogna, perocchè con essa si caccia la vergogna. [3]

Oh quanto è beata l'anima, che ha acquistato così dolce
lume! Perocchè e insiememente odia i movimenti nostri e
gli altrui, e ama le pene che per essi movimenti [4] soste-
niamo. Movimento nostro è la propria sensualità, e movimenti altrui sono le persecuzioni del mondo, cioè la colpa
odiare di colui che perseguita. Rèputati adunque, carissima
figliuola, degna della pena, e indegna del frutto che sèguita
dopo la pena. Queste saranno le fregiature che tu porterai
nel vestimento reale. Tu sai bene che lo Sposo Eterno fece

---

[1] Il *beffare* può essere con più dispiezzo e deiisione.

[2] La stampa: *l' ha peimesse.*

[3] Con la veigogna appaiente del mondo emendansi i piopii difetti, acquistasi foiza d'animo viituosa; e la veigogna meiitata e veia
della colpa si dilegua o si attenua.

[4] Disordinati. Assoluto anche in latino: *animi motus.*

il simile; perocchè sopra il vestimento suo pose le molte pene, flagelli, strazii, scherni e villanie, e nell'ultimo l'obbrobriosa morte della croce.

Dice che scalda, e consuma la freddezza. Scaldasi del fuoco dell'ardentissima carità, il quale dimostra per desiderio spasimato dell'onore di Dio nella salute del prossimo, portando e sopportando i difetti suoi. Gode co'servi di Dio che godono; e piague cogli iniqui che sono nel tempo del pianto, per compassione e amaritudine che porta dell'offesa che fanno a Dio. Dassi ad ogni pena e tormento per riducerli allo stato di coloro che godono, e che vivono innamorati delle dolci e reali virtù. Dico che consuma il freddo, cioè la freddezza dell'amore proprio di sè medesima: il quale amore proprio accieca l'anima, che non lassa cognoscere nè sè nè Dio; gli tolle la vita della Grazia, e genera impazienzia; e la radice della superbia mette fuore i rami suoi. Anche offende Dio e il prossimo con disordinato affetto; ed è incomportabile a sè medesimo. Sempre ribella l'obedienzia sua: e tútto questo fa per amore proprio di sè.

E però voglio, dilettissima e carissima figliuola, che tu perda ogni amore proprio della propria sensualità; perchè non sta bene alla sposa di Cristo amare altro che lo sposo suo, e col lume della ragione abbracciare le virtù. Altrimenti, non potresti navigare in questo mare tempestoso di questa tenebrosa vita, cioè senza la navicella della santa obedienzia, nella quale tu sei entrata. Senz'essa tu non giugneresti al porto della vita durabile, dove tu ti unisci collo Sposo eterno. Pènsati, che se tu con l'amore proprio la percuotessi nello scoglio della disobedienzia, ella si romperebbe; e in questo modo affocheresti, e perderesti il tesoro, cioè il frutto del santo proponimento che tu facesti quando promettesti obedienzia, facendo professione. Adunque lèvati da questo amore, acciocchè non perisca; e virilmente, come vera sposa,

rizza ˙nella tua navicella l'arbore dello immacolato umile
Agnello, sposo tuo, cioè la santissima croce, colla vela della
sua obedienza. Chè vedi bene, che con [1] questa vela della
obedienza del Padre suo, egli l'ha spiegata, e corse con
veloce vento [2] d'amore e odio del peccato e di questo
amore sensitivo, infino all'obrobriosa morte della croce santissima. Or così fà tu ; con obedienza pronta, con umiltà
vera, con amore di Dio e del prossimo portandoti, e amando
caritativamente le tue suore senza scandalo di mente [3] o
mormorazione di lingua. Porta e sopporta ciò che tu udissi
o vedessi del prossimo tuo ; e le reprensioni che ti fussero
fatte, ricevile con riverenzia, pensando che per amore ti dicono, eziandio se ti facessero, [4] e non per odio. Per questo
modo ti leverai lo sdegno e ogni pena ; averai l'affetto delle
virtù, e l'odio e il dispiacimento del vizio e del proprio e
disordinato amore ; avendo imparato dal dolce e buono Gesù,
il quale t'è regola, via e dottrina. La regola e dottrina, te
la insegna colla obedienza sua, non schifando pene ; ma con
obbrobrii, scherni e villanie, ingiurie è infamie, e con molte
mormorazioni la compie in sul legno della santissima croce.

Ètti [5] via ; perocchè, come egli per via di croce andò, così
tu, e ogni creatura che ha in sè ragione, il debbe segui-

---

1 Dovrebbesi il *con* togliere via per giammatica ; ma sta a senso.

2 Neno piolungato e meno contoito che nel Petiaica: « *La nave
mia, colma d'oblio — A ciascun iemo un pensiei pionto e rio — La vela
iompe un vento — Di sospir, di speianze e di desio — Nebbia di sdegni
— saite Che son d'error con ignoranza attorte.* »

3 Non basta non scandalizzaie altiui dimostrandoci scandalizzati ;
devesi toglieie dalla mente il giudizio temeiaiio da cui soige lo
scandalo.

4 Paie sbaglio, e che manchi *offesa* o simile. Quando non s'intenda
che non solo i detti spiacevoli altiui, ma anco i fatti devonsi volgeie
a senso d'amoie.

5 In Dante: *Ènne,* per *c'è.*

tare, sostenendo ogni pena, tormento e molestia[1] per lo suo amore; spiegando la vela in su questo arbore, Cristo crocifisso, cioè la vela dell' amore[2] e l' affetto del desiderio colla continua orazione. La quale orazione porta, e reca. Porta, dico, i nostri desiderii pieni d' odio di noi, e amore delle virtù provate nella carità del prossimo. Dico che reca il desiderio e la volontà di Dio; avendo recato, sel mette indosso colle mani delle sante e buone operazioni. Allora ti troverai spogliata del tuo proprio amore, e vestita del vestimento nuziale. In altro modo, non saresti vera sposa; nè faresti resistenzia alle molte mormorazioni,[3] che io so che odi di noi, che t'hanno dato pena. Non voglio[4] dunque che abbi più pene; perchè questa è la via onde debbono andare i veri servi di Dio. E considerando io che chi fa questo che detto è, è privato d' ogni pena e rimane in pace e in quiete; però ti dissi che io desideravo di vederti spogliata dell' amore proprio sensitivo, e vestita del vestimento reale, acciocchè tu sia privata della pena della obedienzia,[5] e di quella delle mormorazioni. E stà in pace e in quiete, gustando Dio per Grazia; sicchè nell' ultimo riceva l' eterna visione di Dio, dove sono finite le pene, e si riceve il frutto delle virtù, che sèguita di po'[6] le fadighe. Dio ti doni a

---

[1] Questa parola, che negli antichi ha senso grave, può comprendere e i minimi e i sommi dolori. Dante: « La bufera infernal... li molesta. »

[2] Dianzi la vela era l' obbedienza. Ma questa, se vera è, s' intese e s' innalza e si tende per amore.

[3] Alessa, madre di suor Maddalena, era compagna a Caterina ne'suoi viaggi; e però forse anche contro di lei mormoravasi. Quindi forse alla figliuola più cruccioso il dolore.

[4] La stampa: vogli.

[5] Obbedienza senza merito di libertà, perchè amareggiata da orgoglio.

[6] Preposizione anco nel Novellino, che dice: « Di po' non molti giorni lo re si pensò di non esser legittimo. »

te e all'altre la sua dolce ed eterna benedizione. Altro non
ti dico. Permani nella santa e dolce dilezione di Dio. Gesù
dolce, Gesù amore.

CCXXI. — *A Suor Bartolomea della Seta,*
Monaca nel Monasterio di Santo Stefano in Pisa.

L'anima è sposa. I pensieri men degni non sono colpa, se l'anima non
consente; son anzi prove di libertà, la addestrano, ne aumentano
il merito. La vera virtù non vorrebbe premio senza battaglia: le
piace il dolore se piace a Dio. La gioia del bene non è il bene
stesso. Le aridità dello spirito umiliando innalzan l'amore. Umiltà
e carità, ale dell'anima. Colloquio tra Gesù e Caterina.

Al nome di Gesù Cristo crocifisso e di Maria dolce.

Carissima figliuola in Cristo Gesù. Io Catarina, serva e
schiava de' servi di Gesù Cristo, scrivo a voi nel prezioso
sangue suo; con desiderio di vedervi Sposa vera consecrata
allo Sposo eterno. Condizione è della sposa, di farsi una volontà con lo sposo suo: e non può volere più che egli voglia; e non pare che possa pensare altro che di lui. Or così
pensate voi figliuola mia, che voi che sete sposa di Cristo
crocifisso, non dovete pensare nè volere altro che lui, cioè
non consentire a pensieri.[1] Che i pensieri non venissero,
questo non ti dico; perciocchè nol potresti fare nè tu nè
creatura. Perocchè 'l dimonio non dorme mai: e questo
permette Dio per far venire la sposa sua a perfetta sollecitudine, per farla crescere in virtù. Questa è la cagione perchè Dio permette alcuna volta che la mente rimane sterile
e tenebrosa, e attorniata di molte perverse cogitazioni; che

---

[1] Col plurale, senz'altro aggiunto, intende pensieri men che buoni; perchè manca al pensamento quell'unità ch'è forza insieme e intelligenza e bellezza e che si addice alla natura dell'anima.

non parrà che possa pensare Dio, nè ricordare appena il nome suo.

Guarda, che quando tu sentissi questo in te medesima, che tu non venga a tedio nè a confusione disordinata;
nè non lassare l'esercizio tuo nè l'atto dell'orazione,
perchè 'l dimonio ti dicesse: « Che ti leva [1] questa orazione,
che non la fai con affetto nè con desiderio? meglio ti sarebbe a non farla. » Non lassare perciò; nè per questo venire
a confusione; ma rispondi virilmente: « Più tosto voglio
esercitarmi per Cristo crocifisso sentendo pena, tenebre e
battaglia, che non esercitarmi sentendo riposo. » E pensa
che questa è la condizione de' perfetti: che se possibile gli
fusse di campare l'inferno, e avere diletto in questa vita,
e con questo avere vita eterna; essi non la vogliano per
questo affetto: tanto gli diletta di conformarsi con Cristo
crocifisso. Onde piuttosto la vogliono per via di croce e di
pena, che senza pena. Or che maggiore diletto può avere
la sposa, che essere conformata con lo sposo suo, ed essere
vestita d'uno simile vestimento? Onde, perchè Cristo crocifisso nella vita sua non elesse altro che croce e pena, e
di questo vestimento si vesti; però la sposa sua si reputa
a beatitudine, quando si vede vestita di questo vestimento;
e perchè vede che lo sposo l'ha amata sì smisuratamente,
però ella l'ama e ricevelo con tanto amore e con tanto
desiderio, che non è lingua sufficiente a poterlo narrare. E
però la somma ed eterna Bontà per farla giugnere a perfettissimo amore e avere umilità, permette le molte battaglie, e la mente asciutta, acciocchè la creatura ricognosca
sè medesima, e vegga, sè non essere: perocchè se ella fusse
alcuna cosa, si leverebbe la pena quando volesse; ma per-

---

[1] Rileva. Così *levatura* per *importanza*. Può stare altresì per
allevia.

chè ella non è, non può. Onde cognoscendo sè, s'umilia nel suo non essere, e cognosce la bontà di Dio, che gli ha dato l'essere per grazia, e ogni grazia che è fondata sopra l'essere. Ma tu mi dirai: « Quando io ho tanta pena, e tante battaglie e tenebre, io non posso vedere altro che confusione; e non pare che io possa pigliare speranza veruna: tanto mi veggo misera. » Rispondoti, figliuola mia, che se tu cercherai, troverai Dio nella buona volontà. Onde poniamo che tu senta le molte battaglie, tu non senti però privata la volontà, che ella non voglia Dio. Anco, questa è la cagione perchè si duole e ha pena, perchè teme d'offendere Dio. Debbe dunque godere ed esultare, e non venire a confusione per battaglie, vedendo che Dio gli conserva la buona volontà, e dágli dispiacimento del peccato mortale. E questo mi ricordo che udii dire una volta a una serva di Dio,[1] che le fu detto dalla prima dolce Verità, onde essendo ella stata in grandissima pena e tentazioni; e fra l'altre sentì grandissima confusione, in tanto che 'l dimonio diceva: « Che farai, che tutto il tempo della vita tua starai in queste pene, e poi averai lo inferno? » Ella allora rispose con uno cuore virile, e senza veruno timore, e con uno odio santo di sè, dicendo: « Non schifo pene, perciocchè io ho elette le pene per mio refrigerio. E se nell'ultimo mi desse l'inferno, non lasserò però che io non serva al mio Creatore. Perciocchè io son colei che son degna di stare nell'inferno, però che io offesi la prima e dolce Verità; onde se egli mi desse l'inferno, non mi fa ingiuria veruna, perciocchè io son sua. » Allora il nostro Salvatore, in questa dolce e vera umiltà, levò le tenebre e le molestie delle dimonia, siccome fa quando cade la nuvila, che ri-

---

[1] Parla di sè; e lo racconta anche Raimondo da Capua. Nè è falso *udii dire:* chè l'uomo ode e sente sè stesso; e Caterina entra sovente in colloquio coll'anima sua.

mane il sole: e di subito giunse la presenzia del nostro Salvatore. Onde ella s'infondeva[1] in uno fiume di lagrime con uno caldo dolce d'amore diceva:[2] « O dolce e buono Gesù, e dove eri tu quando l'anima mia era in tanta afflizione? » rispondeva il dolce Gesù, Agnello immacolato: « Io ero presso di te. Perocchè io sono immobile, e non mi parto mai dalla creatura, se già la creatura non si parte da me per peccato mortale. » E questa stava in uno dolce ragionamento con lui, e diceva: « Se tu eri con meco, come non ti sentivo? come può essere che stando al[3] fuoco io non senta caldo? E io non sentiva altro che ghiaccio, tristizia, e amaritudine; e parevami essere piena di peccati mortali. Ed egli rispondeva dolcemente, e diceva: « Vuoi che io ti mostri, figliuola mia, come tu per quelle battaglie non cadevi in peccato mortale, e come io ero presso di te? Dimmi qual'è quella cosa che fa il peccato mortale? È solamente la volontà. Perciocchè il peccato e la virtù sta nel consentimento della volontà: altrimenti, non è peccato nè virtù, se non volontariamente fatto. Questa volontà non c'era; perciocchè, se ella ci fusse stata, averesti preso diletto e piacimento nelle cogitazioni del dimonio: ma perchè la volontà non c'era, doleviti, e sostenevi pena per timore di non offendere. Adunque vedi che nella volontà sta il peccato e la virtù. Onde io ti dico che tu non debbi venire per queste battaglie a disordinata confusione. Ma voglio che di questa tenebra tragga la luce del cognoscimento di te, nel quale cognoscimento tu acquisti la

---

[1] Dante: « La gente che fonde a goccia a goccia Per gli occhi il mal che tutto il mondo occupa » (l'avarizia). Qui dice s'infondeva: non solo fondeva, ma infondeva sè stessa in Dio per amore. Più efficace che nel salmo: Effundite coram illo corda vestra.

[2] Manca forse un e.

[3] La stampa: il.

virtù dell'umiltà e nella buona volontà godi e esulti, cognoscendo che io allora abito in te nascosamente. E la volontà t'è segno che io vi sono; perciocchè, se tu avessi
mala volontà, non sarei in te per Grazia. Ma sai tu come
allora io abito in te? in quello modo che io stetti in sul legno della croce. E quello modo tengo con voi, che tenne
il Padre mio con meco. Pènsati, figliuola mia, che in su la
croce io ero beato, ed ero doloroso: beato ero per l'unione
della natura divina nella natura umana; e nondimeno la carne
sostenne pena, perciocchè 'l Padre Eterno [ritrasse a sè la
potenzia, lassandomi sostenere pena; ma non ritrasse l'unione, che non fusse sempre unito con meco. Così ti pensa che per
questo modo abito io nell'anima: perciocchè ritraggo spesse
volte a me il sentimento, e non ritraggo la Grazia; perocchè
la Grazia non si perde mai se non per lo peccato mortale,
come detto è. Ma sai tu, perchè io fo questo? fòllo solo per
farla venire a vera perfezione. Tu sai che l'anima non può
essere perfetta, se non con queste due ale, cioè umiltà e
carità. Onde l'umiltà acquista per lo cognoscimento di sè
medesima, nel quale ella viene nel tempo della tenebra; e
la carità s'acquista vedendo che io per amore gli ho conservata la santa e buona volontà. Onde io ti dico che
l'anima savia, vedendo che di questo esce tanta virtù, se
ne fa poi sicura (e per altro non permetto al dimonio
che vi dia delle tentazioni): e terrà più caro quello tempo, che veruno altro. Ora t'ho detto il modo. E pensa che
questo tempo è di grande necessità per la salute vostra;
perciocchè, se l'anima alcuna volta non fosse sollicita delle
molte tentazioni, ella caderebbe in grandissima negligenzia, perderebbe l'esercizio del continuo desiderio e orazione. Perocchè nel tempo della battaglia sta più attenta
per paura de'nemici, e fornisce la ròcca dell'anima sua, ri-
correndo a me che sono la sua fortezza. Ma la intenzione

del dimonio non è così: che permetto a lui che vi tenti per farvi venire a virtù; ed egli vi tenta per farvi venire a disperazione. Pensa che 'l dimonio tenterà uno che s' è posto a servirmi, non perocchè egli creda ch' egli caggia attualmente in quello peccato, perocchè già vede che eleggerebbe innanzi la morte, che attualmente offendere:—ma che fa? ingegnasi di farlo venire a confusione, dicendo: per questi pensieri e movimenti che ti vengono, neuno bene ti giova. — Or vedi quanta è la malizia del dimonio; che nella prima battaglia non potendo vincere, nella seconda col colore della virtù spesse volte vince. Onde io non voglio che sèguiti mai la maliziosa sua volontà: ma voglio che pigli la volontà mia, come io t'ho detto. E questa è la regola che io ti do, e ch' io voglio che tu insegni altrui, quando bisogna.»

Or così dico a te, carissima figliuola mia, che io voglio che facci tu. E siami specchio di virtù, seguitando le vestigie di Cristo crocifisso. Bágnati nel sangue di Cristo crocifisso; e fà,[1] ch' io non voglio, che cerchi nè voglia altro che 'l crocifisso; siccome sposa vera ricomprata del sangue di Cristo crocifisso. Ben vedi tu che tu sei sposa, e che egli t' ha sposata, e te e ogni creatura; e non con anello d' argento, ma con anello[2] della carne sua. Vedi quello dolce Parvolo, che in otto dì nella circoncisione, quando è circonciso, si leva tanta carne, quanta è una estremità d'anello. Oh abisso e altezza inestimabile di carità, quanto ami questa sposa dell' umana generazione! Oh vita per cui ogni

---

[1] Due pioposizioni conseite per iispaimio di paiole. Fà che tu non ceichi altio che Ciisto. Io non voglio che tu ceichi altio che Ciisto. Se puie qualcosa non manca.

[2] In molte figure, e anco nel linguaggio scientifico, quelli della vita coipoiea sono legamenti, il coipo è vincolo. Viigilio: « *Nexosque resolveret aitus — Frigida toto Paullatim exsolvit se coipoie.* » L' allusione che segue dimostia l' innocenza de' pensieii in questa che visse nell' età del Boccaccio.

cosa vive! tu l'hai tratta dalle mani del dimonio, che la possedeva come sua; e haiglila tratta dalle mani, pigliando il dimonio coll'amo dell'umanità; e sposila con la carne tua. E il sangue hai dato per arra, e poi nell'ultimo, svenando il corpo tuo, hai dato il pagamento. Or t'inebbria, figliuola mia, e non cadere in negligenzia, ma con vera sollecitudine ti leva; e con questo sangue spezza la durezza del cuore tuo per sì fatto modo che mai non si serri per veruna ignoranzia o negligenzia più, nè per detto di veruna creatura. Non dico più. Permanete nella santa e dolce dilezione di Dio. Gesù dolce, Gesù amore.

—

CCXXII. — A Stefano di Corrado Maconi.

Si disbrighi dalle noie del mondo.

Al nome di Gesù Cristo crocifisso e di Maria dolce.

Carissimo figliuolo in Cristo dolce Gesù. Io Catarina, serva e schiava de'servi di Gesù Cristo, scrivo a te nel prezioso sangue suo; con desiderio di vederti escire della tenebra, e drizzarti verso la luce senza pigliare più indugio di tempo, però che il tempo ci viene meno, e non ce ne avvediamo, per la cecità nostra. Ma egli è pure da levarsi la nuvila d'inanzi, e ponersi per obietto la verità. La verità è questa: che Dio non vuole nè cerca altro da noi, che la nostra santificazione. Per questo ci creò all'immagine e similitudine sua: e però volse il dolce e amoroso Verbo dare la vita con tanto fuoco d'amore; e così ci manifesta la sua verità. L'anima che, col lume, la ragguarda, non sta a dormire; anco, si desta dal sonno, cercando con grande sollecitudine il modo e la via e 'l luogo e 'l tempo, per li quali possa compire.[1] Egli non si fida di potere aspettare il dì di

---

[1] *Compire* assoluto, come *fare* e simili.

domane, perchè vede che non è sicuro di averlo. Così voglio che facci tu. Caccia da te ogni tenebra, acciocchè non ti sia impedito [1] questo lume. Sai che Dio t' ha mostrato, posciachè tu escisti dalle tenebre, ch' egli t' abbia eletto a cognoscere questa verità. Troppo saresti degno di grande reprensione se tu gli facessi resistenzia. Allora gli faresti resistenzia, quando per negligenzia ti ponessi a sciogliere, e non a tagliare. E perchè egli vuole che tu tagli, però t' ha conceduto di grazia che tu abbi spacciati e' fatti tuoi, del quale spaccio ho avuta grande allegrezza. Or sollecitamente, figliuolo mio, come quelli che debbono aver fame del tempo, spaccia quello che t' è rimaso a fare, acciò che compì la volontà di Dio in te.

Non ti dico più. Dì a Pietro che non sia negligente a disbrigare sè medesimo, acciò che egli corra [2] sciolto, e non legato, per la dottrina di Cristo crocifisso. Al fatto di Missere ....[3] Permani nella santa e dolce dilezione di Dio. Gesù dolce, Gesù Amore.

CCXXIII. — *A Jacopo Cardinale degli Orsini.*

Costanza c'è data da amore; amore vero degli uomini dal conoscimento di noi. Consiglia clemenza verso gl' Italiani ribelli.

Al nome di Gesù Cristo crocifisso e di Maria dolce.

A voi, dilettissimo e carissimo padre in Cristo Gesù, io Catarina, serva e schiava de' servi di Gesù Cristo, scrivo a voi nel prezioso sangue suo; con desiderio di vedervi colonna ferma e' stabile, posto a nutricare nel giardino [4] della

---

[1] Dante: « *Impediva la vista e lo splendore.* »
[2] Paolo: « *Non volentis, neque currentis.* »
[3] La solita omissione di certi particolari.
[4] Confonde le imagini di giardino e di colonna e di nutrimento.

santa Chiesa, per li molti venti contrari che vengono. Se non fosse di pietra ben fondata, verrebbe meno. Conviene che il fondamento sia cavato ben giù: che se fosse poco, anco [1] sarebbe debole. O padre in Cristo Gesù, voi sete colonna posta per umilità; la quale umilità s'acquista nel vero cognoscimento di sè medesimo. E però cade l'uomo in superbia, perchè non cognosce sè. Che se cognoscesse, sè medesimo non essere; mai non caderebbe in superbia. Ma l'essere che egli ha, ha ricevuto solo da Dio. Chè noi non pregammo mai Dio che ci creasse. Mosso dunque dal fuoco della sua Divina Carità, per l'amore che egli ebbe alla sua creatura, guardandola dentro di sè, innamorossi della bellezza sua e della fattura delle mani sue. A mano a mano che l'anima ha ragguardato [2] in sè, viene che trova la bontà di Dio; cresce l'anima in tanto fuoco d'amore, che altro non può amare nè desiderare se non solo Dio, in cui gli ha trovato tanta smisurata bontà. Perocchè vede in sè essere quella pietra, che tiene dritto il gonfalone della santissima Croce; chè nè pietra l'arebbe tenuto, nè chiodo confitto, se non fosse la forza per [3] l'amore che Dio ebbe all'uomo. Questo mi ricordo che fu detto una volta ad una serva sua, [4] dicendo ella per smisurato desiderio che aveva: « O Signor mio, se io fossi stata della pietra e terra dove fu fitta la Croce tua, quanto mi sarebbe di grazia! che io averei ricevuto del san-

---

Quest'è una delle non molte improprietà nello stile di lei: ma improprietà più fiequenti rincontransi negli sciittoii artifiziosi d'oggigiorno. E gli antichi stessi non n'andarono esenti. Oiazio: « *Quanta laboias in Charybdi, Digne puci meliore flamma!* »

[1] Se fosse poco fondo, anco che paia sodo, saiebbe debole.

[2] La stampa: *ragguaidata*. Foise ha a leggeisi: *che l'anima ragguaida in sè.*

[3] Foise ha a leggeie *dell'amoie*. Sebbene anco in Viigilio: « *Vix alto vulnere tardat.* »

Accenna umilmente di sè.

gue tuo, che versava giù per la croce. » Rispondeva la dolce prima Verità, e diceva: « Figliuola mia carissima; tu e l'altre creature che hanno in sè ragione, fusti quella pietra che mi tenesti; cioè l'amore che io ebbi a voi. Chè veruna altra cosa era sufficiente a tenermi, Dio-e-Uomo. » Adunque vergogninsi li cuori miseri miserabili, superbi, dati solo alle grossizie [1] e miserie di questa tenebrosa vita, alle grandezze, stati, e delizie del mondo. Questo tale fa il fondamento tanto in su, [2] con amore proprio di sè medesimo, perchè non vuole durare fadiga, nè tenere per la via degli obbrobri, della viltà e povertà volontaria, la quale vi tiene il dolce e buono Gesù. Dico, carissimo fratello, che questo tale non dura, ma ogni piccolo vento il dà a terra; perocchè il fondamento suo, cioè l'amore e l'affetto è posto in cosa vana, leggiera e transitoria, che passa e va via come il vento. Ben vedete che in sè nessuna cosa ha fermezza, se non solo Dio. S' ell' è vita, ella viene meno. Da vita andiamo alla morte, da sanità ad infirmità, da onore a vituperio, da ricchezza a povertà. Ogni cosa passa e corre via. O come è semplice colui che pone l'affetto in loro, tutto! Vel pone, perchè egli ama sè medesimo d'amore sensitivo; ama quello che si conforma con quella parte sensitiva piccola: [3] non s'ama sè [4] di ragione d'amore fondato in virtù. Che se s'amasse ragionevolmente; chè ciò che ama, amasse con ragione e con virtù, e non per diletto sensitivo d'amore proprio, diletto e

---

1 Voce di cui non si reca altro esempio che di Caterina; ma più appropriata ed efficace qui che *grossezza;* perchè raccoglie insieme le idee di materialità, e del francese *grossiéreté,* e quelle che denotansi da *grossolano.*

2 Però fondamento leggiero.

3 Bella parola, e sapientemente collocata.

4 Il *si* che precede potrebbesi ometterle; ma può stare a rincalzo dell'altro *sè.*

piacimènto del mondo, piacere[1] più a sè e alle creature,
che a Dio; se venissero meno, non perderebbe nulla, nè alcuna pena ne sosterebbe, perchè non vi sarebbe l'amore.
Chè solo la pena cade in coloro che amano fuori di Dio: ma
chi ha ordinato in lui,[2] che sè e ogni cosa ama con la ragione del cognoscimento vero fondato nel suo Creatore,
non cade pena in lui. Vede bene, che veruna cosa Dio
gli dà o tolle spiritualmente o temporalmente, e gli vuole
fare altro,[3] che per nostro bene e per nostra santificazione.
Allora con questo lume e cognoscimento, che egli ha acquistato di sè e della bontà di Dio e della sua inestimabile carità, egli s'umilia, cavando[4] odio e dispiacimento di sè. Nasce in lui una pazienzia nelle pene, ingiurie, scherni, villanie, che egli sostenesse: perocchè egli è contento di sostenere pene, considerato che egli è stato ribello al suo Creatore. Poich' egli[5] è fatto il fondamento; ed egli diventa
pietra ferma e stabile, posto e confermato in sulla pietra
Cristo Gesù, seguitando le vestigie sue: e in altro non si può
dilettare, nè amare nè volere, se non quello che Dio ama;
odia quello che egli odia. Allora riceve tanto diletto, fortezza e consolazione, che neuna cosa che sia, nè dimonio nè creatura, il può indebilire, nè dare amaritudine

---

[1] Forse manca *per:* ma si può sottintendere.

[2] Pare manchi una parola: *ha ordinato l'amore in lui* (Dio). Può
intendersi ordinato, deliberato in sè stesso. Cantica: « *Ordinavit in me
charitatem.* »

[3] Togliendo le parole *e gli vuol fare,* riesce il senso più netto, ma
può intendersi: veruna (nessuna) cosa (Dio) vuol fare (all'uomo), se
non per suo bene. Passa da *gli* a *nostro;* perchè accenna e nel primo
e nel secondo a noi uomini tutti.

[4] Quasi dall'intimo seno del vero e del conoscimento di sè.

[5] Il primo *egli* è quasi ripieno, e riguarda *fondamento;* il secondo
riguarda l'uomo.

neuna: perchè colà ove è Dio, è ogni bene. Non si tragga più 'l cuore nostro di tanta dilezione.

Non più negligenzia nè ignoranzia. Seguitatemi[1] l'Agnello svenato, aperto in sul legno della santissima croce. Altrimenti, carissimo padre, voi colonna, posto ad aiutare e sovvenire in ciò che potete la dolce sposa di questo Agnello,...[2] aveva posto, non per vostra bontà, ma per sua, perchè rendiate l'onore a lui, e la fadiga al prossimo vostro. Siate, siate gustatore e mangiatore dell'anime: chè questo fu il cibo suo.

Ben vedete, che, poichè noi perdemmo la Grazia per lo peccato del nostro primo padre, non s'adempiva in noi la volontà del Padre eterno, che non ci aveva creati per altro fine se non perchè gustassimo e godessimo la bellezza sua, vita durabile senza morte. Non s'adempiva questa volontà.[3] Mosso dal fuoco dell'amore col quale n'aveva creati, vuole mostrare che non ci ha fatti per altro fine; trova 'l modo d'adempire questa volontà: dacci per amore il Verbo dell'unigenito suo Figliuolo, sopra di lui punisce la nostra infirmità e iniquità. O fuoco dolce d'amore, tu gitti uno colpo; che insiememente tu punisti 'l peccatore sopra di te, sostenendo morte e passione, satollandoti di obbrobri e di vergogna e vituperio per renderci l'onore il quale perdemmo per lo peccato commesso; e con questo hai placato l'ira del Padre tuo. Facendo in te giustizia, per me sodisfacesti la ingiuria fatta al Padre eterno tuo. Così hai fatta

---

[1] Come: *statemi sano, allegro.* Bel modo che unisce in uno due voleri e due vite.

[2] Qui è lacuna ne' codici. Il Gigli supplice di suo: *caderete dal grado in cui vi aveva posto.* La stampa d'Aldo porta tra *Agnello* e *l'aveva* un *so,* che si può compire in mille maniere diverse, ma senza sicurezza di dare nel segno.

[3] Anche qui pare che manchi.

la· pace della gran guerra. Bene dice il vero quello dolce innamorato di Pavolo: che Cristo è nostra pace, e tramezzatore. Chè è stato a fare pace fra Dio e l'uomo. Or questo è il modo dolce e soave che Dio ha tenuto per darci il fine vêr lo quale ci creò. Mostrato l'ha per effetto e per operazione,[1] non ostante a quello ch'egli ha fatto, ma continuamente fa, mostrandoci grandissimi segni d'amore. E tutto questo troverà l'anima, se ragguarderà in sè medesima: che ogni cosa è fatta per lei. Àrrendasi, arrendasi la città dell'anima nostra almeno per fuoco, se non s'arrende per altro. Oimè, oimè, non dormite più, voi, e gli altri campioni della santa Chiesa. Non attendete più a queste cose transitorie; ma attendete alla salute dell'anime. Chè vedete, che il dimonio non resta mai di divorare le pecorelle ricomperate di sì dolce prezzo: e tutto è per la mala cura de' pastori, che sono fatti divoratori dell'anime.

Attendeteci per l'amore di Dio! Adoperate ciò che potete col vostro dolce Cristo in terra, che procuri di fare buoni pastori e rettori. Oimè, Dio Amore! Non fate più scoppiare e morire noi e gli altri servi di Dio; ma siate sollicito a fare ciò che potete, di mostrare che voi amate la fame[2] dell'onore di Dio e della salute dell'anime. E non tanto sopra il popolo cristiano, ma anco sopra il popolo infedele; pregando Cristo in terra, che tosto rizzi il gonfalone della santissima croce sopra di loro. E non temete per veruna guerra o scandalo che venisse; ma fate virilmente: chè quello sarà il modo di venire a pace. Pregovi per l'amore di Cristo crocifisso, che della guerra, che

---

1 *Operazione* è la serie de' fatti significati da *effetto*. *Nonostante* qui sta in senso prossimo a *non solamente*.

2 Bisogna voler volere, chiedere il desiderio, da cui viene il merito e la potenza dell'opera. Questo significa *amare la fame*.

avete con questi membri putridi[1] che sono ribelli al capo
loro, voi preghiate il Padre santo, che si vogli riconciliare
e fare pace con essi. Chè, potendo avere la pace con quelli
modi debiti, che richiedono[2] al ben della santa Chiesa, è meglio che a fare con guerra. Poniamochè ingiuria abbia ricevuta da loro, nondimeno dobbiamo discernere quello che
è maggiore bene. Di questo vi prego quanto so e posso; sicchè poi potiamo andare virilmente a dare la vita per Cristo.

Non dico più. Siate colonna ferma; fermato, e stabilito in
su la pietra ferma, Cristo. Permanete nella Santa e dolce dilezione di Dio. Perdonate alla mia presunzione, che presumo
di scrivere a voi. Scusimi l'amore che io ho della dolce
sposa di Gesù Cristo, e salute nostra. Gesù dolce, Gesù amore.

CCXXIV.—*A Monna Niera di Gherardo Gambacorti in Pisa.*

Fedeltà abbiaccia fede, speianza, amoie. Chi ama sè, ciede e speia in
sè; quindi miseio. Dispiegino le giandezze. Consiglio alla madie,
della moglie da daie al figliuolo Giovanni. Il nepote del signoie
di Pisa, il futuio esule, colui che dava Pisa a Fiienze, la Scnese lo
chiama, se non piofeticamente, repubblicanamente non più che
gaizone.

Al nome di Gesù Cristo crocifisso e di Maria dolce.

Carissima figliuola in Cristo dolce Gesù. Io Catarina, serva
e schiava de' servi di Gesù Cristo, scrivo a voi nel prezioso
sangue suo; con desiderio di vedervi serva e figliuola fedele del Padre eterno. Sapete che l'amore è quella cosa
che ci fa fedeli. In quella cosa che altri ama, egli ha fede.[3]

---

[1] Ribellanti alla Chiesa. Beinaido, dell'Antipapa: *membium putrc.*

[2] Manca un *si* foise.

[3] Chiaio è che *fedele* nel cuoie di Cateiina ha gemino senso: come
deve; del piestai fede, e dell'osservarla; compiende con la fedeltà la

Così vediamo ch' e' veri servi di Dio, per l'amore che essi hanno al loro Creatore, perdono ogni fede e speranza di loro medesimi, che non sperano in loro virtù nè in loro sapere; chè egli cognoscono e veggono, loro non essere; l'essere loro retribuiscono a Dio, d'averlo per grazia, e non per debito. Subito che ama con fede, ha speranza viva non in sè, ma in Colui che è. Questi cotali hanno fede viva e non morta, con dolci e sante operazioni.

Quali sono le operazioni che mostrano fede viva fondata in vero amore? La pazienzia contra l'ingiuria o pena per qualùnque modo Dio la concede a noi; la divina carità contra l'amore sensitivo proprio di sè medesimo; l'umiltà contra l'enfiata superbia, che ·l' uomo acquistá per lo stato, delizie, onori e diletti[1] del mondo. Questa umiltà dispregerà il mondo con tutte le sue pompe. Ma veruno è che la possa avere, se egli non cognosce[2] sè, difettuoso, non essere, e vegga Dio umiliato a sè. Come l'anima ragguarda la somma Altezza discesa in tanta bassezza quanta è la nostra umanità, vergognasi allora l'umana superbia vedendo Dio tanto umiliato. Or questi sono e' frutti che 'parturisce[3] la. fede viva, posta solo nel suo Creatore. Costoro godono e gustano Dio in verità; non sentono pena per veruna pena o tormento che sostengano, però che credono fermamente che Dio non cerca nè vuole nè permette veruna cosa, altro che per nostra santificazione. E tutto questo procede dall'amore: chè se l'amore non fosse, non avcrebbero fede.

fiducia; abbiaccia nella fede la speianza e l'amoie. Imagine del misteio di Dio uno e tiino, più accomodata foise di quella ch'è tolta dalla tiigemina facoltà dello spiiito umano.

[1] *Delizie,* le delicatezze degli agi che paiono leciti; *diletti,* i piaceii che già si fanno sentiie disoidinati. Anco il poveio, tioppo piivato delle *delizie,* può peccaic in tali *diletti.*

[2] Foise *coguosca.*

[3] Viigilio: « *Parturit almus agei.* »

Così vedete che per lo contrario coloro che hanno al mondo posto l'affetto e la sollecitudine loro, tutta la fede e la speranza si riposa in loro [1] e nel mondo. E però stanno in continua pena e amaritudine; perchè pongono l'amore in cosa che non è ferma nè stabile, e così se ne trovano ingannati. Che stabilità hanno o padre o madre o onori o ricchezze o signoria? Non veruna. Chè ogni cosa passa come 'l vento. Oggi vivo, e domane morto; testè sano, e testè infermo; testè ricco, e testè povaro; ora sta in delizie co' figliuoli suoi, testè viene meno. E però sostiene pena, ponendoci l'amore e 'l disordinato desiderio: perchè non bastano; e non può tenere quello che ama.

E però voglio, figliuola mia dolcissima, che non abbiate affetto nè fede nè speranza in voi nè in cosa corruttibile; ma tutta voglio che vi dilettiate di servire Cristo dolce Gesù, dove si riposa ogni diletto e consolazione. Ine s'inebria l'anima del sangue dell'Agnello immacolato, ardesi, [2] e risolvesi nel fuoco dell'ardentissima carità; riceve tanta fortezza, che nè dimonio nè creatura le può tollere questo bene. Adunque nascondetevi nelle piaghe di Cristo crocifisso, ponete l'affetto, la fede e la speranza vostra in Cristo crocifisso. Con questo dolce e vero Agnello passerete questa tenebrosa vita, e giugnerete alla vita durabile, dove si pascono [3] e' veri e dolci gustatori. Non voglio dir più.

Di quello che mi mandaste dicendo, d'allogare il vostro garzone, vi rispondo che voi attendiate non all'avere nè a' grandi parentadi, ma solo alla virtù e alla buona condizione [4] della fanciulla. Quando trovate questo, fatelo sicura-

---

[1] In sè stessi.

[2] Non arde senza voleilo o sapeilo; arde sè con libeio sagrifizio.

[3] Salmo: « *In loco Pascuœ ibi me collocavit.* »

[4] Per *condizióne* oia intendesi quella che ancoia più elegantemente si dice dagl'Italiani infiancesati *posizióne sociale.* Cateiina poneva la buona condizione nell'animo.

mente. E ciò che fate, fatelo con timore di Dio, ponendolo sempre per obietto dinanzi agli occhi dell'anima vostra. . Benedite e confortate Gerardo in Cristò dolce Gesù. E dite a Gherardo, che io mi richiamerò a Cristo crocifisso di lui, perchè egli non ha fatto quello che debbe fare ogni fedele Cristiano.[1] Dite che non aspetti l'ultimo dì della vita sua, però che non sa nè quando nè come. Permanete nella santa e dolce dilezione di Dio. Gesù dolce, Gesù amore.

CCXXV. — *A Frate Lazzarino da Pisa de' Frati Minori.*[2]

Scritta forse alla fine della quaresima che in Siena predicò Lazzarino. Desiderio della Pasqua, Pasqua di patimenti. San Francesco a lei padre. Fatiche del cuore, pena della mente.

' Al nome di Gesù Cristo crocifisso e di Maria dolce.

A voi dilettissimo e carissimo padre e fratello e figliuolo in Cristo Gesù, io Catarina, serva inutile, scrivo, sovvenendomi di quella dolce parola che disse Cristo, cioè: « Con desiderio ho desiderato di fare la Pasqua con voi, prima che io muoia. » Di questo santo desiderio, secondo che mi dà la divina Grazia (chè io per me non sono, ma solo Dio è quello

---

[1] In altra lo prega di confessarsi.

[2] Nella stampa d'Aldo, il titolo accenna che altre lettere Caterina scrisse a Francescani, perdute. E parecchi di quell'Ordine erano da lei riveriti, e lei riverivano: e tra gli altri, Frate Gabriele da Volterra e Frate Giacomo de' Nobili da Montepulciano. Questo Lazzarino da Pisa la avrà conosciuta essendo in Siena a predicare; e da lei prese cuore a meglio seguire la regola del gran fondatore: giacchè l'esercizio della predicazione, servendo alla vanità dell'ingegno, e tentando l'uomo a lusingare gli orecchi, e sviandolo dalla solitudine amica, sovente si fa scandalo. Tanto divenne il frate ammiratore della virtù della vergine, che lo soprannominarono Caterinato.

che è), secondo dunque che Dio ha vulnerata l'anima, ardisco di dire quello che disse Cristo : « Con desiderio io ho desiderato che noi facciamo la Pasqua prima che noi muoiamo. » Questa sarà la nostra dolce e santa pasqua, cioè, quello che dice David nel Salterio : « Gustate, e vedete; » ma non pare che possiamo vedere Dio, se in prima non facciamo questa santa Pasqua, di gustarla : di gustarla, dico, per amore della sua inestimabile dilezione della carità; cognoscendo e gustando, che la bontà di Dio non vuole altro che il nostro bene; come dice quello innamorato di Paolo: « Dio è nostra santificazione e giustizia, e ogni nostro riposo. » E : « La volontà di Dio non vuole altro, che la nostra santificazione. »

Oh inestimabile dilezione e carità! Tu dimostri questo affocato desiderio; e corresti, come ebbro e cieco, all'obbrobrio della croce. Il cieco non vede; nè l'ebbro, quando è bene avvinacciato: così egli, quasi come morto,[1] perdette sè medesimo; siccome cieco ed ebbro della nostra salute. E nol ritrasse la nostra ignoranza nè la nostra ingratitudine, nè l'amore proprio che noi abbiamo a noi medesimi. O dolcissimo amore Gesù, tu t'hai lassato accecare all'amore, che non ti lassa vedere le nostre iniquitadi; e perduto n'hai il sentimento. O signor dolce, e' parmi che l'abbi voluto vedere[2] e punire sopra al corpo dolcissimo tuo, dandoti al tormento della croce; e stando in su la croce come innamorato, a mostrare che non ci ami per tua utilità, ma per nostra santificazione.

---

[1] Molto, e con altre parole e assoluto, dicesi dell'amante. I Latini *depereo*.

[2] Corregge quel che poteva parere sconveniente nel detto che il Redentore non vede le colpe degli uomini amati. Non le vuole vedere in essi; ma assumendolo in sè, le vede con occhio tanto severo che le gastiga aspramente.

E drittamente egli sta come nostra regola, come nostra via, e come libro scritto, nel quale ogni persona grossa e cieca può leggere. Il primo verso del libro è odio e amore: cioè amore dell'onore del Padre, e odio del peccato. Adunque, dilettissimo e carissimo fratello e padre per reverenzia del Sacramento, seguitiamo questo dolce libro, che così dolcemente ci mostra la via. E se avvenisse che questi tre nostri nemici si parassero nella via, cioè il mondo, la carne, e il dimonio; e noi pigliamo l'arme dell'odio, siccome fece il padre nostro santo Francesco. Onde, perchè il mondo non li gonfiasse lo stomaco,[1] egli elesse la santa e vera estrema povertà.

E così voglio che facciamo noi. E se il dimonio della carne volesse ribellare allo spirito, ci giunga [2] il dispiacimento, e s'affligga e maceri il corpo nostro: siccome fece esso nostro padre, il quale sempre con sollicitudine, e non con negligenzia, corse per questa santa via. E se il dimonio giugnesse con le molte illusioni e variate fantasie, e col timore servile, e volesseci occupare la mente e l'anima nostra; non temiamo: perocchè queste cose sono diventate impotenti per la virtù della croce. (O amore dolcissimo!) [3] Poichè non possono più, se non tanto quanto Dio gli dà. E Dio non vuole

---

1 Ai Latini *stomaco* era la sede dell'impazienza più o meno sdegnosa o superba. A noi questo traslato esprime ribrezzo e ripugnanza; ne' quali moti spesso entra orgoglio. Ma qui gli è un misto de' due sensi, con altri ancora; e denota quel che la vanità mondana ha di ventoso e d'indigesto, di turbolento e di sconcio. Gli è più nobile di quella *rogna* nel Paradiso di Dante; che pure l'istesso accenna *al savor di forte agrume* e alla voce *molesta nel primo gusto,* che, digerita, diventa vital nutrimento. Ma bello, soprattutto, che la Domenicana chiami Francesco *Padre nostro.*

2 La stampa: *ci onga.*

3 Questa esclamazione di gratitudine affettuosa, interrompendo il discorso, lo fa più stringente che mai.

altro che 'l nostro bene; adunque non ci darà più che noi possiamo portare: Confortatevi, confortatevi: e non schifate pena ; conservando sempre la santa volontà, sicchè ella non si riposi in altro che in quello che Cristo amò, e in quello che Dio odiò.[1] E cosi armata la nostra volontà di odio e amore, riceverà tanta fortezza che, come dice santo Paolo, nè il mondo nè il demonio nè la carne ci potrà ritrarre da questa vita.[2] Portiamo, portiamo, fratello carissimo; perocchè quanto più pena porteremo quaggiù con Cristo Crocifisso, più riceveremo gloria. E neuna pena sarà tanto remunerata, quanto la fadiga del cuore e la pena mentale;[3] perocchè sono le maggiori pene che sieno, e però sono degne di maggiore frutto.

In questo, dunque, modo ci conviene gustare Dio, acciocchè possiamo vedere. Altro non vi dico, se non che siamo uniti e trasformati in quella dolce volontà di Dio. Corriamo, corriamo, dolcissimo fratello, legati tutti col vincolo della carità con Cristo crocifisso in sul legno della croce. Io Caterina, serva inutile di Gesù Cristo, mi vi raccomando, e pregovi che preghiate Dio per me, sì che io vada in verità. Gesù, Gesù, Gesù.

---

[1] Il riposarsi della volontà in quel che Dio odia (precedendo quel che Dio ama), significa che il giudizio e l'elezione nostra non sono turbati nè fluttuanti sopra le cose da fare e da ometteie. Conoscere quel ch'è men bene per non gli correre dietro, è un riposo dell'anima. Nel latino, *sedet* vale *ho deliberato e fermo*.

[2] Forse *via*.

[3] Oltre ai dolori corporei, e a quelli che le venivano dalle contradizioni degli uomini, ella ne aveva di più acuti nel cuore delicato e compassionevole; e l'altezza stessa della mente le moltiplicava tormenti. Caterina pagava *la pena* del proprio ingegno. Questa seconda parola *pena mentale* sarebbe materia d'un libro tremendo.

CCXXVI. — *A Frate Raimondo da Capua dell' ordine de' Frati Predicatori.*

In Dio creatore e redentore l'anima conosce la dignità e i difetti propri; e nella dignità e ne' difetti propri conosce i misteri della creazione e della redenzione. Quindi con gentile ardimento di desiderii si distende ad amare; consolazioni e visioni. Lettera che richiama i passi più celestiali di Dante. Ma tutta di lei è la sete del martirio, e che il suo sangue si sparga nel corpo mistico della Chiesa.

Al nome di Gesù Cristo crocifisso e di Maria dolce.

A voi, dilettissimo e carissimo padre e figliuolo in Cristo Gesù, dato da quella dolce madre Maria,[1] io Catarina, serva e schiava de' servi di Gesù Cristo, scrivo a voi nel prezioso sangue suo; con desiderio di vedervi figliuoli veri e banditori della parola incarnata del Figliuolo di Dio, non pur con voce, ma con operazione; imparando dal Maestro della verità, il quale operò la virtù, e poi la predicò. A questo modo, farete frutto; e sarete quello condotto, per cui mezzo Dio porgerà la grazia ne' cuori degli uditori. Sappiate, figliuoli miei, che la buona vita, e fame dell' onore di Dio e della salute dell' anime, non potremmo avere nè imparare se noi non andassimo alla scuola del Verbo, agnello svenato e derelitto in croce; perocchè ivi si trova la dottrina vera. Così disse egli: « Io son Via, Verità, e Vita, » e neuno può andare al Padre se non per lui. Aprasi l'occhio del cognoscimento vostro a vedere; e sturate l'orecchie, e udite la dottrina che vi dà. Vedete voi medesimi; perocchè in lui trovate voi, e in voi trovate lui.[2] Cioè, che

---

[1] La leggenda dice che in una visione la Vergine lo consigliò a lei, per padre di spirito.

[2] Non si potrebbe con più splendida evidenza e con brevità più profonda raccogliere in parole la scienza e naturale e soprannaturale della mente e del cuore. Nelle più alte cose sopra di sè, l'uomo conosce sè; nel suo profondo legge i veri più alti.

in lui trovate voi; per grazia, e non per debito, creandovi[1]
alla immagine e similitudine sua : e in voi trovate la smisurata bontà di Dio, avendo presa la similitudine nostra per
l' unione che ha fatta la natura divina con la natura umana.
Scoppino, dunque, e sfendansi[2] i cuori nostri, a ragguardare
tanto fuoco e fiamma d' amore, che Dio è innestato nel-
l' uomo, e l' uomo in Dio. Oh amore inestimabile ! Se l' uomo l' avesse avuto in pregio,[3] si basterebbe. A questa dolce
scuola, figliuoli miei ! Perocchè questo affetto e amore vi
menerà, e farà la vita.[4]

Dico che apriate l' orecchie a udire la sua dottrina, che
è questa. Povertà volontaria, pazienzia contra[5] le ingiurie,
render bene a coloro che ci fanno male ; essere piccolo,
umile, calpestato e derelitto nel mondo ; con scherni, strazii,
ingiurie, villanie, detrattazioni, mormorazioni, tribulazioni,
persecuzioni dal mondo e dal dimonio visibile e invisibile,
e dalla propria carne puzzolente, la quale, come ribella,
sempre vuole ribellare al suo Creatore, e impugnare contra
lo Spirito. Or questa è la sua dottrina ; e[6] portare con pa-

---

1 Non dice *avendovi cicati*. Dio è atto.

2 Il primo è più forte, ma può esprimere il sentimento d' un
istante solo : il secondo, la incessante forza, e sempre crescente, del-
l' amore nell' anima. In questo rispetto, diventa più.

3 Aldo : *in pregione, si basterebbe.* Il Gigli : *in pregio, nè si basterreb-
be.* Per trarne senso, converrebbe leggere *ne sì,* e intendere : quand' anco
avesse l' uomo saputo pregiare sì grande amore, neanco così basterebbe ; sarebbe poco così grande fuoco. Ma non pare modo de' soliti
di Caterina. Io intendo : basterebbe a sè stesso, a conoscere e guidare
sè. E forse è a leggere : *e' el si.* E di lì forse si fece la *pregione*
d' Aldo.

4 Il Gigli corregge *guida;* ma non ne vedo il bisogno. *Vita* s' accorda col detto : « io sono Via e Vita. » E forse ha a dire *sarà.*

5 Bello il *contra.* Non l' avventarsi contro i nemici visibili e invisibili è il vero contrasto ; ma la più degna e vittoriosa battaglia è la
pazienza. Dicendo *contra,* intendesi pazienza attiva, pensata, dignitosa.

6 L' *e* forse è da omettere.

zienzia, e resistere con l'arme dell'odio e dell'amore. O
dolce e suave dottrina! Ella è quello tesoro, il quale egli
elesse per sè, e lassù a' discepoli suoi. Questo lassù per maggiore ricchezza che lassare potesse. Che se avesse veduto
la divina Bontà, che le delizie e diletti e piaceri e amore
proprio di sè, e vanità e leggerezza di cuore, fussero state
buone; egli l'averebbe elette per sè. Ma perchè la sapienzia
del Verbo incarnato vide e cognobbe che questa era l'ottima parte; subito l'ama, e per amore se ne veste. E così
fanno i servi e figliuoli suoi, seguitando le vestigie del Padre loro. Adunque non voglio che caggia ignoranzia in voi
nè che vi ritraiate da questa dolce e dilettevole via, e soave
scuola; ma come figliuoli veri vi instrignate[1] questo vestimento in dosso, e sì e per siffatto modo vi sia incarnato,
che mai non si parta da voi, se non quando si partirà la
vita: allora abbandoneremo il vestimento della pena, e rimar-
remo vestiti del vestimento del diletto; e mangeremo alla
mensa dell'Agnello 'l frutto che sèguita dopo le fadighe.

Così fece il dolce banditore di Paolo, che si vestì di
Cristo crocifisso, e spogliato fu del diletto della divina essenzia.[2] Vestesi di Cristo uomo, cioè delle pene,[3] obbrobrii
di Cristo crocifisso; e in altro modo non si vuole dilettare;
anzi dice: « Io fuggo di gloriarmi, se non nella croce di
Cristo crocifisso. » E tanto gli piacque, che, come disse una
volta esso Apostolo a una serva sua: «dolce figliuola mia,
tanto me l'ho stretto[4] 'l detto piacere col legame del-

---

[1] Dante: « Oh isplendor! » Vangelo: « Sint lumbi vestri praecincti. »

[2] In Dio non cercò le gioie neanco spirituali; e per la via delle annegazioni, le rinvenne più grandi.

[3] Manca un e, o un terzo nome.

[4] La stampa aggiunge: ovvero me lo strinsi. Caterina, dettando,
avrà detto ovvero per correggere la parola detta prima, o per lasciarne
allo scrittore la scelta. Ed egli avrà messo in carta ogni cosa. Ma qui
ho stretto dice meglio la presente continuità dell'azione e gli effetti.

l'affetto e dell'amore, che mai da me non si partì,[1] nè punto allentò, se non quando mi fu tolta la vita.» Bene pareva il dolce di Paolo, che egli avesse studiata questa dottrina. Seppela perfettissimamente, in tanto che diventò mangiatore e gustatore dell'anime. Avendo fatto come fa la spugna, che trae a sè l'acqua; così egli, passando per la via degli obrobrii, trova inestimabile carità e bontà di Dio, con la quale ama sommamente la creatura. E vede che la sua volontà è questa, di volere la nostra santificazione e l'onore del Padre Eterno e la salute nostra; e dèssi[2] alla morte per adempire in voi questa santificazione. Paolo piglia,[3] e intendela; e intesa, si dà subito a dare l'onore a Dio, e la fadiga al prossimo: Bandisce virilmente la verità, e non tarda per negligenzia, ma è sollicito. Ed è fatto vasello di dilezione;[4] pieno di fuoco, a portare, e a predicare la parola di Dio.

Or così desidera l'anima mia: perocchè con grandissimo e affocato desiderio ho desiderato di fare Pasqua con voi; cioè, di vedere compito e consumato il desiderio mio. Or quanto sarà beata l'anima mia, quando io vedrò voi sopra tutti gli altri essere posto, fermato e stabilito nell'obietto vostro, Cristo crocifisso, e pascervi e nutricarvi del cibo dell'anima! Perocchè l'anima, che non vede sè per sè, ma vede sè per Dio, e Dio per Dio, in quanto è somma ed eterna bontà e degno d'essere amato da noi; ragguardando in lui l'effetto nell'[5] affocato e consumato amore, trova la

---

[1] Dante: « Mai da me non si partì 'l diletto. »

[2] Dièssi, si diede. Ma il semplice de più s'attiene all'origine. Così fèssi, in Dante, si fece.

[3] Dante: « Piglia Quel ch' io ti dicerò, se vuoi saziarti, E d'intorno da esso t'assottiglia. »

[4] Forse elezione. Ma forse ella avià cambiato pensatamente, riponendo la elezione nella plenitudine dell'amore.

[5] Può stare senza che corregasi dell'.

imagine della creatura in lui, e in sè medesimo trova Dio in imagine sua. Cioè, che quello amore che vede che Dio ha a lui, quello amore distende in ogni creatura; e però subito si sentę costretto ad amare il prossimo come sè medesimo, perchè vede che Dio sommamente l'ama, ragguardando sè nella fonte del mare [1] della divina essenza. Allora il desiderio dispone ad amare sè in Dio, e Dio in sè, siccome colui che ragguarda nella fonte, che vi vede la imagine sua; e vedendosi, s'ama, e si diletta. E s'egli è savio, prima si muoverà ad amare la fonte, che sè. Perocchè, s'egli non si fusse veduto, non s'averebbe amato, nè preso diletto; nè corretto 'l difetto della faccia sua, 'l quale vedeva in esso fonte.[2]

Or così pensate, figliuoli miei dolcissimi, che in altro modo non potremo vedere la nostra dignità, nè i nostri difetti, i quali ci tolgono la bellezza dell'anima nostra, se noi non ci andassimo a specchiare nel mare pacifico della divina Essenzia, dove per essa ci rappresenta noi. Perocchè indi

---

1 L'idea di cieazione le dà l'imagine della fonte; l'idea dell'infinito, quella di maie; e ambedue si iaccolgono nell'unità dell'essenza, che è il punto simbolico da cui, al vedeie di Dante e del filosofo, *Dependc il cielo e tutta la natuia.* Dante stesso, di Dio:

    « *per giazia che da sì piofonda*
Fontana stilla, che mai cicatuia
Non pinse l'occhio infino alla prim'onda. »
    « *Colui che si nasconde*
Lo suo piimo peichè, che non gli è guado. »
    « *Nella veduta sempiteina,*
La vista che discerne il vostio mondo,
Com'occhio per lo maie entio, s'interna. »

2 Bello di piofonda e limpida veiità. Appunto peichè l'uomo ama sè, deve amaie, più che sè, Dio, necessaiia oiigine del suo esseie non necessaio; necessaio specchio a conosceie sè medesimo; necessaio movente a sentiie sè stesso; necessaio aiuto a opeiaie la piopiia perfezione, e così meglio amaisi.

siamo esciti, creandoci la Sapienzia di Dio all'imagine e similitudine sua: ivi troviamo l'unione del Verbo innestato nella nostra umanità; troviamo, e vediamo e gustiamo la fornace della carità sua, il quale fu quello mezzo che diè noi a noi,[1] e poi unì 'l Verbo in noi, e noi nel Verbo, prendendo la nostra natura umana. Egli fu quello ligame forte, che[2] tenne confitto e chiavellato in croce. E tutto questo vedremo noi per lo vedere noi nella bontà di Dio. E in altro modo, non potremo gustarlo nella vita durabile, nè vederlo a faccia a faccia, se prima nol gustassimo per affetto e amore e desiderio in questa vita, per lo modo che detto è.

E questo affetto non possiamo mostrare in lui per utilità che noi li possiamo fare, perocchè egli non ha bisogno di nostro bene: ma possiamo e doviamo dimostrarlo ne' fratelli nostri, cercando la gloria e loda del nome di Dio in loro. Adunque non più negligenzia, nè dormire nell'ignoranzia, ma con acceso e ardito cuore distendere i dolci e amorosi desiderii ad andare a dare l'onore a Dio e la fadiga al prossimo; non partendovi mai dall'obietto nostro, Cristo crocifisso. Sapete che egli è quello muro dove vi conviene riposare a ragguardare voi nella fonte. Correte, correte a giugnervi; e serratevi nelle piaghe di Cristo crocifisso. Godete, godete, e esultate; chè 'l tempo s'approssima che la primavera ci porgerà i fiori odoriferi. E non mirate perchè vedeste venire il contrario; ma allora siate più certificato che mai.

Oimè, oimè, disavventurata l'anima mia! che io non mi vorrei mai restare, infino che io mi vedessi che per onore di Dio mi giungesse uno coltello che mi trapassasse la gola, sicchè 'l sangue mio rimanesse sparto nel corpo mistico

---

[1] La creazione dell'anima libeia, le dona, insieme coll'opeic, l'aitifizio di sè.

[2] Meglio *che 'l.*

della santa Chiesa. Oimè, oimè, che io muoio, e non posso morire. Non dico più. Perdonate, padre, alla mia ignoranzia. E scoppi e dissolvasi 'l cuore vostro a tanto caldo d'amore.

Non vi scrivo dell'operazioni di Dio che egli ha adoperate e adopera; chè non ci ha lingua nè penna sufficiente. Voi mi mandaste dicendo che io godessi e esultassi; e mandastemi novelle da ciò; delle quali ho avuta singolare letizia; benchè la prima e dolce Verità, 'l dì poi che fui partita da voi,[1] volendo fare a me lo Sposo Eterno come fa 'l padre alla figliuola, e lo sposo alla sposa sua, che non può sostenere che abbia alcuna amaritudine, ma trova nuovi modi per dargli letizia; cosi pensate, padre, che fece 'l Verbo, somma eterna e alta[2] Deità, che mi donò tanta letizia, che eziamdio le membra del corpo si sentivano dissolvere, disfare, come la cera nel fuoco. L'anima mia faceva allora tre abitazioni; una con le dimonia, per cognoscimento di me e per le molte battaglie e molestie e minacce, le quali mi facevano, che non restavano punto di bussare alla porta della mia coscienza. E io allora mi levai con uno odio, e con esso me n'andai nell'inferno,[3] desiderando da voi la santa confessione. Ma la divina bontà mi diè più che io non addimandavo; perocchè, dimandando voi,[4] mi diè sè medesimo, ed egli mi fece l'assoluzione e la remissione de' peccati miei e vostri, ripetendo le lezioni per altro tempo

---

[1] Quattro volte se ne partì Raimondo: nel 75 con lettera al conte Aguto, nel 76 per Avignone mesi prima di lei, nel 77 a Roma, nel 79 di Roma per Francia. Questa pare la seconda partita, giacchè parlasi poi di Neri che va a corte. E così sempre chiama Avignone, dacchè Roma a lei era la Sede.

[2] Petrarca: «alto Dio.»

[3] Salmo: «In dimidio dierum meorum vadam ad portas inferi.» Di qui il concetto di Dante, il cui viaggio all'inferno è (lo dice chiaro egli stesso) il riconoscimento del male che guida a ravvedimento.

[4] Alle orazioni vostre.

dette, e obumbrandomi [1] d'uno grande fuoco d'amore, con una sicurtà sì grande e purità di mente, che la lingua non è sufficiente a poterlo dire. E per compire in me la consolazione, diemmi l'abitazioni di Cristo in terra, andando come si va per la strada; così pareva che fusse una strada dalla somma altezza, Trinità eterna, dove si riceveva tanto lume e cognoscimento nella bontà di Dio, che non si può dire; manifestando le cose future, andando e conversando tra' veri gustatori, e con la famigliuola di Cristo in terra. [2] Vedevo venire novelle nuove [3] di grande esultazione e pace, udendo la voce della prima dolce Verità; che diceva : « Figliuola mia, io non sono spregiatore de' veri e santi desiderii; anzi ne sono adempitore. Confòrtati dunque, e sia buono istrumento e virile ad annunziare la verità : chè sempre sarò con voi : » parevami sentire esaltazione del nostro arcivescovo. [4] Poi, quando udii l'effetto secondo che mi scriveste, raggiunsemi letizia sopra letizia.

O figliuolo mio dolce, fovvi manifesto l'ostinato e indurato mio cuore, acciocchè ne dimandiate vendetta e giustizia per me, che non scoppi e sfenda [5] tanto caldo d'amore.

_____

1 Paiola dell'Angelo a Maiia : « _Viitus Altissimi obumbrabit tibi._ » Il fuoco la cinge d'un velo abbagliante, sì che le si fa ombia; o piuttosto la difende com'ombra, ed è soave come il iezzo che iipaia gli aidoii.

2 Non chiaio. Pare.che accenni alla famiglia sua spiiituale, alla quale il papa aveva mandate indulgenze; e le viitù loio ciescevano le delizie, e tempeiavano i doloii dell'anima sua.

3 Dante : « _Piante novelle, Rinnovellate di novella fionda._ »

4 Se fosse quel di Pisa, fatto caidinale da Uibano suo congiunto di sangue; non s'accorderebbe col cenno del viaggio di Neii veiso Avignone. Il Burlamacchi stesso non indovina di quale aicivescovo intendasi qui.

5 La stampa : _scoppia._ Poi aviebbe a diie : _a tanto._ Se _caldo_ reggesse _sfenda,_ diiebbé _lo sfenda._ Ma _fendeic_ come iompeie, può bene esseie neutio.

Oimè, che per ammirabile modo queste tre abitazioni[1] l'una non impediva l'altra, ma una condiva l'altra. Siccome il sale l'olio condisce, e fa perfetta la cucina;[2] così la conversazione delle dimonia per umilità e odio, e la fame e la conversazione della santa Chiesa per amore e desiderio, mi faceva stare, e gustare, nella vita durabile co' veri gustatori. Non voglio dire più. Pensate che io·scoppio, e non posso scoppiare.

Dicovi novelle del mio padre,[3] frate Tommaso, che, per la grazia di Dio, con la virtù ha vinto 'l dimonio. Egli è fatto tutto un altro uomo che non soleva essere: in grande affetto e amore si riposa il cuore suo. Pregovi che gli scriviate alcuna volta, manifestando voi medesimo. Fate festa, che i miei figliuoli smarriti sono ritrovati e tornati al gregge, esciti sono delle tenebre. Nullo è che mi dica cavelle più che io mi voglio fare.[4]

Io Catarina, indegna vostra figliuola, addimando la vostra benedizione. Raccomandovi tutti i miei figliuoli e figliuole, che voi n'abbiate buona cura, che il lupo infernale non me ne toglia neuno. Credo che Neri[5] verrà costà; perchè mi pare che sia bene di mandarlo a corte. Informatelo di quello che fa bisogno d'adoperare per la pace di questi membri

---

1 L' una ch' ella dice dell' inferno, cioè il dolore delle colpe proprie; l' altra con la sua famigliola, cioè le gioie della carità; la terza, le consolazioni e visioni celesti. *Abitazione* qui non è il luogo, ma l' atto, come il *conversatio* di Paolo.

2 Traslato da donna. Ma in Dante stesso le imagini di Cucina frequenti. E il Vangelo: « *Si sal evanuerit, in quo salietur?* » E frequenti le parabole del convito. E spesso ne' vangeli si mangia.

3 Primo suo confessore.

4 Pare intenda: nulla più di quel ch' io voglia; cioè, non imponga la propria alla mia volontà. E accenna forse ai giudizii che spacciavansi temerarii, anco da' suoi fidi, sul conto di lei.

5 Pagliaresi, ito in Avignone nel 76.

putridi[1] che sono ribelli alla santa Chiesa; perocchè non si vede più dolce rimedio a pacificare l'anima e 'l corpo, che questo. Di questo, e dell'altre cose che bisognano, farete sollicitamente; attendendo sempre all'onore di Dio, e non a veruna altra cosa. Nondimeno, perchè io vi dica così, fate ciò che Dio vi fa fare, e ciò che vi pare che sia 'l meglio, o di mandarlo, o no. Permanete nella santa e dolce dilezione di Dio. Gesù dolce, Gesù amore.

CCXXVII. — A *Frate Guglielmo a Lecceto, essendo essa Catarina a Fiorenza.*

Le opere in tanto son buone in quanto condite di verità. Cerchiamo non luce di visioni mentale, nè di blande consolazioni di spirito, ma luce di schietta verità. Gustiamo il bene nostro e delle anime alla mensa non del diletto, ma della croce. Che la salute potesse aversi con dolore o senza, prescegliamo il dolore. Estirpiamo le dure, rompiamo le fragili volontà.

Al nome di Gesù Cristo crocifisso e di Maria dolce.

Carissimo figliuolo in Cristo dolce Gesù. Io Catarina, serva e schiava de'servi di Gesù Cristo, scrivo a voi nel prezioso sangue suo; con desiderio di vedervi bagnato e annegato nel sangue dell'umile e dolce e immacolato Agnello. Il quale sangue ci ha tolta la morte, e data la vita; tolse la tenebra, e diecci la luce. Perocchè nel sangue di Cristo crocifisso cognoscemmo la luce della somma eterna verità di Dio; il quale ci creò alla imagine e similitudine,[2] ma per amore e per grazia, e non per debito. La verità fu questa: che ci creò per gloria e loda del nome suo, e perchè godessimo e gustassimo il sommo ed eterno bene suo. Ma doppo la colpa di Adam s'era offuscata questa verità: onde quello amore ineffabile

---

[1] Le città ribellate alla Chiesa. Ne vedeva ella il danno e morale e politico, inevitabile il mal esito.

[2] Il *sua* forse manca qui; e più giù soprabbonda.

che costrinse Dio a trarre noi di sè, cioè creandoci alla sua imagine e similitudine sua, questo medesimo amore il mosse: non, che Dio si muova in sè (chè egli è lo Dio nostro immobile),[1] ma l'amor suo inverso di noi, a darci il Verbo dell'unigenito suo Figliuolo; ponendogli la obedienza che sopra lui punisse le colpe nostre, e nel sangue suo si lavasse la faccia dell'anima, la quale con tanto amore aveva creata tanto nobile; e nel sangue suo volse che ci manifestasse la sua verità. Bene lo vediamo manifestamente: che se in verità non ci avesse creati per darci vita eterna, perchè godessimo il suo sommo e infinito bene, non ci averebbe dato siffatto Ricomperatore, nè dato sè medesimo, cioè tutto sè Dio e tutto uomo. Adunque bene è la verità che'l sangue di Cristo ci manifesta e fa chiari d'essa verità della dolce volontà sua. E se io considero bene, veruna virtù ha in sè vita, se non è fatta ed esercitata nell'anima con questo lume della verità.

Oh verità antica e nuova,[2] l'anima che ti possiede, è privata dalla[3] povertà della tenebre, e ha la ricchezza della luce. Non dico luce per visioni mentali, nè per altre consolazioni, ma luce di verità; cioè, che cognosciuta la verità nel sangue, l'anima s'inebria, gustando Dio per affetto di carità col lume della santissima fede. Con la quale fede debbono essere condite tutte le nostre operazioni; dilettandoci di mangiare il cibo dell'anime per onore di Dio in su la mensa della santissima croce. Non in su la mensa del diletto nè della consolazione spirituale e temporale; ma in su la croce: stirpando e rompendo ogni nostra volontà; portando strazii, scherni e obbrobrii e villanie per Cristo crocifisso, e per meglio conformarsi con la dolce volontà sua. Allora gode

---

[1] Meglio nell'inno: « *Immotus in te permanens.* »

[2] San Francesco ne' cantici: « *Bellezza antica e nuova.* »

[3] Forse *della.*

l'anima, quando si vede fatta una cosa con lui per affetto d'amore, e vedesi vestita del vestimento suo. E tanto si diletta il sostenere pene per gloria e loda del nome suo; che se possibile gli fusse d'avere Dio e gustare il cibo dell'anime senza pena, piuttosto il vuole con pena, per amore del suo Creatore. Onde essa [1] ha questo desiderio? dalla verità. Con che la vide e cognobbe? col lume della fede. In su che si pose quest'occhio per vederla? nel sangue di Cristo crocifisso. In che vasello il trovò? nell'anima sua, quando cognobbe sè. Questa è la via a cognoscere la verità: e veruna altra ce ne veggo. E però vi dissi ch'io desideravo di vedervi bagnato e annegato nel sangue dell'umile e immaculato Agnello.

In questo sangue godiamo. E speriamo che, per amore del Sangue, Dio farà misericordia al mondo e alla dolce sposa sua; dissolverà la tenebra della mente degli uomini. E già mi pare che un poca dell'aurora cominci a venire; cioè, che 'l nostro Salvatore ha illuminato questo popolo, d'essersi levato dalla perversa ciechità dell'offesa che facevano, facendo celebrare per forza. [2] Ora, per la divina Grazia, tengono l'interdetto, e cominciansi a drizzare verso l'obedienza del padre loro. Onde io vi prego per l'amore di Cristo crocifisso, che voi e frate Antonio, il maestro, e fra Felice, [3] e gli altri, facciate speciale orazione, strignendo la Divina Bontà, che per amore del Sangue mandi il sole della sua misericordia, acciocchè tosto si faccia la pace: che veramente sarà uno dolce e soave sole. Altro non dico. Permanete nella santa e dolce dilezione di Dio. Gesù dolce, Gesù amore.

---

[1] Forse *ha essa*. O piuttosto: *onde sa*.

[2] Fai celebrare per forza a Caterina pareva *ciechità;* adesso è lume grande.

[3] Antonio Da Nizza, Giovanni Tantucci, Felice da Massa, eremitani.

CCXXVIII. — *A Neri di Landoccio.*

Sia vasello d'amoie; iicoiia alla fonte inesausta. Abbiacci non solo la Chiesa, ma ogni cieatuia ne' desideiii geneiosi. Nell' altezza de'concetti sia umile. L' amoi piopiio è umido che infiadicia; quelle dell' amoie veio sono saette ioventi non gettate ma pòrte, e poitanti la vita.

Al nome di Gesù Cristo crocifisso e di Maria dolce.

A te, dilettissimo e carissimo figliuolo in Cristo dolce Gesù. Io Catarina, serva e schiava de'servi di Gesù Cristo, scrivo nel prezioso sangue suo; con desiderio di vederti unito e trasformato nel fuoco dell'ardentissima carità, sì che tu sia uno vasello di dilezione [1] a portare il nome della parola di Dio co' misterii grandi suoi nella presenzia del nostro dolce Cristo in terra, e facci frutto; con accendere il desiderio suo. E però io voglio, figliuolo mio, che apri l'occhio del cognoscimento nell'obietto di Cristo crocifisso; però ch'egli è quella fonte dove s'inebria l'anima, traendone dolci e amorosi desiderii: i quali voglio che tu distendi sopra il corpo della santa Chiesa per onore di Dio e salute di ogni creatura. [2] Facendo così, egli diverrà delle operazioni e parole tue, come della saetta che si trae del fuoco, ben rovente; che, gittandola, ella arde dovunque si gitta, perchè non può fare che ella non dia di quello che ella ha in sè. Così ti pensa, figliuolo, che l'anima tua entrerà nella fornace del

---

1 Non coiieggo *elezione;* peichè più modesto mi paie ch'ella al suo discepolo non attiibuisca la lode piopiia all'Apostolo, e peichè più gentile mi suona *vasello d'amoie.* E anco il nome della paiola può staie che ha più idea di *suono.* Mandava ella Neii a Avignone; il quale fermatosi in Pisa per aspettaie l'imbarco, ivi ricevè questa lctteia.

2 Non solo a tutta la Chiesa piesente distenda i suoi desiderii, ma alla possibile e desideiabile. *Ogni cieatuia abbiaccia nell'* immensità dell'amoie; tutti i viventi in stato di piova, se ce n'è (come si fa credibile) anche fuoii del piccolo miseio nostio pianeta.

fuoco della divina Carità; e per forza di caldo d'amore si
converrà che tu getti e porga,[1] quello che tu hai tratto del
fuoco.

E che hai tu tratto dell'obietto di Dio? Odio [2] e dispiacimento di te e amore della virtù, fame della salute del-
l'anime e dell'onore del Padre eterno: chè in questo obietto
di questo dolce Verbo non si truova altro. E così vedi tu
che per fame egli muore. Ed è sì grande la fame che'l fa
sudare, non d'acqua, ma per forza d'amore, gocciole di sangue. Come potrebbe essere tanto duro e ostinato quel cuore
che non si risentisse e scoppiasse per questo caldo e calore
di questo fuoco? Ragguardandolo, non potrebbe essere sè
non come la stoppa che si mette nel fuoco, che non può
essere che non arda; perocchè condizione [3] del fuoco è
d'ardere e convertire in sè ciò che a lui s'accosta. Così
l'anima che ragguarda l'affetto del suo Creatore, subito è
tratta ad amarlo, e convertire [4] l'affetto in lui. Ine si consuma ogni umido [5] d'amore proprio di sè medesimo; e piglia la similitudine del fuoco dello Spirito santo. E questo
è il segno che egli ha'l ricevuto: che subito diventa amatore di quello che Dio ama, e odiatore di quello ch'egli
odia. E però desidera l'anima mia di vedere in te questa
unione, cioè d'essere unito e trasformato nel fuoco della sua

---

1 Tempera l'impeto del *gettare*, e rende l'imagine meno ostile con
l'imagine amica del *porgere*. *Strali d'ammirazione,* disse Dante: e:
saettava il giorno Lo sol.

2 Che l'altezza di questi desiderii non lo invanisca, lo chiama al
sentimento umile di sè. Difficile, ma necessario compiacersi pienamente
nel bene desiderato, e non si compiacce punto nel cuore proprio
desiderante.

3 Per proprietà essenziale, per complesso di qualità, l'usavano, ed
era proprio, secondo l'origine, *condo.*

4 Volgere pienamente. Dante: « *A Beatrice tutta si converse.* »

5 Dissolutore e corruttore.

Carità. Fà che giusta al tuo potere te ne ingegni, figliuolo
mio carissimo; sì che tu adempia la volontà di Dio e di me
trista miserabile madre. Permane nella sante e dolce dilezione di Dio.

Dì' a Nanni e a Papi che gridino per siffatto modo, che
io m'avvegga delle voci loro.[1] Dì' a Gherardo figliuolo, che
risponda alla voce della madre che'l chiama; e spaccisi tosto, ch'io l'aspetto. Vanni, missere Francesco, monna Nella
e Caterina, strignemeli[2] tutti, e benedici e ponendovi in mezzo la santissima croce. E così mi fà al babbo.[3] Gesù dolce
Gesù.

Dice Francesco, ch'è fuore dell'obbligo: e dice Francesco, cattivo[4] e pigro, che tu 'l raccomandi a frate Raimondo[5] mille volte in Cristo Gesù; e digli che preghi Dio per
lui. Gesù, Gesù.

Sai, quando ebbi la indulgenzia[6] di colpa e di pena, del

---

[1] Pailino, e ch'è meglio, facciano il bene; e io lo sappia, e ne
sia consolata. Gheraldo, Francesco e Vanni Buonconti erano fratelli.
Nella, la madre; Caterina, moglie a Gheraldo. Il Nanni nominato sopra
avrebbe a essere d'altra casa: di che nome sia scorcio *Papi* (che non
direi nome di casato) non so: se fosse da *Jacopo,* facendosi *Lapo,* altri non lo torcesse anco in quell'altra maniera.

[2] Spesso in queste lettere *stregnere* come *venceie,* e simili: com-
mutazione comune anco ai Veneti.

[3] Forse Niccolò Buonconti, il padre.

[4] Nella stampa *gattivo* come da *castigo, gastigo.* Pare che questa
sia giunta dello scrivente, e celia, intendendo ch'ei non si crede in
obbligo d'abbracciarlo.

[5] Mandato a Avignone da Caterina per la repubblica di Firenze, a
prepaiare gli accordi di pace. Pare che Neri fosse inviato poi, più
specialmente da lei, a Gregorio e anche a Raimondo, per recare non
solo la lettera, ma altre cose a voce, da non si affidare alla carta.

[6] Portata a lei da Alfonso di Vadaterra, confessore di santa Brigida, vescovo, e poi romito. Il numero trentatrè simbolico come ne' canti
di Dante, è anche memoria degli anni di Gesù Cristo, quanti appunto
doveva quaggiù viverne Caterina. Il settantadue, forse memoria de' di-

santo Padre, m'impose ch'io dovessi dire ogni venardì
trenta e tre *Pater nostri* e trenta e tre *Ave Marie,* e poi
settanta e due *Ave Marie*. Or mi contenterei, se ti pare,
di dimandargli che m'imponesse ch'io digiunasse ogni venerdì in pane e acqua. E questo non dimenticare, se ti pare
di chiederlo. Gesù dolce, Gesù amore.

—

CCXXIX. — *A Gregorio XI.*

Non tema, ma ami : non ecciti ne' popoli timoie, ma amoie : venga,
ma ineime. Cateiina annunzia il suo viaggio a inteicedeie per Fiienze.

Al nome di Gesù Cristo crocifisso e di Maria dolce.

Reverendo padre in Cristo dolce Gesù. Io Catarina, indegna vostra figliuola, serva e schiava de' servi di Gesù Cristo, scrivo a voi nel prezioso sangue suo; con desiderio di
vedervi uomo virile, e senza veruno timore servile; imparando
dal dolce e buono Gesù, di cui voi vicario sete. Chè tanto
fu l'amore suo inestimabile verso di noi, che corse all'obbrobriosa morte della croce, non curando strazii, obbrobrii,
villanie e vituperio : ma tutti li passava, e punto non gli
temeva ; tanto era l'affamato desiderio, che egli aveva del-
l'onore del Padre e della salute nostra. Perocchè al tutto
l'amore gli aveva fatto perdere sè, in quanto uomo. Or cosi

---

scepoli del Signoie. Ella chiede commutato l'obbligo, non tanto peichè
i molti *patei nostii* (come altiove dice) non sono l'esercizio più perfetto, giacchè per obbedienza e umiltà ci si saiebbe di buon giado as-
soggettata ; ma peichè dalle oiazioni vocali la foiza della mente e del-
l'anima la astiaeva ben tosto nella contemplazione e nell'estasi :
onde da ultimo le veniva a mala pena finito di diie un *patei noster,*
che si sentiva iapita. Chiede di digiunaie il veneidì in pane e acqua,
non peichè anco dall'acqua e dal pane la non sapesse asteneisi, e r
la condizione dello stomaco dovesse, ma appunto per fuggiie tacc'
singolaiità.

voglio che facciate voi, padre. Perdete voi medesimo da ogni amore proprio: non amate voi per voi, nè· la creatura per voi; ma voi, e il prossimo amate per Dio, e Dio per Dio [1] in quanto egli è degno d'essere amato, e in quanto egli è sommo e eterno Bene. Ponetevi per obietto questo Agnello svenato, perocchè il sangue di questo Agnello vi farà animare ad ogni battaglia. Nel sangue perderete ogni timore; diventerete, e sarete [2] pastore buono, che porrete la vita per le pecorelle vostre.

Orsù, padre, non state più. Accendetevi di grandissimo desiderio, aspettando l'adiutorio e la Providenzia divina. Perocchè mi pare che la divina bontà venga disponendo li grandi lupi, [3] e facciali tornare agnelli. E però ora di subito vengo costà per metterveli in grembo umiliati. Voi, come padre, son certa che gli riceverete, non ostante la ingiuria e la persecuzione che v'hanno fatta; imparando dalla dolce e prima Verità, che dice che il buono pastore, poichè ha trovato la pecorella smarrita, egli se la pone in

---

[1] Risolve la questione del quietismo con formola sapiente e elegante.

[2] Comincierete a essere, e sarete sempre. Il *diventerete* non è certamente cerimonia curiale.

[3] Con altro intendimento chiama.lupi i suoi Fiorentini anche Dante. Caterina ad essi era nota, eziandio, perchè stata in Firenze due anni prima. In una memoria del tempo sta scritto: « Venne a Firenze del mese di maggio anni 1374, quando fu il Capitolo de' Frati Predicatori, per comandamento del Maestro dell'Ordine, una vestita delle pinzochere di san Domenico, che ha nome Caterina, d'Iacopo da Siena. » Nota il dotto e buono Ammirato, che non tanto di buona fede i reggitori di Firenze mandarono Caterina a Gregorio, ma per soddisfare agli scrupoli e alle querele del popolo, mosso a riconciliarsi parte da sentimento di pietà, parte dai danni che apportava l'anatema. Essendo l'anatema dato a' dì 14 di maggio del 76, questa lettera dev'essere o della fine del mese, o del giugno. Sant'Antonino dice che i Fiorentini chiamarono santa Caterina di Pisa. O ella dunque stette in Pisa continuo un anno (giacchè vi si trovava nell'aprile del 75); o, com'è più credibile, vi è stata più d'una volta.

sulla spalla, e rimettela nell'ovile. Così farete voi, padre; perocchè la vostra pecorella smarrita, poichè ella è ritrovata, la porrete in su la spalla dell'amore,[1] e metteretela nell'ovile della santa Chiesa. Poi di subito, vuole e vi comanda il nostro dolce Salvatore, che voi drizziate il gonfalone della santissima croce sopra gl'Infedeli, e tutta la guerra si levi e vadane sopra di loro.[2] La gente che avete soldata per venire di qua, sostentate,[3] e fate sì che non venga; perocchè farebbe più tosto guastare, che acconciare.

Padre mio dolce, voi mi dimandate[4] dell'avvenimento vostro; e io vi rispondo, e dico da parte di Cristo crocifisso, che veniate il più tosto che voi potete. Se potete venire, venite prima che settembre; e se non potete prima, non indugiate più che infino a settembre.[5] E non mirate a veruna contraddizione che voi aveste; ma, come uomo virile e senza alcun timore, venite. E guardate, per quanto voi avete cara la vita, voi non veniate con sforzo di gente,[6] ma con la croce

---

[1] Così le biaccia della dilezione; e men bene in Petrarca le ginocchia della mente, e in Dante i piedi de' comandamenti. E nella Volgare Eloquenza le spalle del giudizio appoggiamo.

[2] Il consiglio è imperioso, ma non in tono profetico. Caterina, non meno eloquente e potente, è in ciò maggiore, siccome nella grazia e nell'amore, di frate Girolamo. E se dall'Italia la guerra non fu portata nell'Asia, dice il Padre Burlamacchi, di questo potè esser reo in alcun modo il pontefice. Io non oserei dire tanto.

[3] Nel senso affine a rattenere che uno non venga non n'ha esempi la Crusca. Dante: « Fa che la tua lingua si sostegna: Lascia parlare a me. »

[4] Il papa dunque o scriveva a lei o mandava ambasciate; sentiva il bisogno d'illuminare la propria coscienza e confortare la propria volontà con la coscienza e la volontà dell'inclita donna. Ed ella, promesso che i Fiorentini saranno agnelli mansueti, ingiunge a lui d'essere pastore mansueto: la qual condizione non adempita, se non sempre scusa le ribellioni, toglie l'autorità di punirle.

[5] Obbedì il papa a lei; si partì il dì 13 di settembre.

[6] Ma appunto nel maggio inviava il papa in Italia il cardinale di

in mano, come agnello mansueto. Facendo così, adempirete la volontà di Dio; ma venendo per altro modo, la trapassereste,[1] e non l'adempireste. Godete, padre, e esultate: venite, venite.

Altro non dico. Permanete nella santa e dolce dilezione di Dio. Gesù dolce, Gesù amore. Perdonatemi, padre. Umilmente v'addimando la vostra dolce benedizione.

—

CCXXX. — Agli Otto[2] della Guerra, eletti pel Comune di Firenze, ad istanza de' quali andò la Santa a Papa Gregorio XI.

Onorata e amorevole accoglienza ch'ell'ebbe a corte. Aspetta gli ambasciatori che non la facciano parere bugiarda. Irritando i prieti, non irritino la Corte nell' atto di dover chiedere pace. L' ardire in quel punto a lei pareva e imprudenza e viltà.

Al nome di Gesù Cristo crocifisso e di Maria dolce.

Carissimi padri e fratelli in Cristo Gesù. Io Catarina, serva e schiava de' servi di Gesù Cristo, scrivo a voi nel prezioso sangue suo; con desiderio di vedervi veri figliuoli, umili e obbedienti al padre vostro sì e per siffatto modo, che voi non volgiate mai il capo addietro; ma con vero dolore e amaritudine dell' offesa fatta al padre. Perocchè, se colui che offende, non si rileva con dolore dell' offesa fatta, non è

_____

Ginevra con grosso esercito a malmenare le città tuttavia soggette, e a fare più acri i risentimenti nelle città ribellanti. Scrive anco il Petrarca : « *Non oportuisse, nec oportere pontificem romanum armata* » *manu Romam petere.* »

[1] Volgarizza il *trasgredire,* latinismo meno usitato allora che poi. La radice de' due vocaboli sapientemente dimostra che l'eccedere è un deviare.

[2] Scritta dieci dì dopo giunta lei in Avignone. Gli Otto, magistrato creato l'anno innanzi per la guerra contro le armi papali, a breve termine, ma poi raffermati più volte.

degno di ricevere misericordia. E io v'invito a vera umiliazione di cuore; non volgendo il capo addietro, ma andando innanzi, seguitando il proponimento santo che cominciaste, crescendolo ogni dì perfettamente; se volete essere ricevuti nelle braccia del padre. Come figliuoli morti, [1] dimanderete la vita; e io spero per la bontà di Dio, che voi l'averete, purchè voi vi vogliate bene umiliare, e cognoscere e' difetti vostri.

Ma io mi lagno fortemente di voi, se egli è vero quello che di qua si dice, cioè, che voi abbiate posta la presta [2] a' chierici. Se questo è vero, egli ha [3] grandissimo male per due modi. L'uno, perchè ne offendete Dio: perocchè nol potete fare con buona coscienzia. Ma pare a me, che voi perdiate la coscienzia e ogni cosa buona; e non pare che s'attenda ad altro che a beni sensitivi e transitorii, che passano come il vento. E non vediamo che noi siamo mortali, e doviamo morire, e non sappiamo 'l quando? E però è grande stoltizia di tollersi la vita della Grazia, ed esso medesimo darsi la morte. Non voglio che facciate più così; chè a questo modo volgereste il capo addietro; e voi sapete, che colui che comincia, non è degno di gloria: ma la perseveranzia infino al fine. Cosi vi dico che voi non verreste in effetto della pace, se non con la perseveranzia della umiltà, non facendo più ingiuria nè scandalo a' ministri e sacerdoti della santa Chiesa.

---

[1] Vangelo, del figliuolo che ritorna: « *era morto, e rivive.* »

[2] Per *imposta,* l'ha un altro Senese del tempo; e Matteo Villani: «*affannando di presta i* suoi *concittadini.*» Ma il vocabolo dice che in origine l'imposta aveva forma di prestito. Narra l'Ammirato, esservi fatta la descrizione di tutti i beni ecclesiastici; e, lasciato l'occorrente a vivere comodi, vendessesi del soprappiù fino a centomila fiorini, forzando i cittadini a comprare, e con guarentire la compera. Pare che per allora non fosse che un rumore sparso; ma poi si eseguì.

[3] Per è. Forse e' *gli ha.* E *gli* per *vi.*

E questa è l'altra cosa ch'io vi dicevo, che v'era nociva e male. E oltra al male che si riceve per l'offesa di
Dio, come detto è, dico che questo è guastamento della vostra pace. Perocchè, sapendolo il Padre santo, concepirebbe
maggiore indignazione verso di voi.

E questo è quello che ha detto alcuno de' cardinali, che
cercano e vogliono la pace volentieri.[1] Sentendo ora questo,
dicono: « Non pare che questo sia vero che egli vogliano
pacificarsi; perchè, se fusse vero, si guarderebbono d'ogni
minimo atto che fosse contra la volontà del santo Padre e
a'[2] costumi della santa Chiesa. » Credo che queste e[3] simili
parole possa dire 'l dolce Cristo in terra; e ha ragione e cagione[4] di dirlo, se egli il dice.

Dicovi, carissimi padri, e pregovi, che non vogliate impedire la Grazia dello Spirito Santo, la quale, non meritan-
dola voi, per la sua clemenzia è disposto a darvela. E a me
fareste vergogna e vituperio. Chè non ne potrebbe escir altro che vergogna e confusione, dicendogli una cosa, e voi ne
facessi un'altra. Pregovi che non sia più. Anco, v'inge-
guate in detto e in fatto di dimostrare che voi vogliate
pace, e non guerra.

Ho parlato al santo Padre. Udimmi, per la bontà di Dio
e sua, graziosamente, mostrando d'avere affettuoso amor
della pace; facendo come fa il buon padre, che non ragguarda tanto all'offesa del figliuolo, ch'egli ha fatta a lui,
ma ragguarda se egli è umiliato, per poterli fare piena mi-

---

[1] Non tutti la volevano.

[2] Dicendo *al*, avrebbe a dire *contro alla*.

[3] Manca l'*e* nella stampa.

[4] Quand'anco non ne avesse ragione, voi gli dareste occasione e
pretesto. Parla non solo come monaca, ma come politico. La pace era
necessaria alla libertà di Firenze, che nelle discordie si perdeva,
quand'anco le triste arti di certi Legati papali non la insidiassero.

sericordia. Quanto egli ebbe singolare letizia, la lingua mia non il [1] potrebbe narrare. Avendo ragionato con lui buono spazio di tempo, nella conclusione delle parole disse, che, essendo quello che io gli ponevo innanzi, di voi; egli era acconcio di ricevervi come figliuoli, e di farne quello che ne paresse a me. Altro non dico qui. Altra risposta assolutamente non pare al santo Padre che si dovesse dare, infino che vostri ambasciatori non giungessero. Maravigliomi che anco non sono giunti. Come saranno giunti, io sarò con loro, e poi sarò col santo Padre: e come troverò la disposizione, così vi scriverò. Ma voi, con le vostre preste e novelle,[2] m'andate guastando ciò che si semina. Non fate più così, per l'amore di Cristo crocifisso e per la vostra utilità. Non dico più. Permanete nella santa e dolce dilezione di Dio. Gesù dolce, Gesù amore.

Data in Avignone, a dì 28 di giugno 1376.

CCXXXI. — *A Gregorio XI.*[3]

Non badi ai cardinali francesi che lo invescano in Avignone.

Al nome di Gesù Cristo crocifisso e di Maria dolce.

Santissimo padre in Cristo dolce Gesù, la vostra indegna e miserabile figliuola Catarina vi si recomanda nel prezioso

---

[1] Qui dove la stampa porta *non il* io non oso mutare come ho fatto là dove diceva *non el.* Credo per altro ch'ella pronunziasse *no* senza far sentire la consonante; e elidendo così la seguente vocale, ne uscisse *no 'l.*

[2] Non intendo i rumori dell'imposta; ma *novelle,* in senso di rimprovero, come dire *leggerezze.* L'ha il Caro per *regalucci da poco,* e il Boccaccio per *clamori di gente vani.*

[3] Di questa lettera il signor Giuliano Vanzolini di Pesaro, città con tanto onore cultrice de' buoni studii, cortesemente mi manda una

sangue suo; con desiderio di vedervi pietra ferma fortificata
nel buono e santo proponimento; sicchè molti venti[1] contrari e' quali vi percotono, degli uomini del mondo per ministerio e illusione e per malizia delle dimonia, non vi nuocano; li quali vogliono impedire tanto bene che sèguita
dall' andata vostra. Intesi[2] per la scritta che mi mandaste,

-----

versione latina, che forse è la presentata da frate Raimondo al pontefice, il quale non sapeva l'italiano se non quanto gliene facesse indovinare il latino e il provenzale, il francese più affine allora, e i modi
italiani che nel francese e nel latino avranno seminati gl'Italiani in
Avignone conversanti con esso. Il che deve essere stato, ancorchè non
paresse una delle ragioni che il soggiorno di Roma a Gregorio non poteva piacere. Perchè l'inscienza della lingua fa intorno all'uomo solitudine e buio; e la difficoltà del comunicare per essa con gli altri uomini francamente, e la continua tema del frantendere e dell'essere frantesi, fa sorgere intoppi e sospetti e noie, tanto più moleste quanto
l'uomo è più schietto, intollerabili poi a chi tiene la potestà (se non
abbia docilità e pazienza grande); perchè il potente indispettisce del
parere da meno di chicchessia in qualsisia cosa, e pretenderebbe signoreggiare, non che gli animi, gl'idiomi, e indovinare tutto di tutti,
e ora non essere punto compreso da altrui, ora essere ne' suoi segreti
e non dicibili voleri ubbidito senza profferire parola, siccome colui che
vorrebbe conciliare in sè la potenza del cenno mutolo e della copiosa
eloquenza. La libertà di questa versione mi conferma nel credere ch'ella
sia di Raimondo, il quale poteva con la sua penitente prendersi di tali
licenze, concedutegli per umiltà da lei stessa, e voleva a Gregorio farsi
intendere chiaro. Senonchè lo stile della popolana illetterata nella sua
brevità è più preciso che quello del frate dotto; il quale ci aggiunge
qualche fioritura di suo: come quando dice il papa *cocchiere e nocchiero, (auriga et nauta)* ; che non è in Caterina. La lezione del latino,
non assai netta nel codice, in questa lettera ha lume dal testo italiano:
ma in altre versioni, così come in altri codici dell'italiano, troverebbesi, cred'io, da correggere il testo, che qua e là ne abbisogna.

   [1] Dante : « *Sta come torre ferma, che non crolla Giammai la cima
per soffiar de' venti.* »

   [2] Caterina, partitasi di Firenze sulla fine del maggio, giunse in
Avignone il dì 18 di giugno; e di lì stesso scrive al papa, rispondendo

che li cardinali allegano, che il papa Chimento [1] quarto, quando aveva a fare la cosa, non la voleva fare senza il consiglio de' suoi fratelli cardinali. Poniamochè [2] spesse volte gli paresse che fusse di più utilità il suo medesimo che il loro, nondimeno seguitava il loro. Oimè, santissimo Padre, costoro v' allegano papa Chimento quarto; ma eglino non v' allegano papa Urbano quinto, il quale delle cose che egli era in dubbio se egli era il meglio o sì o no di farle, allora voleva il loro consiglio; ma della cosa che gli era certa e manifesta, come è a voi l' andata vostra, della quale sete certo, egli non s' atteneva a loro consiglio, ma seguitava il suo, e non si curava perchè tutti gli fussero contrari. Parmi che 'l consiglio de' buoni attenda solo all' onore di Dio, alla salute dell'anime, e alla reformazione della santa Chiesa, e non ad amore proprio di loro. Dico che 'l consiglio di costoro è da seguitarlo, ma non quello di coloro che amassero solo la vita loro, onori, stati e delizie; perocchè il consiglio loro va colà dov' hanno l'amore. Pregovi da parte di Cristo crocifisso, che piaccia alla Santità vostra di spacciarvi tosto.[3] Usate un santo inganno;[4]

a una bieve sua lettera, conservataci da frate Raimondo, e chiedente consiglio. Non voleva la Senese tanto bazzicare in corte, e piuttosto scriveva: e Raimondo, che ne' colloqui faceva da interprete tra il papa e lei, avrà tradotte queste lettere in latino da lei dettate in volgare al Maconi.

[1] Per *Clemente,* anco nel cinquecento. Era bene al papa consigliarsi co' cardinali in quanto illuminassero il suo senno e la coscienza, e limitassero la troppo assoluta sua potestà, la quale non è nelle costituzioni nè secondo lo spirito della Chiesa: ma i ventun cardinali, de' vensei che allora erano, francesi, ostinati a tenere la corte in Francia, non erano consiglieri autorevoli. Il Ciacconio accennando a questa lettera di Caterina, la dice: *virgo spectatissima sui temporis.*

[2] Ne fo tutta una voce, come particella simile a *avvegnachè.*

[3] Su*bito,* improvviso, *tosto* prontamente.

[4] Segui Gregorio il consiglio della ambasciatrice; e tenute, pronte, senza dire il suo intento, sul Rodano più galee, fuggì a un tratto, non da Roma, ma a Roma.

cioè parendo di prolongare[1] più dì, e farlo poi subito e tosto, chè quanto più tosto, meno starete in queste angustie e travagli. Anco, mi pare che essi[2] v'insegnino, dandovi l'esempio delle fiere, che quando campano dal lacciuolo, non vi ritornano più. Per infino a qui sete campato dal lacciuolo delli consigli loro,[3] nel quale una volta vi fecero cadere, quando tardaste la venuta vostra; il quale lacciuolo fece tendere il dimonio, perchè ne' seguitasse il danno e 'l male che ne seguitò.[4] Voi, come savio, spirato dallo Spirito Santo, non vi caderete più. Andiamci[5] tosto, babbo mio dolce, senza veruno timore. Se Dio è con voi, veruno sarà contra voi. Dio è quello che vi muove: sicchè gli è con voi. Andate tosto alla Sposa vostra, che vi aspetta tutta impallidita, perchè gli poniate il colore.[6] Non vi voglio gravare di più parole; chè molte n'averei a dire. Permanete nella santa e dolce dile-

---

1 La stampa *per longare,* ma è male spiegato lo scoicio di scrittuia *p.* che può valeie e *pro* e *per.* Anco qui in senso di *differire.*

2 I buoni. Nel costrutto sono lontani; ma nell'anima dello scrittore presenti. Negligenze tali sono opera di moralità.

3 De' cardinali. Non li nomina, non paiesse iiiiveienza. E per questo pai che confonda nel costrutto *essi* con *loro;* e sono due generazioni diveise. Ed è un senso morale anco in questa negligenza.

4 S' e' non badava a' cardinali, e veniva prima, le città italiane, non angariate da' ministri, non si saiebbero sollevate.

5 Non già che volesse ella andaisene col papa a Roma. Chè, richiamatolo, si ricoverò alla sua Siena. Tanto più bello l'*andiamci;* facendolesi compagna in ispiiito e in onoie.

6 Dante all'imperatore tedesco:

« *Vieni a vedei la tua Roma che piagne*
Vedova sola; e dì e notte chiama:
Cesaie mio, peichè non m' accompagne?

Al papa, peichè ritorni a Roma, il Petiarca: « *Jacent domus, labant* » *mœnia, templa ruunt, sacra peieunt, calcantur leges..... ecclesiarum* » *matei omnium tecto carens, et vento patet et pluviis.* »

zione di Dio. Perdonate·a me prosontuosa. Umilemente v' adimando la vostra benedizione. Gesù dolce, Gesù amore.

CCXXXII. — *A Sano di Maco in Siena.*

Feconda coll' ingegno del cuoie una similitudine del seimone sul monte. Della venuta· sua in Avignone. Sciitta tia il 12 e il 13 luglio.

Al nome di Gesù Cristo crocifisso e di Maria dolce.

Carissimo fratello e figliuolo in Cristo dolce Gesù. Io Catarina, serva e schiava de' servi di Gesù Cristo, scrivo a voi, e confortovi nel prezioso sangue suo; con desiderio di vedervi unito e fondato nel vero fondamento, cioè Cristo crocifisso. Il quale è pietra viva, nel quale fondandosi ogni edifizio, è stabile e sicuro; e senza lui nullo puote avere fermezza veruna. Così diceva quello innamorato di Paolo: «Neuno può con sicurtà fondarsi in altro fondamento che nella pietra viva, la quale è Cristo crocifisso; imperocchè non è posto da Dio veruno altro fondamento che egli.» E veramente, fratello e figliuolo carissimo in Cristo Gesù, a me pare che così sia la verità; perocchè, se l'anima è fondata veramente in Cristo, neuno vento di superbia o di vanagloria [1] il può cacciare a terra; però che ella è fondata in umiltà profonda, la quale vede Dio umiliato all'uomo per salvarlo. Così ancora neuna acqua [2] d'avarizia e diletti mondani e carnali, quan-

---

[1] La vanagloiia è alito più sottile, che infetta talvolta coloio i quali sanno difendeisi dalla supeibia, e ne dimostiano oiioie con af. fettata umiltà.

[2] Accenna alla similitudine che è in Gesù Ciisto, dell' edifizio saldo in cui venti non possono nè fiumane. E, al solito, aggiungendo di suo, la supeibia sente nel vento, vede nell'acqua l'avaiizia e i diletti del senso; e peiò non a caso poi sciive *mollizie*. Dante: «*Oh cieca cu. pidigia…. Si mal c' immolle! — Oh cupidigia, che i moitali affonde*

tunque sia grande la piena, può cacciare a terra quest'anima; imperocch'ell'è stabilita e fermata in quella pietra, nella quale non fu nulla mollizie di diletti o consolazioni corporali, ma tutta fermezza in pene e dolori.

Onde l'anima innamorata di lui non può volere altro, che sempre patire con lui obbrobri, scherni, fame e sete, caldo,[1] ingiurie e infamazioni, e all'ultimo ancora con gran diletto ponere[2] e dare la vita corporale per àmore di lui. Anco, allora l'anima gode e ingrassa, quando si vede fatta degna di sostenere strazii e derisioni e beffe[3] dal mondo per amore del dolce e buono Gesù. Così si legge degli Apostoli santi, che eglino allora godevano, quando cominciarono a essere spregiati e villaneggiati per lo nome di Gesù.

In questo modo desidera l'anima mia di vederci fondati in Cristo crocifisso, sì e per siffatto modo che nè acqua di tribolazioni, nè vento[4] di tentazioni, nè anco il dimonio con le sue astuzie, nè il mondo con le sue lusinghe, nè la carne con le sue immondizie mai ci possano separare dalla carità di Cristo e da quella del prossimo. E non vi movesse parole seminate dal dimonio per mezzo delle creature, per conturbare la mente vostra o degli altri miei dolci figliuoli e figliuole in Cristo Gesù. Imperocchè questa è l'arte sua antica, di fare suo strumento delle lingue de' cattivi. E alcuna volta, per permissione di Dio, delle lingue de' servi di Dio ne fa suo strumento, per conturbare gli altri servi di Dio.

Si sotto te, che nessuno ha potere Di levai gli occhi fuoi delle tue onde! ▪ E i baiattieii cupidi sono in un lago di pece bollente.

[1] Manca foise fieddo.

[2] Porre dice il delibeiato sacrifizio, daie la libeialità dell'offerta.

[3] Beffe è più insultante di derisioni.

[4] Altia nuova imagine, còlta dalla similitudine del Vangelo. La tentazione molesta, agitando l'anima, per piegaila e frangerla; la tribolazione la ammollisce con fiacca pietà di sè stessa. Salmo: ▪ Pertransisset anima nostia aquam intolerabilem. ▪

Per la grazia del nostro dolce Salvatore, noi giugnemmo qui a Vignone già venti sei[1] dì: e ho parlato col santo Padre e con alquanti cardinali e altri signori temporali. E èssi molto adoperata la Grazia del nostro dolce Salvatore nelli fatti per li quali venimmo qua.....[2] Godete e esultate in *Domino nostro Jesu Christo.* Confortatevi... Permanete nella santa e dolce dilezione di Dio. Gesù dolce, Gesù amore.

A dì 18 giugno 1376 giugnemmo in Vignone.

CCXXXIII. — *A Gregorio XI.*

Non abbia paura.

Al nome di Gesù Cristo crocifisso e di Maria dolce.

Santissimo e beatissimo padre in Cristo dolce Gesù, la vostra indegna e miserabile figliuola Catarina vi conforta nel prezioso sangue suo; con desiderio di vedervi senza alcuno timore servile. Considerando me, che l'uomo timoroso taglia il vigore del santo proponimento e buon desiderio; e però io ho pregato e pregherò il dolce e buono Gesù, che vi tolla ogni timore servile, e rimanga solo il timore santo. Sia in voi uno ardore di carità, sì e per siffatto modo, che non vi lassi udire le voci de' dimonii incarnati, e non vi

---

[1] Alla senese, *vintisei,* che dicono anco nel veneto; ed è anco più latino. *Viginti, bis gint,* che nelle lingue germaniche vale *dicci.*— Viguone, come *rena* per *arena.* Alloggiò Caterina in casa d'un Giovanni de Regio, fatta a modo di larga torre; e al tempo del Burlamacchi custodita da' Gesuiti, che abitavano accanto, e compiata da' signori Brancani. A' compagni e compagne di lei provvedeva il papa di vitto; e doveva Firenze che la inviava.

[2] Manca qui, come sotto, dov' è puntolini. E queste notizie importavano non solo alla storia, ma all'onore della religione e di lei.

faccia tenere il consiglio de' perversi consiglieri fondati in amore proprio, che, secondo ch' io intendo, vi vogliono mettere paura per impedire l' avvenimento vostro per paura, dicendo: « voi sarete morto: » E io vi dico da parte di Cristo crocifisso, dolcissimo e santissimo padre, che voi non temiate per veruna cosa che sia. Venite sicuramente: confidatevi in Cristo dolce Gesù; chè, facendo quello che voi dovete, Dio sarà sopra di voi, e non sarà veruno che sia contra voi.[1] Su virilmente, padre! Chè io vi dico che non vi bisogna temere. Se non faceste quello che doveste fare, avereste bisogno di temere. Voi dovete venire: venite dunque. Venite dolcemente senza veruno timore. E se veruno dimestico vi vuole impedire, dite a loro arditamente, come disse Cristo a San Pietro, quando per tenerezza il voleva ritrare,[2] che non andasse alla passione; Cristo si rivolle[3] a lui, dicendo: « Và di po'[4] me, Satanas. Tu mi se' scandalo, cercando le cose che sono dagli uomini, e non quelle che sono da Dio. E non vuogli tu che io compia la volontà del Padre mio? » Così fate voi, dolcissimo Padre; seguitatelo come vicario suo, deliberando e fermando in voi medesimo, e dinanzi da loro dicendo: se n' andasse mille volte la vita, io voglio adempire la volontà del Padre mio. Poniamochè

---

[1] *Si Deus pro nobis, quis contra nos?* Ha bello il *sopra*, che indica protezione potente e tranquilla; non, come il *per*, battaglia quasi da pari a pari, con sforzo e con ira. E massimamente le autorità spirituali giova si ricordino d' avere Dio non tanto per loro, quasi soldato, quanto principe sopra loro.

[2] Lascio *ritrare*, perchè scorcio di *ritraere;* come già facevano *are* da *aere*. Così in Dante *ridue*.

[3] Siccome da *voluit, volle*, e, men comune, *volse;* così da *volvit, volse*, e questo singolare *rivolle*. L' un caso è l' inverso dell' altro: tanto può l' uso. In Dante *dolve* per *dolse*, da *doluit*.

[4] Quasi *de post*. Il comune *dopo* si allontana più dall' origine. Lodovico il Moro nel suo testamento ha sempre *poso*.

vita non ne vada ; anco, pigliate la vita, e la materia d'acquistare continuamente la vita della Grazia. Or vi confortate,
e non temete; chè non vi bisogna. Pigliate l'arme della santissima croce, che è la sicurtà e la vita de' Cristiani. Lassate dire chi vuol dire, [1] e tenete fermo il santo proponimento. Dissemi il padre mio, frate Raimondo, per vostra parte,
ch'io pregasse Dio, se doveste avere impedimento: e io
già n'avea pregato, innanzi e dopo la Comunione santa;
e non vedeva nè morte nè pericolo neuno. E' quali pericoli
pongono coloro che vi consigliano. Credete, e confidatevi in
Cristo dolce Gesù. Io spero che Dio non dispregierà tante
orazioni fatte con tanto ardentissimo desiderio, e con molte
lagrime e sudori. Altro non dico. Permanete nella santa e
dolce dilezione di Dio. Perdonatemi, perdonatemi. Gesù
Cristo crocifisso sia con voi. Gesù dolce, Gesù amore.

CCXXXIV.— *A Buonaccorso di Lapo in Firenze,*
essendo la Santa in Avignone.[2]

Per poteie con più fianchezza e modestia iipiendeie senza che i magistrati della iepubblica se ne iiiitino, sciive a un suo conoscente,
dolendosi della miseia astuzia dei Fioientini, deboli e non dimeno
supeibiosi; notando la viltà del piegaie per bisogno e per pauia,
e l'impiudenza dell' offendeie l'invocato.

Al nome di Gesù Cristo crocifisso e di Maria dolce.

Carissimo fratello in Cristo dolce Gesù. Io Catarina, serva
e schiava de' servi di Gesù Cristo, scrivo a voi nel prezioso

---

1 Dante : « *Vien' dietio me, e lascia dir le genti.* »

2 De' principali cittadini: e del 75 era stato a Siena con Cailo
Stiozzi a compoiie le diffeienze tia' Salimbeni e il Comune di Siena.
Alloia foise conobbe Cateiina, destinata a compoiie essa diffeienze più
giavi nella iepubblica fiorentina.

sangue suo; con desiderio di vedere voi e gli altri vostri signori, pacificare il cuore e l'anima vostra nel dolcissimo sangue suo, nel qual sangue si spegne ogni odio e guerra, e abbassasi ogni superbia dell'uomo. Però che nel sangue l'uomo vede Dio umiliato a sè, prendendo la nostra umanità. La quale umanità è aperta e confitta e chiavellata in croce, sì che per li forami del corpo di Cristo crocifisso esce, e versa il sangue sopra di noi: ed ècci ministrato da' ministri della santa Chiesa. Pregovi per l'amore di Cristo crocifisso che voi riceviate il tesoro del sangue, il quale v'è dato dalla sposa di Cristo. Pacificatevi, pacificatevi con lei nel sangue; cognoscete le colpe e l'offese vostre fatte contra lei. Perocchè chi cognosce la colpa sua, e mostra in effetto che si cognosca, [1] e sia umiliato; riceve sempre misericordia. Ma chi 'l mostra solo con la parola, e non va più oltre con le operazioni, non la trova mai. Questo non dico tanto per voi, quanto per gli altri che in questo difetto cadessero.

Oimè, oimè, carissimo fratello! Io mi doglio de' modi che sono tenuti in dimandare la pace al santissimo Padre; che s'è mostrato più la parola che l'effetto. Questo dico perchè, quand'io venni 'costà a voi e a' vostri Signóri, mostrando nelle parole che fossero emendati della colpa commessa, parendo che si volesse umiliare, chiedendo misericordia al santo Padre; dicendo io a loro: « Vedete, Signori! se voi avete intenzione d'usare ogni umiltà in fatto e in detto, e che io v'offeri come figliuoli morti dinanzi al padre vostro, io m'affadigherò in quanto questo vogliate fare. Per altro modo io non v'anderei; » — ed egli mi risposero che erano contenti. Oimè, oimè, carissimi fratelli, questa

---

[1] Nel senso del riconosceisi di Dante, cioè del prepararsi al pentimento del fallo conosciuto.

era la via, e la porta per la quale vi conveniva entrare;
e verun' altra ce n' è. E se fosse seguitata questa via in
effetto, come con la parola; voi avereste avuta la più gloriosa pace che avesse mai persona. E non dico questo senza
cagione, però che io so la disposizione del santo Padre,
come ella era fatta: ma poichè noi cominciammo a escire
della via, seguitando i modi astuti del mondo, facendo altro
in effetto che pria non s' era porto [1] con la parola, ha dato
materia al santo Padre non di pace, ma di più turbazione. [2]
Però che venendo di qua i vostri ambasciatori, non tennero
quel modo debito, che li [3] era fatto tenere per li servi di
Dio. Voi sete andati con modi vostri. E mai con loro non
potei conferire, siccome diceste a me che direste a loro
quando chiesi la lettera della credenzia cioè che noi confe-
rissimo insieme d' ogni cosa, dicendo : « Noi non crediamo
che questo si faccia mai per altra mano che de' servi di
Dio. » E si è fatto tutto il contrario. Tutto è perchè non
ci è anco il vero cognoscimento de' difetti nostri. E avveg-
gomi che le parole umili procedevano più per timore e per
bisogno, che per affetto d' amore o di virtù; però che se
fosse stato in verità il cognoscimento della colpa commessa,
averebbe risposto l' operazione al suono della parola; e i
vostri bisogni, e quello che volevate dal santo Padre, avereste posto nelle mani de' veri servi di Dio. I quali sarebbero stati quei mezzi che averebbero sì dirizzati li mandati [4]

---

[1] Dante, *parole porte.* — « *Udir non potei quello che a lor porse.* »

[2] Il papa sul primo aveva in Caterina rimesso l' arbitrio dell' ac-
cordo. Ma, vedendo l' ambasciata fiorentina promessa ritardare, disse
a lei che costoro la inganneranno. Venuti, sdegnarono conferire con
essa ; e non conclusero da sè niente. Ella poi con, generose istanze
persuase a Gregorio che invitasse altri ambasciatori a venire.

[3] La stampa: *che l' era.* Intendo *li* per *gli* a loro.

[4] Non chiaro. E non credo abbiasi a intendere di persona mandata;

vostri e quelli del santo Padre, che voi avereste avuta buona concordia. Non l'avete fatto; della qual cosa ho avuta grande amaritudine, per l'offesa di Dio, e danno nostro.

Ma voi non vedete quanto male e quanti inconvenienti ne vengono per la vostra ostinazione, e per lo stare fermo nel vostro proponimento. Oimè, oimè, scioglietevi del legame della superbia, e legatevi coll'umile Agnello; e non vogliate spregiare nè fare contra il Vicario suo. Non più così! Per l'amore di Cristo crocifisso. Non tenete a vile il sangue suo. Quello che non s'è fatto per lo tempo passato, fatelo per lo presente. Non pigliate amaritudine nè sdegno, se vi paresse che il Padre santo dimandasse quello che vi paresse molto duro e impossibile a fare. Egli non vorrà però altro che la vostra possibilità. Ma egli fa come vero padre, che batte il figliuolo quando [1] offende; fagli gran reprensione per farlo umiliare, e cognoscere la colpa sua; e il buono figliuolo non si sdegna contr'al padre, perchè vede che ciò che fa, fa per amor suo; e però quanto più 'l caccia, più torna a lui, chiedendo misericordia sempre. Così dico a voi da parte di Cristo crocifisso, che tante volte quante foste spregiati dal nostro padre Cristo in terra, tante volte fuggite a lui. Lassatelo fare; chè egli ha ragione.

Ecco che ora ne viene alla sposa sua, cioè al luogo di san Pietro e di san Paolo. Fate che subito corriate a lui con vera umiltà di cuore ed emendazione delle colpe vostre, seguitando il santo principio con lo quale cominciaste. Facendo così, averete pace spirituale e corporale. E tenendo altro modo, i nostri antichi non ebbero mai tanti guai, quanti

---

ma sì delle volontà de' Fiorentini mandate a significare al pontefice, e del mandato che il pontefice dava a' suoi commissari in Italia.

[1] La stampa: *quando l'offende*. Qui *offende* è assoluto al solito, e vale *pena*.

averemo noi; perocchè chiameremo l'ira di Dio sopra di noi, e non parteciperemo il sangue dell'Agnello.

Non dico più. Sollecitate quanto potete ora che il santo Padre sarà a Roma. Io ho fatto, e farò, ciò che potrò, infino alla morte, per onore di Dio e per pace vostra, e perchè si levi via questo mezzo, perchè impedisce 'l santo e dolce passaggio. Che sè non n'escisse altro male,[1] siamo degni di mille inferni. Corfortatevi in Cristo nostro dolce Gesù; chè io spero per la sua bontà, che se vorrete tenere quel modo che dovete, voi averete buona pace. Permanete nella santa e dolce dilezione di Dio. Gesù dolce, Gesù amore.

CCXXXV. — *Al Re di Francia.*[2]

Ch' egli è figliuolo e servo a chi seppe patire: che il regno non è suo; che l'usare l'altrui come proprio, è da ladro. Fondi il reame in giustizia, non sia connivente a ministri iniqui, sia padre de' poveri. Senza carità l'anima è pianta arida. Chi odia altri, odia sè. Cessi la guerra co' Cristiani, la porti a barbari, per salute. Piega, e dice: *voglio;* e che si vergogni. Datogli del *venerabile,* gli dà dello *stolto;* dettogli *ignorante,* chiede perdono alla propria *presunzione.* Annunzia al re e a sè la prossima morte.

Al nome di Gesù Cristo crocifisso e di Maria dolce.

Carissimo signore e padre in Cristo dolce Gesù. Io Caterina, serva e schiava de' servi di Gesù Cristo, scrivo a voi nel prezioso sangue suo; con desiderio di vedervi osservatore de' santi e dolci comandamenti di Dio; considerando me, che in altro modo non potiamo participare il frutto del sangue dell'Agnello immacolato. Il quale Agnello dolce Gesù ci ha insegnata la via; e così disse egli: « *Ego sum via, ve-*

---

[1] Dell' impedire una guerra di civiltà e di pietà, con le discordie fraterne che lacerano l'Italia e la Chiesa.

[2] Le due lettere a Carlo V dice Andrea Vittorelli *prudentes et succi plenas.*

ritas, et vita. » Egli è il dolce maestro che ci ha insegnata la dottrina salendo in su la cattedra della santissima croce. Venerabile[1] padre, che dottrina e che via egli vi dà? La via sua è questa: pene, obbrobri, vituperii, scherni e villanie; sostenere, con vera pazienza, fame e sete; satollato d'obbrobri, confitto e chiavellato in croce per onore del Padre, e salute nostra. Che con la pena e obbrobrio suo ha satisfatto alla colpa nostra e al nostro vituperio, nel quale era caduto l'uomo per lo peccato commesso. Egli ha restituite,[2] e punite le nostre iniquità sopra il corpo suo; e hallo fatto solo per amore, e non per debito.

Questo dolce Agnello, via nostra, ha spregiato il mondo con tutte le delizie e stato suo; e ha odiato il vizio, e amata la virtù. Voi, come figliuolo e servo fedele a Cristo crocifisso, seguitate le vestigie sue e la via la quale egli v'insegna; cioè, che ogni pena, tormento e tribolazione che Dio permette che il mondo vi faccia, portiate[3] con vera pazienza. Perocchè la pazienza non è vinta, ma essa vince il mondo. Siate, siate amatore delle virtù, fondato in vera e santa giustizia, e spregiatore del vizio. Tre cose vi prego singolari, per l'amore di Cristo crocifisso, che facciate nello stato vostro. La prima si è, che spregiate il mondo, e voi medesimo, con tutti i diletti suoi; possedendo voi il reame

---

1 Anco la regina Giovanna a lei è venerabile madre. Semplice titolo, come *augusto*. Na ella non avrebbe a un bambino, per reale e imperiale che fosse, dato del venerabile, come certuni ora dicono l'*augusto infante.*

2 *Reddere* nella Bibbia è *punire;* giacchè la pena è debito: onde il latino *persolvere,* e il nostro *pagare il fio,* che rammenta l'età feudale. Il modo biblico, ella poi lo dichiara soggiungendo *punite*: nè questo è inutile, sì perchè spiega, sì perchè il Redentore poteva pagare il riscatto senza prezzo di tanti dolori. E-abbondò, perchè gli abbondava l'amore.

3 La stampa: *portate.*

vostro come cosa prestata a voi, e non vostra. Perocchè voi sapete bene, che nè vita nè sanità nè ricchezze nè onore nè stato nè signoria non è vostra. Che s'ella fusse vostra, voi la potreste possedere a vostro modo. Ma tal ora vuole essere l'uomo sano, ch'egli è infermo; o vivo, ch'egli è morto; [1] o ricco, ch'egli è povero; o signore, ch'egli è fatto servo e vassallo. E tutto questo è perch'elle non sono sue; e non le può tenere se non quanto piace a Colui che gliel'ha prestate. Adunque bene è semplice colui che possiede l'altrui per suo. Drittamente egli è ladro, e degno della morte. E però prego voi, che, come savio,[2] facciate come buono dispensatore, possedendo come cose prestate a voi; fatto per lui suo dispensatore.

L'altra cosa è, che voi manteniate la santa e vera giustizia; e non sia guasta nè per amore proprio di voi medesimo, nè per lusinghe, nè per veruno piacere d'uomo. E non tenete occhio,[3] che i vostri offiziali facciano ingiustizia per denari, tollendo la ragione[4] a poverelli. Ma siate padre de' poveri, siccome distributore di quello[5] che Dio v'ha dato. E vogliate che i difetti che si truovano per lo reame vostro, siano puniti, e la virtù esaltata. Però[6] tutto questo partiene alla divina Giustizia di fare.

La terza cosa si è, d'osservare la dottrina che vi dà questo maestro in croce; che è quella cosa che più desidera l'anima mia di vedere in voi: ciò è l'amore e dilezione col prossimo vostro, col quale tanto tempo avete

---

1 Spacciato, e come già moito.

2 Gli è il sopiannome stoiico di Cailo V di Fiancia.

3 Non siate connivente; e con ciò non vogliate a rei tenci mano, o re.

4 Quel che ad essi va di iagione. In questo senso *giuslizic* nella Bibbia e nel medio evo. È comune: *il mio giusto; gli sta il doveie.*

5 La stampa: *quelli.*

6 Foise invece di *peiò che,* come *poi* per *poichè.*

avuto guerra. Perocchè voi sapete bene, che senza questa radice dell'amore, l'arbore dell'anima vostra non farebbe frutto, ma seccherebbesi, non potendo trarre a sè l'umore della Grazia, stando in odio. Oimè, carissimo padre, che la prima dolce Verità ve lo insegna, e lassa per comandamento, d'amare Dio sopra ogni cosa, e il prossimo come sè medesimo. Egli vi diè l'esemplo, pendendo in sul legno della santissima croce. Gridando i Giudei « *Crucifige* ; » ed[1] egli grida con voce umile e mansueta: « *Padre, perdona a costoro che mi crocifiggono, che non sanno che si fare.* » Guardate la sua inestimabile carità; chè non tanto che egli perdoni, ma gli scusa dinanzi al Padre. Che esempio e dottrina è questa; che il Giusto, che non ha in sè veleno di peccato, sostenga dall'ingiusto, per punire le nostre iniquità!

Oh quanto si debbe vergognare l'uomo che sèguita la dottrina del dimonio e della sensualità, curandosi più d'acquistare ricchezze del mondo e di conservarle (chè tutte sono vane, e passano come vento), che dell'anima sua e del prossimo suo! Chè, stando in odio col prossimo, ha odio con sè medesimo, perchè l'odio il priva della divina Carità. Bene è stolto e cieco, chè egli non .vede che col coltello dell'odio del prossimo suo uccide sè medesimo.

E però vi prego, e voglio, che seguitiate Cristo crocifisso, e siate amatore della salute del prossimo vostro; dimostrando di seguitare l'Agnello, che per fame dell'onore del padre e salute dell'anime, elesse la morte del corpo suo. Così fate voi, signor mio. Non curate di perdere della sustanzia del mondo; chè il perdere vi sarà guadagno, purchè potiate pacificare l'anima vostra col fratello vostro. Io mi maraviglio come voi non ci mettete eziandio, se fusse possibile, la vita,

---

[1] Il solito modo per collegaie; come in Dante: « *Quel che fa la piima, e l'altre fanno.* »

non tanto che le cose temporali; considerando tanta distru-
zione dell' anime e de' corpi, quanta è stata; e quanti religiosi, donne e fanciulle sono state vituperate e cacciate per
questa guerra. [1] Non più, per l'amore di Cristo crocifisso!
Non pensate voi, che se voi non fate quello che voi potete,
di quanto male voi sete cagione? Male nei Cristiani, e male
negl' infedeli. Perocchè la briga vostra ha impacciato e impaccia il misterio del santo passaggio. Che se non ne uscisse
altro male che questo, mi pare che doviamo aspettare il divino giudicio. Io vi prego che non siate così più operatore
di tanto male, e impacciatore di tanto bene, quanto è la
recuperazione della Terra Santa, e di quell' anime tapinelle
che non participano [2] il sangue del Figliuolo di Dio. Della
qual cosa vi dovereste vergognare, voi, e li altri signori cristiani; chè grande confusione è questa dinanzi agli uomini,
e abominazione dinanzi a Dio, che si faccia la guerra sopra
il fratello, e lascisi stare il nimico; e vogliasi tôrre l' altrui,
e non racquistare il suo. Non più tanta stoltizia e cecità!
Io vi dico, da parte di Cristo crocifisso, che non indugiate
più a far questa pace. Fate la pace, e tutta la guerra mandate sopra gl' infedeli. Aiutate a favoreggiare, e a levar su,
l' insegna della santissima croce; la quale [3] Dio vi richie-

---

[1] Guerreggiò Carlo a lungo con Inghilterra e Navarra. Caterina non
gli consiglia noncuranza vile dell' onore della patria (giacchè una patria hanno anco i re, non solamente una corona e una casa); ma intende che, s' egli non sa guerreggiare senz' odio, e con generosi ardi-
menti; se non sa risparmiare a' suoi popoli le stragi e il disonore e
la corruzione; meglio è che lasci andare una parte del regno, e tutto
quanto quel miserabile regno. Poi, ella aveva in mira un' impresa che
attutasse gli odii fraterni de' Cristiani, e li movesse concordi in un fine
di civiltà religiosa, per risparmiare all' Europa stessa i pericoli dalla
lontana barbarie minacciati.

[2] Nell' atto e appieno.

[3] Richiederà a voi l' insegna, alle vostre mani affidata. Ma poi,

derà, a voi e agli altri, nell'ultima estremità della morte, di tanta negligenzia e ignoranzia, quanta ci si è commessa, e commette tutto dì. Non dormite più (per l'amore di Cristo crocifisso, e per la vostra utilità!), questo poco del tempo[1] che ci è rimaso; perocchè il tempo è breve, e dovete morire, e non sapete quando.

Cresca in voi uno fuoco di santo desiderio a seguitare questa santa croce, e a pacificarvi col prossimo vostro. E per questo modo seguiterete la via e la dottrina dell'Agnello svenato, derelitto in croce; e osserverete i comandamenti. La via seguiterete, portando con pazienzia le ingiurie che vi sono state fatte; la dottrina, in riconciliarvi col prossimo; e l'amore di Dio, manifestandolo con seguitare la santissima croce nel santo e dolce passaggio. Nel quale mi pare che il vostro fratello missere lo duca d'Angiò,[2] per l'àmore di Cristo, vuole prendere a faticarsi in questa santa operazione. Sarebbe da farsi coscienzia se per voi rimanesse tanto dolce e santo misterio.[3] Or in questo modo seguiterete le vestigie di Cristo crocifisso, adempirete la volontà di Dio e mia, e i comandamenti suoi; chè vi dissi ch'io desiderava di vedervi osservatore de' comandamenti santi di Dio. Non dico più. Perdonate alla mia presunzione. Permanete nella santa e dolce dilezione di Dio. Gesù dolce, Gesù amore.

---

nella foga forse del dettare, congiunse il *vi richiederà* con *di tanta ignoranza*, sottintendendo *chiederà conto*, o simile.

1 Aveva egli allora trentanov'anni; e di lì a quattro, poco dopo Caterina, morì. Il *ci* s'avvera e nella figliuola del tintore e nel re.

2 In un codice il titolo porta che questa lettera era scritta da lei *a stanza* (istanza) del Duca d'Angiò. La monaca della repubblica di Siena era scelta dal Duca interceditrice presso il reale fratello.

3 *Misteri* dicevansi anco i riti e sagrifizi religiosi. E questa guerra è sagrifizio nel concetto di lei.

CCXXXVI. — *A Bartolo Usimbardi in Firenze.*[1]

D' un' indulgenza ottenutagli, e delle condizioni per faila valeie.

Al nome di Gesù Cristo crocifisso e di Maria dolce.

Carissimo figliuolo in Cristo dolce Gesù. Io Catarina, serva e schiava de' servi di Gesù Cristo, scrivo a voi nel prezioso sangue suo; con desiderio di vedervi ardere nella fornace della divina Carità, acciocchè si consumi ogni amore proprio di voi, e solo attendiate di piacere al vostro Creatore; non curando detto di creatura, nè ingiuria o scherni o rimproverio che da loro riceveste;[2] ma con umiltà chinare il capo a ciò che la divina Bontà vi permette; e acciocchè siate forte contra le varie e diverse cogitazioni e battaglie delle dimonia, tenendo ferma la volontà, che non consenta, ma solo voglia amare e servire al suo Creatore. E facendo così, sarete perseverante infino alla morte; e così riceverete all' ultimo 'l frutto delle vostre fadighe: il quale, come dice santo Paolo, senza alcuna comparazione è maggiore che le passioni che in questa vita si sostengono.

Rallegratevi, Figliuolo mio dolce, che ora di nuovo avete ricevuta grande abbondanza nel sangue[3] di Gesù Cristo: però ch' io ho avuta dal santo Padre la indulgenzia di colpa e di pena al punto della morte, per molti de' miei Figliuoli;

---

1 Famiglia nobile fiorentina; nobilitata da Cateiina per le lettere sciitte in comune a questo Baitolo e a un sarto : ma più ne sciisse al saito che a Baitolo.

2 Sovente la stampa, *ricevessi* e simili, iitenendo dell' uscita latina.

3 Colla iettitudine della mente ascendendo ai piincipii, e dall' amore piendendo indiiizzo all' ascendeie ; ella riconosce che l' indulgenza non è già aibitiio umano dall' un lato, espediente dall' altro a sciogliersi dall' obbligo della espiazione in affetti e in opeie ; riconosce che la viitù del peidono viene dal sacrifizio che ci ha redenti, e che si è fatto esemplare de' sacrifizii che noi dobbiamo a Dio e agli uomini, a quelli specialmente a cui l' opeia o l' inerzia nostra avesse nociuto. Posta

tra' quali sete voi, e Francesco e la donna.[1] E di tutti insieme fo fare un privilegio, per meno impaccio e spesa. Ma se mai non avesse il vostro per scrittura, niente vi nuoce: bastivi averla per la bocca del Vicario di Cristo; e al punto della morte di domandare al prete l'assoluzione di colpa e di pena secondo che può:[2] ed egli è tenuto di darvela. Credete, figliuolo, con fede viva e speranza ferma, che, passando di questa vita con questa indulgenzia, confesso[3] e pentito de' vostri peccati, l'anima vostra ne va pura e netta e monda[4] a vita eterna, come il dì che ebbe ricevuto il santo Battesimo.

Adunque voglio che mutiate vita, ordinandovi in tutto secondo la volontà di Dio; ponete tutto 'l cuore e l'affetto vostro in lui, e del mondo vi fate beffe, pigliandone solo la vostra necessità.[5] Altro non vi dico. Permanete nella santa e dolce dilezione di Dio. Gesù dolce, Gesù amore.

---

dunque l'ammenda possibile, o ne' casi estremi il desiderio dell'ammenda (e la sanatrice potenza di questo desiderio dimostra, con la bontà divina il vigore dell'umana volontà); non è se non conforme a ragione, che per la fede non nelle parole di un uomo e non in estrinseche cerimonie, ma nel Verbo che rappresenta l'umanità, possa un'anima non solo risparmiare a sè stessa una parte dei dolori che sarebbero debiti alla sua colpa, ma purificarsi ancora dalla macchia morale che la colpa in lei impresse. Queste due cose intendonsi nella locuzione: *Indulgenza di colpa e di pena.*

[1] Il sarto e sua moglie.

[2] La formola dell'assoluzione *in quantum possum, et tu indiges,* nella seconda parte accenna alla liberalità del perdono; nella prima avverte che il sacerdote nulla può se non aiutato dall'intenzione di chi si confessa. E il ripetere ch'ella fa qui la parola, non è a caso.

[3] Dante: « *per tuto e confesso.* »

[4] *Mondo* è più di *netto;* e i due insieme illustrano *pura,* spiegando come una purità meglio che originale, riesca dall'opera della Grazia, che nettando il brutto e il superfluo, fa l'essere dell'anima tutto mondo, cioè ornato di schietta bellezza.

[5] Della società umana, quant'è necessario a compire i propri doveri; e uno de' primi si è giovare a essa società.

CCXXXVII. — *Al Duca d' Angiò.* [1]

· In un convito del Duca cascò una muraglia, e rimasero più signori
alla stiaccia; poteva anco il Duca. La lettera tocca de' diletti che
portano la morte nell' anima dell' attaccarsi alle cose morte e transitorie del mondo, de' sepolcri imbiancati che nascondono putre-
dine e fetore di morte. Nota lo spiecare in ornamenti e gozzovi-
glie, intanto che il povero muor di fame. A monsignore dà dello
stolto, e gli annunzia la morte. Prenda la croce.

Al nome di Gesù Cristo crocifisso e di Maria dolce.

Carissimo signore e fratello in Cristo dolce Gesù. Io Catarina, schiava de' servi di Gesù Cristo, scrivo a voi nel
prezioso sangue suo; con desiderio di vedervi il cuore confitto e chiavellato in croce sì e per siffatto modo che v'accresca 'l desiderio vostro, che tosto siate pronto e sollecito [2] a levare il Gonfalone della santissima croce. Son certa
che, se voi ragguarderete l'Agnello svenato e consumato in
croce per amore, per torvi la morte e rendervi la vita
della Grazia, che questo sarà quella santa memoria che vi
accenderà 'l desiderio a tosto farlo, e raffrenerà del [3] cuore e
dell'anima vostra ogni disordinato diletto e vanità del mondo. I quali diletti passano via come 'l vento, e lasciano sempre la morte nell' anima di colui che li possede; e nel fine
della morte, se non si corregge, il conducono alla morte
eternale: sicchè per suo difetto si è privato della visione
di Dio, e fattosi degno della visione e conversazione delle
dimonia.

Ed è cosa giusta e convenevole che sostenga pena infinita
colui che offende Dio, che è Bene infinito. Dico di quello che

---

[1] Luigi, da cui il secondo ramo di casa d'Angiò, figliuolo a Giovanni re di Francia; del quale duca vedasi la nota alla seguente lettera.

[2] Nella sollecitudine è più affetto e pensiero che nella prontezza.

[3] Se non è sbaglio per *nel,* intendasi in senso di *dal;* come dire:
raffrenerà il desiderio che non incorra impetuoso nel cuore e nell'anima
vostra.

spende tutta la vita sua in delizie e in vivere splendida-
mente, cercando i grandi onori nelli gran conviti e molti
adornamenti; e tutta la sostanzia loro non spendono in altro: e i poverelli si muoiono di fame. Ma essi sempre cercano le grandi e le molte vivande, nettezza di vasi, le care
mense, e delicati e ornati vestimenti: ma non si curano del-
l'anima tapinella, che si muore di fame; però che gli tollono 'l cibo della virtù e della santa confessione, e della parola santa di Dio, cioè della Parola incarnata, unigenito suo
Figliuolo. Del quale doviamo seguitare le vestigie per affetto ed amore, amando quello che egli ama, cercando quello
che egli cercò: amare le virtù, e spregiare 'l vizio, cercare
l'onore di Dio, e cercare la salute di noi e del prossimo
nostro. E però disse Cristo, che di solo pane non viveva
l'uomo, ma della parola di Dio.

Adunque voglio, caro e dolce signore e fratello in Cristo dolce Gesù, che seguitiate questa dolce Parola, con virtù
vera, Cristo crocifisso; e non vi lasciate ingannare al mondo, nè alla forte gioventù. Perocchè, seguitando noi pur il
mondo, potrebbe esser detto a noi quella parola che disse
Cristo benedetto de' Giudei: « Costoro sono simili a' sepolcri, che di fuore sono belli e scialbati, e dentro sono pieni
d'ossa e di puzza di morti. » Oh quanto dice bene la dolce
e prima Verità! E veramente egli è così: che di fuore
paiono belli con molti adornamenti, empiendosi 'l cuore e
l'affetto di queste cose morte e transitorie, che generano
puzza e fastidio di disonestà nell'anima e nel corpo. Ma
io spero per la bontà di Dio, che voi v'ingegnerete di correggere sì la vita vostra, che questo non toccherà a voi;
ma con grandissimo fuoco d'amore piglierete la croce,[1] nella
quale si spense e distrusse la morte del peccato mortale,

---

[1] I Turchi minacciavano Rodi.

e avemmo la vita. E così farà a voi. Nella levazione della croce si leveranno [1] tutte le offese che avete fatto a Dio e dirà poi Dio a voi: « Vieni, diletto figliuolo mio, che ti sei affaticato per me. Io ti consolerò, e menerotti alle nozze della vita durabile, dove è sazietà senza fastidio, e fame senza pena, [2] diletto senza scandolo: » e non sono fatte come le nozze e i conviti del mondo, che danno spesa senza alcuno guadagno; e quanto più sen'empie l'uomo, più rimane vuoto; da letizia viene a tristizia.

E bene lo vedesti voi nel dì d'ieri; [3] che, avendo voi con gran festa fatto il convito, 'l vi tornò a grande amaritudine. E questo permise Dio per grandissimo amore che ha all'anima vostra; e volse manifestare a voi e agli altri ch'erano d'intorno, che cosa è la nostra vana letizia. E mostrò Dio, che quegli atti, le parole e costumi e i modi e consigli fussero poco piacevoli e accettevoli a lui. Oimè! Io temo bene, che la nostra stoltizia non sia tanta, che non ci lasci considerare il divino giudizio.

Dicovi da parte di Cristo crocifisso, che sempre il dì d'ieri portiate nella memoria, acciò che le cose vostre siano fatte con ordinato modo, e con virtù e timore di Dio, e non senza timore di Dio. Confortatevi, confortatevi; chè io spero, per la sua bontà, che vel farà fare. E non abbiate amaritudine affliggitiva di questo caso che ci [4] è avve-

---

[1] In levazione, levare ha senso di innalzare, in leveranno, di torre via.

[2] O da aggiungere qui l'e, o da toglierlo innanzi a fame. Se non che a taluno potrebbe parere che la congiunzione qui omessa faccia più risaltare quest'ultima idea.

[3] Simile caso fu nel 1305, coronandosi Clemente V a Lione; che una muraglia cadde, e ci cadde morto il Duca di Brettagna, il fratello del papa e altri; e ci rimasero feriti Filippo il Bello con Carlo di Valois fratello di lui e bisavo al Duca d'Angiò: e ci pericolò la vita di Clemente stesso. Se i papi risparmiassero a sè e ad altri le pompe dell'incoronazione, ci guadagnerebbero, più ch'altri, essi.

[4] Non correggo vi. La popolana prende parte non ai conviti ma

nuto; ma sia pena sanativa d'un [1] cognoscimento santo di voi medesimo. Siavi un santo freno, che raffreni in voi ogni disordinata vanità; siccome si fa al cavallo che corre, che si tira la briglia perchè non esca fuore dell'ordine del corso suo. Orsù, figliuolo mio dolce in Cristo nostro dolce Gesù, abbracciatevi con la santissima croce; rispondete a Dio, che con essa croce vi chiama: e così adempirete la volontà sua, e il desiderio mio. E però vi dissi che io desiderava di vedervi il cuore e il desiderio vostro confitto e chiavellato in croce.

Fate che innanzi che il santo Padre ne vada, [2] voi fermiate il vostro santo desiderio, pigliando la santa croce dinanzi alla Santità sua: e quanto più tosto, meglio è, per lo popolo cristiano, e infedele. E fate tosto senza negligenzia; non prolungate più tempo. Vogliate che piuttosto vi manchi 'l tempo nelle cose temporali, che nelle spirituali; e specialmente in questa santa e dolce operazione, la quale Dio vi ha posta in mano, e favvi degno di quello per la sua bontà, che spesso volte suol fare a' grandi servi suoi.

Non dico più. Ricordatevi, monsignore, [3] che dovete mo-

---

alle sventure del Duca. Questo *ci* cristiano è ben altro che l'ironico del commensale di Nasidieno, quando il coltinaggio cascò sulla tavola: *Fortuna, quis est crudelior in nos te deus?*

[1] Pena di conoscimento; come dicesi, *pena di carcere* e simili. Il *di* non si reca a *sanativa;* ma intende che nel dolore, il quale gastiga, consista la sanità.

[2] Il papa si partì nel settembre di Francia. Il Duca non prese la croce per Terra santa; ma contro lui bandì poi la Crociata Urbano VI, che nel settembre del 78 gli scrive come a fedele: senonchè Giovanna, per tema di quel di Durazzo, adottandolo erede, l'Angioino scese, ma tardi, con sessanta mila uomini; i quali, senza fare impresa, si sbandarono; ed esso nell'84 in Puglia morì di febbre maligna, d'anni quarantacinque; giacchè nel 76 trentasette ne aveva.

[3] *Monsieur* divenne in Francia il titolo proprio al fratello del re. Gli Italiani antichi: Monsignore lo re.

rire, e non sapete quando. Permanete nella santa e dolce dilezione di Dio. Perdonate alla mia presunzione. Gesù dolce, Gesù amore.

CCXXXVIII. — *A Gregorio XI.*

Propone il Duca d'Angiò, principe della Ciociata. Due Ciociate piopone: contio la baibaiie infedele; e contio la coiiuzione de' chieiici.

Al nome di Gesù Cristo crocifisso e di Maria dolce.

Santissimo Padre in Cristo dolce Salvatore, la vostra indegna e miserabile figliuola Catarina vi si raccomanda nel prezioso sangue del Figliuolo di Dio; con desiderio di vedere adempita la volontà di Dio, e desiderio vostro, di vedere levato in alto il gonfalone e segno della santissima croce. Il quale segno pare che la volontà dolce di Dio voglia che 'l leviate; e voi so, santissimo Padre, che n'avete grandissimo desiderio. Poichè Dio vuole, e voi n'avete buona volontà, pregovi e dicovi per l'amore di Cristo crocifisso, che voi non ci siate negligente; ma se 'l dolce e buono Gesù vi manda la via e il modo [1] a potere fare il santo principio, fatelo. Se voi 'l farete, Dio prospererà la sposa sua; e così anderete dalla guerra [2] alla pace con l'aiutorio di-

---

[1] Dante: « *Tu m' hai, di servo, tratto a libertate*
Per tutte quelle vie, per tutti i modi
Che di ciò fare avei la potestate. »
Modo specifica più di *via*. Altr'è la linea del moto, altro gli atti di questo, e la più o meno velocità.

[2] La guerra lontana faià la pace vicino; gli appaiecchi a guerra giande tioncheianno le guerricciuole meschine e vili che fiaccano e coiiompono; guerra con intenzione ieligiosa e per la libeiazione di milioni d'uomini, distiaià nobilmente le gueiie d'oppressione che macchiano il sacerdozio, comunque vi prenda paite, o altii parteggi per esso o contr'esso; guerra di civiltà attuterà gli odii civili.

vino. So che mi parbe che voi diceste, quando fui dinanzi alla vostra Santità,[1] che egli era bisogno d'avere uno principe che fusse buono capo:[2] altrimenti[3] non vedevate il modo. Ecco il capo, Padre santo. Il duca d'Angiò vuole, per l'amore di Cristo e reverenzia della santa croce, con amoroso e santo desiderio pigliare questa fadiga, la quale, per amore ch'egli ha del santo passaggio, gli pare leggiera; dolcissima gli parerà, pure che voi, babbo santissimo mio, vogliate attendere a farlo. Oimè (dolce Dio amore!)[4] non indugiate più a mandare in effetto il vostro desiderio e dolce volontà. Sappiate, sappiate tenere i tesori e doni di Cristo, e' quali vi manda innanzi, ora mentre che avete il tempo.

Pare che la divina bontà tre cose vi richiegga. Dell'una ne ringrazio Dio e la Santità vostra, che egli ha fermato e stabilito[5] il cuore vostro, fattovi forte contra le battaglie

---

1 Anco di qui scorgesi che i colloqui di Caterina col papa eiano iaii. Umiltà insieme e dignità; meno timidità che piudenza.

2 Il Duca d'Angiò a questi dì piesentava al pontefice un memoiiale contro Pietio re d'Aragona, che teneva il iegno di Maiorica, dato all'angioino colle contee di Rossiglione e di Ceidagna, da Isabella figliuola del re Giacomo, al quale re Pietro le aveva tolte. Il papa risponde li 15 di settembre, già messosi in via. Altii affeima che il Duca fosse inviato da Cailo re suo fiatello pei distoinaie il papa dal viaggio di Roma. Il Burlamacchi, pei negailo, ieca i segni di stima che gli dà Caterina. Ma, appunto perch'ella lo sospettava avveiso a' piopii intenti, poteva pailaie a lui e di lui in modo da guadagnaie l'animo suo; poteva volei conciliaie due beni, proponendogli l'alta impresa di Teiia Santa. Del iesto, quand'anche il fiatello non ce lo mandasse, è da credeie che il piincipe francese volesse in Fiancia due coiti, la papale ministra alla iegia.

3 La stampa: altrementi; che eia vaiietà dell'uso.

4 Quello che il Petiaica e altii per Dio! esclamazione piofanata oggidì; ma iimane ai Gieci, non iiiiveiente.

5 Se piopiia è nel Petiaica la giadazione delle paiole: sotto il ciel cosa non vidi stabile e ferma; è non meno piopiia qui; Dio ha fermato e stabilito il cuore vostro. E bene aveva ella di che iingiaziaie

di coloro che vi volevano impedire, cioè dell'andare a tenere e possedere il luogo vostro. Godo ed esulto della buona perseveranzia che avete avuta, mandandò in effetto la volontà di Dio e il vostro buono desiderio.

Ora vi prego che voi siate sollicito d'adempire le altre due; perocchè, pregando io il nostro dolce Salvatore per

---

Dio per la nuova fermezza del papa, che di natura sua era titubante; e, ritornato in Italia, di nuovo quasi aspirava a scappare. Non già che sia però credibile quel che narra Gersone, che in punto di morte e' raccomandasse agli astanti che non diano retta a persone, sian uomini o donne, le quali sotto specie di religione parlano visioni di loro capo: con che avrebbe segnatamente accennato a Brigida e a Caterina. Gersone a quel tempo non aveva più di quattordici anni; e viveva in Francia, dove lo scisma e altri pregiudizi nell'età sua matura turbavano il senno e il cuore degli uomini. Altre testimonianze abbiamo contrarie da quella; e la migliore delle testimonianze, la ragione intrinseca delle cose. Quand'anco avesse Gregorio dette quelle parole espressegli dalla dispiacenza di morire in età di quarantott'anni, basterebbe cotesto a togliergli autorità. Prendersela al letto di morte e nell'atto di ricevere il corpo di Cristo, prendersela con due donne che abbiano indotto lui vescovo di Roma a ritornare al suo gregge, e figurarsi che Dio lo punisse di questo peccato chiamandolo alla sua gloria; sarebbe uno strano invertere le idee di male e di bene, di gastigo e di premio; sarebbe una tal confessione della propria debolezza e fragilità, da lasciar sospettare che anco quest'ultima protesta fosse atto di non innocente debolezza. E la coscienza doveva testificargli che il suo ritorno aveva già portato buon frutto, cominciando a pacificare Bologna e Firenze; doveva insegnargli che i sette papi francesi, dei centotrentasette cardinali che fecero, prendendone centododici da sola la Francia, non bene adempivano l'uffizio di pastori universali: e tanto meno l'adempivano, che taluni di cotesti prelati il Petrarca, uomo probo e pio, li udì, per cagione del non lasciare Avignone, addurre questa: che non avrebbero in Italia trovati i vini di Francia. Nè dal soggiorno d'Italia venne lo scisma e le parti; se appunto le brighe francesi ne furono fomite; se fin nella elezione di Giovanni XXII fu tardato due anni e tre mesi, per l'immischiarsi delle soldatesche guasconi pretendenti un papa guascone, nè finiva se i cardinali non fossero, tra arte e forza, messi dentro in conclave per opera d'un principe secolare.

voi, siccome mi mandaste dicendo, manifestando egli, ch'io
dicessi a voi che voi doveste andare, e io scusando, repu-
tandomi indegna d'essere annunziatrice di tanto misterio,
dicevo : « Signore mio, io ti prego che se egli è la tua volontà che egli vàda, che tu gli accresca e accenda più il
desiderio suo. » Diceva, per la sua bontà, il nostro dolce Salvatore : « Digli sicuramente, che questo ottimo segno gli do,
che ella è mia volontà che egli vada : chè quanto più
contrari gli verranno, e più gli sarà contradetto [1] che egli [2]
non vada, più si sentirà crescere in sè una fortezza, che
uomo non parerà che gli [3] la possa tollere ; che è questo
contra 'l modo suo naturale. [4] Or ti dico, ch'io voglio che
egli levi la croce santissima sopra gl' Infedeli ; e levila sopra
de' sudditi suoi, ciò sono quelli che si pascono e notricansi
nel giardino [5] della santa Chiesa, che sono ministratori del
sangue mio. Dico che sopra costoro voglio che egli levi la
croce ; cioè in perseguitare e' vizii e i difetti [6] loro. Divelto
il vizio, è piantata la virtù, [7] ponendo questa croce in mano

---

1 Non è ripetizione se intendasi che *contrarii* è aggettivo sostanti-
vato, e sottintende avvenimenti o simili ; e che *gli sarà contraddetto,*
riguarda le deliberate contraddizioni degli uomini. Talvolta anco le anime costanti contro le cose, cedono agli uomini nemici o agli amici ;
le ostinate contro la guerra degli uomini si lasciano vincere al tedio
delle difficoltà minime opposte dalle cose.

2 La stampa : *e che egli.*

3 La stampa : *che egli la.*

4 Questa insolita forza vincitrice sarà prova dell' aiuto del Cielo :
e tanto più, quanto più era Gregorio anima debole. La forte donna,
nella stessa di lui debolezza gli deduce vigore ; e con quel che pa-
rebbe doverlo offendere, lo lusinga. Quest' è vera eloquenza.

5 Cantica : « *Hortus conclusus soror mea sponsa.* » Dante : « *L'orto
cattolico.* » *Nutricare* è l' effetto del *pascere.*

6 Non solo i vizi, ma i difetti de' sacerdoti. Se non che *difetto* in
antico aveva assai volte senso grave. Ed è sublime il mettere insieme
queste due Crociate, contro i Turchi, e contro i prelati indegni.

7 Non si può togliere il male, che già il bene non gli sottentri :

di buoni pastori e rettori nella santa Chiesa. E se non ci è di fatti, vuole che quelli che sono a fare, voi miriate che siano buoni e virtuosi, che non temano la morte del corpo loro. Non vuole Dio che si ragguardi agli stati e alle grandezze e alle pompe del mondo, perocchè Cristo non ha conformità [1] con loro; ma solo alla grandezza e ricchezza della virtù. A questo modo li buoni con l'affetto [2] della croce perseguiteranno li vizii delli cattivi. »

Pregovi, santissimo Padre, per amore dell'Agnello svenato, consumato e derelitto in croce, che voi, come vicario suo, adempiate questa dolce volontà, facendo ciò che potete fare; e sarete poi escusato dinanzi a lui, e la coscienza vostra sarà scaricata. Se non faceste quello che potete, sarestene molto ripreso da Dio. Spero, per la sua bontà e santità vostra, che voi 'l farete; siccome avete fatto dell'una, d'averla messa in effetto, [3] cioè dell'andata vostra; così compirete l'altre del santo passaggio, e del perseguitare li vizii che si commettono nel corpo della santa Chiesa.

Non dico più. Perdonate alla mia presunzione. Missere lo Duca so che verrà a voi per ragionarvi con grande desiderio del fatto del santo passaggio, come detto è. Dategli buono effetto, per l'amore di Dio: adempite il dolce desiderio suo. Permanete nella santa dolce [4] dilezione di

---

anzi il male, se non col bene, non si risana; e la pena di per sè è male peggiore forse.

[1] Bella parola qui. Tra Cristo e le grandezze del mondo non c'è termine di paragone. E chi intende accoppiare indissolubilmente grandezza mondana e Cristo, vorrebbe legittimare l'adulterio.

[2] Con l'affetto della croce, non con l'odio de' viziosi. Qui *perseguitare* ha del *persequi* nel senso latino, che comprende anche il bene; e il pensiero e l'affetto.

[3] Dice *già fatto* quel che stava per farsi: e così lo impegna viepiù. Arte di donna.

[4] Efficace il mettere insieme due aggiunti senza congiunzione. Dan-

Dio. Domandovi umilmente la vostra benedizione. Gesù dolce, Gesù amore.

CCXXXIX. — *A Gregorio XI.*[1]

Delle minacce al papa fatte di veleno s' e' ritorna in Italia.
Lettera di mirabile forza e finezza.

Al nome di Gesù Cristo crocifisso e di Maria dolce.

Santissimo e reverendissimo dolce padre in Cristo dolce Gesù, la vostra indegna e miserabile figliuola Catarina, serva e schiava de' servi di Gesù Cristo, scrive alla vostra Santità nel prezioso sangue suo; con desiderio di vedervi forte e perseverante nel buono e santo proponimento, sì e per siffatto modo che non sia veruno vento contrario che vi possa impedire; nè dimonia nè creatura.[2] Gli quali pare che vogliano venire, come dice il nostro Salvatore nel suo santo Evangelio, nel vestimento della pecora, parendo agnelli, e essi sono lupi rapaci. Dice il nostro Salvatore, che noi ci dobbiamo guardare da costoro. Parmi, dolce padre, che già comincino a venire a voi con la scrittura; e oltra alla scrittura,[3] v' annunciano l' avvenimento suo, dicendo che giungerà alla porta quando voi nol saprete. Questo suona umile,[4] dicendo : « Se mi sarà aperto, io entrerò, e ragione-

___

te: « *La cara buona imagine paterna Di voi — Un misto incognito indistinto.* »

1 Nella stampa: *stando la santa in Avignone;* che vedesi dev' essere copiata dal codice.

2 Accenna a un passo di Paolo, dove *creatura* sta per le cose create del mondo nostro.

3 Fecesi correre lettera d' uomo rinomato per santità (non si sa se Pietro d' Aragona, frate francescano, o altri) a dissuadere il papa dal viaggio di Roma, minacciandogli in Italia la morte. Caterina la dice lettera finta a inganno. Pare che in essa l' autore annunziasse che si scoprirebbe, se il papa volesse. Un'anonima dunque?

4 Modo latino e greco: Virgilio: « *nec vox hominem sonat.* »

remo insieme.» Ma egli si mette il vestimento dell'umilità, acciocchè gli sia creduto bene. È gloriosa dunque questa virtù, con la quale la superbia s' ammantella.

Costui ha fatto in questa lettera verso la vostra Santità, secondo che io n' ho compreso, come fa il dimonio nell'anima, quando spesse volte sotto colore di virtù e di compassione gli gitta il veleno. E specialmente con servi di Dio usa questa arte ; perocchè vede che puramente col vizio egli non gli potrebbe ingannare. Così mi pare che faccia questo dimonio incarnato, il quale ha scritto a voi con colore di compassione e con forma santa ; cioè parendo che ella [1] venga da uomo santo e giusto, ed ella viene dagl' iniqui uomini e consiglieri del dimonio, stroppiatori del ben comune della congregazione [2] cristiana e della reformazione della santa Chiesa, amatori d' amore proprio, cercando [3] solamente e' beni loro particolari. Ma tosto, padre, ve ne potrete dischiarare,[4] se ella è venuta da quello giusto uomo, o no. E parmi secondo l' onore di Dio, il debbiate cercare.

Questo [5] io non reputo (per quello che io ne possa vedere o comprendere), e' non mi si rappresenta al suono delle parole sue, servo di Dio ; ma fittivamente mi pare fatta. Ma a me non pare che sapesse bene l' arte colui

---

[1] Sottintende lettera o scrittura. Omissioni che non son negligenze.

[2] Rende il senso di *Chiesa* nella radice sua greca.

[3] Pei *cercanti:* forma comune del tempo. Nè l' altra locuzione vale *amatori dell' amore proprio,* ma, che amano altri e sè pei amore proprio reo.

[4] Ha esempi: e uno anco in questo senso, dell' accettare, illuminare la mente. Cavalca : « *Pongono la vita per lo nome di Cristo, per dichiararvi sopra la questione che s' è levata.* »

[5] La stampa: *quanto,* che non dà senso. L' abbreviatura del *quanto* e del *questo,* comune, può essere cagione allo sbaglio. *Questo* intenderebbesi : che costui sia uomo giusto.

che la fece. Dovevasi dunque ponere alla scuola;[1] e parmi ch'egli abbia saputo meno che uno bambolo.

Vedete dunque, santissimo Padre, che egli v'ha posto innanzi quella parte che cognosce più debile nell'uomo, e singolarmente in coloro che sono molto teneri e compassionevoli d'amore carnale, e teneri del corpo loro; perocchè questi cotali tengono più cara la vita che tutti gli altri. E però ve l'ha posto per lo primo vocabolo.[2] Ma io spero per la bontà di Dio, che voi attenderete più all'onore suo e alla salute delle vostre pecorelle, che a voi medesimo, siccome pastore buono che debbe ponere la vita per le pecorelle sue.

Parmi, dunque, che questo velenoso uomo da una parte commenda l'avvenimento vostro, dicendo che è buono e santo; e dall'altra parte dice che 'l veleno è apparecchiato; e parmi che vi consigli che vi mandiate uomini confidenti che vadano innanzi a voi, e troveranno[3] il veleno per le tavole; cioè, pare che dica per le bottiglie, il quale s'apparecchia per darlo temperatamente, o per dì, o per mese, o per anno. Onde bene gli confesso, che del veleno se ne trova così alle tavole di Vignone e dell'altre città, come a quelle di Roma; e così se ne trova temperatamente per lo mese e per l'anno, e largamente, secondo piacesse al compratore: e in ogni loco se ne troverà.[4] E però gli parrebbe

---

1 Prende il tono della celia, per non usare parole più gravi; e parlando lei senese a Francese, sapendo di dover essere letta da uomini di corte.

2 Altro tratto di fine eloquenza. Costui, santo Padre, vi ha dato del vile alla prima. — *Compassionevole*, intende, di sè medesimo. Rimprovero delicato, così come *debile* e *tenero*.

3 La stampa: *troveremo*.

4 Séguita celiando, e accenna ai vini di Francia: veleno bevuto in corte a dosi non minime. Il Burlamacchi intende di veleno davvero; e rammenta come Lodovico di Baviera fosse avvelenato da Margherita

ben fatto, che voi mandaste, e sostentaste in questo mezzo
l'avvenimento vostro; e mostra che aspetti, in questo mezzo
venga il divino giudicio sopra questi iniqui uomini, li quali,
secondo che chi dice, pare che cerchino la vostra morte. Ma
se egli fusse savio, egli s'aspetterebbe per sè medesimo; perocchè egli è seminatore del più pessimo veleno che fusse
già gran tempo seminato nella Chiesa santa, in quanto che
egli vuole impedire a voi quello che Dio vi richiede e che
dovete fare. E sapete in che modo si seminarebbe questo
veleno? Che, non andando voi, ma mandando secondo che
vi consiglia il buono uomo, susciterebbe uno scandalo e una
rebellione temporale e spirituale, trovando in voi menzogna,
che tenete luogo di verità. Perocchè avendo voi annunciato
e determinato l'avvenimento vostro; e trovando il contrario, cioè che egli non fusse; troppo sarebbe grande scandalo,
turbazione e errore nelli cuori loro. Sicchè egli dice bene il
vero; egli ha la profezia di Caifas, quando disse: « Egli è di
bisogno che uno uomo moia, acciocchè il popolo non perisca. » Egli non sapeva quello che si diceva, ma il sapeva
bene lo Spirito Santo, che diceva la verità per la bocca sua:
ma il dimonio non gli faceva dire per quella intenzione.
Così costui vuol essere un altro Caifas. Egli profeta, che se
voi mandate, troveranno il veleno. Veramente egli è così ;
che se fussero tanti li vostri peccati che voi rimaneste e essi
andassero, li vostri confidenti troveranno che si porrà il ve-

---

contessa del Tirolo sua moglie, e da lei stessa il figliuolo Nainaido;
e Bianca di Borbone da Pietro re di Castiglia suo marito; e Guido
Cardinale di Porto da Carlo il Malvagio re di Navarra; e da lui stesso
Carlo V di Francia tentato con veleno lento, che di lì a parecchi anni
lo spense; e Bernabò Visconti finito così dal nipote, e dall'emulo finito
così Luigi primo Duca d'Angiò. Il Gesuita lucchese soggiunge: « Vedesi da ciò che, se l'Italia avea de' maestri di comporre veleni, non
ciane scarsa la Francia. »

leno per le bottighe [1] de' cuori e delle bocche loro per lo modo detto. E non basterebbe [2] pure uno dì, perchè n'anderebbe il mese e l'anno innanzi che fusse smaltito. Molto mi maraviglio delle parole di questo uomo, cioè che commendi l'operazione buona e santa e spirituale; e poi vuole che per timore corporale si lassi la santa operazione. Non è costume de' servi di Dio che per veruno danno corporale o temporale, eziandio se la vita n'andasse, eglino vogliano mai abbandonare l'esercizio e l'operazione spirituale; perocchè, se avessero fatto così, neuno sarebbe giunto al termine [3] suo. Perocchè la perseveranzia del santo e buono desiderio con le buone operazioni, è quella che è coronata e che merita gloria, e non confusione.

E però vi dissi, Padre Reverendo, che desideravo di vedervi fermo e stabile nel vostro buono proponimento (perocchè dopo questo seguiterà [4] la pace de' vostri ribelli figliuoli, e la reformazione della santa Chiesa) e anco d'adempire 'l desiderio de' servi di Dio, 'l quale hanno di vedere rizzare il gonfalone della santissima croce sopra gl'infedeli. Allora potrete ministrare il sangue dell'Agnello nelli tapinelli Infedeli; perocchè voi sete il celleraio [5] di questo sangue, e che ne tenete le chiavi.

Oimè, padre, io vi prego per l'amore di Cristo croci-

---

[1] Traslato comune: il vaso del cuore.

[2] Durerebbe.

[3] Intento.

[4] Non lo dice in forma di profezia, ma di promessa la quale ha per condizione l'eseguimento di tutti insieme i consigli dati da lei. Non bastava ritornare in Italia; bisognava ritornarci con animo italiano e con sensi di mansuetudine cristiana, e bandire la crociata contro i vizi de' ministri: e allora di certo verrebbe la reformazione della Chiesa e la pace.

[5] Insiste sulla figura del vino, quasi per rompere le bottiglie di corte.

fisso, che a questo, tosto diate [1] la potenzia vostra; perocchè senza la potenzia vostra non si può fare. Non vi consiglio però, dolce padre, che voi abbandoniate quelli che vi sono figliuoli naturali, e che si pascono alle mammelle della sposa di Cristo, per li figliuoli bastardi, che non sono ancora ligittimati col santo battesimo; ma spero per la bontà di Dio, che andando e' figliuoli legittimi con la vostra autorità e con la virtù divina del coltello della parola santa, e con la virtù e forza umana, essi torneranno alla madre della santa Chiesa, e voi li ligittimerete. Questo pare che sia onore di Dio, utile a voi, onore ed esaltazione della dolce sposa di Cristo Gesù; più che seguitare il semplice consiglio di questo giusto uomo, che vi pone, [2] che meglio vi sarebbe, a voi e ad altri ministri della Chiesa di Dio, abitare fra gl' infedeli Sarraceni, [3] che fra la·gente di Roma o d'Italia.

A me piace la buona fame, che egli ha della salute degl' infedeli; ma non mi piace che egli voglia tollere il padre alli figliuoli legittimi, e il pastore alle pecorelle congregate nell' ovile. E mi pare che voglia fare di voi, come fa la madre del fanciullo, quando li vuole tollere il latte di bocca che si pone l'amaro in sul petto, acciocchè senta prima l'amaritudine che il latte; sicchè per timore dell'amaro abbandoni il dolce: perchè 'l fanciullo s'inganna più con l'amaritudine, che con altro. [4] Così vuole fare costui a voi, ponendovi innanzi l'amaritudine del veleno e della molta persecuzione, per ingannare la fanciullezza dell'amore tenero sensitivo, acciocchè per paura lassiate il latte; il quale latte di Grazia séguita dopo il dolce avvenimento vostro. E

---

1 Dante: « *La mente e gli occhi, ov' ella volle, diedi.* »

2 Afferma. Affine all'origine greca di *tesi*.

3 Il francese raddoppia: *sarrasin.*

4 Qui la stampa ha una ripetizione, che pare venuta dallo sbaglio del copista.

io vi prego da parte di Cristo crocifisso, che voi non siate
fanciullo timoroso, ma virile. Aprite [1] la bocca, e inghiottite
l'amaro per lo dolce. Non si converrebbe alla vostra santità d'abbandonare il latte per l'amaritudine. Spero per la
infinita e inestimabile bontà di Dio, che, se vorrete, vi farà
grazia, a noi, e a voi; e che voi sarete uomo fermo e stabile, e non vi muoverete per veruno vento, nè illusione di
dimonio, nè per consiglio di dimonio incarnato; ma seguiterete la volontà di Dio, e il vostro buono desiderio, e il
consiglio de' servi di Gesù Cristo crocifisso.

Non dico più. Concludo che la lettera mandata a voi
non esca da quello servo di Dio nominato a voi, nè che ella
fusse scritta molto dalla lunga; ma credo che ella venga
ben di presso, e dai servi del Dimonio, che poco temono
Dio. Che in quanto io credesse che ella uscisse da lui, none [2] 'l reputerei servo di Dio, se altro non ne vedessi. Perdonate a me, padre, il favellare troppo presuntuosamente.
Umilemente v'adimando che mi perdoniate e doniate la vostra benedizione. Permanete [3] nella santa e dolce dilezione
di Dio. Prego la infinita sua bontà, che mi dia grazia che
tosto, per lo suo onore, vi vegga mettere [4] il piè fuera del-

---

1 Fa da madre sul serio *al babbo*.

2 La stampa *non el*. Ma i Toscani direbbero *no 'l* o *nol*, o *non lo*.
Resta dunque scrivere *none* come in Brunetto e nelle storie pistoiesi.

3 La stampa: *Perdonate*.

4 Questa lettera, dov'ella con materna autorità e pietà gentilmente
lo chiama fanciullo, non deve essere stato de' più lievi impulsi. Te-
stifica il Froissard che la voce di Caterina in quel distacco ebbe la più
gran parte. Nè la narrazione di fra Bartolomeo di Domenico contra-
dice. Egli narra che il papa, allestite già le galee, interrogò Caterina
se fosse bene l'andarsene in mezzo a tante difficoltà; e ch'ella si
scusò con questo che ad umile donna non si conviene dare al padre
comune consigli; e il papa gliel' impose per obbedienza; e allora ella
rispose, nessuno doverlo sapere meglio di lui, ch'aveva già fatto segreto

l'uscio, con pace, riposo e quiete dell'anima e del corpo. Pregovi, dolce padre, che quando piace alla vostra Santità, che mi diate audienzia; perocchè mi vorrei trovare dinanzi a voi prima che io mi partissi. Il tempo è breve: sicchè, dove piacesse a voi, vorrei che fusse tosto. Gesù dolce, Gesù amore.

CCXL. — *A Monna Lapa sua Madre, prima che tornasse da Vignone.*

Incomincia altrimenti dal solito. E dal principio alla fine, gentile
e grande.

Al nome di Gesù Cristo crocifisso e di Maria dolce.

Carissima madre in Cristo dolce Gesù. La vostra indegna miserabile figliuola Catarina vi conforta nel prezioso sangue del Figliuolo di Dio. Con desiderio ho desiderato di vedervi madre vera non solamente del corpo, ma dell'anima mia; considerando me, che essendo voi amatrice più dell'anima che del corpo, morrà in voi ogni disordinata tenerezza, e non vi sarà tanta fadiga il patire della presenzia mia corporale; ma saravvi più tosto consolazione, e vorrete per onore di Dio portare ogni fadiga[1] di me, considerando che si facci l'onore di Dio. Facendo l'onore di Dio, non è senza accrescimento di grazia e di virtù nell'anima mia.

---

proposito di ritornarsene a Roma. Anche dopo parecchie di queste lettere, può essere che il pontefice la interrogasse, come di cosa non mai trattata, e tuttavia dubbia e revocabile, al modo che sogliono i deboli e i titubanti; e ch'essa allora, tra stanca e umiliata per lui, lo rimandasse al consiglio della sua propria coscienza.

[1] *Portare ogni fatiga di me,* fa sentire con ammirabile tenerezza e pietà, che le fatiche della figliuola sono fatiche portate dalla madre; e che essa figliuola, nell'atto dell'operare quel bene al quale per debito si tiene chiamata, è fatica alla madre. Così le chiede piamente

Sicchè bene è vero, che essendo voi, dolcissima madre, amatrice più dell'anima che del corpo, sarete consolata, e non sconsolata. Io voglio che impariate da quella dolce madre Maria, che per onore di Dio, e salute nostra ci donò il Figliuolo, morto in sul legno della santissima croce. E, rimanendo Maria sola, poichè Cristo fu salito in cielo, rimase con li discepoli santi : e poniamochè Maria e i discepoli avessero grande consolazione, il partire fusse sconsolazione,[1] nondimeno per la gloria e loda del Figliuolo suo, per bene di tutto l'universo mondo, ella consente e vuole che elli si partano. E più tosto elegge la fadiga del partire loro, che la consolazione dello stare, solo per l'amore che ella aveva all'onore di Dio e alla salute nostra. Or[2] da lei voglio che impariate voi, carissima madre. Voi sapete che a me conviene seguitare la volontà di Dio ; e io so che voi volete che io la sèguiti. Sua volontà fu che io mi partissi : la quale partita non è stata senza misterio, nè senza frutto di grande utilità. Sua volontà è stata, ch'io sia stata, e non per volontà d'uomo ; e chi dicesse il contrario, è[3] il falso, e non è la verità. E così mi converrà andare, seguitando le vestigie suè in quel modo e a quel tempo che piacerà alla sua

---

quasi scusa della virtù propria e della propria grandezza. Ed è pure delicato patire della *presenza* invece che dell'*assenza,* sottintendendo *difetto* o simile: di quelle ellissi che il cuore trova, e che l'arte è appena degna di saperle apprezzare.

[1] Vicini o lontani dovevano pur sempre patire per la grande opera alla quale tutti erano destinati. E anco Maria certamente. E così conforta Caterina la madre, e, imponendole un dovere grande, e facendola cooperatrice al bene universale da sè procurato e ideato, la umilia insieme e la esalta.

[2] La stampa: *O.*

[3] La stampa *e.* Non solo per desiderio de' Fiorentini e dello stesso pontefice forse, ell'era in Avignone; ma a fine più alto; e il ritorno stesso del papa in Italia non era che una parte de' suoi intendimenti.

inestimabile bontà. Voi, come buona e dolce madre, dovete essere contenta, e non sconsolata, a portare ogni fadiga per onore di Dio e salute vostra e mia. Ricordovi, che per li beni temporali voi il facevate, quando i vostri figliuoli si partivano da voi per acquistare la ricchezza temporale ; ora per acquistare vita eterna, vi pare di tanta fadiga, che dite che v' anderete a dileguare se tosto io non vi rispondo. Tutto questo v' addiviene perchè voi amate più quella parte che io ho tratta da voi, che quella ch' io ho tratta da Dio, cioè la carne vostra, della quale mi vestiste. Levate, levate un poco il cuore e l' affetto vostro in quella dolce e santissima croce, dove viene meno ogni fadiga : vogliate portare un poco di pena finita, per fuggire la pena infinita che meritiamo per li nostri peccati. Ora vi confortate [1] per amore di Cristo crocifisso ; e non crediate d' essere abbandonata nè da Dio nè da me. Anco, sarete consolata, e riceverete piena consolazione ; e non è tanto stata la pena, quanto sarà maggiore il diletto. Tosto ne verremo, per la grazia di Dio ; e non staremmo ora a venirne, se non fusse lo impedimento che abbiamo avuto della infermità grave di Neri. E anco il maestro Giovanni, e Fra Bartolomeo sono stati infermi,.... [2] Altro non dico. Raccomandateci.... Permanete nella santa e dolce dilezione di Dio. Gesù dolce, Gesù amore.

---

[1] Dante : « *Or ti conforta: chè conviene Ch' io solva il mio dovere.* »

[2] Il Pagliaresi, il Tantucci, il Dominici. E anco il Naconi. Questo fu a Genova, dove Caterina stette oltre un mese. I puntolini denotano un vuoto ch' è nella stampa, e forse in tutte le copie.

CCXLI. — *A Monna Giovanna di Corrado.*[1]

Alla madre, che non pianga il figliuolo datosi a Dio: in Dio l'ami;
che fa lecito e ragionevole, dignitoso e forte ogni amore. Tra il
Verbo e lo Spirito Santo, tra l'intelletto e la volontà, tocca a lei
del suo Stefano: interruzione filiale e materna.

Al nome di Gesù Cristo crocifisso e di Maria dolce.

Carissima madre in Cristo dolce Gesù. Io Catarina, serva
e schiava de' servi di Gesù Cristo, scrivo a voi nel prezioso
sangue suo; con desiderio di vedervi fare una abitazione
nella cella del cognoscimento di voi medesima, acciocchè
possiate venire a perfetto amore; considerando me, che
colui che non ama il suo Creatore, non può piacere a lui,
perocchè egli è esso Amore, e non vuole altro che amore.
Questo amore trnova l'anima che cognosce sè medesima;
perocchè vedendosi, sè non essere, ma l'essere suo avere
per grazia e non per debito, e ogni grazia che è fondata
sopra l'essere, e dato[2] ci è con inestimabile amore; allora
truova in sè tanta bontà di Dio versare,[3] che la lingua non
è sufficente a dirlo: e poi che si vede tanto amare da Dio,
non può fare che non ami. Ama in sè la ragione,[4] e Dio;
e odia la sensualità, che disordinatamente si vuole dilettare
del mondo (o ella si diletta dello stato o ricchezze, o di

---

[1] Moglie di Corrado Maconi, madre del Beato Stefano diletto discepolo di Caterina. Era figliuolo di Stefano Bandinelli, di quella illustre
famiglia che diede Alessandro III e quattro cardinali, e altri uomini di
virtù e di valore. Discepola anch'essa alla vergine Benincasa.

[2] Almeno l'*e* avrebbe a togliersi, accordando *dato* con *grazia,* a
modo di neutro; e sottintendere un *che.*

[3] Per *essere versato;* ma così, vedesi il presente atto continuo del
versare.

[4] Ecco l'amore retto di sè, puro d'amore proprio; amare in noi
quel che è più nobile per conservarlo; amare questo bene come dono
non nostro.

piacere alle creature più che al Creatore, fondandosi in suo
parere), diletti e piaceri del mondo, o alcuna volontà. [1]
Sono di quelli che amano e' figliuoli; e chi lo sposo, e chi
la madre, o padre, disordinatamente d'amore troppo sensitivo: il quale amore è uno mezzo tra l'anima e Dio che
non lassa ben cognoscere la verità del vero e superno
amore. E però disse la prima dolce Verità: « Chi non abbandona il padre e la madre, suoro e fratelli, e sè medesimo,
non è degno di me.» Ben se n'avvedevano e avvedono e' veri
servi di Dio; che subito spogliano il cuore e l'affetto e
l'anima loro del mondo e delle pompe e delizie sue, e d'ogni
creatura fuori di Dio: non, che egli non amino la creatura;
ma amanla solamente per Dio, in quanto sono creature
amate smisuratamente [2] dal Creatore. Ma come essi odiano
la parte sensitiva, che ribella a Dio in loro; così l'odiano
nel prossimo, che veggono che offende la somma eterna
Bontà. Così voglio che facciate voi, carissima madre in Cristo dolce Gesù; che voi amiate la bontà di Dio in voi, e la
sua smisurata carità, la quale troverete nella cella del cognoscimento di voi medesima. In questa cella troverete Dio.
Chè, come Dio tiene in sè ogni cosa che partecipa l'essere,
così in voi troverete la memoria, la quale tiene ed è atta
a ritenere il tesoro [3] de' beneficii di Dio; troveretevi lo intendimento, il quale ci fa participare la sapienza del Figliuolo
di Dio, intendendo e cognoscendo [4] la sua volontà, che non
vuole altro che la nostra santificazione. Vedendo questo,

---

1 Periodo confuso, forse per le litrattazioni della dettatura. Na
riuscirebbe netto togliendo le ultime parole *diletti e piaceri del mondo,
o alcuna volontà.*

2 Con misura non giudicabile nè comprensibile all'uomo; non
oltremisura.

3 Dante: « *Quant'io del regno santo Nella mia mente potei far
tesoro.* »

4 L'intendere è il germe, il cui frutto la cognizione.

l'anima non si può dolere nè conturbare di neuna cosa
che avvenga, cognoscendo che ogni cosa è fatta con providenzia di Dio e con grandissimo amore.

Con questo cognoscimento voglio e vi prego per amore
dello svenato Agnello, che medichiate l'ascaro,[1] e la mala-
gevolezza che avete sentita per la partita di Stefano. Godete e esultate; chè non sarà senza accrescimento di grazia nell'anima sua e nella vostra. Per grazia di Dio, il vederete tosto.

Anco, dico che nel cognoscimento di voi voi troverete
la clemenzia dolce dello Spirito Santo; che è quella parte[2]
che non dona, nè è altro che amore; e ciò che egli fa e
adopera,[3] adopera per amore. Questo affetto troverete nel-
l'anima vostra : perocchè la volontà non è altro che amore;
ogni suo affetto e movimento non si muove per altro che
per amore. Ama e odia quello che l'occhio del cognoscimento ha inteso e veduto. Or bene è vero adunque, carissima madre, che dentro nella cella dell'anima voi truovate
tutto Dio, il quale dà tanta dolcezza e refrigerio e consolazione,[4] che per neuna cosa che avvenga si può turbare,
perocchè ella è fatta capace della volontà di Dio.

---

1 Questa voce il senese Bargagli diceva propria a soli i Lucchesi :
tanto poco è da fidare alla testimonianza anco degli uomini dotti, e al
si dice e al *non si dice* de' Toscani. Vive *ascaro* tuttavia in senese ; e
aschero nel pistoiese ; ed è dolore pungente, per lo più con desiderio
d'oggetto che non si possa avere, o perduto ; ed è una delle parecchie
voci italiane che rendono il francese *regret,* ma più forte. Il traduttore
francese di queste lettere lo prende per un uomo, un Lascari. Vedono
principi dappertutto. E l'aschero è re davvero, se i re non son
ascheri.

2 *Parte* è qui usato per modo di dire, non di stretta proprietà ;
e recasi non tanto a *spirito* quanto a *clemenza.* Così famigliarmente *da
parte mia.*

3 *Operare* è il fare efficace verso un oggetto, una serie di fatti.

4 *Dolcezza* è il senso del piacere da sè ; il *refrigerio* viene dopo

Dirittamente l'anima allora diventa uno giardino pieno di fiori odoriferi di santo desiderio; e nel mezzo sì è piantato l'arbore della santissima croce, dove si riposa l'Agnello immacolate, il quale diriga[1] sangue, bagna e allaga questo dolce e glorioso giardino, e tiene in sè e' frutti maturi delle vere e reali virtù. Se volete pazienzia, ine è fondata[2] mansuetudine; in tanto che non è udito il grido suo dell'Agnello per neuna mormorazione; umiltà profonda, vedendo Dio umiliato all'uomo, il Verbo umiliato all'obbrobriosa morte della croce. Se....[3] carità, egli è essa carità: anco, più che.... la forza dell'amore e della carità l'ha tenuto confitto e chiavellato in croce. Non eran sufficienti e' chiovi e la croce a tenere Dio-ed-uomo, se la forza della carità non l'avesse tenuto. Non mi maraviglio se quella che ha fatto di sè giardino per cognoscimento di sè, ella è forte contra tutto quanto il mondo; perocchè ella è conformata, e fatta una cosa con la somma fortezza. Veramente ella comincia a gustare l'arra di vita eterna in questa vita; ella signoreggia il mondo, perocchè se ne fa beffe.[4] Le dimonia temono d'approssimarsi all'anima che arde nella divina carità.

Orsù, carissima madre, non voglio che dormiate più nella negligenzia nè nell'amore sensitivo; ma con un ardentissimo e smisurato amore vi leviate su, bagnandovi nel

---

l'aidoie soverchio o la stanchezza; la *consolazione* compensa e soverchia il dolore, e si continua dopo di quello.

[1] Da *derivaie, dirivare;* come *rigolctto* per *rivoletto.* Dante : « *Rigavan lor di sangue il volto.* »

[2] Salda. Mansuetudine è piova di maggioie feimezza che non l'orgoglio ostinato.

[3] Manca *ceicate* o simile; e il resto è anche guasto. Intende, come altiove, che, più de' chiodi, l'amoie lo tenne confitto.

[4] Veiità piofonda, che toicono agli utili piopiii i dominatoii de' popoli. Chi meno appiezza la dignità dell'umana natuia, è sovente dalle moltitudini più devotamente onoiato.

sangue di Cristo, e nascondendovi nelle piaghe di Cristo crocifisso. Non dico più. Son certa che, se starete in cella, come detto è, non troverete altro che Cristo crocifisso. E così dite a Corrado [1] che faccia questo medesimo. Permanete nella santa e dolce dilezione di Dio. Gesù dolce, Gesù amore.

CCXLII. — *Ad Angelo da Ricasoli.*

Il timore servile tronca il corso e alle piccole cose e alle grandi; nuoce e a prelati e a reggitori del secolo e a sudditi. Viene dall'amor proprio, che ci fa porre fidanza in cose deboli; le quali mancando, temiamo. Lo esorta a costanza.

Al nome di Gesù Cristo crocifisso e di Maria dolce.

Carissimo e reverendo padre in Cristo dolce Gesù. Io Catarina, serva e schiava de'servi di Gesù Cristo, scrivo a voi nel prezioso sangue suo, con desiderio di vedervi uomo virile, e non timoroso; acciocchè virilmente serviate alla dolce sposa di Cristo; adoperando per onore di Dio spiritualmente, secondo che nel tempo d'oggi questa dolce sposa ha bisogno. Son certa, che, se l'occhio dell'intelletto vostro si leverà a vedere la sua necessità, voi 'l farete sollicitamente, e senza veruno timore, o negligenzia. L'anima che teme di timore servile, neuna sua operazione è perfetta; e in qualunque stato si sia, nelle piccole cose e nelle grandi, viene meno, e non conduce quello che ha cominciato alla sua perfezione. O quanto è pericoloso questo timore! egli taglia le braccia del santo desiderio: egli accieca l'uomo, che non gli lassa cognoscere nè vedere la verità. Perchè questo timore procede dalla cechità dell'amore proprio di

---

[1] Padre di Stefano.

sè medesimo. Chè, subitochè la creatura che ha in sè ragione, s'ama d'amore proprio sensitivo, subito teme; e questa è la cagione perchè teme, perchè ha posto l'amore e la speranza sua in cosa debile, che non ha in sè fermezza nè stabilità veruna, anzi passa come 'l vento.

Oh perversità d'amore, quanto sei dannosa a'signori temporali e spirituali, e a'sudditi! Se egli è prelato, egli non corregge mai, perchè teme di non perdere la prelazione e di non dispiacere alli sudditi suoi. Così medesimamente il suddito. Perchè umilità non è in colui che s'ama di così fatto amore, anzi è una radicata superbia. Il superbo non è mai obediente. [1] Se egli è signore, non tiene giustizia, anzi commette inique e false giustizie, facendo secondo il piacere suo, o secondo il piacere delle creature. E così, per lo non correggere e non tenere giustizia, li sudditi ne diventano più cattivi, perchè si nutricano nelli vizi e nelle malizie loro.

Poichè è tanto pericoloso l'amore proprio e il disordinato timore, è da fuggirlo, e da aprire l'occhio dell'intelletto nello obietto dell'immacolate Agnello, il quale è regola e dottrina nostra: e lui dobbiamo seguitare, perocchè egli è esso amore e verità; e non cerca altro che l'onore del padre e la salute nostra. Elli non temeva nè Giudei nè persecuzione loro, nè la malizia delle dimonia, nè infamia, nè scherni, nè villania; nell'ultimo non temè l'obrobriosa morte della croce. Noi siamo gli scolari, che siamo posti a questa dolce e soave scuola. Voglio adunque, carissimo e dolcissimo padre, che con grandissima sollicitudine e dolce prudenzia apriate l'occhio dell'intelletto in questo Libro

---

[1] Il superiore, per amor del comando, non sa comandare; l'inferiore, non sapendo per sua superbia obbedire, è condotto a servire contro sua voglia, e a fingere, o a resistenze, che poi lo conducono al timore servile. Il ragionamento non è tutto spiegato; ma intendesi.

della vita, che vi dà sì dolce e soave dottrina; e non attendiate a veruna altra cosa che all'onore di Dio e alla salute dell'anime, e al servizio della dolce sposa di Cristo. Con questo lume vi spoglierete dell'amore di voi proprio, e sarete vestito d'uno amore divino: cercherete Dio per la sua infinita bontà, che è degno d'essere cercato e amato da noi. Amerete voi e la virtù; e odierete il vizio per Dio. E di questo medesimo amore amerete il prossimo vostro.

·Vedete bene, che la divina Bontà v'ha posto nel corpo mistico della santa Chiesa, nutricandovi al petto di questa dolce sposa, solo perchè voi mangiate alla mensa della santissima croce il cibo dell'onore di Dio e della salute dell'anime. E non vuole che sia mangiato altro che in croce, portando le fadighe corporali con molti ansietati desiderii, siccome fece il Figliuolo di Dio, che insiememente sosteneva li tormenti nel corpo e la pena del desiderio; e maggiore era la croce del desiderio, che non era la croce corporale. Il desiderio suo era questo: la fame della nostra redenzione, per compire l'obedienzia del Padre Eterno, eragli pena, infinochè none 'l vedeva compito. E anzi, come Sapienzia del Padre Eterno, vedeva coloro che participavano il sangue suo, e coloro che nol participavano per le colpe loro. Il sangue era dato a tutti; e però si doleva per la ignoranzia di coloro che none 'l volevano participare. Questo fu quello crociato desiderio che portò dal principio infino alla fine. Data ch'elli ebbe la vita, non terminò però il desiderio, ma sì la croce del desiderio. E così dovete far voi, e ogni creatura che ha in sè ragione; dare la fadiga del corpo e la fadiga del desiderio, dolendovi dell'offesa di Dio, e dannazione di moltè tante anime quante vediamo che periscono. Parmi che sia tempo, carissimo padre, di dare l'onore a Dio, e la fadiga al prossimo. Non è da vedere più sè con amore proprio sensitivo, nè con timore servile; ma con vero amore e santo timore di Dio adoperare. E se bisogna dare la vita per onore di Dio, si debbe dare, non tanto che la sustanzia temporale. Spero per la infinita bontà di Dio, che, essendo voi uomo virile, voi il farete, e persevererete in quello che voi avete cominciato,[1] cioè, d' essere fedele figliuolo della santa Chiesa. Ed esercitandovi in virtù, giungerete alla grande perfezione. Ho avuta grande allegrezza della buona perseveranzia e costanzia che avete avuta. Pregovi che infino alla morte non volgiate il capo in dietro; facendo come uomo virtuoso, e fiore odorifero, che dovete essere, nel corpo mistico della santa Chiesa; considerando ivi,[2] che quelli che non sono virili in virtù, non sono costanti.

Dissi che desideravo di vedervi uomo virile, e non timoroso, acciocchè meglio potiate adempire la volontà di Dio e il desiderio mio nella salute vostra. Accompagnatevi coll' umile e immacolato Agnello, e troverete il Re nostro, venuto a noi nella strada,[3] umile e mansueto. Vergognerassi allora la propria sensualità di levare il capo per impazienzia, vedendo Dio tanto umiliato; il quale, per fare noi grandi, è fatto piccolo. E insegnaci la prima dolce Verità a diventare grandi. Con che? con la bassezza della vera umilità. E però dissi che noi imparassimo da lui ad essere umili, e mansueti di cuore.

Orsù, carissimo Padre, destianci dal sonno della negligenzia, e virilmente corriamo, seguitando la dottrina della Verità. Altro non dico. Permanete nella santa e dolce dilezione di Dio. Gesù dolce, Gesù amore.

---

1 Dopo l'interdetto del 76, al cenno di Giegoiio, il vescovo si ritirò da Fiienze. L' anno poi, tutti i vescovi partitisi furono richiamati a pena di diecimila liie. Il Ricasoli non si mosse.

2 Forse, *voi e io.*

3 Leggendo poi *fatto piccolo,* altri potiebbe qui leggere *stalla.* Ma là dove dice nel Vangelo *del re mansueto* ch' entia in Gerusalemme, c'è la piopiia paiola *in via.*

CCXLIII. — All' Arcivescovo di Pisa.[1]

Corregga i difetti con misericordia. Sia vigilante ai doveri essenziali;
e non si prenda briga de' privilegi di monache.

Al nome di Gesù Cristo crocifisso e di Maria dolce.

Reverendo e carissimo padre in Cristo dolce Gesù. Io
Catarina, serva e schiava de' servi di Gesù Cristo, scrivo a
voi nel prezioso sangue suo; con desiderio di vedervi pastore buono, con acceso e ardito desiderio, sì e per sifatto
modo, che vi disponiate a porre la vita per le pecorelle vostre, imparando[2] dalla prima dolce Verità Cristo Gesù, che
per onore del Padre e salute nostra corse all' obbrobriosa
morte della santissima croce. Voi, padre carissimo, seguì-
tate le vestigie sue, per correggere li vizii, e piantare le
virtù nell' anime de' sudditi vostri; non curando nè pene,
nè obbrobri, nè scherni, nè villanie, nè fame,[3] nè sete, nè
veruna persecuzione che il mondo ovvero il dimonio ci
potesse dare: ma virilmente, con affamato desiderio, cor-
reggete li sudditi vostri. Tenete, tenete l' occhio sopra di
loro: fate almeno la vostra possibilità. E non fate vista di
non vedere: chè non si vuole fare così; anzi si vuole vedere li difetti nostri, e li difetti del prossimo nostro, non
per mormorazione, nè per falso giudizio; ma per una santa
e vera compassione, con pianti e sospiri portarli innanzi a
Dio; dolendosi dell' offesa che gli è fatta, e della danna-

---

[1] Moricotto di Vico pisano, detto anco de' Prignani; forse perchè
figliuolo a una sorella d' Urbano VI, prese il nome dello zio, che lo
fece nel 78 cardinale (stato già arcivescovo di Pisa dal 63), e vice can-
celliere di Santa Chiesa.

[2] Ritorna sovente in queste lettere il dolce *discite a me*.

[3] Santa Caterina non teme che dal patire la fame scemi dignità agli
arcivescovi; e molto meno, che n' abbia a perire la Chiesa.

zione di quell'anima. Questo debbe fare ogni creatura che
ha in sè ragione, verso del suo prossimo; ma molto maggiormente il dovete fare voi e gli altri prelati della santa
Chiesa. Ed evvi richiesto, e dovetelo fare, ragguardando li
sudditi vostri per compassione e per punizione:[1] chè gli
avete a punire e riprendere, secondo che trovate le colpe.
Oimè, non tardate più; chè, per lo non correggere, le virtù
e la vita della Grazia sono morte nell'anima; li vizii e
l'amore proprio vive, e il mondo perisce. Egli giace continuamente infermo a morte: perocchè, essendo l'uomo pia-
gato di diverse piaghe e infirmità, e i medici d'esse infirmità (ciò sono i prelati), usano tanti unguenti, che già è
imputridito. Non più unguento, per amore di Dio! Usate
un poco la cottura, incendendo e cocendo il vizio per santa
e vera giustizia, sempre condita con misericordia; e quella
sarà la grande misericordia in punire e in riprendere li difetti loro. Chè maggiore crudelità non può usare chi governa lo infermo, che dargli le cose contrarie.[2] Oh per l'amore
di Cristo crocifisso, non dormite più, destatevi per fuoco
d'amore e d'odio e dispiacimento dell'offesa di Dio. Almeno
fate la vostra possibilità: e, fatto il potere, sete scusato dinanzi a Dio. E so bene che tutto voi non potete vedere;
ma mettete le spie[3] de' servi di Dio, che v'aiutino a vedere; perocchè infino alla morte si dee fare ciò che si può
per amore del Salvatore nostro. Non ci sia timore nè amore
servile: che se ci fusse, starebbe l'anima a grande pericolo

---

[1] Prima la compassione, la punizione poi: e in compassione, anche
questa. .

[2] A sanità.

[3] Per conoscere non pure il male ma il bene eziandio. Dante l'usa
in senso buono. E anco del male, ella vuole che si conosca per gua-
rirlo usando giustizia non mai scompagnata da misericordia. Non intende che le spie spirituali servano al temporale, nè che le spie politiche ispirino i ministri dello Spirito Santo.

e in dubbio della salute sua. Convienvi, adunque, fare ragione d'avere perduta la vita del corpo, e metterla per uscita. [1] E facendo così, mostrerete d'essere amatore e seguitatore di Cristo crocifisso.

Voi, pastore, averete imparata la regola e dottrina del Pastore buono, che ha posto la vita per noi. E però io dissi che desideravo di vedervi pastore buono; perchè altra via nè modo non ci veggo per salute vostra e loro. Sopra questa materia non dico più; se non che sotto l'ale della vera umiltà e odio e dispiacimento del peccato, e dell'ardentissima carità gli nascondiate, pascendo l'anime de' doni e grazie spirituali, il corpo del cibo corporale, nutricando li poverelli, secondo la necessità loro. Voi sapete che sete Padre; adunque, siccome Padre, nutricate li vostri figliuoli.

Ho inteso, secondo che mi scrive 'l priore di santa Caterina, [2] che voi avete fatto novità al vestire [3] di santa Caterina dell'abito di san Domenico; e volete che le tenghino lo interdetto, [4] dicendo che il privilegio che hanno non vale. E io vi dico che vale. Perocchè io mostrai la copia, quando io fui a Vignone al santo Padre; e accettollo: anzi per quello ebb' io il privilegio che egli mi diè. [5] Sicchè io vi prego

___

[1] Paila come peiduta. Ovvero: che non sia iendita a voi, ma cosa da spendere.

[2] Da Santa Cateiina maitiie conservò sempre il titolo il Convento Domenicano di Pisa. N'eia alloia priore Fia Tommaso Aiutami Cristo, pisano, discepolo alla Senese.

[3] Le teiziaiie di San Domenico, o Mantellate, prendevano l'abito dal priore.

[4] L'inteidetto del 76 da Fiienze si distese non solo a Siena, ma a Pisa, e a Genova, che aveva a uomini di Fiienze conceduto d'assistere agli uffizi divini. Pisa resistette due dì; il teizo s'assoggettò, vincendo forse l'opinione del popolo sopra il Gambacorti, che alloia ieggeva le cose, e co' Fioientini eia stietto.

[5] Tia i piivilegi che diede Gregorio a Cateiina, rincontransi questi in due Bievi che abbiamo: potei faie un'altare poitatile dove che sia,

per l'amore di Cristo Gesù crocifisso, che voi non diate a loro questa sconsolazione. Attendete a quelle cose che dovete fare, che è di dovere;[1] e di questo, per l'amore di Dio, non vi vogliate gravare. Credetemi, carissimo padre, che se fusse altrimenti, io non ve ne pregherei, perch'io non vorrei che d'uno minimo atto voi trapassasse[2] l'obedienzia imposta a voi dal santo Padre; ma io sarei con voi insieme a storpiarlo.[3] Pregovi che mi facciate questa grazia e misericordia. Io non vi domando nè domandarò mai cosa che sia fuera del dovere. Non dico più. Bagnatevi[4] nel sangue di Cristo crocifisso, acciocchè 'l fuoco dell'amore, che troverete nel sangue, consumi ogni freddezza, e dissolva ogni durezza del cuore e dell'anima vostra. Permanete nella santa e dolce dilezione di Dio. Gesù dolce, Gesù amore.

---

celebrare la messa anche innanzi giorno; e che i tre confessori i quali seguissero lei predicante, abbiano facoltà ampia d'assolvere.

[1] Ripete la parola *dovere*, per rammentargli a Monsignore che de'doveri stretti da adempiere, i vescovi n' hanno assai senza prendersi brighe noiose a sè e ad altri. Ma l'uomo è fatto cosi: che i doveri veri se ne discarica, per pigliarsi some di lusso. La monaca parla alto all'arcivescovo, e si fa forte del papa. Gli ordini religiosi erano una liberale rivendicazione de' diritti delle coscienze, dell' autorità abusata de' vescovi che troppo volevano fare da papi e da principi. E in ciò anche l'appello alla suprema sede romana, fatto da sacerdoti e da prelati minori, era provvida istituzione in origine.

[2] Non correggo *trapassaste*, potendo stare per *trapassassi*.

[3] Impedire ch'altri ci cada.

[4] Battesimo in sangue e in amore.

CCXLIV. — A Maestro Francesco,
di Maestro Bartolomeo, Medico di Siena di gran fama.[1]

Senza un lume soprannaturale l'uomo non conosce il vero nè la gravezza del male nè la grandezza del bene; il gusto dell' anima sua
è falsato. Chi ama la virtù per amore della virtù, e questa per
amore di Dio, ama il prossimo d'affetto schietto e liberale; ordina
a un fine tutte le proprie potenze. Caterina vuole che il medico sia
albero di vita; gli dà insegnamenti quasi elementari, sapendo che
i medici per lo più sono nelle finezze dello spirito poco avanti.

Al nome di Gesù Cristo crocifisso e di Maria dolce.

Carissimo fratello in Cristo dolce Gesù. Io Catarina, serva
e schiava de' servi di Gesù Cristo, scrivo a voi nel prezioso
sangue suo; con desiderio di vedervi spregiatore del peccato mortale; perocchè in altro modo non potreste avere la
divina Grazia nell' anima vostra. Ma questa non veggo che
possiate avere, nè voi nè altri, se l' uomo non ha il lume,
col qual lume possa vedere e cognoscere la gravezza del
peccato, e il bene·della virtù. Però che la cosa che non si
cognosce, non si può amare, cioè quella ch' è degna d'amore, nè odiare quella che è degna d'odio; nè cognoscere
senza 'l lume. Ecci dunque di bisogno il lume; il quale
lume abbiamo nell' occhio dell' Intelletto colla pupilla della
santissima Fede, quando la nuvila dell' amore proprio non
l' ha offuscato.

E se l' amore proprio ci fusse, il dobbiamo levare via,
acciò che non sia impedito il nostro vedere; e coll' amore
santo cacciare l' amore perverso della propria sensualità, il

---

1 Figliuolo di maestro Bartolomeo, de'Casini di Siena; gentiluomini;
lettore di medicina nell' università della patria: ito poi in Avignone.
V' era nel 76; poi medico in Roma d' Urbano VI, di dove scrisse al
suo Comune più lettere ineleganti, ma che lui mostrano autorevole in
corte. Morto Urbano, ripatriò; e nel 90 fu del magistrato supremo, e
in quell'anno morì. Gli fu figliuolo un Antonio vescovo, e nepote un
altro Antonio cardinale.

quale amore proprio consuma, e tolle la Divina Grazia dell'anima e corrompe ogni sua operazione. Siccome il cattivo arbore, che tutti e'frutti suoi sono corrotti; così sono quelli dell'uomo che sta nell'amore sensitivo, ond'egli ha tratto la gravezza del peccato mortale. E però ogni sua operazione è corrotta: e hagli tolta la luce, e data la tenebra per sì fatto modo, che non cognosce nè discerne la verità. Anco, ha guasto il gusto e li appetiti dell'anima; onde le cose buone gli paiono cattive, e le cattive gli paiono buone; le virtù vere spregia, l'amore di Dio e la dilezione del prossimo fugge, e tutto il suo diletto piglia nelle delizie e nelli diletti del mondo. E se egli ama il prossimo, non l'ama per Dio, ma per propria utilità.

Ma colui che in verità è privato dell'amore sensitivo, ama il suo Creatore sopra ogni cosa, e il prossimo come sè medesimo. Il quale amore non può avere, che prima col lume dell'intelletto non cognosca, sè medesimo non essere, e l'essere suo ricognosca da Dio, e ogni grazia ch'è posta sopra l'essere. Allora, quando così dolcemente cognosce sè, e il difetto suo, e la bontà di Dio; odia il suo difetto, e il proprio amore che n'è cagione; e ama la virtù; e per amore della virtù, la quale egli ama per amore del suo Creatore,[1] si dispone a sostenere ogni pena, prima che offendere Dio e contaminare la virtù; e tutte le sue operazioni sono drizzate secondo Dio, e spirituali e temporali. E in ogni stato che egli è, ama e teme il suo Creatore. Onde, s'elli ha le ricchezze e lo stato del mondo, e figliuoli, e pa-

---

[1] Due gradi di perfezione distinti; ma l'uno mette all'altro: nè senza salire al secondo, può l'uomo ben tenersi nel primo. Amare la virtù per l'amore della virtù, non per utile o lode o diletto che ce ne venga, o per fuggire improveri, pericoli o noie o umiliazioni o bisogni è impossibile a lungo andare, se alla stessa virtù non si dia per ragione un principio e un affetto più alto di tutti gli umani.

renti,[1] amici; egli possiede ogni cosa come cosa prestata, e non come cosa sua; e usale con modo, e non senza modo. E s'elli è nello stato del matrimonio, sì vi sta ordinatamente, come a sacramento; avendo in riverenzia e' dì che sono comandati dalla santa Chiesa. S'egli ha a conversare con le creature e a servirle, elli le serve schiettamente, non col cuore finto, ma libero, avendo rispetto solamente a Dio.

Egli ordina le potenzie dell'anima sua, e tutti e' sentimenti del corpo. Onde la memoria ordina a ritenere e' beneficii di Dio, e lo intelletto ad intendere la sua volontà, la quale non vuole altro che la nostra santificazione; e la volontà dispone ad amare il suo Creatore sopra ogni cosa. Ordinate che sono le potenzie dell'anima, sono ordinati tutti e' sentimenti del corpo.

E così vi prego, carissimo fratello, che facciate voi. Ordinate la vita vostra; aprite l'occhio dell'intelletto a cognoscere la gravezza della colpa, e la larghezza della bontà di Dio. Facendo cosi, in ogni stato che voi sarete, sarete piacevole a Dio; e sarete arbore fruttifero, e producerete frutti di. vita, cioè di vere e sante virtù: e in questa vita comincerete a gustare l'arra di vita eterna. Ma considerando me, che in neuno modo la pace, la quiete, e la Grazia possiamo ricevere senza il cognoscimento col lume della santissima fede (nel qual lume cognosciamo noi medesimi, e la gravezza del peccato mortale, e la bontà di Dio, e il tesoro delle virtù), però vi dissi che io desideravo di vedervi spregiatore della colpa del peccato mortale; e così vi prego che facciate. Altro non vi dico. Permanete nella santa e dolce dilezione di Dio. Gesù dolce, Gesù amore.

---

[1] Paie che o debbasi l'*c* toglieie a *paienti*, o aggiungerlo a *amici*.

DI FRANCESCO CASINI

NOTIZIE FORNITECI DALLA DOTTA DILIGENZA
DEL SIG. F. GROTTANELLI, BIBLIOTECARIO DI SIENA.

Francesco di Bartolommeo Casini apprese l'arte salutare in Siena quando il famigerato Nino di Deo Sernini vi dava pubbliche lezioni, cioè verso il 1352.[1] Il suo svegliato ingegno e l'amore alle scienze gli procacciarono in breve tempo una celebrità ed un posto distintissimo tra i medici del suo secolo. Nel 1364 lo Studio fiorentino, di recente aggrandito mediante i privilegi di Carlo IV imperatore, lo ebbe a lettore di Logica e filosofia.[2] Pare che circa a questo tempo la sua famiglia prendesse stabile dimora in Firenze; sapendosi che il di lui fratello, Giovanni di nome, e parimente medico di professione, vi contrasse parentado, sposando Taddea di Alessandro Baldovinetti; e Angiola comune sorella, e moglie di Simone di Gherardo Canigiani, fu la fondatrice del monastero di san Girolamo sulla *Costa*, situato nel popolo e piazza di san Giorgio, in luogo detto il *Crucello*.[3]

Dieci anni appresso (1374), Gregorio XI, a cui era pervenuta la celebrità del nome di Francesco, lo mandò a leggere in Perugia collo stipendio di 200 fiorini all'anno;[4] ma, di lì a non molto, avendolo dichiarato suo medico, dovè partire per Avignone presso la corte pontificia, dalla quale non si allontanò se non quando venne a morte il successore di Gregorio. Pervenuto a carica così distinta, è facile immaginare come per le sue eminenti qualità sapesse procacciarsi la stima e l'amicizia dei dotti del suo tempo, fra i quali per primo è Francesco Petrarca. Ognun sa l'immensa

---

[1] De Angelis, *Biogr. degli Scrittori Senesi*. — Ugurgieri, *Pompe Senesi*, tit. 17, pag. 502. — Benvoglienti Uberto, *Spogli Manoscritti della Biblioteca Pubblica di Siena*, C. IV, 16.

[2] Prezziner, *Storia del Pubblico Studio e delle Società scientifiche e letterarie di Firenze*, vol. I, pag. 22.

[3] Richa Giuseppe, *Notizie Storiche delle Chiese fiorentine*, tomo X, p. 239. — Cianfogni, *Memorie Storiche dell'Ambrosiana Basilica di san Lorenzo di Firenze*. Firenze, 1804, p. 175.

[4] Marini, *Archiatri Pontifici*.

avversione che aveva questo grande italiano ai medici e
alla medicina, e come si compiacesse di motteggiarli e de-
riderli in ogni occasione;[1] in conseguenza convien credere
che egli fosse indótto a stimare nell'amico ben altre qualità che lo rendevano superiore ai medici suoi contempo-
ranei; e nella lettera che gli scrisse,[2] scherza amichevol-
mente sull'arte medica. Essendo in Avignone, Maestro
Francesco compose quel suo libro sui veleni, dedicandolo a
Filippo d'Alençon vescovo d'Auch. Alcuni autori gli at-
tribuiscono i due scritti *De Balneis Petrioli,* e il *Consiglio optimo contro lo morbo pestilenziale;* che per altro
non sappiamo con certezza se appartengano ad altro Francesco, medico parimente di Siena, e vissuto sullo scorcio
del XIV secolo.[3]

Quando la Benincasa andò ad Avignone col séguito di
ventidue discepoli per trattare la pace da farsi tra il Papa
e la repubblica di Firenze, molto dovè giovarsi degli aiuti
del suo concittadino, allo scopo d'introdursi in corte e disporre a suo favore l'animo del Pontefice. Nè egli sapeva
negare utili servigi alla sua Siena, poichè in qualunque af-
fare riguardante interessi tra il governo della repubblica e
la corte pontificia ricorrevano a lui come protettore e più
valido aiuto: così che, quando infierì la moría del 1374,
venne a Siena Giovanni Casini con le patenti d'indulgenza
che Francesco aveva impetrato dal papa.[4] E quando la
Repubblica si collegò ai danni degli stati della Chiesa, e
incorse perciò nelle censure, Maestro Francesco si adoperò
per ricomporre le parti dissidenti; e a lui doverono i Senesi
la condiscendenza del Papa perchè gli fosse restituito il
porto di Talamone. Dimodochè la Repubblica, riconoscente
di favori sì segnalati, deliberò che i due fratelli Casini, come
benemeriti della patria, fossero ascritti al ruolo dei cittadini
appartenenti al cosiddetto monte dei Riformatori.[5]

Nonostante la poca chiarezza degli autori sui fatti della

---

[1] Tiraboschi, *Stor. della Lett.,* tomo V, p. 244, 274.

[2] Petrarca, *Epist. Senil.,* lib. XV, ep. III.

[3] De Angelis, l. c.

[4] *Spogli de' consigli* fatti da Uberto Benvoglienti, cod. C. IV, 6,
pag. 439.

[5] Spogli suddetti, p. 446, Cod. C. IV, 6: a p. 288 del Cod. C. V, 4,
si legge: « 1378 fu regalato Maestro Giovanni (Casini) del Maestro Bartolommeo, ambasciatore al Santo Padre, di fior. 138: che fu mandato per
i fatti di Talamone. »

vita di Fr. Casini per la contemporaneità di un altro soggetto dello stesso nome, non è da recarsi in dubbio che egli
fu uno de' medici chiamati ad assistere negli ultimi giorni
di vita Messer Lapo da Castiglionchio morto in Roma il 27
giugno 1381; [1] e quando il Generale delle armi senesi nel
fervor della guerra con la Repubblica di Firenze s'infermò
di mortal malattia sotto le mura del castello di san Giusto
alle monache, nel giugno del 1390, i Senesi senza porre
tempo di mezzo mandarono Maestro Francesco in soccorso
del loro generale. [2] Sventura volle che quel prode morisse
in pochi giorni, e il popolo senese amareggiato da cotesta
perdita sfogò la sua ira contro i Fiorentini, dicendo che lo
avevano fatto avvelenare: ma il fatto manca di prove au-
tentiche; e d'altra parte sappiamo che in quel torno cominciò a menare strage una terribile pestilenza, della quale
forse fu vittima anche il nostro Francesco, dicendolo i nostri autori morto in quel medesimo anno. Egli lasciò quattro
figli, cioè tre femmine, ed un maschio di nome Antonio, forse
quel medesimo che gli aveva tenuto al sacro fonte lo stesso
Pontefice Urbano VI. [3]

CCXLV. — *A un Genovese del terzo Ordine* [4] *di San Francesco, che aveva preso una conversazione spirituale con una donna; per lo che pativa molte pene.*

L'amor proprio debilita la volontà, che non resiste all'affetto delle
cose sensibili; il quale essa può col proprio lume ordinare, con la
propria forza respingere, se molesto. Nel bene è forza e prudenza ;
nel male fiacchezza femminile e servile, e cecità. I pensieri avve-
lenati fanno concepire la morte; ne segue il parto della colpa nel-
l'atto. La divozione è talvolta amo alla sensualità. L'orazione
c'insegnerà la misura in amore.

Al nome di Gesù Cristo crocifisso e di Maria dolce.

Carissimo fratello in Cristo dolce Gesù. Io Catarina,
serva e schiava de' servi di Gesù Cristo, scrivo a voi nel

---

[1] Epist. di Fr. da Castiglionchio ad Alberto suo padre nella *Vita di Messer Lapo* composta dall'Ab. Mehus, p. 59.

[2] De Angelis, l. c. — Ugurgieri, l. c.

[3] Balut. *Vitæ papar.,* tomo I, p. 1097.

[4] A que'secolari, i più sul primo in stato di matrimonio, che si

prezioso sangue suo; con desiderio di vedervi vero combattitore, siccome vero cavaliere virile, col lume,[1] e,con lo
scudo della santissima fede riparare ai colpi; e con esso
lume, cognoscere quale è quella cosa che fortifica i nemici,
e quale c'indebilisce; acciocchè abbracciate il rimedio che gli
fa debili, e fuggiate la cagione che gli fortifica. Quale è la
cagione che li fortifica? è la propria volontà, fondata in
amore proprio di sè medesimo. Questo amore indebilisce la
volontà, e fálla vollere come foglia al vento. Ciò che l'amore
sensitivo ama, la volontà vi corre,[2] consentendo volontariamente al piacere di quella cosa che ama. Nella quale volontà sta la colpa; e non i movimenti che desse l'amore
sensitivo in volere amare quelle cose che sono fuore della
volontà di Dio e della ragione, se non in 'quanto la volontà
consènta. E però la volontà, che sèguita l'amore proprio di
sè, fortifica i nemici, e s'indebilisce come detto è. Quale è
quella cosa che fortifica l'anima, e indebilisce i nemici? è
la volontà nostra, vestita, per affetto d'amore, della dolce
volontà di Dio; la quale volontà è di tanta fortezza, che
nè dimonio nè creatura la può indebilire se essa medesima
non vuole. E perchè ella è forte?[3] perchè volontariamente
s'è unita in Dio, che è somma ed eterna fortezza. Ella è
ferma e stabile; perchè lo Dio nostro, in cui ella fa mansione, è immutabile: onde ella non si muove altro che in
lui.[4] E onde acquista l'anima questa fortezza? dalla dot-

---

davano a seguire in qualche modo la regola di San Francesco, esso
Padre dettò speciali norme di vita approvate da papa Niccolò IV; e
furono detti del Terz'Ordine e Della Penitenza per discernerli dai frati
e dalle monache francescane. Alle terziarie poi segnatamente, che si
chiusero a vita comune, Leone X attemperò quella regola.

[1] Rammenta Gedeone.
[2] Dante: « Amore.... Che corre al ben con ordine corrotto. »
[3] Forse è ella.
[4] Dante il muoversi con l'in usa appunto parlando dell'amore di

trina del dolce e amoroso Verbo, ragguardandola col lume della santissima fede; nella quale dottrina, e nel sangue suo, cognobbe che la volontà di Dio non cerca nè vuole altro che la nostra santificazione. E però se ne innamorò, è vestissene; annegando la volontà sua in quella di Dio.

Questa volontà fa l'anima prudente : che non è idiota, nè senza lume; ma con sapienza e grande discrezione ordina la vita sua, stando sempre attento di fuggire quelle cose che gli abbiano a tollere Dio. E perchè vede che l'amore sensitivo gli 'l telle, però odia la propria sensualità; e ama la ragione : onde con lume di ragione fa ogni suo fatto. Ama il suo Creatore senza mezzo, e senza misura : e non tanto che egli vi voglia mettere in mezzo le cose create, o le creature;[1] ma egli non ci vuole per mezzo sè medesimo, cioè la propria perversa volontà. E come egli renuncia a sè; così rifiuta le creature, e tutte le cose create : cioè, che non le ama fuore della volontà di Dio, ma bene le ama per Dio; onde l'amore suo è ordinato. Che se egli ama la creatura, l'ama per l'amore del Creatore, con modo, e non senza modo; con misura, e non senza misura.

E con quale misura? con quella della carità di Dio. Non tolle altra misura, perocchè ne rimarrebbe ingannato, siccome fanno molte persone imperfette, che si lassano pigliare al dimonio coll'amo dell'amore. Cominciando a misurare con la carità di Dio; cioè d'amare le creature per lui; poi escono di questa dritta misura, e caggiono nella misura della propria sensualità. E vedrassi il cieco che coll'amo della devozione ha perduto Dio, e l'orazione santa, della quale s'aveva fatta madre; vedesi[2] gittare a terra l'armi con le

---

Dio; e opportunamente significa insieme moto e quiete, esercizio di tutte le facoltà potentissimo, e pure tranquillo e soave.

    [1] Ragionevoli. Una specie del genere delle cose creato; e, perchè la più nobile, però più grave l'abuso dell'amarla malamente.

    [2] Pare che si dimentichi del *vedrassi*; ma felice, e quasi artifiziosa,

quali si difendeva, indebilita la volontà, e fortificati i suoi
nemici; e trovasi nell'ultima ruina. Già ha conceputa la
morte; non ha, se non a parturire. E non si sente;[1] nè
fugge quella creatura come veleno; ma sèguita, e va dietro
al veleno. Le velenate cogitazioni e movimenti non potiamo
noi tenere che non vengano, perchè la carne è pronta ad
impugnare contra lo spirito; e il dimonio non dorme mai,
anco insegna a noi negligenti esser solliciti alla vigilia. Ma
bene può il libero arbitrio legare la volontà, che ella non
consenta, nè volontariamente li riceva in casa sua; e può
fuggire che attualmente non si voglia ritrovare in quello
luogo. Ma per la sua cechità pare che voglia aspettare che
si vegga cadere uno angelo dal cielo, e andarne nel profondo
dell'inferno.[2]

Oh maladetta devozione, quanto se' uscita dalla misura
tua! Oh sottile amo, tu entri queto come il ladro che fura;
poi ti fai domestico della casa; e poichè hai abbacinato l'occhio dell'intelletto, ti fai manifesto. E non se' veduto; ma
ben si sente la puzza[3] tua. O carissimo e dolcissimo fratello
in Cristo dolce Gesù, tolliamo la mano dell'odio con centri-
zione di cuore e dispiacimento della colpa, e con essa mano
traiamo la brusca dall'occhio,[4] sicchè rimanga chiaro, acciocchè cognosciamo questo falso nemico. Fuggasi la volontà,
che non consenta alle cogitazioni del cuore; e ritraggasi il
corpo, che in tutto si levi dal luogo e dalla presenzia della
creatura.

dimenticanza, che trasporta la previdenza nel tempo presente, e addita
il male ben tosto sopraggiunto.

[1] Non s'accorge del proprio male; anzi non sente bene sè stesso.

[2] A liberare chi si è, a bello studio, lasciato cadere laggiù.

[3] *Amo, casa, abbacinare, puzza;* imagini tra sè non convenienti:
ma validamente calzante ciascuna da sè.

[4] Orazio: « *Cur, Quæ lædunt oculos, festinas demere? si quid Est
animum, differs curandi tempus in annum.* »

Oimè, oimè, attachianci all'arbore della croce, e ragguardiamo l'Agnello svenato per noi e ine racquistiamo il fuoco del santo desiderio, e con esso desiderio ritroviamo la madre nostra della santissima e umile orazione, fedele e continua. Altrimenti, sarebbe madre senza latte, e non notrirebbe i figliuoli delle virtù nell'[1] anima colla dolcezza sua. Subito che averemo ritrovata questa madre, riaveremo la misura della carità di Dio, con la quale ci conviene misurare l'affetto e l'amore che abbiamo alla creatura che ha in sè ragione: saremo fatti forti: tolta sarà da noi ogni debilezza; e saremo virili, perchè sarà spento in noi il piacere femminile, che fa il cuore pusillanime. Privati saremo della tenebra, e anderemo per la luce, seguitando la dottrina di Cristo crocifisso. Tutti fortificati con lo scudo della santissima fede, staremo nel campo della battaglia, non rifiutando fadiga, nè mai volleremo il capo indietro, ma con lunga perseveranzia, senza alcuno timore servile, con timore santo, vedendo i nostri nemici dehili, e noi fatti forti della somma fortezza. E nella perseveranzia, vedremo la corona della gloria, apparecchiata non a chi solamente comincia, ma a chi persevera infino alla fine. E però, essendosi l'anima vestita di fortezza, è perseverante; altrimenti, no.

Per la qual cosa io vi dissi ch'io desideravo di vedervi vero cembattitore, acciocchè meglio potiate compire la volontà di Dio e il desiderio mio, e sovvenire alla vostra necessità. Ponetevi il sangue di Cristo dinanzi all'occhio dell'intelletto vostro, sicchè vi faccia inanimare alla battaglia. In questo glorioso sangue s'anneghi la volontà; acciocchè muoia, e, come morta, non consenta alle malizie del dimonio nè delle creature, nè alla fragile carne. E fuggite il lugo, se voi avete cara la vita dell'anima vostra. Fatto que-

---

[1] La stampa: *nè l'*.

sto, non curate le battaglie e le molestie del dimonio: o non venite a confusione di mente; ma portate con pazienza la pena, e con dispiacimento la colpa che seguirebbe a consentire volontariamente, e attualmente mandarla in effetto. Non siate negligente, ma sollecito. Disponete il gusto a sentire l'odore delle virtù, e della vera e santa povertà per amore del povero e umile Agnello. Poichè avete messo mano all'aratro, non vollete il capo indietro a mirarlo.

Altro non dico. Permanete nella santa e dolce dilezione di Dio. Fuggite nella cella del cognoscimento di voi, dove troverete la larghezza della bontà e carità di Dio, che v'ha campato dall'inferno. Gesù dolce, Gesù amore.

CCXLVI. — *Al Priore di Cervaja presso Genova.* [1]

Fuoco d'amoie: medicina del sangue iedentoie ch'è fuoco. Le amarezze iisanano e iinfoizano l'anima. L'accettarle è odio santo di sè, amoie vero.

Al nome di Gesù Cristo crocifisso e di Maria dolce.

A voi, dilettissimo e carissimo padre per riverenzia di quello dolcissimo Sacramento, e figliuolo, dico per vcro e santo desiderio (il quale desiderio partorisce l'anima vostra nel cospetto di Dio per santissima orazione, siccome la madre partorisce il figliuolo), io Catarina, misera miserabile serva e schiava de' servi di Gesù Cristo, scrivo, e vi con-

---

[1] Monastero de' Benedettini Neii di Cortosa o di San Giiolamo al deserto, tia Poitofino e Santa Aaigheiita al Golfo di Rapallo, venti miglia da Genova. Ivi passò Giegoiio XI il dì piimo di novembre del 76, venendo di Fiancia. È tiadizione che Cateiina, uscendo d'Italia o iientrandoci, visitasse altio monastero benedettino lì presso, di San Piuttuoso, poi diventato Badia secolare, di nomina de' piincipi Doiia: e questo perchè Andiea, a difendeie il luogo infestato da piiati, v'eiesse una torre.

forto e raccomandomivi nel prezioso sangue suo ; con desiderio di vedervi il cuore e l' affetto consumato nel consu-mato ardentissimo suo amore. Il quale suo amore consumò e arse e distrusse [1] tutte le nostre iniquitadi in su 'l legno della santissima e venerabile croce. E non finì, nè finisce mai, questo dolce fuoco ; perocchè se finisse l' affetto suo in noi, verremmo meno. Perocchè finirebbe quello che ci diè l' essere ; chè solo il fuoco dell' Amore il mosse a trare noi di sè. Anco, pare che provvedesse la inestimabile carità di Dio alla fragilità e miseria dell' uomo ; perocchè, essendo sempre atto e inchinevole ad offendere il suo creatore Dio, providde, a conservarlo, la medicina contra la sua infermità.

La medicina contra le infermitadi nostre non è altro che esso fuoco d' amore, il quale amore è amore che non è mai spento da te. [2] Questo riceve l' anima per medicina, quando ragguarda in sè piantato il gonfalone della santissima croce. Perocchè noi fummo quella pietra, dove fu fitta, e che tenne, questa croce ; perocchè nè chiovo nè legno era suf-ficiente a tenere questo dolce Agnello immacolato, se l' amo-re e l' affetto non l' avesse tenuto. Quando dunque l' anima ragguarda tanto dolce e cara medicina, non dee cadere in negligenzia, ma debbesi levare con l' affetto e col desiderio suo, e distendere le mani con uno odio e dispiacimento di sè medesimo ; e fare come fa l' infermo, che odia la infermi-tà, e ama la medicina che gli è data per lo medico.

O figliuolo e padre in Cristo Gesù, levianci col fuoco dell' ardentissimo amore, con odio e profonda umilità : co-gnoscendo, noi non essere, e ponendo le infermitadi nostre

---

[1] Dante :   « S' accese e arse, e cener tutto
            Convenne che, cascando, divenisse.
            E poi che fu a terra sì distrutto..... »

[2] O avrebbe a dire da sè ; o aggiungervisi : Non è mai spento se non è spento da te, o simile.

dinanzi al medico Cristo Gesù. Distendasi la mano vostra a ricevere l'amare medicine che sono date a noi. Queste sono le amaritudini che spesse volte l'uomo riceve, cioè molte tenebre e tentazioni, e confusione di mente, o altre tribolazioni che venissero di fuore: le quali allora molto ci paiono amare; ma se faremo come il savio infermo, saranno a noi di grandissima dolcezza. Cioè, che noi ragguardiamo all'affetto del dolce Gesù, che ce le dà; vedendo che nol fa per odio, ma per singolare amore, perocchè non può volere altro che la nostra santificazione. Veduta la sua bontà, e noi vediamo poi la nostra necessità: perocchè grande necessità è a noi averle; però che senz'esse caderemo in ruina. Ma elle ci fanno cognoscere noi medesimi, e levanci dal sonno della negligenzia, e tollonci la ignoranzia; perocchè n'ha [1] fatto vomitare l'atto [2] della superbia. Onde per questo nasce una giustizia, con una santa e dolce pazienzia in volere sostenere ogni pena e tormento, e reputarsi indegno della pace e quiete della mente. Or questo fa l'anima innamorata di Dio, che ha conceputo in sè perfettissimo odio. Aperto dunque l'occhio dello intendimento, e ragguardato in sè la inestimabile bontà e carità di Dio; a costui le pene gli paiono tanto dolci e soavi, che non pare che d'altro si possa dilettare: e sempre pensa in che modo possa sostenere pena per amore dell'odio [3] suo.

---

[1] Accordati il singolare e il plurale anco in Dante, de' fiumi d'inferno, le lagrime ree dell'umanità « *Fanno Acheronte, Stige, e Flegetonta: Poi sen va giù per questa stretta doccia..... Fanno Cocito.* »

[2] La stampa *el atto.* Dubito d'errore, sebbene *atto* in antico avesse sensi più varii che ora.

[3] Di que' giochi in cui si compiacciono anco certi Padri latini, e che non sono arzigogoli del secento, ma nell'arguzia soprabbondante hanno (chi sappia vederlo) un senso profondo. L'odio di sè, cioè del male, in sè non è che un amore del bene: onde *amore dell'odio* non solo è spiegabile, ma spiega in che senso abbiasi a intendere quest'odio

A questo dunque vuole e desidera l'anima mia di vedervi andare : sì che, se Dio ci [1] conduce, e concede grazia
d'affadigarsi, e dare la vita per lui, se bisognerà, sia fornita
la navicella dell'anima nostra di sangue, e del fuoco della
divina carità; cercandolo e acquistandolo per lo modo detto
di sopra.

Altro non dico. Abbiate l'occhio sopra i sudditi vostri,
e mai non si serri per neuna cosa. Permanete nella santa
e dolce dilezione di Dio. Gesù dolce, Gesù amore.

—

CCLXVII. — *A Monna Giovanna di Corrado.*

Anco nell'amoie mateino può essere amore proprio. Chi ama pei Dio
e in Dio, ama più forte e più quieto, più alto e più pieno. Del-
l'assenza del figliuolo confoita Giovanna; e si fa, essa Cateiina,
madie al figliuolo e alla madre.

Al nome di Gesù Cristo crocifisso e di Maria dolce.

A voi, carissima suoro e figliuola in Cristo Gesù, io Catarina, serva e schiava de'servi di Gesù Cristo, scrivo nel
prezioso sangue suo; con desiderio di vedervi vestita del
vestimento nuziale; considerando me, che senza questo vestimento l'anima non può piacere al suo Creatore, nè ritro-
varsi alle nozze della vita durabile. Voglio adunque che siate
vestita; e acciocchè meglio vi possiate vestire. voglio che
vi spogliate d'ogni amore sensitivo proprio, che avete a voi,
a' vostri figliuoli, o a veruna altra cosa creata. [2] Fuori di

---

santo, che è ietto amoie di sè. Poi, *per amore,* nell'italiano e antico
e vivente, vale *per cagione* anco di cosa non piacevole e non lodata;
quasi che il popolo voglia insegnaici che in ogni cosa è amore, anco
nelle iegioni astiatte, anco nelle cose corporee, anco nel male appaiente.

1 La stampa *ti.*

2 Le cose e gli uomini, anco quelli a chi il nostro amoie è più
debito, amaie si possono pei mero amoi proprio. E fin certe madii
ne' figliuoli amano sole sè.

Dio, non dovete amare nè voi nè neuna altra cosa; perocchè è impossibile che l'uomo serva a due signori: sicchè se egli serve all'uno, egli è incontento [1] all'altro. E neuno è che possa servire a Dio e al mondo; perocchè non hanno neuna conformità insieme. Il mondo cerca onore, stato, ricchezza, figliuoli in grande stato, gentilezza, [2] piacere e diletto sensitivo, radicati e fondati nella perversa superbia: ma Dio cerca e vuole tutto il contrario. Egli vuole povertà volontaria, umiliazione di cuore, [3] dispregiamento di sè e d'ogni diletto e piacimento [4] del mondo; e non vuole onore proprio, ma l'onore di Dio, e la salute del prossimo suo. E cerca solo in che modo si possa vestire del fuoco [5] dell'ardentissima Carità, coll'adornamento delle dolci e reali virtu; con vera e santa pacienzia; e che ad altri non sia vendicativo per neuna ingiuria che gli sia fatta dal prossimo suo: ma con pacienzia tutto porta, e cerca solo di fare vendetta di sè, perchè si vede d'avere offesa la prima dolce Verità. E ciò che ama, ama in Dio; e fuore di Dio non ama niente.

E se voi mi diceste: « In che modo debbo amare? » io vi rispondo, che e' figliuoli e ogni altra cosa si debbono amare per amore di Colui che li ha creati, e non per amore di sè, nè de' figliuoli; [6] e non offendere mai Dio per loro, nè per

---

[1] Vangelo: « Alterum contemnet. » Na Caterina intende forse di più, che costui sarà dispiezzato. Da coloro pei falso amore de' quali egli avià dispiezzato il bene supremo.

[2] Nobiltà di sangue.

[3] Non la poveltà sfoizata e senza meiito; non l'umiliazione di fuoii imposta dagli uomini, o superbamente affettata da noi.

[4] Non solo i diletti più mateiiali, ma le compiacenze, che paiono lecite, o de' sensi o dell'affetto, alle quali l'anima condiscende con vanto di sensibilità e teneiezza.

[5] In un sonetto di Dante l'Amore terreno ha simile vestimento. Petiaica: « di Sol vestita. »

[6] Anche quando l'amoie di madie paia puro d'amoie proprio, è tutto un sagrifizio pei il figliuolo, Avendo più di lui che di sè cura;

neuna altra cosa. E ciò[1] non amare per rispetto di veruna utilità, nè come cosa vostra, ma come cosa prestata a voi: perocchè, ciò che ci è dato in questa vita, c'è dato per uso e imprestanza; e tanto ci è lassato, quanto piace alla divina Bontà che ce l'ha dato. Dovete adunque ogni cosa usare come dispensatrice di Cristo crocifisso, sì della sustanzia temporale (quanto è possibile a voi di poterlo fare a poverelli, che stanno in persona[2] di Dio); e sì dovete dispensare[3] de' figliuoli vostri, cioè di nutricarli e allevarli[4] sempre col timore di Dio; e volere prima che essi muoiano, che elli offendano il loro Creatore. Fate fate sacrificio di voi e di loro a Dio. E se voi vedete che Dio li chiami, non fate resistenzia alla dolce volontà sua; ma se essi coll'una mano, e voi come vera e buona madre amatrice della salute loro, con le due; non volendo voi eleggere gli stati a vostro modo (perocchè sarebbe segno che voi gli amaste fuori di Dio); ma secondo lo stato a che Dio li chiama, a quello siate contenta. Chè spesse volte dice la madre che ama e' figliuoli

---

non è ancora quell'amore perfetto che il cristianesimo ispira: il quale col proporre all'affetto naturale il fine soprannaturale, non debilita quello, ma lo rinforza; non ispegne neanco l'amore di sè nell'amante, ma lo nobilita e acqueta, e lo fa più signore de' mezzi meglio conducevoli al fine.

[1] Forse *cioè;* ma può stare anco *ciò* di persona, riguardandola come oggetto ideale: al che ben risponde la forma indeterminata del neutro.

[2] Ne fanno le veci, quasi le parti. Secondo il senso latino.

[3] Non correggo a' *figliuoli,* intendendo *dispensare* assoluto nel senso antico. L'essere e le facoltà loro sono un bene avuto dalla madre in prestanza, ch'ella amministra facendolo fruttificare. L'idea di *dispensare* per *distribuire* è moderna; di noi che confondiamo l'estremo atto estrinseco e i suoi effetti co' fini e con gli apparecchi.

[4] *Nutricare* non è qui solo l'educazione corporea, nè *allevare* la morale solo; ma tutti e due hanno il gemino senso: senonchè il secondo dice meglio l'effetto dell'accrescimento ottenuto.

suoi nella perversità del mondo: « A me piace bene, ch'e'mieî figliuoli piacciano a Dio ; e il possono servire così al mondo come in altro stato. » Ma alle semplici madri spesse volte avviene, volendoli pure annegare [1] nel mondo, che esse non li hanno poi nè a Dio nè al mondo. E giusta cosa è, che esse ne siano private spiritualmente e corporalmente, poichè tanta superbia e ignoranza regna in loro, facendo così, volendo poner legge e regola allo Spirito Santo che gli chiama. Costoro non li amano in Dio, ma con amore proprio sensitivo fuori di Dio ; chè amano più e' corpi che l'anime loro. Giammai, dilettissima suoro e figliuola in Cristo dolce Gesù, non si potrebbe vestire di Cristo Crocifisso chi, prima, di questo non fussi spogliato. Spero per la bontà di Dio, che questo non toccherà a voi; ma, come vera e buona madre,[2] darete voi e loro ad onore e gloria del nome di Dio ; e così sarete vestita del vestimento nuziale. Ma acciocchè meglio vi possiate vestire, voglio che leviate il desiderio, e l'affetto vostro dal mondo, e da ogni sua cosa ; e che apriate l'occhio dell'intelletto a cognoscere l'amore che Dio vi ha: che per amore vi ha dato il Verbo dell'Unigenito suo Figliuolo ; e 'l Figliuolo vi ha data la vita con tanto fuoco d'amore, e ha svenato el corpo suo, facendoci bagno di Sangue. Ignoranti e miserabili noi, che non cognosciamo, nè amiamo tanto benefizio ! Ma tutto questo è però che l'occhio è serrato ; che se fusse aperto, ed avesse posto per obietto Cristo Crocifisso, non sarebbe ignorante nè ingrato a tanta grazia. E però vi dico, che sempre apriate quest'occhio. Fermatelo e stabilitelo nel consumato Agnello, acciocchè ignoranzia non caggia mai in voi.

Orsù, figliuola dolcissima, non tardiamo più ; ricoveriamo

---

[1] Così fanciulla mal maritata diciamo annegata.

[2] Nel 1381 Stefano si fece certosino ; la madre morì nell'anno seguente, il padre poi nel novanta.

il tempo perduto con vero e perfetto amore; sicchè in questa vita vestendoci per grazia del vestimento detto, noi godiamo ed esultiamo nelle nozze della vita durabile, voi insieme con lo sposo e figliuoli vostri. E confortatevi dolcemente, e siate paziente, e non vi conturbate, però che io abbia tenuto troppo Stefano; [1] però che io ne ho presa buona sicurtà; perchè per amore e affetto sono fatta una cosa con lui; e però ho preso delle cose vostre, sì come di cosa mia. Credo che non l' aviate avuto tròppo per male. Io per voi e per lui insino alla morte voglio adoperare ciò che io potrò. Voi, Madre, l' avete partorito una volta; e io lui e voi e tutta la vostra famiglia voglio partorire in lagrime e in sudore, per continue orazioni e desiderio della salute vostra.

Altro non dico. Raccomandatemi a Corrado, e benedicetemi tutta l' altra famiglia, e particolarmente la mia pianta novella, [2] che di nuovo s' è cominciata a piantare nel Giardino della santa Chiesa. Fate che vi sia raccomandato, e che voi mel notrichiate in virtù, sicchè gitti odore fra gli altri fiori. Dio vi riempia della sua dolcissima grazia. Permanete nella santa e dolce dilezione di Dio. Gesù dolce, Gesù amore.

---

[1] Stette con Caterina Stefano sei mesi circa per cagione del viaggio d' Avignone.

[2] Uno de' figliuoli o figliuole di Giovanna, datosi a Dio: cosi il Burlamacchi. Poteva essere un altro congiunto men prossimo.

CCXLVIII. — *A Bartolo Usimbardi, e a Monna Orsa sua donna, e a Francesco di Pipino Sarto, e a Monna Agnesa sua donna, da Firenze.*[1]

Confoiti ad amaie.

Al nome di Gesù Cristo crocifisso e di Maria dolce.

Carissimi figliuoli e figliuole in Cristo dolce Gesù. Io Catarina, serva e schiava de' servi di Gesù Cristo, scrivo a voi nel prezioso sangue suo; con desiderio di vedervi arsi[2] e consumati nel fuoco della divina carità, il quale è quel fuoco che, ardendo, non consuma, ma fa ingrassare l'anima, e uniscela e trasformala in sè, fuoco d'amore divino. Quando l'anima, ragguarda sè avere l'essere, e[3] poi anco vedrà che per amore Dio eterno ha donato a noi il Verbo del Figliuolo suo, perchè pagasse per noi il debito al quale eravamo obbligati, e traesseci dell'oscura prigione e servitudine del dimonio, della quale non poteva l'uomo uscirne. Ed esso Verbo divino, diventando uomo mortale, entrò al campo della battaglia per noi; e, sconfiggendo il dimonio, ruppe[4] l'oscura prigione, e trasseci della misera servitù, nella quale tanto tempo era stata tutta l'umana generazione; e con la Croce aperse a noi la porta di vita eterna. E tutto questo ha fatto per amore. Avendoci dunque mostrata la via, aperta la porta; rimane solo da noi se non camminiamo per essa; però che possiamo andare francamente e con gran-

---

1 Bello indiiizzaie una letteia al gentiluomo insieme e al sarto, e alle mogli di questo e di quello. ʼla i nobili, pei aveie uffizio nella Repubblica, bisognava si scrivessero d'uuʼaite; e farsi popolano eia come oggidì cavalieie. Dà di ʼlonna e alla popolana e alla nobile.

2 Un inno: « *Fac ut aideat coi meum In amando Christum Deum.* »

3 L'*e* sta pei il solito così detto iipieno, che stiinge le idee.

4 *Vectes confregit.*

de confidenzia sotto questo gonfalone glorioso della croce. Però che e'nemici sono sconfitti, e spaventansi per esso ; e il dolce Dio nostro con grande amore ci aspetta e c'invita che andiamo a godere lui, sommo eterno Bene. O amore inestimabile, o carità immensa, e fuoco di divina carità! quale sarà quel cuore che vedendosi amare con tanto fuoco d'amore, che non si dissolva per amore, e che non si trasformi tutto in lui? Troppo è duro, e drittamente cuore più duro del diamante, che non si scalda a tanto fuoco. Voglio adunque, carissime figliuole mie, monna Orsa e monna Agnesa, che voi vi destiate dal sonno della negligenzia, e che vi leviate a vedere coll' occhio dell' intelletto tanto fuoco d'amore. E il simile dico a voi, figliuolo mio Francesco. E vedutolo, sarete costretti ad amare : amando, vi sarà leggiero di portare ogni gran fascio per Dio. E subito si estenderà [1] sopra il prossimo vostro, che è quella cosa che è più amata da Dio : e così adempirete l' amore di Dio e del prossimo. Altro, per la brevità del tempo, non dico per ora, se non che voi vi confortiate in Cristo crocifisso, e bagniatevi [2] nel sangue dolcissimo suo. Permanete nella santa e dolce dilezione di Dio. Gesù dolce, Gesù amore.

CCXLIX. — *A Francesco di Pipino sarto in Firenze, e a Monna Agnesa sua donna.*

La vita, pellegrinaggio. Il cimento ci fabbrica la corona.

Al nome di Gesù Cristo crocifisso e di Maria dolce.

Carissimo figliuolo e figliuola, in Cristo dolce Gesù. Io Catarina, serva e schiava de' servi di Gesù Cristo, scrivo a

---

[1] Il fuoco, l'amore. N'è piena; e li sottintende.

[2] Dante caccia i tiranni e i ladroni di strada nel sangue; ed esclama : « *Oh cieca cupidigia, oh ira folle,*
Che sì ci sproni nella vita corta,
E nell' eterna poi sì mal c' immolle! »

voi nel prezioso sangue suo; con desiderio di vedervi veri [1]
pellegrini. Ogni creatura che ha in sè ragione, è pellegrina
in questa vita : perocchè non è qui il nostro fine; ma il termine [2] dove dobbiamo andare e per lo quale noi fummo
creati, è vita eterna. E però io voglio che noi camminiamo :
chè la via è fatta; cioè la dottrina di Cristo crocifisso, per
la quale chi va, non va in tenebre, ma giunge a perfettis-
sima luce. Convienci dunque avere la condizione del pellegrino; il quale, per diletto che trovasse, nè per malagevo-
lezza di cammino, non si volle a tornare a dietro, nè si
pone a restare fra via, ma con perseveranza cammina infino
a tanto che giugne al termine suo. Or cosi, carissimi figliuoli, conviene fare a noi. Noi siamo entrati in questo cammino
della dottrina del dolce e amoroso Verbo, per giugnere al
Padre eterno : e trovianci in mali passi, e malagevoli, [3] delle
ingiurie e scherni delle creature e delle battaglie delle dimonia. E non ci conviene però ponere a sedere e voliere il
capo indietro per impazienza; ma virilmente col lume della
fede trapassare tutto, e con vera umiltà chinare il capo alla
dolce volontà di Dio, che per nostra utilità ci permette
questi oscuri [4] passi, acciocch' abbia più di che remunerarci.
Perocchè, come dice il glorioso apostolo santo Jacopo :
« Beato è colui che sostiene la tentazione; però che quando
sarà provato, riceverà la corona della vita. » E santo Paolo
dice : « Non sarà coronato, se non chi legittimamente averà
combattuto. » Rallegratevi dunque, quando vi vedete rice-

---

[1] Viaggio sacro pei la meta cui tende; e che non soffre pei via
dimoie piofane, nè torpore lento nè paure.

[2] Piopiiamente dice *teimine:* nonchè essere la fine, questo è il
piincipio del viveie vero.

[3] *Malagevoli,* dice la difficoltà; *mali,* piopiiamente il peiicolo di
iovina.

[4] Denotava in antico ogni male e peiicolo : poichè nella luce la
vita.

vcre le molte molestie dalle dimonia, o dalle creature; però che essi vi fabbricano la corona: e con vera perseveranza camminate per la strada della verità. E così e' molti diletti, onori [1] e placeri, che il mondo ci mostrasse,[2] o promettesse, e la nostra fragile carne desiderasse, anco non vi faccia [3] ponere a riposare per diletto; ma, come veri pellegrini, fate vista di non vedere, seguitando il vostro viaggio con fortezza, insino alla morte, acciò che giugniate al termine vostro. Or così vi prego che facciate per l'amore di Gesù Cristo. Non dico più. Permanete nella santa e dolce dilezione di Dio. Gesù dolce, Gesù amore.

—

CCL. — All' Abbate di Sant' Antimo.[4]

I buoni talvolta fanno giudizi temerarii sul bene che non intendono. Respinge con forza modesta le dicerie che facevansi contro di lei. Lettera sapiente.

Al nome di Gesù Cristo crocifisso e di Maria dolce.

Carissimo padre in Cristo dolce Gesù. Io Catarina, serva e schiava de' servi di Gesù Cristo, scrivo a voi nel prezioso

---

1 A un sarto parla d'onori. Siamo a Firenze.

2 Il diavolo: « *ostendit illi omnia regna mundi.* » *Mostrare* prossimi, *promettere* in lontananza.

3 Il plurale col singolare. Dante: « *Di quella scheggia usciva insieme Parole e sangue.* »

4 Leggevasi in fronte a questa e ad altre lettere un medesimo titolo: *Epistole mandate per la detta Vergine a diversi monaci greci dell' Ordine di san Leonardo e dell' Ordine di Vallombrosa.* Avverte il Burlamacchi che monaci greci nè di rito nè d'origine nel Senese non v'erano, che un testo a penna meglio legge *Grigi* cioè Guglielmiti e Vallombrosani, distinti da' monaci neri e bianchi, vestiti di color cenerino, forse a imagine di penitenza, secondo la locuzione biblica: onde Dante dipinge l'Angelo alla porta del Purgatorio, cioè del perdono: « *Cenere o terra che secca si cavi, D'un color fòra col suo*

sangue suo; col desiderio di vedervi con vero e dolcissimo
lume, il quale lume è necessario all' anima; cioè, d' aprire

---

vestimento. » E vedesi ch'era tutto popolare il modo usato dall'elet-
tissimo Petrarca: «*I neri fraticelli e i bigi e i bianchi.*» Ma in quel vecchio titolo dice il Burlamacchi rimanere lo sbaglio di san Leonardo
per san Guglielmo; che il convento di san Leonardo, abitato già da
Romiti, fu dato agli Agostiniani nel 1231, fu poi unito a quel di Lec-
ceto sotto il priore medesimo: dal che vedesi che le incorporazioni e
traslazioni di possesso e di sede son cosa antica; senonchè non le faceva l'autorità civile, la quale, se anco a buon fine s'immischia nelle
cose de' preti e de' frati, riesce tiranna e impotente, odiosa e ridicola.
Quel convento è a quattro miglia da Siena nel Comune di Santa Co-
lomba, «*noto* (soggiunge il Burlamacchi) in oggi non pure alla nobiltà
italiana, ma molta ancora di quella d'oltremonte, pel magnifico palazzo
che vi si vede, ove portansi l'autunno a prender ristoro dalle fatiche
delli studi quei cavalieri che d'Italia e d'altre regioni ne vengono a
convivere nel nobil collegio Tolomei.» Esso annotatore confessa però,
che da san Leonardo intitolavasi qualche Chiesa ch'era de' Guglielmiti.
Onde, piuttosto che appollo a invenzione del copista, è da credere che
le memorie illustranti questo titolo si siano perdute. Lo scambio di *Greci*
per *Grigi* può forse essere venuto dal nome greco di *Antimo;* e può
essere che greci fossero i primi fondatori, o monaci basiliani, o italiani stati già nella Grecia: almeno taluni di loro. E ciò potrebbesi
credere anco tenendo per vera la tradizione, non provata, che Carlo
Magno fondasse cotesta Badia. Pio II racconta che, passando di lì presso
Carlo Magno col suo esercito, nel quale imperversava una malattia con-
tagiosa, gli apparve in sogno un angelo, e gli disse di salire il monte
vicino, e gettare uno strale, e di quell'erba in cui lo strale desse, bru-
ciata e fatta in polvere, porgesse a bere nel vino a' malati. Quest' ciba
chiamasi Carlina; e ha usi medicinali. Vuolsi che la Badia avesse titolo da san Sebastiano, come protettore da' contagi; l'avesse da san-
t'Antimo, da che Carlo fece ivi trasportare il corpo di lui. Era la Badia de' monaci benedettini, i quali si eleggevano l'abbate, confermato
poi dal pontefice; e avevano potestà vescovile e giurisdizione civile e
di signori e di conti; e le loro possessioni si stendevano per Toscana
e fuori. Ma, rilassata la disciplina, il pontefice diede la Badia a' Guglielmiti, ordine che non è bene certo se ne fosse autore uno o un
altro o un terzo duca d'Aquitania di questo nome; ma è da credere
piuttosto il toscano Guglielmo: giacchè il Generale in Toscana risiede-

l'occhio dell'intelletto a vedere e ragguardare[1] e giudicare la somma ed eterna volontà di Dio in voi. Questo è quello dolce vedere che fa l'uomo prudente, e non ignorante; fállo cauto, e non leggermente giudicare la volontà degli uomini, come spesse volte fanno i servi di Dio, con colore di virtù e con zelo d'amore. Esso lume fa l'uomo virtuoso, e non timoroso.[2] E con debita riverenzia giudica la volontà di Dio in sè; cioè, che quello che Dio permette, o persecuzione o consolazione, o dagli uomini o dal dimonio, tutto vede che è fatto per nostra santificazione; e godesi della smisurata carità di Dio, sperando nella providenzia sua, che provede in ogni nostra necessità; ogni cosa dà con misura; e se cresce la misura,[3] cresce la forza. Questo vede l'anima e cognosce, quando, alluminato l'occhio dell'intelletto suo, ha cognosciuta la volontà di Dio, e però n'è fatto amatore.

Dico che questo lume non giudica la volontà de' servi di

---

va; e di lì poi l'istituto si diffuse in Italia e in altre parti d'Europa. Quando parecchi ordini di Cenobiti furono dal papa raccolti sotto il titolo di Agostiniani, i Guglielmiti chiesero di non esservi anch'essi aggregati: e in quell'ondeggiare di cose, perdettero de'loro possessi. Da ultimo, sotto i tempi di Pio II la Badia di sant'Antimo, per la sbadataggine degli amministratori, era impoverita sì che l'ultimo abate, dopo sprecato e venduto male il poco rimanente, si ridusse gottoso in letto a vivere *del pane della tribolazione e dell'acqua della miseria*. Rimaneva al principio del secol passato la Chiesa gotica, il monastero in rovina. A tempo di Caterina era abate fra Giovanni di Cano da Orvieto, uomo buono, discepolo a lei. Fu egli che consacrò la chiesa nella villa donatale da Vanni di ser Vanni, e che porse il viatico a lei morente.

1 Il giudizio non può non essere congiunto alla contemplazione che non sia stupida, e all'obbedienza che sia meritoria.

2 Contrapponendo a timore virtù, prende questa parola nel senso originario di valore e di forza; non però forza materiale, come spesso intendesi ne' Latini del paganesimo, e in certi Italiani moderni latineggianti e paganeggianti per pedanteria d'incredulità e d'eleganza.

3 Della tentazione o cimento, sia cimento di piacere o sia di dolore.

Dio, nè di veruna altra creatura; ma (giudica ed ha in reverenzia) che lo Spirito Santo gli guidi; [1] e però non piglia
ardire di mormorazione: che essi siano [2] giudicati dagli uomini, ma solo da Dio. Benchè potremmo dire: è veruno
servo di Dio, che sia tanto alluminato, che un altro non
possa vedere più di lui? No: anco è di necessità, per manifestare la magnificenzia di Dio, e per usare l'ordine della
carità, che l'uno servo di Dio con l'altro usino e partici-
pino insieme il lume e le grazie e i doni che ricevono da
Dio: e perchè si vegga che il lume e la magnificenzia della
propria [3] dolce Verità si manifesti infinita, come ella è, e non
fiuita; e perchè noi ci umiliamo a cognoscere il lume e la
Grazia di Dio ne' servi di Dio. Li quali egli pone come fonti;
e chi tiene un'acqua, e chi ne tiene un'altra; i quali sono
posti in questa vita per dare vita ad essi medesimi, e per
consolazione e refrigerio degli altri servi di Dio, che hanno
sete di bere queste acque, cioè di molti doni e grazie che
Dio pone ne' servi suoi. E così sovviene alla nostra necessità.

Sicchè, egli è vero che non è veruno che sia tanto illuminato, che spesse volte non abbia bisogno del lume d'altrui;
ma colui che è alluminato di questa dolce volontà di Dio, dà
lume con lume di fede; non giudicando con mormorazione,
e scandalo di colui che egli vuole consigliare; ma per sì
fatto modo, che sta e rimane senza pena. Onde, se egli s'attiene al consiglio suo, godene; e se egli non s'attiene al

---

[1] Non solo non fare giudizi temerari sopra i servi di Dio, ma sopra nessuna creatura; e pensai che il creatore può illuminarle, e gui-
darle altrimenti da' quello che par bene a noi.

[2] Manca o è trasposto qualcosa. Il senso è: il buono vuole che Dio
solo giudichi quel ch'egli in altri non intende bene; nè i falsi giudizi
degli uomini gli danno audacia a mormorare. Notisi la bella proprietà
di *riverenzia,* che nella sua radice nasconde pudicamente la verecondia,
ma non sì che non la lasci amabilmente vedere.

[3] Di quella che è propriamente verità.

consiglio suo, godene;[1] e se egli non vi s'attiene, giudica dolcemente che non è senza misterio e senza necessità, e con providenzia e volontà di Dio. E però rimane in pace e in quiete,[2] e senza pena; perocchè è vestito di questa volontà; e non si affanna di parole, partecipando con altrui i suoi pareri: anco, s'ingegna d'annegarli e di mortificarli nel parere[3] dolce di Dio; offerendogli ogni dubbio e timore che egli n'avesse. Liberamente offera sè, e il dubbio che ha dal[4] prossimo suo dinanzi a Dio. Or con questa dolce prudenzia vanno e stanno[5] coloro che sono alluminati di questo vero lume: onde in questa vita gustano vita eterna.

Il contrario è di coloro che sono ignoranti; poniamochè servono a Dio: i quali pur s'hanno serbato[6] ancora de'loro giudicii e de'loro pareri, colorati di virtù e di zelo d'amore. E per questo cadiamo spesse volte in grandi difetti e in molti scandali e mormorazioni. E però c'è bisogno il lume vero e schietto. Ma non so che si possa bene avere se non si perde la nuvola e la tenebra di noi;[7] che il nostro parere non sia fermo, ma dia a terra. Oh lume glorioso! O anima annegata, perduta sei nel lume; perocchè non vedi te per te,

---

1 Potrebbesi leggere: *e s'egli non vi s'attiene, giudica;*.... tralasciando la ripetizione del *godene* e del *s'attiene*. Ma può essere dettato così per rincalzare il pensiero. A ogni modo, convien levare il primo *vi* che è nella stampa.

2 Il secondo dice più. Non ogni pace è quiete.

3 Forse *piacere*. Ma *parere*, come *videri* non ha senso soltanto d'apparenza. *Sic visum Superis.*

4 Non correggo *del;* potendosi intendere il dubbio che gli viene dal prossimo. *Offera* per *offre* come *soffera* in Dante.

5 *Vanno*, dice gli andamenti e i progressi dello spirito; *stanno*, la pace costante nel retto giudizio della coscienza. Salmo: « *Cognovisti sessionem meam et resurrectionem meam.* »

6 Non hanno saputo farne annegazione.

7 Dell'amore soverchio di noi. Ma *tenebra di noi* è più potente, perchè dimostra che l'uomo da sè solo è tenebre.

ma vedi solamente il lume [1] in te; e in quello lume vedi
e giudichi il prossimo tuo. Così vedi e ami e hai in reverenzia il prossimo tuo nel lume, e non nel tuo parere, nè nel
falso giudicio dato per zelo d' amore. Bene è da aprire,[2] dunque, e speculare con l' occhio dell' intelletto nostro, con la
perduta e annegata volontà. E così col lume dell'amore vero,
e reverenzia della volontà di Dio, e di quella de'suoi servi,
acquisteremo il lume, e giugneremo alla perfetta e vera purità; e non saremo scandalizzati ne'[3] servi di Dio. Perocchè
non nè saremo fatti giudici : ma saremo consolati in loro, e dello
stare, dell'andare e d' ogni loro operazione goderemo, avendo
giudicato e veduto la volontà di Dio in loro. Orsù dunque, carissimo padre e figliuolo, poniamoci al petto della divina Carità, e ine gustiamo questo dolce e soave latte, il quale ci farà
venire alla perfezione de' Santi, e seguitare le vestigie e la
regola dell'Agnello. Perderemo il timore, e metterenci fra
le spine e fra triboli, e none schiferemo labore:[4] ma dor-
renci dell' offesa de' mormoratori, e dello scandalo degli uomini; e porterengli con grande compassione dinanzi a Dio. E
noi seguiteremo l' operazioni sante, cominciate per onore
di Dio e salute delle anime; e finiremo nella sua dolce volontà. Sopra questa materia io non dico più, se non che noi
ci anneghiamo nel sangue di Cristo crocifisso; senza veruno
timore (vi dico), sapendo che se Dio è per noi, neuno sarà
che sia contra noi.

La mia venuta non so quando ella potrà essere. Non posso
sapere quanto io mi starò. Spaccierommi il più tosto che si
potrà; sempre compiendo in me, nell' andare e nello stare,

---

[1] Fermo nella sua altezza.

[2] L'*occhio* non manca, ma lo pospone all'altro verbo, con uno
scorcio de' suoi.

[3] Modo de' vangeli *nel* in senso di *per*. Dipinge il pensiero dello
scambio, come pietra nella quale s' inciampa.

[4] Dante.

la dolce volontà di Dio, e non quella degli uomini. Fovvi sapere, a voi e agli altri, che tante pene e cogitazioni vi lassate cadere nel cuore, che io non sto nè mi vo affatigando, con le molte infirmitadi, a diletto, se non quando io son costretta da Dio per lo suo onore e per salute dell'anime. Onde, se del bene i cuori infermi ne vogliono pigliare male, io non ne posso fare altro. Non debbo però io vollermi indietro, e lassare stare l'arato;[1] perocchè così parrebbe che noi arassimo a petizione degli uomini, ônde verrebbe la zizzania, e affogherebbe il grano. Altro non vi dico. Permanente nella santa e dolce dilezione di Dio. Gesù dolce, Gesù amore.

—

CCLI. — A Monna Agnesa, Donna di Francesco di Pipino sarto.

Non è virtù senza carità. Frutti di carità dall'albero della croce. Offerta d'amorosi desiderii per i fratelli.

Al nome di Gesù Cristo crocifisso e di Maria dolce.

Carissima figliuola in Cristo dolce Gesù. Io Catarina, serva e schiava de' servi di Gesù Cristo, scrivo a te nel prezioso sangue suo; con desiderio di vederti vestita della vera e reale virtù; perocchè senza la virtù non possiamo piacere a Dio. Ma queste virtù non le puoi trovare altrove che nell'affetto della Carità; e l'affetto della Carità si trova nel dolce e amoroso Verbo. Le quali virtù si nutricano in sul arbolo della santissima croce. Tu dunque, come vera figliuola, attáccati a questo arbolo, a ricogliere di questi frutti. E a questo t'inc-

---

1 Per *aratro,* negli antichi è *dratolo.* Imagine de' Vangeli. Questa lettera può essere stata scritta per le dicerie che facevansi intorno ai viaggi di Caterina; ond'ella tolse cagione di non voler ire a Roma; e non ci andò da ultimo se non per obbligo d'obbedienza.

brierai e vestirai delle vere e reali virtù. Bágnati nel sangue di Cristo crocifisso, e nasconditi nel costato suo; e ine fa una dolce abitazione, per uno santo cognoscimento di te, e con uno vero cognoscimento della larghezza della bontà sua. Ine concepi uno amore all' onore suo e salute dell' anime, offerendo dolci e amorosi desiderii dinanzi a Dio per loro. Altro non dico. Permani nella santa e dolce dilezione di Dio. Gesù dolce, Gesù amore.

CCLII. — *A Gregorio XI, essendo a Corneto.*[1]

Consiglia fortezza di pazienza generosa: raccomanda la pace: prega per Siena.

Al nome di Gesù Cristo crocifisso e di Maria dolce.

Santissimo e reverendissimo padre in Cristo dolce Gesù, la vostra indegna e miserabile figliuola Catarina vi si raccomanda nel prezioso sangue suo; con desiderio di vedere il cuore vostro fermo e stabile, e fortificato in vera e perfetta pazienzia; considerando che 'l cuore debile, volubile e senza pazienzia, non potrebbe venire a fare li grandi fatti di Dio. Ogni Creatura ragionevole, se vuole servire a Dio ed essere vestita delle virtù, conviene avere questa costanzia, fortezza e pazienzia: altrimenti, non avrebbe mai Dio nell' anima. Che se l' uomo si volgesse alla prosperità per disordinato diletto, delizie e piacimento di sè o del mondo; o all' ingiurie e tribolazione si volgesse per impazienzia, e lassasse l' affetto delle virtù, le quali virtù ha concepute nell'animo per santo desiderio, e vuole acquistare; egli debbe bene vedere, che la virtù non s' acquista nè diventa per-

---

1 Caterina s' era rincontrata in Genova con Gregorio; e, in più colloquii confortato lui temente di seguitare il viaggio, se n' era ita a Siena. Di qui scrive a lui, arrivato a Corneto in dicembre, e rimastovi fin dopo mezzo gennaio.

fetta senza il suo contrario.[1] Che se egli schifa il contrario, sèguita che fugge la virtù, con la quale virtù debbe contrastare e abbattere il vizio, che è contrario alla virtù; con l' umilità cacciare la superbia; le ricchezze e delizie e stati del mondo con la volontaria povertà. La pace cacci e sconfigga la guerra dell' amima sua e del prossimo suo; la pazienzia vinca la impazienzia per amore dell' onore di Dio e della virtù. E per odio e dispiacimento di sè portare [2] fortemente con pazienzia li strazii, ingiurie, scherni e villanie, pene di corpo, e danni temporali. Così debbe essere costante, fermo, stabile e paziente: altrimenti, non sarebbe servo di Cristo, ma diventerebbe servo e schiavo della propria sensualità, la quale sensualità gli tolle questa costanzia, e falo [3] pusillanimo, con piccolo e debile cuore. Ma non debbe fare così; anco, si debba ponere per obietto la prima dolce Verità, che col sostenere, portando e sostenendo [4] li difetti nostri, ci rende la vita. O padre santissimo, dolcissimo babbo mio, aprite l' occhio dell' intelletto, e con intelligenzia vedete, se l' è [5] tanto necessaria la virtù ad ogni uomo, a ciascuno per sè medesimo per salute dell' anima sua, quanto maggiormente in voi, che avete a notricare e governare il corpo mistico della santa Chiesa sposa vostra, bisogna questa costanzia, fortezza, pazienzia. Sapete che, come voi intraste pianta novella [6] nel giardino della santa Chiesa, voi vi do-

---

[1] Senza essere messa a cimento dal suo contrario, e deliberatamente dipartirsene e vincerlo.

[2] Qui si ha a sottintendere un *debbe;* e avvertite che gl' infinitivi sono interrotti da un' altra forma.

[3] Dante: *parlòmi* per il comune *parlommi.*

[4] Nel primo, *sostenere* è neutro assoluto; nel secondo, attivo, e con altro senso.

[5] Può stare, ma io crederei che a quel tempo dicessero piuttosto *s' ell' è.*

[6] Clemente VI, zio materno a Gregorio, fece lui cardinale di diciott'anni; e papa lo fecero di quaranta.

veste disponere con virtù a resistere al dimonio, alla carne,
e al mondo, che sono tre nemici principali, li quali ci con-
trastano di dì e di notte, che non dormono mai. Spero nella
divina Bontà, che a parte di questi nemici vi ha fatto resistere, e farà in tutto; sicchè egli averà di voi quel fine, per
lo quale vi creò, cioè, perchè rendeste gloria e loda [1] al
nome suo, e perchè godeste la bontà sua, ricevendo l'eterna
sua visione,[2] nella quale sta la nostra beatitudine. Ora sete
vicario di Cristo; il quale avete preso a travagliare e combattere per l'onore di Dio, per salute dell'anime, e riformazione della santa Chiesa: le quali cose sono a voi travagli e pene, in particolare a voi aggionte, oltre le battaglie
comuni, che date sono ad ogni anima che vuole servire a
Dio, come detto è. E perchè è maggiore il peso vostro, però
bisogna più ardito e viril cuore, e non timoroso per veruna
cosa che avvenire potesse. Chè voi sapete bene, santissimo
padre, che come voi pigliaste per sposa la santa Chiesa, così
pigliaste a travagliare per lei, aspettando li molti venti contrari di molte pene e tribulazioni, che si facevano incontra
a combattare con voi per lei. E voi, come uomo virile, fa-
tevi rincontra[3] a questi venti pericolosi, con una fortezza,
pazienzia e longa perseveranzia, non volgendo mai il capo
addietro per pena nè sbigottimento nè timore; ma perseverate,[4] rallegrandovi nelle tempeste e battaglie. Rallegrisi

---

1 Vive in qualche dialetto toscano. Può distinguersi *gloria* segnatamente in fatto, *lode* in parole altrui e nostre.

2 Nella visione, da Tommaso, alle cui dottrine avià la Terziaria
domenicana attinto ne' sermoni e ne' colloquii de' suoi confratelli, è
posta l'eterna beatitudine; da Scoto, nell'amore: ma le due cose non
si posson separare.

3 Sebbene non ci sia esempi di *rincontra* da sè, ma solo *alla rincontra,* e quel modo suoni strano; essendoci pure *rincontro* preposizione, lascio come sta scritto: giacchè l'uscita in *a* è anzi più conforme all'origine.

4 La stampa: *perseverante.*

il cuore vostro: chè nelli molti contrari che sono addivenuti
e addivengono, si fanno bene li fatti di Dio; e per altro
modo non si fecero mai. Così vediamo che 'l fine della persecuzione della Chiesa, e d'ogni tribulazione che riceve
l'anima virtuosa, è la pace acquistata con vera pazienzia
e perseveranzia: essa n'esce coronata di corona di gloria.

Questo è dunque il remedio. E però dissi, santissimo Padre,
ch' io desiderava di vedervi il cuore fermo e stabile, fortificato in vera e santa pazienzia. Voglio che siate uno arbore d'amore, innestato nel Verbo Amore, Cristo crocifisso;
il quale arbore, per onore di Dio e salute delle pecorelle
vostre tenga le radici nella profonda umilità. Se voi sarete
arbore d'amore, radicato cosi dolcemente, troverete in voi,
arbore d'amore, nella cima il frutto della pazienzia e fortezza, e nel mezzo la perseveranzia coronata; e troverete
nelle pene pace, quiete e consolazione, vedendovi conformare [1] in pena con Cristo crocifisso. E così nel sostenere
per amore di Cristo crocifisso, con gaudio verrete dalla
molta guerra alla gran pace.

Pace, pace, santissimo Padre! Piaccia alla Santità vostra
di ricevere li vostri figliuoli, che hanno offeso voi Padre.
La benignità vostra vinca la loro malizia e superbia. Non vi
sarà vergogna d'inchinarvi per placare il cattivo figliuolo;
ma saràvi grandissimo onore e utilità nel cospetto di Dio,
e degli uomini del mondo. [2] Oimè, habbo, non più guerra
per qualunque modo. Conservando la vostra coscienzia, si
può aver la pace. La guerra si mandi sopra gl'infedeli, dove

---

[1] A modo di neutro assoluto, per neutro passivo.

[2] Pare che il papa cedesse ai consigli di Caterina. Mandò da Corneto chiamando nuovi ambasciatori fiorentini; dacchè la legazione
d'Avignone era ita a vuoto. Partiti di Firenze a dì 13 di gennaio, il 25
furono a Roma. Ma non si riuscì ancora a pace; accusandosene dalla
repubblica la corte romana, e da questa quella. Confessa alquanta durezza ne' Fiorentini lo stesso Ammirato.

ella debbe [1] andare. Seguitate la mansuetudine e pazienzia dell' Agnello immacolato Cristo dolce Gesù, la cui vece tenete. Confidomi in *Domino nostro Jesù Cristo*, che di questo e d'altre cose adopererà tanto in voi, che n'adempirò il desiderio vostro e mio: chè altro desiderio in questa vita io non ho se non di vedere l'onore di Dio, la pace vostra, e la reformazione della santa Chiesa, e di vedere la vita della Grazia in ogni creatura che ha in sè ragione. Confortatevi: chè la disposizione di qua, [2] secondo che mi è dato a sentire, è pure di volervi per Padre. E specialmente questa città tapinella, [3] la quale è sempre stata figliuola della Santità vostra; la quale, costretta dalla necessità, gli è convenuto fare di quelle cose che gli sono spiaciute. Pare a loro che il bisogno lo abbi fatto fare. Voi medesimo li scusate alla vostra Santità; [4] sicchè coll'amo dell'amore voi li pigliate. Pregovi per l'amore di Cristo crocifisso, che, più tosto che potete, voi n'andiate al luogo vostro delli gloriosi Pietro e Paolo. E sempre dalla parte vostra cercate d'andare sicuramente; [5] e Dio dalla parte sua vi provederà di tutte quelle cose che saranno necessarie a voi e al bene della sposa sua. Altro non dico. Perdonate alla mia presunzione. Confortatevi, e confidatevi nelle orazioni de' veri servi di Dio, che molto orano e pregano [6] per voi. Doman-

---

[1] Nella stampa e qui e altrove sovente: *debba.*

[2] Di Toscana.

[3] Aveva Siena mandati soccoisi a Peiugia e a Bologna sollevate, siccome quella ch'eia collegata a Fiienze, e iiiitata dai legali del papa, tendenti, contio le piomesse di lui, a sconvolgeie il suo goveino, che il Burlamacchi chiama *popolesco;* ma non nega i toiti de'detti Legati.

[4] Siate voi il loio avvocato piesso voi stesso. Cateiina non aviebbe inventato l'avvocato fiscale.

[5] Senza pauia. Quest'è il senso antico. Oia vale spesso *cautamente,* cioè con tutti gl'ingegni e i segni della pauia.

[6] Oiaie può esseie l'atto e la ceiimonia; *piegaie* più specialmente il soggetto e l'affetto.

dovi io e gli altri vostri figliuoli umilmente la vostra benedizione. Permanete nella santa e dolce dilezione di Dio.
Gesù dolce, Gesù amore.

—

CCLIII. — *A Misser Trincio De' Trinci da Fuligno, e a Corrado suo fratello.*[1]

(Fatta in astrazione).

Ai signori superbi e odiati ricorda l'amorosa umiltà di Gesù. Che la
signoria è servizio. Si confessino, e rispettino il matrimonio. Cenno
alla guerra di Firenze contro le armi papali.

Al nome di Gesù Cristo crocifisso e di Maria dolce.

Carissimi fratelli in Cristo dolce Gesù. Io Catarina, serva
e schiava de' servi di Gesù Cristo, scrivo a voi nel prezioso
sangue suo; con desiderio di vedervi veri servi di Cristo
crocifisso, e legati nel legame dolce della carità. Il qual legame legò Dio nell'uomo, e l'uomo in Dio; e fu per siffatto modo perfetta questa unione, che nè per morte nè
per neuna altra cosa si potè separare.

O dolce e vero legame, grande è la forza tua, in tanto
che tenesti confitto e chiavellato Dio-e-Uomo in su 'l legno della santissima croce; perocchè nè chiodo nè altro
ferro era sufficiente a tenerlo se l'amore dell'onore del
Padre e della salute nostra non l'avesse tenuto. Sì forte

---

[1] I Trinci tennero a lungo la signoria di Fuligno. Trincio, il maggiore fratello, che a questo tempo governava con rigore alquanto tiran-
nico, tenne dalla Chiesa; e di qui dicesi che venisse occasione alla sua
rovina. Il francescano beato Tommaso da Fuligno, secondo la leggenda,
gli prenunziò che tanto vivrebbe quanto la campana del Comune rimanesse intera; e allorchè i vitelli volassero sopra la torre, morrebbe.
Appressandosi l'esercito fiorentino vincitore, il popolo di Fuligno si
levò contro il signore partigiano del papa, e sonò a stormo, e la campana cadde e si ruppe: e intanto che inalberavasi l'insegna del capitano de' Fiorentini Lucio di Lando, la quale era di due vitelli, il Trinci
fu morto.

fu, carissimi fratelli, questo amore, e sì perseverante, che
nè dimonia nè altre creature il poterono allentare, che quest' amore non perseverasse. Le creature non lo allentarono
nè allentano per le ingiurie che gli erano fatte, e che noi
gli facciamo, nè per ingratitudine loro nè nostra; nè le dimonia; perocchè, molestando noi, non lo impediscono che
egli non ami. Nè abbandonò l' obbedienza del Padre eterno,
ma perseverò infino alla morte della croce. Questo dolce e
amoroso Verbo, unigenito Figliuolo di Dio, con molta perseveranzia e pazienzia ci manifesta la volontà e la verità
dolce del suo Padre eterno. La volontà sua è la nostra santificazione: questa è la verità; e per questo fine ci creò
Dio, cioè perchè fussimo santificati in lui a loda e gloria
del nome suo, e acciò che noi godessimo e gustassimo la
eterna sua visione. O dolcissimi e carissimi fratelli, io voglio che ragguardiate l' abbondanzia e l' abisso della sua carità: però che, perchè l' uomo era accecato e diventato
ignorante per la colpa sua, e non cognosceva questa dolce
verità e dolce volontà di Dio, però si volle umiliare all' uomo. Oh miserabile superbia! Bene si debbe vergognare
l' anima d' insuperbire dove Dio è umiliato e hacci donato
il Verbo velato e vestito della nostra umanità. Or chi può
aggiungere solo alla considerazione di vedere l' altezza di
Dio discesa a tanta bassezza, e legatosi nell' uomo, e l' uomo
in Dio? Aprite, aprite l' occhio dell' intelletto, e vedrete
quella abbondanzia del sangue del Figliuolo di Dio; perocchè l' apritura del corpo suo ci ha fatto manifesto, che Dio
ci ama inestimabilmente, e non vuole altro che il nostro
bene: però che, se egli avesse voluto altro, non ci averebbe
dato sì fatto ricompratore. Oh inestimabile e dolcissima carità! La caverna [1] del corpo tuo è aperta per lo calore del
fuoco dell' amore della nostra salute. Tu, Dio eterno, se' fatto

---

[1] Simile in Virgilio. E dicesi, piaga cavernosa.

visibile, e dato ci hai il visibile prezzo, acciocchè la bassezza dell'intelletto nostro non abbia scusa di non potersi levare, però che tu se' fatto basso, e insiememente la bassezza è unita coll'altezza. Così dunque per forza d'amore si levi lo intelletto e l'affetto dell'uomo, cognoscendo in te la bassezza della tua umiltà, e a cognoscere l'altezza ed eccellenza della tua carità, deità eterna. Cosi dicesti tu, dolce e amoroso Verbo: « Se io sarò levato in alto, ogni cosa tirerò a me. » Quasi volesse dire questa dolce Verità eterna: « Se io sarò abbassato alla umiliazione della obrobriosa morte della Croce, io trarrò i [1] cuori vostri all'altezza della divinità, e carità increata. » Perocchè, tratto il cuore dell'uomo, si può dire che sia tratto tutto l'affetto e le potenzie dell'anima, con tutti li esercizi spirituali e temporali. E anco perchè ogni cosa creata è fatta in servizio dell'uomo; tratto dunque l'uomo, è tratto tutto. E però disse: « Se io sarò levato in alto, ogni cosa trarrò a me.[2] »

Bene è dunque da aprire l'occhio dell'intelletto, e ragguardare l'affetto del suo Creatore. Voglio dunque che pensiate, carissimi fratelli, che quando l'occhio dell'intelletto è offuscato coll'amore proprio sensitivo, non può cognoscere questa verità: perocchè, come l'occhio infermo, pieno di terra e di carne, non può vedere la luce del sole; così l'occhio dell'anima non può vedere, se egli è ricoperto di terra di disordinato amore e affetto del mondo, cioè di queste cose transitorie, che passano come il vento: e se egli è ricoperto d'affetto carnale non vivendo onestamente, ma disonestamente s'involge nel loto della carnalità, la quale miseria fa diventare l'uomo animale bruto, e toglieli il lume

---

[1] Manca l'*i* nella stampa.

[2] Bello e sublime, che insieme con l'affetto dell'uomo non solo tutte le potenze sue, ma tutta la natura, ministra dell'uomo, si solleva a merito di redenzione.

e il cognoscimento. Questi cotali, dico, che non possono cognoscere questa verità; e anco sono fatti amatori della bugia, e seguitano le vestigie del padre loro, cioè il dimonio, che è padre delle bugie.

Voglio dunque che leviate l'occhio dell'intelletto e l'amore da queste cose transitorie, e da ogni vizio carnale, e purifichiate l'anima vostra col mezzo della santa confessione. Non dico però, che lasciate lo stato vostro,[1] più che lo Spirito santo ve ne spiri; ma voglio che teniate col santo timor di Dio, virilmente stando come uomini virtuosi, e non come stolti e animali; tenendo con giustizia e con benignità i sudditi vostri. E lo stato del santo matrimonio, tenerlo. E non vogliate contaminarlo, cioè romperlo per niuno appetito disordinato; ma rifrenare i sentimenti vostri con la memoria del sangue di Cristo e dell'unione della natura divina unita con la natura umana.[2] Vergognerassi allora la miserabile carne vostra di venire a tanta miseria; e sentirà l'odore della purità, avendo questa santa considerazione; e con riverenzia e timore di Dio starà nel santo matrimonio. E abbiate in riverenza e' dì che sono comandati dalla santa Chiesa.[3] Facendo così, sarete arbori fruttiferi; e il frutto che uscirà di voi, sarà buono, e renderà gloria e loda al nome di Dio; e sarete innestati nell'arboro della vita, Cristo dolce Gesù; il quale vi legherà in quello legame

---

[1] I Trinci erano vicarii papali. Il dominio perduto nel 1377, ricuperarono sotto Bonifazio IX: giacchè allora i papi, contenti del titolo, consentivano, nei così detti dominii loro, e repubbliche e principi.

[2] La coscienza della dignità acquistata dalla natura umana, anco nella parte corporea, per merito della incarnazione, consigli purità; e la purità, con la forza e la bellezza del corpo, accresca la dignità dello spirito.

[3] L'astinenza anco da leciti piaceri è più volte consigliata dalla vergine ai maritati. E i Pagani stessi la ingiungevano nell'apparecchio a certe feste solenni.

forte dell'amore che il tenne confitto e chiavellato in croce. E così parteciperete questa fortezza, essendo legati con Dio e col prossimo con questo dolce legame; in tanto che non sarà nè dimonio nè creatura che ve ne possa trarre, che voi non siate forti e perseveranti in sino alla morte. Nè per ingratitudine degli uomini cui voi serviste, i quali fossero ingrati verso di voi, nè per diverse e molte cogitazioni che il dimonio vi mettesse nel cuore, d'odio o di molti dispiacimenti del prossimo vostro, non allenterà però l'amore, nè vi torrà la fortezza, essendo uniti e legati nel legame della carità, come detto è. Anco, sarete veri servi di Cristo crocifisso nello stato vostro. In altro modo non potreste participare la vita della Grazia. E però vi dissi che io desideravo di vedervi veri servi di Cristro crocifisso, legati nel legame dolce della carità. Spero nella bontà di Dio che adempirete la volontà sua e il desiderio mio: e questo sarà per la sua bontà, e per lo servizio [1] che fate alla dolce sposa sua. Perocchè egli è lo Dio nostro, grato e cognoscente a coloro che 'l servono. Molto gli sono grati tutti li servizi che noi gli facciamo; ma tra gli altri che gli siano molto grati, è quello che si fa in servizio della santa Chiesa, in qualunque modo e in qualunque stato noi gli serviamo. È vero che quanto più l'uomo le serve con ischietto cuore e senza alcun rispetto, tanto egli è più piacevole: nondimeno ognuno gli è piacevole; e è misurato secondo la misura dell'amore. E come egli remunera il servizio, così punisce l'offesa; e come egli è più remunerato colui che più serve, così è più punito colui che più offende. Questo, perchè? Perchè serve il sangue di Cristo, e disserve il sangue di Cristo; e però séguita più remunerazione, e più punizione. Dunque, dolcissimi fratelli in Cristo dolce Gesù, sia-

---

[1] Accenna alla guerra de' Fiorentini col papa. La lettera avrebbe a essere del 1376, o al principio del seguente.

temi servi fedeli a Cristo crocifisso e alla dolce sposa sua: e così gusterete e.cognoscerete la volontà eterna di Dio, la quale non vuole altro che la nostra santificazione; e, come detto è, ce l' ha mostrata con la bassezza della nostra umiltà,[1] e col sangue dolce sparto per noi, con tanto fuoco d' amore.

Lavatevi dunque, per fede e speranza nel sangue di Cristo crocefisso; e con questa dottrina nutricate la famiglia vostra. Altro non dico. Permanete nella santa e dolce dilezione di Dio. Gesù dolce, Gesù amore.

CCLIV. — *A Pietro di Missere Jacomo Attacusi de'Tolomei, da Siena.*[2]

Perchè i preti ci paiano o siano cattivi, non dobbiamo essere manigoldi loro, e lasciai fare a Dio e a chi egli chiama a ciò. L'odio nostro guasta il diritto, perseguita in essi il sangue di Cristo. Cristo ricomprò di sangue noi servi. Se Dio fa tanto in servizio di noi, sappiamogli obbedire per essere liberi dalle nostre e dalle altrui passioni. Signoria umana è labile, imperfetta, sovente irragionevole e ingiusta nella giustizia stessa. Non è giusto chi bada a lusingare altrui. Per piacere o utile nostro non dobbiamo fare neppure le opere di virtù. Se con atto reo potessimo dare a tutte le anime il cielo, dovremmo astenercene. Caterina adempie il precetto, piegando un vincitore che liberi senza taglia un prigione, e rammentando a quel prepotente ch' e' deve correggersi e umiliarsi. Il prigione era il fratello di Raimondo, del *padre dell' anima sua.* Non a caso tutta la lettera versa sulle imagini di libertà e servitù.

Al nome di Gesù Cristo crocifisso e di Maria dolce.

Carissimo e dilettissimo fratello in Cristo dolce Gesù. Io Catarina, serva e schiava de'servi di Gesù Cristo, scrivo a

---

[1] Avrebbe a intendere, secondo il già detto, della umiltà a cui il Verbo venne. Il *nostra* non ci cadrebbe, se non intendendo che l' umiltà del modello sia esempio nostro.

[2] Il Burlamacchi ritrova, ma senza il sopranuome di Attacusi, un Pietro d'Jacomo Tolomei potestà al Borgo di san Sepolcro. I Tolomei, famiglia illustre, eran anco sopranuominati Baldistricca, composto di

voi nel prezioso sangue suo; con desiderio di vedervi amatore e servitore di Cristo crocifisso; perocchè in altro modo non possiamo piacere a Dio. E questo doviamo fare per debito; perocchè ogni creatura che ha in sè ragione, è tenuta e obligata d'amarlo: però che da Dio non aviamo ricevuto altro che servizio,[1] diletto e piacere; e bacci amati senz' essere amato da noi. Perocchè, non essendo noi, ci creò alla immagine e similitudine sua; e, perdendo la Grazia per lo peccato della disobedienza di Adam, ci donò il Verbo dell' unigenito suo Figliuolo, solo per amore, non perchè da noi avesse ricevuto servizio, ma offesa. E per la offesa noi eravamo caduti in guerra con Dio; ed esso Dio, offeso da noi, ci donò il Verbo del Figliuolo suo, e fecelo nostro mezzo e tramezzatore, facendo pace della grande guerra, con lo prezioso sangue dell' Agnello. Dunque la obbedienza sua ha sconfitta la disobedienza di Adam: e come per la disobedienza contraemmo tutti peccato, così per l' obedienza del Figliuolo di Dio abbiamo tutti contratto la Grazia. Ed è infinita la grazia che noi ricevemmo per mezzo di questo Verbo. Però che tanto, quanto l' uomo offende, ed elli torna al sangue di Cristo con dolore e amaritudine della sua colpa, tanto riceve misericordia, essendoci ministrato il sangue con la santa confessione. Perocchè, vomitando il fracidume delle nostre iniquitadi con la bocca, cioè confessandoci bene e diligentemente al sacerdote; egli allora assolvendoci, ci dona

---

Baldo, e Stricca nome senese. Narraci che nel secolo ottavo un Baldistrich cavaliere tedesco, battezzato da Gregorio secondo, si fece abitatore di Siena. I Salimbeni e i Tolomei diventarono nemici sanguinosi, fors'anco perchè di razza diversa. Ebbe questa famiglia ventidue capitani di guerra; e Raimondo, dopo molti stranieri, primo italiano di nuovo Senatore di Roma. Ebbe diciotto beati.

[1] Appunto perchè non è proprio a Dio, l' usa qui; per arguirne che tanto più dobbiamo noi miseri servire lui, e così farci consorti della divina natura.

il sangue di Cristo, e nel sangue si lava la lebbra de' peccati
e delli difetti che sono in noi. Tutto questo dono ci ha dato
Dio per amore, e non per alcuno debito. Dunque ben siamo
tenuti di amare, e dobbbiamo amarlo, se noi non vogliamo
l' eterna dannazione.

Ma attendete una cosa : chè chi farà contra questo sangue, o terrà con coloro che perseguitano il sangue, cioè,
che con ingiuria, scherni e vituperio perseguitano la sposa
di Gesù Cristo, questi tali giammai, se elli non si correggono,
non parteciperanno il frutto del Sangue.

E non gli [1] sarà scusa, perchè s' ammantino col mantello
de' difetti de' ministri del Sangue, dicendo : « Noi persegui-
tiamo li difetti de' mali Pastori. » Chè siamo venuti a tanto,
noi falsi Cristiani, che ci pare far sacrificio a Dio facendo
persecuzione alla sposa sua. Chè, poniamochè li ministri siano
demoni incarnàti, e pieni di molta miseria, non dobbiamo
però noi essere manigoldi nè giustizieri di Cristo. Però che
essi sono gli Unti suoi; e vuole che rimanga a lui a fare la
giustizia di loro, ed a cui egli l' ha commessa. E però signore
temporale o legge civile non se ne può impacciare, che non
caggia nella morte dell' anima sua; perchè Dio non vuole.
Costui non mostra segno che ami il suo Creatore; anco, mostra segno d' odio. Bene è ignorante e miserabile colui che si
vede tanto amare, che egli non ami. E grande è la pazienzia di Dio che sostiene [2] tanta iniquità.

Non ci scordiamo dunque di servire ed amare il nostro
Creatore, però che siamo tenuti d' amarlo, come detto è. E
servire non è vergogna; perchè servire a Dio, non è essere
servo, ma è regnare. E tanto quant' è più perfetto il servi-

---

1 Sovente *li* per *gli ;* come in Dante *Mostrerolli, gli mostrerò.* Ma
perchè le due forme ritrovansi altresi nella stampa, noi ci attengliamo
alla più comune e più chiara.

2 Dante : « *Oh pazienzia che tanto sostieni!* »

gio,[1] e più si sottomette a lui, tanto è più libero e fatto signore di sè medesimo, e non è signoreggiato da quella cosa che non è, cioè il peccato. Perocchè a maggior miseria non si può recare l'uomo, che farsi servo e schiavo del peccato; però che perde l'essere della Grazia, e serve a non cavelle, e diventa non cavelle.

Bene è dunque miserabile cosa dell'uomo cieco e stolto senza neuno lume, che egli avvilisca tanto sè medesimo per disservire il suo Creatore, e per servire al dimonio e al mondo con le sue delizie (che non ha alcuna fermezza) e alla propria sensualità; e' lassa di servire la Bontà infinita, che l'ama tanto inestimabilmente, e sì dolce e glorioso Signore, il quale ci ha ricomperati non d'oro nè d'argento, ma del prezioso sangue dell'unigenito suo Figliuolo. E non è alcuno che possa ricalcitrare a lui. Perocchè noi siamo venduti, e non ci possiamo più vendere nè a dimonio nè a creatura, servendo alle creature fuore di Dio. Noi siamo ben[2] tenuti e obbligati di servire al prossimo nostro, ma non di servizio che sia contra la volontà di Dio. O quanto è gloriosa la signoria che l'anima acquista per servire il suo Creatore! Però che ella signoreggia tutto il mondo, e fassi beffe[3] de' costumi e de' modi suoi; e signoreggia sè medesimo, e non è signoreggiato dall'ira nè dalla immondizia nè da alcuno altro vizio, ma tutti li signoreggia con affetto e amore della virtù. Molti sono che signoreggiano le città e le castella, e non signoreggiano loro: ma ogni signoria senza questa è miserabile, e non dura. E sempre la tiene imperfet-

---

[1] Forse scivo. Ma può staie servigio non in senso d'atto, bensì di servitù abituale, come il latino servitium; e servitù diciamo le persone de' servi.

[2] Bensì. Dante: « Vuol ben, ma non lascia il talento. »

[3] Non beffe degli uomini del mondo, ma de' costumi fiacchi, e de' modi trivialmente superbi.

tamente, e con poca ragione, e con men giustizia; ma farà
ragione e giustizia, secondo la propria sensualità e amore
proprio di sè e secondo al piacere e volontà degli uomini.
Onde allora non è giustizia, ma è ingiustizia; perocchè la
giustizia non vuol essere contaminata coll'amore proprio nè
con dono di pecunia, nè con lusinghe nè di [1] piacere del-
l'uomo. E però colui che l'ama, vorrà innanzi morire che
offendere Dio in questo o in alcuna altra cosa. Onde allora è
servo fedele, ed è fatto signore di sè medesimo, signoreg-
giando la propria sensualità e il libero arbitrio [2] con la ragione.

Adunque, poich'è di tanta dignità lo amore,[3] e il servire
a Dio; ed è necessario alla salute nostra; e lo contrario è
tanto pericoloso e di tanta miseria; voglio e pregovi, fratello
carissimo, che voi 'l serviate con tutto il cuore e con tutto
l'affetto. E non aspettate il tempo, però che non sete sicuro
d'averlo: perocchè noi siamo condennati alla morte, e non
sappiamo quando. E però non doviamo perdere il tempo presente per quello che non siamo sicuri d'avere.

E perchè aviamo detto che noi siamo tenuti d'amare
Dio; dico che colui che ama, deve fare utilità a colui che
egli ama, e debbe servirlo. Ma io veggo che a Dio non possiamo fare utilità; perocchè pro non gli facciamo del nostro

---

1 Manca forse una parola; ma può stare, intendendo una delle solite ellissi. Con quattro argomenti, accennati breve ma chiaro, mostra
le umane signorie quanto siano poca cosa : che non durano : che, anco
quel po' che durano, non sono mai dominio pieno, ma limitato, e di-
pendente dagli uomini e dalle cose : che manca loro sovente il titolo
di ragione, il diritto originario; o che questo perdesi o scema per non
sapere usar la ragione: che le passioni originate dall'amor proprio
fanno ingiusta la stessa giustizia.

2 Il libero arbitrio, che pare nell'anima signore assoluto, dipende
dalla ragione, che nell'intuito del vero conosce le norme del bene.

3 Meglio *amare*.

bene, nè danno del nostro male. Che doviamo dunque fare? Doviamo rendere gloria e loda al nome suo, e menare la vita nostra piena d'odori di virtù; e 'l frutto e la fatiga dare al prossimo, cioè con nostra fatiga fargli utilità, e servirlo in quelle cose che sono secondo Dio, e portare e sopportare li difetti suoi con vera carità, ordinata e non disordinata. Amore disordinato è di commettere la colpa per campare, o per piacere al prossimo. Non vuol esser così: perocchè l'ordinato amore in Dio non vuole ponere l'anima sua per campare tutto quanto il mondo. E se fosse possibile che per commettere uno peccato egli mandasse ogni creatura che ha in sè ragione, a vita eterna; nol debbe fare. Ma ben debbe ponere la vita corporale per l'anima del suo prossimo, e la sustanzia corporale per campare il corpo. Or per questo modo, e con questo mezzo del prossimo ci conviene amare Dio: e così mostreremo che noi lo amiamo. Cosi sapete che Cristo disse a santo Pietro, quando disse: « Pietro, amimi tu? » E rispondendo Pietro, che ben sapeva che egli l'amava; compite le tre volte, disse: « Se tu mi ami, pasci le pecorelle mie. » Quasi dica: a questo mi avvedrò se tu m'ami; cioè: non potendo fare utilità a me, se sovverrai al prossimo tuo, nutricandolo, e dandogli la fadiga tua con la santa e vera dottrina.[1] A noi dunque conviene sovvenirlo secondo l'attitudine nostra, chi con la dottrina, e chi coll'orazione, e chi con la sustanzia; e chi non può colla sustanzia, sovvenire con gli amici; acciò che noi siamo sempre con la carità del prossimo, facendo utilità a questo mezzo che Dio ci ha posto. Onde io vi richieggio a voi per grazia e per misericordia, e così dichiaro la parola di Cristo: « Pietro, ami tu il tuo Creatore e me? Or, mi servi nel prossimo tuo, che ha

---

[1] Dell'insegnaie intende il pasceie anco il poeta: « Le pecoielle che non sanno, Toinan dal pasco pasciute di vento. »

bisogno o necessità, giusta il nostro [1] potere; sempre messo innanzi l'onore di Dio, senza alcuna offesa. »

Io ho inteso che Luisi della Vigna da Capua, fratello di frate Raimondo, è preso dalla gente del prefetto,[2] il quale era con la gente della Reina; e hannogli posto di taglia quattromila fiorini, la qual cosa non è possibile a lui di fare, perchè è povero. Prego dunque voi, e stringo in quella ardentissima carità, la quale Dio ha mostrata a voi e a ogni creatura per mezzo del sangue del suo Figliuolo, che voi preghiate il Prefetto per vostra parte (chè ho inteso il potete fare), e per misericordia, che per amore di Cristo crocifisso ci faccia questa grazia e misericordia, che egli sia lassato, e non gli sia richiesto quello che non può fare. E ditegli che questa è limosina; e faccia ragione che Dio per questo gli conservi il tempo a correggere la vita sua, e venga a vera virtù, e a pace e a quiete dell'anima e del corpo, e spezialmente a riverenzia e a obedienzia della santa Chiesa,[3] sic-

---

[1] Dichiarando, unisce la sua con la parola di Cristo, e però dice nostro.

[2] Pare che il Tolomei fosse col Prefetto di Roma Francesco di Vico, nemico a Pontefici, il quale s'era nel 75 presa la signoria di Viterbo. Luigi Delle Vigne, fratello al confessore di Caterina, come suddito di Giovanna, militava contro il prefetto. Giacchè fino allo scisma del tempo d'Urbano, Giovanna stava co' papi e i papi per essa. *Luisi,* come i Veneti *Alvise,* e i Toscani nel trecento *Luis.* Forse fu preso nello scontro de' quattrocento papali che Gregorio contro i Viterbesi mandò da Corneto; ma il prefetto co' suoi, e aiutato da'Fiorentini, li ruppe, e tra i dugento prigioni che fece, erano ottanta gentiluomini e venti cavalieri a spron d'oro.

[3] Di lì a poco nel 77, per mediazione del Cardinale d'Amiens si riconciliò con Gregorio, il quale lo riconciliò co' Romani, che non pativano lui prefetto. Anco di qui vedesi che, liberati da'papi, i Romani avrebbero trovati signori più duri, e se li sarebbero fabbricati. E quel che furono e diventarono i grandi di Roma, il tempo nostro lo dice abbastanza. Ma questo fatto insieme dimostra, che Roma aveva una potestà sua propria, che ai papi non giovò punto distruggere. Il Vico

come servo e fedele Cristiano. Perocchè dopo questo ne gli séguita [1] la vita durabile, dove ha vita senza morte e luce senza tenebre, sazietà senza fastidio e fame senza pena. E io m'obbligo a lui, e a voi, di sempre, mentr'io viverò, offerire continue orazioni, lagrime e desiderii per la salute vostra, secondo che la divina Grazia mi concederà. Altro non ho che darvi. Fate quello di lui che di me medesima, per l'amore di Cristo crocifisso, e acciò che dimostriate l'amore che voi gli avete, e per amore di me e di frate Raimondo che è padre dell'anima mia. Raccomandatemi al Prefetto, e ditegli che sèguiti le vestigie di Cristo crocifisso, e anneghisi nel sangue di Cristo crocifisso. Non dico più. Permanete nella santa e dolce dilezione di Dio. Gesù dolce, Gesù amore.

CCLV. — *A Gregorio XI.* [2]

Usi l'autorità in modo da meritare che gli sia conservata.
Lettera più ch' altre severa.

Al nome di Gesù Cristo crocifisso e di Maria dolce.

Santissimo e dolcissimo padre, la vostra indegna e miserabile figliuola Catarina in Cristo dolce Gesù vi si rac-

---

fu poi scomunicato al tempo d'Urbano, e ucciso da'sudditi. Gli era meglio annegarsi spiritualmente nel sangue di Cristo, come dice poi Caterina, che nel sangue proprio.

[1] Il presente per il futuro è modo de' profeti e del popolo; e dimostra l'unità dell'anima umana, contemplante l'unità de' tempi, e fa lei sentire simile a Dio «A cui tutti li tempi son presenti.» Dante d'un disturbatore della sua repubblica, sul fare di questo prefetto:

« *Sanguinoso esce della trista selva:*
Lasciala tal, che di qui a mill' anni
Nello stato primaio non si riuscelva. »

(Se Dante fosse profeta, converrebbe aspettare il 2300 perchè Firenze abbia bene).

[2] La vecchia edizione reca questa lettera al tempo innanzi il viaggio d'Avignone. Il Burlamacchi la pone poi. Rimane dubbio. L'altro

comanda nel prezioso sangue suo ; con desiderio di vedervi uomo virile, senza veruno timore o amore carnale proprio di voi medesimo o di veruna creatura congiunta a voi per carne ; considerando e vedendo io nel cospetto dolce di Dio, che veruna cosa v' impedisce il santo buono desiderio vostro, ed è materia d' impedire l' onore di Dio e la esaltazione e riformazione della santa Chiesa, quanto questo. Però desidera l' anima con inestimabile amore, che Dio per la sua infinita misericordia vi tolga ogni passione, e tepidezza di cuore, e riformivi un altro uomo, cioè di reformazione d' affocato e ardentissimo desiderio : chè in altro modo non potreste [1] adempire la volontà di Dio, e il desiderio de' servi suoi. Oimè, oimè, babbo mio dolcissimo, perdonate alla mia presunzione, di quello ch' io vi ho detto, e dico : son costretta dalla dolce prima Verità [2] di dirlo. La volontà sua, Padre, è questa, e così vi dimanda. Egli dimanda che facciate giustizia dell' abondanzia delle molte iniquità che si commettono per coloro che si notricano e pascono nel giardino della santa Chiesa ; dicendo [3] che l' animale non si debba nutricare del cibo degli uomini. Poichè esso v' ha data l' autorità, e voi l' avete presa ; dovete usare la virtù e potenzia vostra : e non volendola usare, meglio sarebbe a refutare [4] quello che è preso : più onore di Dio, e salute dell' anima vostra sarebbe. [5]

---

cenno sull' amore soverchio del papa a' suoi congiunti, potrebbe far sospettare che questa fosse scritta a Avignone, dove la tentazione al prete principe era maggiore. Giusto è però dire che Clemente VI, lo zio, aveva più scandalosamente ingrandita la famiglia, che Gregorio poi non facesse.

[1] La stampa: poteste.

[2] Anche Dante dice: « Dio prima Verità. »

[3] Dicendo si reca a Dio, non a coloro.

[4] Nel Petrarca: refutanza, e ne' più antichi.

[5] Ragione a svestirsi del poter temporale è a Caterina il pur non saperlo adoprare, nonchè l' adoprarlo in modo violento e contro il volere de' sudditi. Il Burlamacchi intende dello stesso papato.

L'altra si è, che la volontà sua è questa, e così vi dimanda; egli vuole, che vi pacifichiate con tutta la Toscana, con cui avete briga;[1] traendo di tutti quanti li vostri iniqui figliuoli, che hanno ribellato a voi, quello che se ne può trare, tirando quanto si può senza guerra, ma con punizione, secondo che dee fare il padre al figliuolo quando l'ha offeso. Anzi addimanda la dolce bontà di Dio a voi, che piena autoritate diate[2] a coloro che vi dimandano di fare i fatti del passaggio[3] santo; che è quella cosa che pare impossibile a voi, e[4] possibile alla dolce bontà di Dio, che ha ordinato, e vuole che sia così. Guardate, quanto avete cara la vita, che non ci commettiate negligenzia: nè tenete a beffe le operazioni dello Spirito Santo, che sono addimandate a voi, che 'l potete fare. Se voi volete giustizia, la potete fare. Pace potrete avere traendone fuora le perverse pompe e delizie del mondo, conservando solo l'onore di Dio e 'l debito della santa Chiesa. Autorità di darla a coloro che ve la dimandano, anco l'avete. Adunque, poichè non sete povero, ma ricco, che portate in mano le chiavi del Cielo,[5] a cui voi aprite è aperto, e a cui voi serrate è serrato; non facendolo, ricevereste reprensione da Dio. Io, se fussi in voi, temerei che 'l Divino giudicio non venisse sopra di me. E però vi prego dolcissimamente da parte di Cristo crocifisso che voi siate obediente alla volontà di Dio; chè

---

[1] Dante: « *Prima che Federigo avesse briga* » (guerra in Italia).

[2] La stampa: *date.*

[3] Nel 76 tennesi in Avignone numerosa assemblea di cavalieri di Rodi, alla quale presiedette Gio. Fernandez di Eredia, che con le galee accompagnò indi il papa, e fu Gian mastro dell'Ordine. Fu deliberato mandare cinquecento cavalieri, e cinquecento frati serventi; che nel marzo del 77 si raccogliessero in qualche porto d'Italia. Ma sopravvenne la guerra di Francia con Inghilterra, e la guerra di Chioggia.

[4] Forse *e è.*

[5] Meglio sarebbe aggiungervi un *e.*

so che non volete nè desiderate altro, che di far la volontà sua, acciocchè non venga sopra di voi quella dura reprensione. « Maladetto sia tu, che 'l tempo e la forza che ti fu commessa, tu non l'hai adoperata!» Credo, Padre, per la bontà di Dio, ed anco pigliando speranza della vostra Santità, che voi farete sì che questo non verrà sopra di voi.[1]

Non dico più. Perdonatemi, perdonatemi: chè 'l grande amore ch'io ho alla salute vostra, e il grande dolore quando veggo il contrario, mel fa dire. Volentieri l'averei detto alla vostra propria persona per scaricare a pieno la coscienzia mia. Quando piacerà alla vostra Santità, ch'io venga a voi, verrò volentieri. Fate sì che io non mi richiami a Cristo crocifisso di voi; chè ad altro non mi posso richiamare, che non ci è maggiore in terra. Permanete nella santa e dolce dilezione di Dio. Umilmente v'addimando la vostra benedizione. Gesù dolce, Gesù amore.

—

CCLVI. — *A M. Niccolò, Priore*[2] *della provincia di Toscana.*

Chi milita per il bene, s'armi d'amore. I Cavalieri incontinenti sono men ch'uomini, gli ambiziosi o avidi d'utilità esteriori, sono matti e semplici. Uomini da vento; le loro imprese, fumo; le arme loro, di morte. Cristo, modello dei Cavalieri. Chi per lui perde, vince. ● Ella intende prevenire gli scandali delle crociate ultime, al nome cristiano vituperose.

Al nome di Gesù Cristo crocifisso e di Maria dolce.

Carissimo figliuolo in Cristo dolce Gesù. Io Catarina, serva e schiava de' servi di Gesù Cristo, scrivo a voi nel prezioso

---

[1] Nostra la maledizione; ma non l'avventa. Mostrata appena, la ritira.

[2] In altro codice è detto Fiore; giacchè gli Spedalieri o cavalieri di Rodi, essendo francesi i più, fecero comune questo titolo anco in Italia. Il qui detto Priore, poi si disse Gian Priore di Pisa. Il Priore che era del 1375, in nome della Chiesa danneggiò Siena non poco colle sue armi.

sangue suo; con desiderio di vedervi cavaliere virile, spogliato dell' amore proprio di voi medesimo, e vestito dell' amore divino. Perchè il cavaliere ch' è posto per combattere in sul campo della battaglia, debbe essere armato dell' arme dell' amore, chè è la più forte arme che sia. E non basterebbe che l' uomo fusse armato solamente di corazze e di panziere; perocchè spesse volte diverrebbe, che se non avesse l' arme dell' amore, e il desiderio d' appetire onore, e volere sapere la cosa per la quale egli combatte; [1] subitochè egli vedesse e' nemici, temerebbe e volgerebbe il capo a dreto. Così vi dico che l' anima che comincia ad intrare nel campo della battaglia per combattere co' vizi, col mondo, col dimonio, e con la propria sensualità, se non s' arma dell' amore della virtù, e non si reca il coltello in mano dell' odio, e della vera e santa conscienzia fondata in amore divino; giammai non combatte, ma viensi meno; e, come negligente persona che è armata della propria sensualità, si pone a giacere dormendo ne' vizi e nei peccati.

Questa è quell' arme gloriosa che scampa l' uomo dalla morte eternale, e gli dà lume, e tollegli la tenebra. E da stato bestiale, viene a stato d' uomo. Chè colui che vive nei vizi e nei peccati e nella molta immondizia, egli prende i costumi e la forma [2] delle bestie: chè, come la bestia non ha in sè ragione, anzi va secondo gli appetiti suoi; così l' uomo ch' è fatto bestiale, ha perduto il lume della ragione, e lassasi guidare a movimenti carnali, e agli altri disordinati appetiti che gli vengono; e tutto il suo diletto non è in altro che in disonestà, e in ben mangiare e bere, in delicatezze, delizie, Stati, e onori del mondo, i quali tutti passano come 'l vento. Costui non è cavaliere vero, e non

---

[1] Il sapere perchè si combatte, è necessaria condizione del vero coraggio.

[2] Non forma esteriore; ma nel senso filosofico di quel tempo.

è da[1] ricevere i colpi perchè s'è messa l'arme della morte, e posta in sè la condizione dell'animale. Questo non voglio tocchi a voi: ma voglio che virilmente e realmente siate uomo; e non tanto che uomo, ma, crescendo in virtù, avendo combattuto già co' vizi, come detto è, vegnate a stato angelico, voi e la vostra compagnia, siccome Dio v'ha chiamati. Chè voi sapete che lo stato umano è lo stato del matrimonio; a stato angelico sete voi, e la vostra religione, siccome gli altri religiosi, i quali ha posti nello stato della continenzia. Non sarebbe cosa convenevole, anzi sarebbe spiacevole a Dio, e abominevole al mondo, che voi che sete chiamati e andate alla maggiore perfezione, che non tanto che in stato umano o in stato angelico, ma voi sete posti nello stato de' gloriosi martiri, posti a dare la vita per Cristo crocifisso; che voi foste poi nello stato delle bestie. Molto sarebbe spiacevole a mescolare grande tesoro col brutto, e miserabile loto.

Orsù virilmente, senza veruno timore servile, alle due battaglie, che Dio v'ha posto! La prima è la battaglia generale data ad ogni creatura che ha in sè ragione: chè, come siamo in tempo da discernere il vizio dalla virtù, così[2] siamo attorniati da' nemici nostri, cioè, dal dimonio, e dalla propria carne e perversa sensualità, che sempre impugna contro lo spirito. Ma con l'amore della virtù e odio del vizio gli sconfiggerete.

L'altra battaglia[3] e in particulare data a voi per grazia, della quale ognuno non è fatto degno; alla quale battaglia vi conviene andare armato non solamente d'armatura cor-

---

1 Valido a riceve, sostenendo e respingendo.

2 Non è corrispondenza di similitudine, ma di tempo. Dante: « *Sì tosto come....*»

3 Dopo l'assemblea d'Avignone tenuta nel 76, parecchi cavalieri andarono a cercare imbarco a Venezia: e ci andò questo Priore a preparare l'impresa.

porale, ma dell'arme spirituale. Chè se non aveste l'arme dell'amore dell'onore di Dio, e desiderio d'acquistare la città dell'anime tapinelle infedeli, che non participano il sangue dell'Agnello; poco frutto acquistereste con l'arme materiale. E però io voglio, carissimo padre e figliuolo, che voi con tutta la vostra compagnia vi poniate per obietto Cristo crocifisso, cioè, il sangue prezioso dolcissimo suo, il quale fu sparto con tanto fuoco d'amore per torci la morte e darci la vita, acciocchè pienamente in grande perfezione venga in effetto quello perchè voi andate;[1] e riceviate il grandissimo frutto, cioè frutto di grazia e di vita: chè dalla Grazia giugnamo alla vita durabile.

Imparate da questo consumato e svenato agnello che in su la mensa della croce, non ragguardando la sua fadiga nè la sua amaritudine, ma con diletto del cibo dell'onore del padre e salute nostra si pose a mangiarlo in su la mensa dell'obbrobriosa croce. E, siccome innamorato dell'onore del Padre eterno e della salute dell'umana generazione, egli sta fermo e costante, e non si muove per fadighe nè strazi nè ingiurie nè scherni nè villanie; non per nostra ingratitudine, che si vedeva dare la vita per uomini ingrati e sconoscenti di tanto beneficio. Il re nostro fa come vero cavaliere che persevera nella battaglia insino che sono sconfitti i nemici. E, preso questo cibo, con la carne sua flagellata sconfisse il nemico della carne nostra; con la vera umilità (umiliandosi Dio all'uomo), con la pena e obbrobrio sconfisse la superbia, le delizie e stati del mondo; con la sapienzia sua vinse la malizia del dimonio. Sicche con la mano disarmata, confitta e chiavellata in croce, ha vinto il principe del mondo, pigliando per cavallo il legno della santissima croce. Venne armato questo nostro cavaliere colla

---

[1] La stampa: andiate.

corazza della carne di Maria, la quale carne ricevette in sè colpi per riparare alle nostre iniquità. L'elmo in testa, la penosa corona delle spine, affondata insino al cerebro. La spada allato, la piaga del costato, che ci mostra il segreto del cuore; la quale è uno coltello, a chi ha punto di lume,[1] che debbe trapassare il cuore e l'interiora nostre per affetto d'amore. La canna in mano per derisione. E' guanti in mano, e gli sproni in piè, sono le piaghe vermiglie delle mani e delli piedi di questo dolce e amoroso Verbo. E chi l'hae armato? L'amore. Chi l'ha tenuto fermo, confitto e chiavellato in croce? non i chiodi nè la croce: nè la pietra nè la térra tenne ritta la croce, chè non erano sufficienti a tenere Dio-e-Uomo; ma il legame dell'amore dell'onore del padre e salute nostra. L'amore nostro fu quella pietra che 'l levò, e tenne ritto. Quale sarà colui di sì vile cuore, che, ragguardando questo capitano e cavaliere, rimasto insiememente morto e vincitore, che non si levi la debilezza dal cuore, e non diventi virile contro a ogni avversario? veruno sarà. E però vi dissi io, che vi poneste per obietto Cristo crocifisso.

Tingete la sopravesta nel sangue di Cristo crocifisso, e con esso sconfiggerete i primi nemici (ciò[2] nella prima battaglia detta); perchè già gli ha sconfitti per noi, e hacci fatti liberi, traendoci dalla perversa servitù del dimonio. E se ci volesse assalire, subito ricorriamo all'arme del figliuolo di Dio. Morti i vizi dell'anima; e voi mangerete il cibo, e sarete fatto gustatore e mangiatore dell'onore di Dio e salute del prossimo vostro. E con questa fame seguiterete l'Agnello, per potere avere questa dolce preda; la quale per affetto d'amore vi dovete immaginare d'avere.[3] Nè per pena, nè

---

[1] Dante: « *Sebben ti ricoida e vedi lume.* »

[2] Manca forse l'*c*. Ma può stare anche senza.

[3] Non per fantasia di vanità, ma per vivo immaginamento di fede.

per morte, nè per veruno caso che possa addivenire, voi il lassarete, nè volgerete il capo a dietro. O quanto è gloriosa questa battaglia! che, essendo vinto, vince,[1] e giammai non rimane perditore. Guarda già,[2] che non fusse sì vile che volgesse le spalle. Ma chi persevera, sempre vince; e fa come fece il Figliuolo di Dio, che giocando in su la croce alle braccia con la morte, la vita vinse la morte, e la morte la vita. Dando la vita del corpo suo, distrusse la morte del peccato; con la morte vinse la morte: e la morte vinse la vita, perchè il peccato fu cagione della morte del Figliuolo di Dio. Odi[3] dolce gioco e torniello ch'egli ha fatto! Voi che sete eletti a questo medesimo, in su la croce del desiderio dell'onore di Dio e ricompramento dell'anime infedeli, dovete giocare con la morte della infidelità colla vita del lume della fede. Se rimanete morti, questa è l'ottima parte:[4] che la morte sarà vincitrice della morte; siccome vediamo che il sangue de' martiri dava la vita agl'infedeli, e a' malvagi tiranni. E se vinto[5] senza sangue, anco vinco; cioè, che se Dio non permettesse, che rimanesse la vita, non è però dimeno la vittoria; sicchè bene è gloriosa.

Ma non sarebbe gloriosa per gli matti e semplici, che andassero solamente per fumo, e propria utilità sensitiva.[6] Costoro poco farebbono, e per piccola derrata darebbono grande prezzo; darebbono il prezzo della vita loro per lo miserabile fumo del mondo. Costoro ricevono il merito loro

---

[1] Dante di Dio stesso: « *E, vinta, vince con sua beninanza.* »

[2] Eccetto che.

[3] Modo d'esclamazione anco in Dante.

[4] Modo del Vang.: « *optimam partem elegit.* »

[5] Se sono sconfitto, e non muoio, per merito della virtù, pure vinco, come se ci rimanesse la vita. Ed è bello il parlare qui in propria persona.

[6] La politica d'ambizione è fumo e mattía; la politica d'utilità materiale è semplicità.

nella vita finita. Costoro sono armati del vestimento dell'amore proprio di sè medesimi; e non sono uomini da fatti, ma sono uomini da vento; e così, si volgeranno come foglia senza veruna fermezza e stabilità, perchè egli non hanno l'obietto di Cristo crocifisso, nè prese l'arme della vita.

Il desiderio mio è che siate cavaliere vero, voi e gli altri vostri compagni. E però dissi io, ch'io desideravo di vedervi cavaliere virile, posto in questo glorioso campo. Spero, per la infinita bontà di Dio, che voi adempirete la volontà sua, che vi richiede così, e desiderio mio. Altro non dico. Bagnatevi nel sangue di Cristo crocifisso, e nascondetevi nelle piaghe dolcissime sue; e per scudo togliete la santissima croce. Permanete nella santa e dolce dilezione di Dio. Gesù dolce, Gesù amore.

CCLVII. — *A Conte di Monna Agnola, e Compagni in Firenze.*[1]

Noi siamo cavalieri sul campo della battaglia: Gesù capitano. Armatura ci è il sangue suo e nostro. La forza nostra visibile viene dalla invisibile. Le ferite son fiore che porta frutto. Dio purità: persecuzione d'onori: vita d'amore. Inanima alla spedizione di Rodi.

Al nome di Gesù Cristo crocifisso e di Maria dolce.

Carissimi figliuoli in Cristo dolce Gesù. Io Catarina, serva e schiava de' servi di Gesù Cristo, scrivo a voi nel prezioso sangue suo; con desiderio di vedervi veri cavalieri, sì e per siffatto modo, che poniate la vita per Cristo crocifisso. Voi siete posti nel campo della battaglia di questa tenebrosa vita, che [2] continuamente siamo alle mani con li nostri nemici. Il

---

[1] Ben corregge il Burlamacchi *A Conte*, nome usitato di battesimo, per *al Conte*, titolo che non darebbe senso. *Agnola*, madre.

[2] Ch'è il modo stesso del Petrarca, sul quale s'assottigliano tanto

mondo ci perseguita con le ricchezze, stati e onori, mostrandoci che siano fermi e stabili; ed essi vengono meno, e passano come 'l vento. Il Dimonio ci assalisce con le molte tentazioni, facendoci fare ingiuria, e spesse volte tôrre' il nostro, solo per rivocarci dalla carità del prossimo nostro; chè, avendo noi perduto l'amore, abbiamo perduto la vita. La carne ci molesta con molta fragilità e movimenti, per tôrci la purità: chè, essendo privati della purità, essofatto siamo privati di Dio; però che egli è somma ed eterna purità. Li nemici nostri non dormono mai, ma sempre stanno attenti a perseguitarci: e [1] questo permette Dio per darci sempre materia per la quale noi meritiamo, e per levarci dal sonno della negligenzia. Sapete che, quando l'uomo si sente assalire da' nemici suoi, egli è sollecito a pigliare il rimedio per difendersi da loro; perch'egli vede che, se dormisse, starebbe a pericolo di morte. E però Dio ce le fa sentire, perchè noi ci destiamo, pigliando l'arme dell'odio e dell'amore. L'odio serra la porta a' vizii, cioè la porta del consentimento, [2] perchè fa a loro resistenzia con ogni dispiacimento che può; e apre la porta alle virtù, distendendo le braccia dell'amore a riceverle dentro nell'anima sua con grandissimo affetto e desiderio.

Sicchè vedete ch'egli è buono e ottimo che li nemici nostri si levino contra di noi. Non dobbiamo temere, nè

---

i Giammatici per tiovaie vocaboli da spiegailo, e da definiilo giammaticalmente: « *Questa vita teiiena è quasi un piato, Che 'l seipente tra i fiori e l'eiba giace.* » — Bella la *peisccuzione* degli onoii; simboleggiata oggidi nelle cioci. Non si seguita più la cioce di Ciisto, ma si peiseguita la cioce di san Lazzaio e dell'Annunziata dagli uni, gli altii son dalla cioce peiseguitati.

[1] La stampa: *e per questo.*

[2] Dante: « *Dell' assenso dee tenei la soglia.* » Genesi: « *In foribus peccatum.* »

possiamo temere, se noi vogliamo; [1] ma confortarci dicendo:
« Per Cristo crocifisso ogni cosa potremo. » E di che debbe
l'anima temere se si confida nel suo Creatore? Noi vediamo
che di questo campo della battaglia il nostro capitano n'è
Cristo Gesù: ed egli ha sconfitti e' nemici nostri col sangue
suo. Le delizie e ricchezze del mondo ha sconfitte con la viltà
e povertà volontaria; sostenendo fame, sete e persecuzioni.
Il dimonio ha sconfitto, e la sua malizia, con la sua sapienza,
pigliandolo con l'esca e amo della nostra umanità, per l'unione
della natura divina con la natura umana. [2] La carne nostra
è sconfitta per la carne flagellata, macerata, satollata d'obbrobri in sul legno della santissima croce; nell'ultimo levata
sopra tutti i cori degli Angeli nella resurrezione del Figliuolo
di Dio. Non è veruno corpo nè mente tanto corrotta, che,
ragguardando [3] la nostra umanità unita con la natura divina
in tanta eccellenzia, che non si purifichi, e che non si desse
innanzi alla morte che lordare la mente e 'l corpo suo. Poichè noi abbiamo trovato il rimedio, [4] il nostro capitano Cristo
li ha sconfitti per noi, e fatti dehili, e legati per sì fatto modo
che non ci possono vincere, se noi non vogliamo; non è da
temere, ma virilmente combattere, segnandoci col segno
della santissima croce; ponendoci per obietto il sangue del-
l'immaculato Agnello; pigliando 'l coltello dell'odio e del-
l'amore, e con esso percuotere e' nostri nemici.

Questa è la battaglia comune; chè ogni uomo che nasce

---

1 Assoluto: esercitiamo davvero la facoltà del volere. L'Alfieri:
« volli. »

2 Vogliono alcuni scrittori pii che in Cristo lo spirito tentatore
non conoscesse la divinità.

3 Del corpo dice *ragguardando*, e a lui stesso comunica il conoscimento e la coscienza. Anzichè far materia dello spirito, Tommaso
in alcune sue sentenze, e gli stessi filosofi pagani, fanno la materia
dotata di potenze quasi spirituali.

4 Manca un *e* forse: ma può stare anche senza.

e giunge a età perfetta, conviene che stia in su questo campo della battaglia. Parmi che la inestimabile bontà di Dio ci
abbia eletti, come cavalieri, a combattere realmente contra i
vizii e'peccati, per acquistare la ricchezza e 'l tesoro della virtù. Ora mi pare che egli v'inviti a crescere e mandare in effetto
la vostra perfezione, ponendovi innanzi la fame della salute
degl' infedeli. E pare che voglia che voi siate e' primi feri-
dori sopra di loro ; però che ora si fa il principio del santo
passaggio. Il santo Padre manda e' frieri,[1] e chi li vorrà seguitare, sopra di loro. Ora vi prego che voi vi ristringiate insieme
con don Giovanni,[2] e che voi gli ragioniate quello che questi
giovani vi ragioneranno e informeranno a bocca, e Leonardo[3] insieme con loro. Faretene quello che lo Spirito Santo
ve ne farà fare con consiglio di don Giovanni. Quanto io
credo[4] che 'l nostro Salvatore ora faccia questo principio, per
mandar poi in effetto il generale.[5] Senza veruno timore,
figliuoli miei dolci, mettetevi la panziera, cioè di sangue; intriso il sangue nostro nel sangue dell' Agnello. Oh che dolce,
e graziosa panziera sarà quella da resistere contra ogni colpo!
Col coltello dell'odio e dell'amore percuoterete e sconfiggerete
e' vostri nemici, con la panziera[6] del sangue sosterrete. Oh

---

[1] Cavalieri di Rodi. *Friere* nel Boccaccio; ed è il *Frère* de' Francesi, il Veneziano *Frari:* da *fratei,* come dicono *maie* da *mater.*

[2] Il Delle Celle ; o piuttosto (nota il Burlamacchi) don Giovanni
Fernandez de Eredia, Castellano d'Emposta, Cavaliere di Rodi, Capo
dell' Assemblea d' Avignone tenuta d' ordine di Gregorio per soccorrere
a Rodi ; e venuto con sue galee a scortarlo in Italia; eletto gran mastro
nel 1377.

[3] Leonardo Pisani, predicatore valente, ammiratore di Caterina.
Lo rammenta il Caffarini. Ma qui il Burlamacchi arguisce accennarsi a
un Soderini o a un Fiescobaldi, ambedue Leonardi, conoscenti di lei.

[4] Forse, *questo io credo.*

[5] Passaggio, in Terra santa, non per Rodi soltanto. Boccaccio:
« *General passaggio da' cristiani fatto.* »

[6] Difendeva non sola la pancia, così come il torace non sola la

dolcissimi figliuoli, vedete quanto diletto da questa armatura, che sostenendo vince, ed essendo percossa percuote. Però che vi ha dentro saette che gettano [1] invisibilmente : essendo invisibili, appaiono visibili. Perchè le percosse loro generano fiori e frutti. Fiori di loda e gloria del nome di Dio, che coll'odore suo spegne il puzzo della infedeltà. Dopo il fiore segue il frutto; ricevendo il merito delle fadighe nostre, qui vivendo e crescendo nella Grazia, e nell' ultimo nell'eterna visione di Dio.

Non siate negligenti, ma solleciti; per piccola fadiga non fuggite il frutto : chè in altro modo non potresti essere cavalieri virili. E però vi dissi che io desideravo di vedervi cavalieri virili, posti nel campo di battaglia. E però vi prego, acciò che adempiate la volontà di Dio e il desiderio mio, che voi vi anneghiate, [2] attuffiate, e inebriate nel sangue di Cristo crocifisso, perchè nel sangue si fortifica il cuore. Altro non dico. Permanete nella santa e dolce dilezione di Dio. Gesù dolce, Gesù amore.

---

parte superiore del petto, la visiera non soli gli occhi, il bacinetto non solo il colmo del capo. Traslato l' ha anco Albertano : « *panziera di giustizia*. » Ma qui più bello, chè solo il sangue è difesa.

    1 Assoluto. Non gettate, ma gettan esse. Ed è profondo, che, invisibili, portino effetti visibili. Quanto appar più potente nel mondo sensibile, ha nello spirituale radice e ragione più alta.

    2 Soggiungendo *attuffiate*, dimostra che il suo *annegare*, usato tanto spesso, non è *soffocare* violentemente, nè annegando *uccidere*. Così *rovinare* usiamo del semplice *cadere*.

CCLVIII. — *A Misser Ristoro di Pietro Canigiani in Firenze.* [1]

La perseveranza sta regina coronata tra fortezza e pazienza. Perdonare non solo a chi ci ha offesi, ma alla sospettata intenzione d' offenderci. Chi vuole vendetta, teme; anzi che altri, uccide egli sè. Dalla magnanimità del perdono, allegrezza, riposo, onore. Si può non cedere del nostro diritto; ma abbondare è bello. Non vada a vescovato o a palagio, se non per difendere i poveri senza mercede. Non solo la cupidigia ma la saccenteria fa l' uomo prepotente o ligio ai prepotenti. Soddisfaccia a Dio e agli uomini e alla propria coscienza. Venda le vesti pompose; regoli su ciò la moglie quanto egli può. Faccia del matrimonio cosa sacra. Lasci i pubblici uffizi, cosa molta e da molti. Consigli di pietà. Lettera delle più belle.

Al nome di Gesù Cristo crocifisso e di Maria dolce.

Carissimo fratello in Cristo dolce Gesù. Io Catarina, serva e schiava de' servi di Gesù Cristo, scrivo a voi nel prezioso sangue suo; con desiderio di vedervi costante e perseverante nelle virtù: però che colui che comincia, non è quegli che è coronato, ma solo colui che persevera. Perocchè la perseverazione [2] è quella reina che è coronata, e sta in mezzo della fortezza e vera pazienzia; ma ella sola riceve corona di gloria. Sicchè io voglio, dolcissimo fratello, che voi siate costante e perseverante nella virtù, acciocchè riceviate il frutto d' ogni vostra fadiga. Spero nella grande bontà di Dio, che vi fortificherà per modo che nè dimonio nè creatura vi potrà far volere il capo in dietro al primo vomito.

Parmi, secondo che mi scrivete, che abbiate fatto buono

---

[1] Nobili: dopo Montaperti, fuorusciti; a questo tempo, al governo. Ristoro e Barduccio, con Pietro padre loro, a Caterina divotamente amici: Barduccio, segretario, e compagno a' viaggi di lei, per suo consiglio, lei morta, si fece prete; e in Siena morì con aspetto di chi vede una visione lieta. Onde gli astanti credettero in quel punto apparsagli Caterina.

[2] Avrà forse detto *perseveranza*. Ma la *r* omessa avrà fatto leggere la *z* come abbreviatura di *zione*.

principio; del quale molto mi rallegro per la salute vostra, vedendo il vostro santo desiderio. E prima, dite di perdonare a ogni uomo che v' avesse offeso, o che v' avesse voluto offendere. [1] Questa è quella cosa che v' è di grande necessità a volere avere Dio per Grazia nell' anima vostra, e riposarvi eziandio secondo 'l mondo. Però che colui che sta nell' odio, è privato di Dio, e sta in stato di dannazione; e in questa vita gusta l' arra dell' inferno : perocchè sempre si rode [2] in sè medesimo, e appetisce vendetta, e sta sempre con timore. E credendo uccidere il nemico suo, ha prima morto sè medesimo; perocchè col coltello dell' odio ha uccisa l' anima sua. Onde questi cotali che credono uccidere il nemico, uccidono loro medesimi. Colui che in verità perdona per amore di Cristo crocifisso, questi ha pace e quiete, e non riceve turbazione; però che l' ira che conturba, è uccisa dall' anima sua; e Dio, che è remuneratore d' ogni bene, gli rende la grazia sua, e nell' ultimo vita eterna. Quanto [3] diletto riceve allora l' anima, e allegrezza, e riposo [4] nella coscienzia, la lingua non potrebbe narrare quanto ell' è. [5] Ed eziandio secondo il mondo, è grandissimo onore a colui, che, per amore della virtù e per magnanimità, non appetisce nè vuol fare [6] vendetta del nemico suo. Sicchè io v' invito e vi conforto a perseveranzia in questo santo proponimento.

Domandare e procacciare il vostro con debita ragione,

---

[1] I vincitori, mal sicuri della vittoria, re o plebe che siano, si vendicano non solo delle offese ricevute, ma delle apposte all' intenzione impotente de' vinti.

[2] La stampa: *vede*.

[3] La stampa: *questo*.

[4] Bello che segua a *allegrezza, riposo,* siccome maggiore dono.

[5] Si reca a *allegrezza*.

[6] Non la desidera, non la delibera. Anche tentato dall' ira, resiste. C' è poi de' freddamente arrabbiati che vogliono la vendetta anche non appetita, come i ghiotti il cibo che lo stomaco già non può.

questo potete fare con buona coscienzia; chi 'l vuol fare: però che non è tenuto l' uomo di lassare il suo, più che si voglia: [1] ma chi volesse lassare, farebbe bene maggiore perfezione. Di non andare a vescovado [2] nè a palagio, questo è buono e ottimo; e che voi vi stiate pacificamente in casa. Perocchè, se la persona s'impaccia, noi siamo debili, e spesse volte ci troviamo impacciata l' anima nostra, commettendo delle cose ingiuste e fuore di ragione, chi per mostrare di saper [3] più che un altro, e chi per appetito di pecunia. Sicchè, egli è bene di dilungarsi dal luogo.

Ma una cosa v' aggiungo: che quando cotali poverelli e poverelle, che hanno chiaramente la ragione, e non hanno chi gli sovvenga, nè mostri la ragione loro perchè non hanno denari; sarebbe molto grande onore di Dio affaticarsi per loro con affetto di carità; come santo Ivo, [4] che fu al tempo suo avvocato de' poveri. Pensate, che l' atto della pietà, e il ministrare a' povarelli di quella virtù [5] che Dio v' ha data a voi, molto è piacevole a Dio, e salute dell' anima. Onde dice santo Gregorio, che egli è impossibile che l' uomo pietoso perisca di mala morte, cioè di morte eternale. [6] Sicchè questo mi piace molto, e pregovi che voi 'l facciate.

---

[1] Non chiaro. Pare intenda, più di quel che richiedasi dal dovere.

[2] Anche quelle de' Vescovi erano mezze corti.

[3] Il voler parere saccente e prudente e avveduto, e spacciare consigli (foss' anco gratuiti, per amore di Dio e della patria) può essere avviamento a farsi tiranni o arnesi di tiranni; e il seccare il prossimo è già tirannia grande.

[4] Ivo o Ivone, brettone (forse è il nome medesimo di Giovanni, Ive agli Slavi), avvocato dotto, difendeva i poveri gratis. Gran Santo, Ivone!

[5] Di dottrina e facondia. Il popolo dice tuttavia virtuoso l' uomo che sa; la gente per bene chiama così le ballerine e i cantanti. Ma qui Caterina intende la virtù e della mente e dell' anima.

[6] Intende sempre spiritualmente; e nobilitando le sue interpretazioni, non illude nè avvilisce l' umana speranza con promesse di beni minori. Donna della nuova legge, non giudea punto.

E in tutte le vostre operazioni vi ponete Dio dinanzi agli occhi, dicendo a voi medesimo, quando 'l disordinato appetito volesse levare il capo [1] contra al proponimento fatto : « Pensa, anima mia, che l' occhio di Dio è sopra di te, e vede l' occulto del cuore tuo. E tu sei mortale, però che tu debbi morire, e non sai quando : e converratti rendere ragione dinanzi al sommo Giudice, di quello che tu farai ; il qual Giudice ogni colpa punisce, e ogni bene remunera. » E a questo modo, se porrete il freno, non scorrerà partendosi dalla volontà di Dio.

Satisfare all' anima vostra, questo dovete fare 'l più tosto che voi potete, e sgravare la coscienzia di ciò che vi sentite gravato. E satisfarle, [2] o di gravezza che ella avesse di rendere sustanzia temporale, e d' altri dispiaceri che avesse fatti altrui. E fate chiedere perdonanza pienamente a ognuno, acciocchè sempre permaniate nella dilezione della carità del prossimo vostro. Di vendere le robe che avete di superchio, e i pomposi vestimenti (i quali, carissimo fratello, sono molto nocivi e sono uno strumento di fare invanire il cuore e nutricare la superbia, parendogli esser da più e maggiore degli altri, gloriandosi di quello che non si dee gloriare. Onde grande vergogna è a noi, falsi cristiani, di vedere il nostro capo tormentato, e noi stare in tante delizie. Onde dice san Bernardo, che non si conviene che sotto il capo spinato stieno i membri delicati) [3] dico che fate molto bene, che ci poniate rimedio.

---

[1] Sempre in imagine: le è persona ogni cosa.

[2] Non solo soddisfare a Dio e al prossimo, ma alla propria coscienza ; la quale, avendo doveri, ha diritti, e autorità imprescrittibile e potestà tremenda: onde l'uomo che fa il male, si ribella non solamente a Dio e alla società, ma a sè stesso.

[3] Il costrutto è: *quanto al vendere ... dico che ...* Nella parentesi, per più chiarezza, fo punto: ma tutto cotesto è un concetto e un sentimento, da pronunziarsi mentalmente d'un fiato. In Orazio abbiamo due esempi di parentesi che pigliano gran parte del componimento, con entrovi proposizioni distinte.

Ma vestitevi a necessità, onestamente, non con disordinato pregio;[1] e piacerete molto a Dio. E, giusta al vostro potere fate questo medesimo della donna,[2] e de' vostri figliuoli; sì che voi siate, a loro, regola e dottrina, siccome debbe essere il padre, che con ragione e atto[3] di virtù dee allevare i suoi figliuoli.

Aggiungoci una cosa : che nello stato del matrimonio voi stiate con timore di Dio, e con riverenzia v' andiate come a sacramento, e non con disordinato desiderio. E i dì che sono comandati dalla santa Chiesa, abbiate in debita riverenzia, siccome uomo ragionevole, e non come animale bruto. Allora di voi e di lei, siccome arbori buoni, producerete[4] buoni frutti.

Di rifiutare gli ofici, farete molto bene ; perocchè rade volte è che non vi s' offenda.[5] E a tedio vi debbono venire, pur d' udirli ricordare.[6] E però lassate questi morti sepellire a' morti loro ; e voi v' ingegnate, con libertà di cuore, di piacere a Dio, amandolo sopra ogni cosa con desiderio di virtù, e il prossimo come voi medesimo, fuggendo il mondo e le delizie sue. E rinunciare a' peccati, e alla propria sensualità;[7] riducendo sempre alla memoria i beneficii di Dio, e specialmente il beneficio del sangue, il quale per noi fu sparto con tanto fuoco d' amore.

---

1 Prezzo.

2 Fate il possibile che la signora non disordini ne' prezzi. Caterina non chiede cose impossibili dalle signore.

3 *Ragione* corrisponde a *dottrina; atto di virtù* a *regola.*

4 Non dice *voi e lei* produrrete; nè: *si produrranno di voi e di lei.* Nè i generanti creano, nè da loro producesi senza l' opera, non che del corpo, dello spirito loro. Sapienza di linguaggio ispirata.

5 Pecchi.

6 I Guelfi predominanti abusavano della potestà : quindi il consiglio, che anteveniva la prossima rovina.

7 Nel linguaggio di lei non vale, le colpe del senso, ma il condiscendere alla parte sensitiva anco in quel ch' è lecito, anco nelle cose di spirito e ne' pii ghiribizzi.

Evvi ancora di bisogno, a volere conservare la Grazia e crescere l'anima vostra in virtù, di fare spesso la santa confessione, a vostro diletto, per lavare la faccia dell'anima nel sangue di Cristo. Perocchè pur la lordiamo tutto dì, [1] almeno il mese una volta: se più, più; ma meno non mi pare che si dovesse fare. E dilettatevi di udire la parola di Dio. E quando sarà il tempo suo, che noi siamo pacificati col Padre nostro; fate che le pasque solenni, o almeno una volta l'anno, voi vi comunichiate; dilettandovi dell'Oficio, e ogni mattina udire la Messa; e non potendo ogni dì, almeno quelli dì che sono comandati dalla santa Chiesa a' quali siamo obbligati, ve ne dovete ingegnare quantunque [2] si può.

L'orazione non si conviene che ella sia di lunga da voi. Anco, nell'ore debite e ordinate, quando si può, vogliate reducervi un poco a cognoscere [3] voi medesimo, e l'offese fatte a Dio, e la larghezza della sua bontà, la quale tanto dolcemente ha adoperato e adopera in voi; aprendo l'occhio dell'intelletto col lume della santissima fede a ragguardare come Dio ci ama ineffabilmente; il quale amore cel manifestè col mezzo del sangue dell'ungenito suo Figliuolo. E pregovi che, se voi nol dite, che voi il diciate ogni dì, l'oficio [4] della Vergine, acciò che ella sia il vostro refrigerio, e avvocata dinanzi a Dio per voi. D' [5] ordinare la vita vostra, di questo vi prego che 'l facciate. E il sabato [6] digiunare a riverenza di Maria.

---

[1] Pur intensivo. Dante: « Guardar ... pur me, pur me. »

[2] Quanto. Dante.

[3] L'orazione di lei era meditante. « Meditabor ut columba. »

[4] L'offizio della Vergine, cominciato a usare in Montecassino nel 700, ne venne diffusa la celebrazione nel secolo undecimo da Pier Damiano, e quindi per la Ciociata. Il Burlamacchi lo dice cosa comune a' suoi tempi.

[5] Quanto all': De ordinanda.

[6] Dal settimo secolo il sabato era dedicato alla Vergine, forse perchè tra Cristo morto e risorto appariisse più bella tra il dolore e la gioia l'imagine della madre.

E li dì che sono comandati da santa Chiesa, non lassarli mai, se non per necessità. E fuggire di stare in disordinati conviti; ma ordinatamente vivere come uomo che non vuole fare del ventre suo Dio : ma prendere il cibo a necessità, e non con miserabile diletto. Però che impossibile sarebbe che colui che non è corretto nel mangiare, si conservasse nell' innocenzia sua.

Ma sono certa che la infinita bontà di Dio di questo e dell' aitre cose vi farà a voi medesimo prendere quella regola che, sarà di necessità alla salute vostra. E io ne pregherò, e farò pregare, che vi dia perfetta preseveranzia infine alla morte, e vi allumini di quello che avete a fare per la salute vostra. Altro non vi dico. Permanete nella santa e dolce dilezione di Dio. Gesù dolce, Gesù amore.

CCLIX. — *A Tommaso d'Alviano.*

A paiecchie idee e imagini note, ma forse.convenienti ad apiiisi la via nell' intendimento del soldato a cui sciive, succedono queste, degne del cuoi suo e della mente. Ciisto concepisce in sè l' umanità, da sè la fa uscire iigeneiata. Com' aquila che guaida il sole, poi il suo cibo in teiia, e scende, e vola a pasceisi in alto; Ciisto guaida in Dio la sua missione, scende, per innalzaie l' umanità sulla cioce, e nel doloie esaltarla. L' anima, come Cristo, leva in alto ciò che ama. Le facoltà dell' anima e della società rechinsi a unità e ad aimonia. L' amoi piopiio che attossica le anime, e non sa vedeie che male, generò nella piima colpa la legge dell' amoie vile e del timoie seivile. La mosaica è di timoie, ma che viene da amoie e ci va : la ciistiana, che è più d' amoie, congiunge questo e il timoie in peifetta aimonia. Perfezione è, faisi, degl' impedimenti al bene, stiumento. La giatitudine santa vince le battaglie del cuoie: la memoiia del bene nutiisce lei: l' amoie educa e la memoiia e l' intelletto.

Al nome di Gesù Cristo crocifisso e di Maria dolce.

Carissimo fratello in Cristo dolce Gesù. Io Catarina, serva e schiava de' servi di Gesù Cristo, scrivo a voi nel prezioso sangue suo ; con desiderio di vedervi servo fedele al nostro Creatore, la qual servitudine fa l'uomo regnare eternamente.

Ma non · darebbe vita a chi non fusse fedele, cioè col lume
della santissima fede ; il quale s'acquista coll'occhio dell' intelletto, quando l' anima ragguarda nella inestimabile carità di
Dio, cioè con quanto amore egli ci ha donato l' essere. E nel
Verbo dell' unigenito suo Figliuolo troviamo, · anco, amore
inestimabile ; però che nel sangue suo troviamo che ci ha re-
creati a Grazia, la quale l' uomo l' aveva perduta per la colpa
sua. Sicchè per amore, dunque, Dio ci creò all' imagine e similitudine sua, e per amore ci donò il suo figliuolo, acciochè
ci restituisse ; ricreandoci a Grazia nel sangue suo, volle Dio
col mezzo del figliuolo mostrare a noi la sua verità, e la
dolce volontà sua, che non cerca nè vuole altro che la nostra
santificazione. La sua verità era questa, che in verità aveva
creato l'uomo, però che participasse e godesse nell' eterna
sua visione, dove l' anima riceve la beatitudine sua. Onde
per lo peccato commesso da Adam non si adempiva questa
verità ·nell' uomo. Volendo Dio adunque adempire questa
verità, esso medesimo si costringe con la sua carità, e donaci
quella cosa ch' egli ha più cara, cioè il Figliuolo unigenito ; e
pongli questa obbedienzia, che egli restituisca l' uomo, e
dalla morte torni[1] alla vita. Vuole Dio, che 'l figliuolo del-
l' umana generazione rinasca, come detto è, nel sangue : e
neuno può avere il frutto del sangue senza il lume della fede.
E però disse Cristo a Nicodemo : « Neuno può entrare a vita
eterna, che non rinasca un' altra volta. » Volle Cristo dunque
manifestare, che il Padre eterno gli aveva dato a concepire
per affetto d' amore il figliuolo dell' umana generazione, e
parturirlo[2] con vera obedienzia e odio e dispiacimento del-

---

[1] Attivo.

[2] Rivolge a suo modo il concetto della rigenerazione spirituale.
Della quale l' Idea nell' eterna Sapienza è una concezione divina, estrin-
secala nel Verbo fatto uomo; il quale, ancoi meglio che generale, crea,
anco civilmente, la nuova umanità.

l'offesa del padre in sul legno della santissima croce. E' par bene che facesse questo dolce Verbo come l'aquila, che ragguarda nella ruota del sole, e sempre di sopra da alto vede il cibo che ella vuole pigliare ; e vedendolo nella terra, viene e piglialo, e poi in alto 'l mangia. Cosi il dolce Gesù, aquila nostra, ragguarda nel sole della volontà eterna del Padre, e ine vede l'offesa e la ribellione che la creatura gli ha fatto. Sicchè nella terra della creatura, la quale ha trovata nell'altezza del Padre, ha veduto il cibo che debbe prendere. Il suo cibo è questo : che di [1] questa miserabile terra, che ha offeso e ribellato a Dio con la miserabile disobedienza, piglia coll'obedienza sua a volere compire nell'uomo la verità del Padre, e rendere a lui la Grazia, e trarlo della servitudine del dimonio (la quale servitudine dà morte eternale), e riducelo a servire il suo Creatore. Poi, dunque, che elli ha veduto e preso 'l cibo il quale 'l Padre gli ha dato a mangiare, vede che abbasso in terra non si può mangiare, a voler trarre il miserabile uomo alla prima ubbidienza sua ; e però si leva con la preda all'altezza della santissima croce, e ine il mangia con spasimato e ineffabile desiderio : e sopra sè punisce le nostre iniquitadi, col corpo sostenendo, e con la volontà satisfacendo, per dispiacimento e odio del peccato. E con la volontà della virtù divina, che era in lui, porse il sacrificio del sangue suo al Padre : e così è accetto questo sacrificio a lui. [2]

Sicchè vedete che sta in alto con pena e obbrobrio, scherni, ingiurie, strazii, e villanie ; afflitto di sete e saziato di obbrobrii, in tanto che per sete della salute nostra muore. E

---

1 Il *di* rimane alquanto in sospeso ; ma il senso s'intende.

2 In quanto ha la potenza d'una volontà divina il valore d'un'intenzione divina. Da questa potente imagine appariscè come il merito della umanità di Cristo s'innalzi nel dolore, e come per il dolore egli tragga a sè e esalti tutta l'umanità.

così ha [1] mangiato questo dolce e innamorato Agnello. E però disse egli : « Se io sarò levato in alto, ogni cosa tirerò a me. » Perocchè, per lo rinascere che l'uomo ha fatto nel sangue di Cristo crocifisso, è tratto ad amarlo ; se egli sèguita la ragione, e non se la toglia con l'amore della propria sensualità. Tratto dunque il cuore [2] ad amare il suo Benefattore, è tratto tutto, cioè il cuore, l'anima e l'affetto, con tutte le sue operazioni spirituali : perocchè le potenzie dell'anima, che è cosa spirituale, sono tratte da questo amore. Onde la memoria è tratta dalla potenzia del Padre Eterno, ed è costretta in ritenere li beneficii che ha ricevuti da lui, e ad averne memoria per affetto d'amore, ed essere grato e cognoscente. L'intelletto si leva nella sapienzia di questo Agnello immacolato a ragguardare in lui il fuoco della sua carità, dove egli vede guisti tutti i giudicii di Dio : perocchè ciò che Dio permette, egli 'l fa per amore, e non per odio, di qualunque cosa si sia, o prosperità o avversità : e però tiene [3] e riceve ogni cosa per amore. Perocchè, se altro avesse voluto la sapienzia di Dio, cioè il suo Figliuolo, non ci averebbe data la vita. E però l'anima, alluminata in questo vero lume, non si duole d'alcuna fadiga che sostenga : anco, se la sensualità si volesse dolere, col lume della ragione la fa star quieta. E non tanto che si doglia, ma egli l'ha in riverenzia ; ed è contento di sostenere, per punire le colpe sue e per potersi confortare [4] con le pene di Cristo crocifisso. E se egli ha la prosperità del mondo, lo stato, e la signoria ; egli la tiene non con disordinato amore, ma con ordinato ; zelante della vera e santa giustizia, senza alcun timore servile : però che ha levato l'occhio dell'intelletto nella sapienzia del Figliuolo di Dio,

---

[1] Intende, il mistico *cibo*.

[2] Ha a leggere forse *l'amore,* o *l'uomo.*

[3] Qui vale *giudica.*

[4] Meglio *confortare.*

dove vede abbondare tanta giustizia, che per non lassare
impunita la colpa, l' ha punita sopra di sè nella sua umanità,
la quale egli prese di noi. Onde allora si leva l' affetto, e
corre all' amore che l' occhio dell'intelletto ha veduto in Dio :
e così acquista e gusta la grazia e la clemenzia dello Spirito
Santo. Empito l' affetto d' amore e di desiderio di Dio, egli
si distende ad amare caritativamente il prossimo suo con
una carità fraterna, e non con amore proprio; però che, se
fosse nell' amore proprio, non terrebbe nè ragione nè giustizia nè a sè nè al prossimo suo. Ma perchè la Grazia dello
Spirito Santo l' ha privato dell' amore proprio di sè, per lo
levare che fece dell' affetto suo in lui; è fatto giusto, e servo
fedele del suo Creatore. E così ciò ch' egli ama, sì leva in
in alto, perchè ogni cosa ama per Dio. E così, in ogni stato
che egli è, o in signoria,[1] o in grandezza, o stato o ricchezza
del mondo, o allo stato della continenzia o nello stato del
matrimonio, o con figliuoli o senza figliuoli, in ogni modo è
piacevole a Dio; poichè egli ama con l' affetto che è legato
in lui. E così ci mostra la prima dolce Verità. Poichè l' uomo
ha ordinato le tre potenzie dell' anima spirituale, e halle levate
in alto per affetto d' amore, e congregate nel nome di Dio;
cioè accordata [2] la memoria a ritenere i doni e le grazie di
Dio, come detto è; e lo intelletto a intendere la volontà nella
sapienzia del Figliuolo di Dio, e la volontà ad amare nella
clemenzia dolce dello Spirito Santo; Dio si riposa allora per
grazia nell' anima sua.

---

[1] *Congregare* dice la potente unità a cui si recano in tutti i loro
atti le facoltà dello spirito bene usate ; unità conforme alla natura semplice dell' anima, e per la quale il finito è imagine dell' infinito : *accordare* dice l' armonia che riesce da tale unità e negli atti varii, e dentro nelle facoltà stesse, nella loro intima vita.

[2] *Signoria,* quel ch' ora si direbbe il governo; *grandezza,* ogni magistrato e onore ; *stato,* condizione sociale che dà diritto ai magistrati
e al governo : però distinto da *ricchezza,* che può essere e nelle arti mi-
nute e ne' rustici.

Questo dobbiamo intendere che il nostro Salvatore dicesse quando disse : « Se saranno [due o tre o più, congregati nel nome mio, io sarò nel mezzo di loro. » Onde possiamo intendere che egli il dicesse cosi della congregazione detta di sopra delle tre potenzie dell' anima, come pure della congregazione ne' servi di Dio, corporale. Ma attendete che egli ci mette il due, il tre, e 'l più. Del tre abbiamo detto : del due possiamo intendere per l' amore e santo desiderio di Dio; però che l' amore ha a congregare. Chè se l' uomo non amasse, non disporrebbe la memoria a ricevere e a ritenere, nè l' intelletto si sarebbe mosso a vedere nè intendere, nè la volontà avrebbe nutricato in sè l' amore divino. Poichè ha raunato il tesoro, il timore santo il guarda, e non lassa passare dentro nella città dell' anima i nemici del peccato[1] mortale. E anco[2] per quella legge santa di Dio, la quale fu data a Moisè, fondata in timore, poniamochè primo movimento fu amore (perocchè per amore[3] Dio la diè, perchè l' uomo avesse freno nel suo male adoperare). Venne poi il dolce e amoroso Verbo con la legge dell' amore, non a dissolvere la legge data, ma per compirla (però che timore non ci dava vita) : accordando poi la legge dell' amore con quella del timore ; la quale fu di tanta perfezione, che la cosa imperfetta fece · perfetta. Conviensi dunque tenere l' una e l' altra, però ch' elle sono unite[4] in

---

1 Intende al solito : il peccato mortale, che è il suo nemico. Ma perchè nel linguaggio di guerra usa e il singolare e il plurale, però accorda *peccato* a *nemici,* comprendendo in quell' uno e le colpe e i vizi tutti, e le loro occasioni e gli effetti.

2 Col veloce pensiero ricorre alle parole che dirà poi; ma tien fermo l' ordine delle idee. Vedremo più sotto come la legge del timore sia da Cristo innovata.

3 La stampa : *di Dio.*

4 Appariisce qui il vincolo delle idee : unità nelle potenze dell' anima : unità nella congregazione degli uomini : unità nella Legge antica e nella nuova, che e le società e ciascun' anima umana governa.

tanta perfezione che, chi non vuole esser separato da Dio, non può avere l'una che non abbia l'altra, però che sono legate insieme (quanto che [1] a' dieci Comandamenti sempre parlando), ed insieme danno vita di Grazia; che chi volesse separare, impossibile sarebbe che potesse avere Dio per Grazia nel mezzo dell'anima sua. E però disse: *se saranno due;* e non disse, *se sarà uno;* perchè uno non può far più che uno, e così non può giugnere a tre senza due. Ma conviensi, che l'anima n'abbia prima due; e a mano a mano,[2] ne ha due, cioè l'amore e il timore di Dio. E di lì si trova le tre potenzie dell'anima, che non è altro.che un'anima; nel quale uno, adornato con la perfezione della carità è tanto perfetta, che tiene e due e tre, e 'l più. E perchè dice: « O due o tre, o più, congregati nel nome mio? » Queste sono le sante e buone operazioni della creatura che ha in sè ragione. Perocchè ogni operazione ch'egli facesse (poniamochè avessero colore d'essere del mondo, siccome è di tenere il grande stato e signoria, e fosse con la donna o co' figliuoli suoi, che pare una cosa mondana, o in qualunque altra cosa che fosse); tutte sono dirizzate in Dio, quando l'anima ha fatto il suo principio, di regolare e di congregare tutte le virtù[3] sue nel nome di Dio. Allora cognosce bene la sua verità; cioè, che Dio non gli ha dato in questa vita alcuna cosa che, se egli vuole, gli sia impedimento alla sua salute; anco, gli sono istrumento di farlo

---

1 Il *che* soprabbonda, come in Dante: « *A vincer lui qual che fosse il maestro, Non so io dir* » (che qui non vale *qualunque*). Intende che non ne' precetti cerimoniali e in altre leggi consiste l'unità della legge mosaica con la cristiana, ma ne' morali del Decalogo, che sono insieme sociali.

2 Alla prima. Le due leggi rivelate sono nella coscienza della legge naturale, e nello stesso istinto, congiunte.

3 Potenze. Peti.: « *Dasse corso alle virtuti afflitte.* »

esercitare in virtù, e di dargli maggior cognoscimento della miseria sua e della divina bontà.

E però non si lagna, nè si può lagnare, nè del Creatore nè della creatura, altro che di sè medesimo, che ribella colla puzza del peccato mortale al suo Creatore. Di Dio non si può lagnare, però che l'ha fatto sì forte, che nè dimoni nè creatura gli può tollere Dio. Anco, spesse volte la ingiuria che gli è fatta dalli uomini del mondo, se egli non vuole seguitare la propria sensualità con ira, gli fa avere Dio più perfettamente; però che pruova nella virtù della pazienzia, e vede, s'egli ama il suo Creatore in verità o no; ed empiesi più il vasello dell'anima sua di Grazia. Sicchè dunque non si può lagnare nè anco se per mezzo della [1] creatura ricevesse movimenti d'immondizia, e fosse inchinato per commossione, [2] o atti, o modi [3] a non essere onesto. Dico che anco di questo non si può lagnare; però che assai possono venire i [4] movimenti per propria fragilità e per inducimento d'altra creatura, come detto è; non, che 'l possa costrignere, se egli vorrà fare resistenzia con la ragione, e sentire [5] l'odore della purità.

Ma quando si sente percuotere da questo o da alcuno altro vizio, tragga fuore l'amore e il santo timore di Dio, e coll'occhio dell'intelletto ragguardi nella memoria sua, dove ha conservati i benefícii di Dio; e coll'affetto l'ami, e

---

[1] La stampa: *la*.

[2] Non muto, potendo stare per l'analogia di *commosso*: ch'anzi ha forma più italiana; *commozione* sentendo di *commotus*.

[3] Commozione propria, o atti altrui.

[4] *Assai i*, come *tante le* cose. Ma chi vuole, può prenderlo per avverbio. Ora direbbesi *pur troppo;* ma il popolo toscano, anche in questo senso, dice *assai* tuttavia.

[5] Non chiudere il senso dell'anima alla soavità di quell'anima ispiratrice.

rendagli grazia e loda. E con questa gratitudine [1] santa spegnerà il fuoco dell' ira e della immondizia e della ingiustizia, e d' ogni altro difetto; e singolarmente della ingiustizia. Perocchè l' uomo ch' ha a tenere stato e signoria, se non la tiene con virtù, egli cade in molti inconvenienti: però che essofatto che non la tenesse coll' occhio dirizzato in Dio, la tenerebbe col proprio e disordinato amore; il quale amore attossica l' anima, e tollegli il lume, onde non intende nè cognosce altro che cose transitorie e sensitive, giudicando la volontà di Dio e la sua e quella degli uomini sempre in male, e non in alcuno bene; e tollegli la vita della Grazia, e dàgli la morte. E neuna sua operazione si drizza ad altro che a morte di colpa; perocchè la giustizia, la fa secondo il parere degli uomini, e non secondo la ragione, per timore servile ch' egli ha di non perdere lo stato suo. Oh quanto è pericoloso questo perverso amore! Egli è la legge del dimonio, la quale fu data di primo principio dal dimonio ad Eva; e Adam la seguitè e compilla: che fu una legge diabolica d' amore e timore. Ma la prima dolce Verità ci ha liberati, e data a terra questa perversa legge; in quanto non è costretto l' uomo a tenerla per alcuna cosa che sia. Può bene per lo libero arbitrio ch' egli ha, pigliarla per sè medesimo, se vuole; ma non, che per forza gli sia dato più che la sua volontà voglia. Bene si debbe dunque vergognare la creatura che ha in sè ragione, ad avere sì fatto ricompratore che gli ha dato la fortezza, e tratto da servitudine della legge del peccato; a non seguitarlo con perfetto amore,

---

[1] Bello che la giatitudine vinca le battaglie dell' anima. E questo affetto si nutre, si munisce, quasi direi, di memorie. E però il riandare i beni ricevuti, il fermarvisi colla meditazione, il richiamarne l' imagine con segni esterni e con determinate commemorazioni o segrete o solenni, è parto di religiosa e domestica e civile pietà. Coltivare la memoria è effetto e causa del culto.

con tutto il cuore, con tutto l'affetto, e col lume della fede viva, la quale truova e gusta coll'occhio dell'intelletto, e coll'affetto parturisce operazioni vive, e non morte. E però è fede viva; chè fede senz'opera, morta è. Per altro modo non potremmo essere servi di Cristo crocifisso; il quale servire, fa l'uomo regnare sì nella vita durabile, e sì perchè il fa signore di sè medesimo. Perocchè, se signoreggia sè, è fatto signore di tutto il mondo. Perocchè neuna cosa cura nè teme, se non di Dio, cui egli serve e ama. Molti posseggono le città e le castella; e non possedendo loro per affetto di virtù, non si truovano covelle, ma truovansi vuoti insiememente e del mondo e di Dio, o per vita o per morte. [1]

Considerando dunque me, che senza il mezzo del lume della Fede non potevate giugnere a questa perfezione, dissi che io desideravo di vedervi servo fedele al nostro Creatore; e così vi prego, carissimo fratello, che 'l facciate, cioè che voi il serviate virilmente. È vero che a lui non potete fare utilità nè servizio, perchè non ha bisogno di nostro servizio; ma egli ci ha posto il mezzo, e reputa fatto a sè quello che noi facciamo a lui, [2] cioè di servire il prossimo nostro per gloria e loda del nome suo. E singolarmente fra gli altri servizii che possiamo mostrare che gli piaccia bene, si è di servire la dolce sposa sua, al cui servizio pare che v'abbia chiamato. Servitele dunque liberamente; [3] perocchè, di qualunque servizio spirituale o temporale la servirete, tutto gli è piacevole, purchè sia fatto con dritta e buona

---

[1] Non solo la morte li priva e del bene vero e del falso; ma nella vita stessa, per involontarie e volontarie perdite e del bene supremo e de' minori, bevono a stille a stille la morte e l'inferno.

[2] Si reca al *mezzo*, come se avesse già nominato il *prossimo*, del quale ell'ha il cuore pieno.

[3] Con abbondanza d'affetto.

intenzione. Facendo così, Dio è grato e cognoscente, e renderavvi il frutto della vostra fadiga in questa vita per Grazia; e nella vita durabile riceverete l' eterna visione di Dio, e vederete con chiaro e perfetto lume, e senza alcuna tenebra, l' amore e verità del Padre Eterno: però che quagiuso il vediamo imperfettamente, ma lasuso senza alcuna imperfezione. Altro non dico. Prego la bontà sua, che vi dia perfetto lume a servirlo perfettamente. Permanete nella santa e dolce dilezione di Dio. Gesù dolce, Gesù amore.

CCLX. — *A' Prigioni il Giovedì Santo in Siena.*[1]

Trova tempo nella settimana santa di scrivere a' poveri carcerati; anzi lo coglie, per rammentare che il sangue redentore non solamente ci mostra i gravi effetti de' falli nostri, ma ce ne porge rimedii soavi e potenti. Primo il coraggio della pazienza. Chi è in fallo, teme. Gesù medico e Cavaliere. Se la seconda allegoria pare troppo ingegnosa, ben la compensa la similitudine della balia, che, per il bambino infermo prende, essa, la · medicina amara.

Al nome di Gesù Cristo crocifisso e di Maria dolce.

Carissimi figliuoli in Cristo dolce Gesù. Io Catarina, serva e schiava de' servi di Gesù Cristo, scrivo a voi nel prezioso sangue suo; con desiderio di vedervi bagnati con santo desiderio nel sangue di Cristo crocifisso. Ponetevelo per obietto dinanzi all' occhio dell' intelletto vostro: e facendo così, acquisterete una pazienzia vera. Però che il sangue di Cristo ci rappresenta le nostre iniquità, e rappresentaci l' infinita misericordia e carità di Dio; la quale rappresentazione ci fa venire in odio e dispiacimento e' difetti e' peccati nostri, e facci venire in amore le virtù.

E se voi mi domandaste, carissimi figliuoli, perchè nel san-

---

[1] A dì 9 d'aprile del 77.

gue si veggono più e' nostri difetti, e la misericordia sua; rispondovi: perchè la morte del Figliuolo di Dio fu data a lui per e' peccati nostri. Il peccato fu cagione della morte di Cristo. Chè il Figliuolo di Dio non aveva bisogno per via della croce entrare nella Gloria sua; chè in lui non era veleno di peccato, e vita eterna era sua. Ma noi miserabili, avendola perduta per li peccati nostri, era caduta grandissima guerra fra Dio e noi. L'uomo era infermo ed era indebolito, ribellando al suo Creatore: e non poteva pigliare l'amara medicina, che seguitava la colpa commessa. Fu di bisogno adunque, che Dio ci donasse il Verbo dell'unigenito suo Figliuolo. E così per la inestimabile carità fece unire la natura divina colla natura umana, lo Infinito s'unì colla nostra miserabile carne finita. Egli viene come medico infermo,[1] e cavaliero nostro medico. Dico che col sangue suo ha sanate le nostre iniquità, e hacci dato la carne in cibo, e il sangue in beveraggio. Questo sangue è di tanta dolcezza e soavità, e di sì grande dolcezza e fortezza,[2] che ogni infermità sana; e dalla morte viene alla vita. Egli tolle la tenebra, e dona la luce.

Perchè il peccato mortale fa cadere l'anima in tutti questi inconvenienti; il peccato ci tolle la Grazia, tolleci la vita, e dacci la morte: egli offusca il lume dell'intelletto, e fàllo servo e schiavo del dimonio; tollegli la vera sicurtà, e dàgli il disordinato timore; perchè il peccato sempre teme. Egli ha perduta la signoria, colui che si lassa signoreggiare al peccato. Oimè, quanti sono e' mali che ne seguitano! Quante sono le tribulazioni, le angoscie e le fadighe che ci

---

[1] Coll'assumere le infeimità nostie, si fece medico a noi; e col combatteie per noi e piagaie sè, ci ha sanati. Altiove lo assomiglia u Cavalicio.

[2] Ripete *dolcezza*, per congiungerlo poi a *foitezza*, e faine quasi un solo vocabolo.

sono permesse da Dio solo per lo peccato! Tutti questi difetti e questi mali sono spenti nel sangue di Cristo crocifisso, perchè nel sangue si lava l'anima dalle immondizie
sue, riducendosi alla santa confessione. Nel sangue s'acquista la pazienza. Chè, considerando l'offese che abbiamo fatte
a Dio, e il rimedio che egli ha posto, di darci la vita della
Grazia, veniamo a vera pazienza. Sicchè, bene è vero ch'egli
è medico; chè n'ha donato il sangue per medicina.

Dico ch'egli è infermo: cioè, che egli ha presa la nostra
infirmità, prendendo la nostra mortalità,[1] e carne mortale;
e sopra a essa carne del dolcissimo corpo suo ha puniti
e' difetti nostri. Egli ha fatto come fa la balia che nutrica
il fanciullo, che, quand'egli è infermo, piglia la medicina
per lui, perchè il fanciullo è piccolo e debile, non potrebbe
pigliare l'amaritudine, perchè non si nutrica d'altro che di
latte. O dolcissimo amore Gesù, tu sei balia che hai presa
l'amara medicina, sostenendo pene, obrobrii, strazii, villanie; legato, battuto, flagellato alla colonna, confitto e chiavellato in croce; satollato di scherni, obrobrii; afflitto e consumato di sete senza neuno refrigerio: e gli è dato aceto
mescolato con fiele, con grandissimo rimproverio: ed egli
con pazienza porta, pregando per coloro che il crocifiggono.
O amore inestimabile, non tanto che tu preghi per quelli
che ti crocifiggono, ma tu li scusi dicendo: « Padre, perdona a costoro che non sanno quello che si fare. » Oh pazienza che eccedi ogni pazienza! Or chi fu mai colui che,
essendo percosso, battuto,[2] e schernito, e morto, perdoni, e

---

[1] Dante :   « Ogni nube gli disleghi
            Di sua mortalità con gli occhi tuoi,
            Sì che il sommo piacer gli si dispieghi. »
Mortalità dice l'essenza della natura corporea, la dissolubilità; Carne
mortale, il soggetto in cui questa si spiega.

[2] Battere, segnatamente in antico, aveva senso più grave che
percuotere.

preghi per coloro che l' offendono? Tu solo se' colui, Signore mio. Bene è vero adunque, che tu hai presa l' amara medicina per noi fanciulli dehili e infermi, e colla tua morte ci dái la vita, e coll' amaritudine ci dái la dolcezza. Tu ci tieni al petto come balia, e hai dato a noi il latte della divina Grazia, e per te hai tolta l' amaritudine; e cosi riceviamo la sanità. Sicchè vedete che gli è infermato per noi.

Dico ch' egli è cavaliero, venuto in questo campo della battaglia; ha combattuto e vinto le dimonia. Dice santo Agostino: « Colla mano disarmata questo nostro cavaliero ha sconfitti e' nemici nostri, salendo a cavallo in sul legno della santissima croce. » La corona delle spine fu l' elmo, la carne flagellata l' usbergo, le mani chiavellate e' guanti della piastra, la lancia per lo costato fu quel coltello che tagliè e recise[1] la morte dall' uomo, e' piedi confitti sono li speroni. Vedete come dolcemente è armato questo nostro cavaliero! Bene il dobbiamo seguitare, e confortarci in ogni nostra avversità e tribulazione.

E però vi dissi io che il sangue di Cristo ci manifesta e' peccati nostri, e mostraci il rimedio e l' abondanzia della divina misericordia, la quale abbiamo ricevuta nel sangue suo. Bagnatevi nel sangue di Cristo crocifisso: chè in altro modo non potremmo partecipare la grazia sua, nè avere il fine per lo quale fummo creati; nè portereste pazientemente le vostre tribulazioni. Perocchè nella memoria del sangue ogni amara cosa diventa dolce, e ogni gran peso leggiero.

Altro non vi dico, per lo poco tempo che ho. Permanete nella santa e dolce dilezione di Dio. E ricordovi che dovete morire, e non sapete quando. Fate che vi disponiate alla confessione e alla comunione santa, chi può;[2] acciò che

---

[1] *Recidere* più forte e più netto che *tagliare*.

[2] Chi si trova disposto. E fors' anco intende che non si accostino a confessione per ora coloro che temono da essa, tuttochè irragione-

siate resuscitati in Grazia con Cristo Gesù. Gesù dolce, Gesù amore.

CCLXI. — *A M. Mariano, Prete della Misericordia essendo a Monticchiello.*[1]

La gloria della vittoria è nella memoria del sangue che dona perseveranza ; e questa non è senza amore. Difendere i diritti dei poveri.

Al nome di Gesù Cristo crocifisso e di Maria dolce.

Dilettissimo e carissimo figliuolo mio in Cristo Gesù. Io Catarina serva e schiava de' servi di Gesù Cristo, scrivo a voi nel prezioso sangue suo; con desiderio di vedervi, cavaliero virile, combattere virilmente in su questo campo della battaglia, e non voltarvi a dietro a schifare veruno colpo che venisse; perocchè sareste cavaliero senza gloria. Ma virilmente pigliate l'arme, sicchè 'l colpo non passi dentro; cioè l'arme della santissima croce: perocchè ella è quella arme, che ci difende da ogni colpo e tentazione di dimonio visibile e invisibile. Nella memoria del sangue averete la vittoria. O figliuolo mio carissimo, quanto sarà beata l'anima vostra e la mia, quando starete in questo campo della battaglia, mare tempestoso, armato dell'arme della ca-

---

volmente, pericolo d'aggravamento alla pena. Meno male lo scandalo che il sacrilegio.

[1] Nota il Burlamacchi che avrebbe piuttosto a dire *Fiate ;* e Fra Mariano è detto nelle memorie che conservansi di quella casa. Ma forse egli era insieme fratello di questa compagnia e sacerdote. Monticchiello è castello a 24 miglia da Siena; e nel suo territorio l'Ospedale grande della città ha sue possessioni, che prima erano di quello della Misericordia. Ben dice il Burlamacchi del titolo che *essendo* recasi a Mariano, e no a Caterina : e così sempre è da intendere ne' titoli di queste lettere, usandosi all'antica per il participio il gerundio.

rità. La quale acquisterete nella memoria della croce; prendendo il coltello, con che vi potiate difendere da nemici che v'hanno assediato, cioè, il coltello del timore e dell'amore, quando vedete che i nemici delle molte cogitazioni v'assalissero, o le creature che vi dessero esemplo, invitandovi a peccato. Allora tenete salda la memoria nel prezzo del sangue, del quale tanto dolcemente sete ricomprato; e il coltello [1] detto, percotendoli col santo timore di Dio; vedendo quanto gli è spiacevole il peccato, che per lo peccato è morto; e quanto gli è piacevole la virtù. E con questo tutti li sconfiggerete.

Ricordivi di quel santo Padre, [2] che si mise alla prova col fuoco, dicendo: « Pensa, anima mia, che di questo ne va il fuoco eternale. Prova questo fuoco; e se puoi sostenerlo, commetti il peccato. » Così riprendete voi medesimo; guardando sempre, che l'occhio di Dio è sopra di voi, e non è cosa sì secreta che egli non vegga; ed è remuneratore del bene e del male; e veruno è, che da questo giudicio si possa difendere. Adunque levatevi con sollicitudine; e ricordivi che dovete morire, e non sapete quando. Il bene che egli remunera, sì è amore. Sicchè per amore ogni cosa per lui vorrete sostenere; e il male vi darà timore, col quale toglierete e porrete freno alle perverse cogitazioni.

Sicchè, essendo armato, come detto è, e' colpi delle tentazioni non vi faranno male: e adoperando il coltello con perseveranzia, rimarrete vincitore e sconfiggerete i nemici vostri. Poi potrete dire quella dolce parola, quando verrà il tempo della morte, che dice Paolo: « Io ho corso, e hollo

---

[1] Intende: *tenete saldo*.

[2] Nelle vite de' santi Padri narrasi d'uno che, per vincer le tentazioni, provò il fuoco vivo sulle mani sue, per quindi farsi più viva l'imagine delle pene dell'altra vita.

consumato,[1] sempre osservando fede a te, Signore. Ora ti dimando la corona della Giustizia. » Bene è adunque da perseverare.

Ponetevi al costato del Figliuolo di Dio, e bagnatevi nell'abundanzia del sangue suo. E fate con umiltà ciò che avete a fare; perocchè il dimonio non si caccia col dimonio, ma con la virtù della pazienzia, e con umiltà. Siate buono dispensatore a' poverelli che hanno bisogno. E il conversare con cotesta[2] gente sia sempre col timore di Dio. Se potete difender quello de' poveri con umiltà, fatelo : quando che non (sappiate usare del tempo che voi sete del comandamento del capitano), fate dalla parte vostra ciò che potete.[3] Confortatevi; e permanete nella santa e dolce dilezione di Dio. Gesù dolce, Gesù amore.

---

1 Sottinteso : *il coiso.* — « *Bonum certamen certavi, cuisum consummavi. De reliquo reposita est mihi corona justitiæ.* » Ma Caterina la volge affettuosamente in preghiera a Dio stesso.

2 Non intende de' poverelli, ma di quelli di Montucchiello dove trovavasi Nariano.

3 Qui la stampa ha un costrutto inestricabile. Altri, se può, ne tragga un senso migliore : « Se potete difender quello de' poveri con umiltà, fatelo, quanto che, non sappiate andare nel tempo, che voi sete del comandamento del Capitano, sete dalla parte vostra ciò che potete. » Parrebbe volesse accennare a un capitano del luogo, la cui autorità potesse Nariano adoprare; quando non si voglia che la scrivente chiami capitano lui stesso, ritornando sulle imagini di battaglia continue in questa lettera. Il senso morale però è da notarsi : difendete l'avere de' poveri quanto potete con umiltà : non solo l'avere e la potestà propria, ma neanco quel ch'è consacrato all'elemosina, devesi difendere con prepotenza e burbanza.

CCLXII. — A Monna Tora Figliuola di Misser Pietro Gambacorti da Pisa.[1]

La ragione signoreggi, e sia l' anima libera e sposa, non serva e schiava. Consiglia Tora a non volere sposo terreno; ma a Gesù dia l' anello della fede; si vesta non a bruno, come vedova, ma il candido abito della purità, e il vermiglio dell' amore, succinto da umiltà, co' fregi delle altre virtù: si terga nella confessione; e sia talamo il cuore delle sposo divino, e bagno il suo sangue.

Al nome di Gesù Cristo crocifisso e di Maria dolce.

Carissima figliuola in Cristo dolce Gesù. Io Catarina, serva e schiava de' servi di Gesù Cristo, scrivo a te nel prezioso sangue suo; con desiderio di vederti vera serva e sposa di Cristo crocifisso sì, e per siffatto modo, che per lo suo amore il mondo ti venga a tedio con tutte le sue delizie; però che non hanno in loro fermezza nè stabilità veruna. E tu vedi bene, figliuola mia, ch' ell' è cosi la verità. Il mondo a te si mostrò di gran bellezza e piacere; e ora ha mostrato che tutte le sue allegrezze e piaceri sono vani e caduchi, e germinano tristizia con grande amaritudine all' anima che disordinatamente le possede, e tollono la vita della Grazia, e danno morte; e cádene l' anima in somma miseria e povertà. Bene è dunque da fuggirlo, e da odiare la propria sensualità e ogni diletto del mondo, e disprezzarli con tutto il cuore e con tutto l' affetto,[2] e servire solo al

---

[1] Tora (scorcio di Teodora o di Vittoria, o forse il femminino di Salvatore), figliuola di Pietro Gambacorti, giovanetta si fece domenicana, e con nome di Beata Chiara rese più memorabile il suo casato che non il padre e il cugino col principato della misera patria. E la figliuola del signore, alla figliuola del tintore, e viva e morta, diede testimonianze d' ammirazione affettuosa, ben meglio che i liberali moderni, gentiluomini o plebei, non facciano verso la misera plebe, per buona che sia.

[2] *Disprezzare con tutto l' affetto,* belle parole, e di que' contrapposti che sono ben altro che le antitesi rettoriche, e ben meglio

nostro dolcissimo Creatore. Il qual servire, non è essere servo, ma fa regnare; perciocchè tutti ci fa signori nella vita durabile: e in questa vita diventa libera però che s'è sciolta dal legame del peccato mortale e dall'amore del mondo, e dalla propria sensualità; e la ragione n'è fatta signora. E, signoreggiandola, ella è signora di tutto il mondo, perocchè se ne fa belle; e neuno è che pienamente 'l possa possedere se non colui che perfettamente lo dispregia.

E non sarebbe bene stolta e matta quell'anima che può essere libera e sposa, ed ella si facesse serva e schiava,[1] rivendendosi al dimonio, e adultera? Certo sì. E questo fa l'anima che, essendo liberata dalla servitudine del dimonio, ricomperata del sangue di Cristo crocifisso, non d'oro nè d'argento, ma di sangue; ella tiene a vile sè, e non ricognosce la dignità sua, e spregia e avvilisce il sangue del quale è ricomperata con tanto fuoco d'amore; e, avendola Dio fatta sposa del Verbo del suo Figliuolo, il quale dolce Gesù la sposè colla carne sua (perocchè, quand'egli fu circonciso, tanta carne si levò nella circoncisione quanta è una estremità d'uno anello, in segno che come sposo voleva sposare l'umana generazione); ed ella amando alcuna cosa fuora di lui, o padre o madre, o sorella o fratelli o congiunti, o ricchezze o stati del mondo, diventa adultera, e non sposa leale nè fedele al[2] sposo suo. Perchè la vera sposa non ama altro che 'l sposo suo, cioè veruna cosa che fosse contro la sua volontà. E cosi debbe fare la vera sposa di Cristo: cioè amare solamente lui con tutto il cuore, con

---

degli stoici paradossi. Chi dispiezza con la mente, fa giudizii superbi e insultanti alle persone; e assai volte ama in segreto le cose delle quali ostenta dispiezzo. Lo spiega poi con un'altra potente parola, dispiezzare perfettamente; cioè per l'amore d'un bene più alto, senz'odii oltraggiosi, senza ribrezzo o paura.

[1] *Serva* contrapposto a *libera; schiava* a *sposa.*

[2] Dante: « *un spiro.* »

tutta l'anima, e con tutte le sue forze; e odiare quello che lui ha in odio, cioè 'l vizio e 'l peccato (che tanto egli l'odiò e dispiacqueli, che volle punirlo sopra 'l corpo suo, per la salute nostra), e amare quello che lui ama, ciò sono le virtù, le quali si provano nella carità del prossimo, servendolo con la carità fraterna nelle sue necessità, secondo che c'è possibile.

E però io voglio che tu sia serva fedele: e senza sposo non voglio che tu stia. Secondo ch'io ho inteso, pare che Dio s'abbia chiamato a sè lo sposo[1] tuo: della qual cosa, se egli si dispose bene dell'anima sua, son contenta che egli abbia quel vero fine per lo quale fu creato. Onde, poichè Dio t'ha sciolta dal mondo, voglio che tu ti leghi con lui; e spòsati a esso Cristo crocifisso coll'anello della santissima fede. E vèstiti non di bruno, cioè della nerezza dell'amore proprio, e del piacere del mondo, ma della bianchezza della purità, conservando la mente e 'l corpo tuo nello stato della continenzia. E sopra questa purità ci poni il mantello vermiglio della carità di Dio e del prossimo tuo, affibbiato di perfetta umiltà, colla fregiatura[2] delle vere e reali virtù, con la umile e continua orazione; però che senza questo mezzo non potresti venire a veruna virtù. E fa che tu lavi la faccia dell'anima tua colla confessione spesso, e colla contrizione del cuore; il quale sarà unguento odorifero, che ti farà piacere allo sposo tuo Cristo benedetto. E così, adornata, và alla mensa dell'altare a ricevere il pane vivo,[3] che dà vita, cibo degli angeli. Allora è 'l tempo suo,[4]

---

1 Lo sposo era Simone da Massa di nobile famiglia pisana, a chi ell'era stata promessa dagli anni primi. Morto nell'anno 1377.

2 Così spiegano misticamente quello del salmo: « *In vestitu deaurato, circumdata varietate.* »

3 Dal Vangelo.

4 Il tempo del riceverlo è per le pasque. Il *come* sta qui per *quando*.

come è per le pasque, e per le feste di Maria dolce, e, secondo che Dio ti dispone, per cotali altre feste solenni. E dilèttati di stare alla mensa continuamente della santissima croce; e ine nascondi e sèrrati[1] nella camera sua, cioè nel costato di Cristo crocifisso, dove tu troverai il bagno del sangue, che egli t'ha fatto per lavare la lebra dell'anima tua. E lì troverai il secreto del cuore suo, mostrandoti nell'apritura del lato, che t'ha amata e t'ama inestimabilmente.

E pensa che questo dolce sposo è molto geloso: però che non vede la sposa sua sì poco partire da sè, che egli si sdegna, e ritrae dall'anima la Grazia e la dolcezza sua. Voglio dunque che tu fugga la conversazione de' secolari e secolare,[2] al più che tu puoi, acciò che tu non cadessi in cosa, che 'l sposo tuo si partisse da te. E però sia abitatrice della cella. E guarda che tu non perda 'l tempo tuo; imperocchè molto più ti sarebbe richiesto ora che prima: ma sempre esercita il tempo o coll'orazione o colla lezione o con fare alcuna cosa manuale, acciocchè tu non caggi nell'ozio; però che sarebbe pericolosa cosa. E resistendo virilmente senza alcuno timore, riparerai a' colpi collo scudo della santissima fede, confidandoti nel tuo sposo Cristo, 'l quale combatterà per te. Io so che tu entrerai ora (e forsi[3] che sei entrata, che dirò meglio) nel campo delle molte battaglie del dimonio (gettandoti[4] molte cogitazioni e pensieri nella mente tua) e delle creature, che non sarà meno forte battaglia,[5] ma forse più. So che ti poneranno innanzi, che

---

[1] Il _ti_ unito a _seria_ può faie anco per _nascondi;_ giacchè di pronomi la lingua viva oia è paica, e oia libeiale, secondo che l'evidenza iichiede.

[2] _Secolara,_ come _scolaia._

[3] Vive anco in altii dialetti; e sente del _forsitan._

[4] Gettante a te.

[5] L'uomo all'uomo è diavolo. Qui accenna alle istanze del Padie

tu sia fanciulla, e però non stia bene in cotesto stato; quasi reputandoselo a vergogna e' semplici ignoranti, e con poco lume, se non ti rallogassero al mondo. Ma tu sia forte e costante, fondata in su la viva pietra; e pensa che, se Dio sarà per te, neuno potrà contra di te. Nè credere nè a dimonio nè a creatura quando ti consigliano delle cose che fussero fuora di Dio e della volontà sua, o contra lo stato della continenzia. Confidati in Cristo crocifisso, ch'el ti farà passare questo mare tempestoso, e giugnerai al mare pacifico, dove è pace senza neuna guerra. Onde, a conducerti ben sicura al porto di vita eterna, ti consiglierei per tua utilità, che tu intrassi nella navicella della santa obedienzia; però che questa è più sicura e più perfetta via, e fa navigar l'anima per questo mare non colle braccia sue, ma colle braccia dell'Ordine.[1]

---

per darle altro marito. Di quindici anni perdette quel primo, forse non ancora sua moglie, essendo lui lungamente vissuto e molto lontano da Pisa.

[1] Fuggi Tora nel monastero di San Martino di Pisa, dell'Ordine di Santa Chiara. Trattane a forza dal padre, allora prepotente nella repubblica (come Piccarda da Corso Donati), fu chiusa per cinque mesi in una camera, e solo un domestico di Pietro poteva vederla; e udì in cinque mesi una volta la messa. Passato di Pisa il confessore di santa Brigida, uomo a Caterina devoto, Alfonso di Valaterra, vescovo e poi romito, stato pellegrino col padre di Tora a Gerusalemme, e pregato che la svolgesse dal suo proposito; e sentita lei e ammirata, indusse il padre a mutare il suo, e concedere ch'ella ritornasse al monastero, con licenza d'abbracciare altra regola. Di lì a quattr'anni, nell'ottantadue, a lei ventesimo, entrò in Santa Croce, convento domenicano edificato dal padre; contento forse di farsi in parte obbedire, e far mostra di pietà insieme e di signorile magnificenza. Trentasett'anni ci visse. A que'tempi di discordie ree, e di ruine di grandi e di popoli, era non pure pio ma pietoso il consiglio di Caterina, del riparare nella pace serena de'chiostri. Moglie a qualche partigiano del padre, che forse gli sarebbe poi diventato nemico, Tora, vistolo uccidere, avrebbe forse patito l'esilio, e i rancori che lo accompagnano spesso; e, ritornata, forse le era forza

E però ti prego, che tu ci dia pensiero, acciò che tu sia più spedita [1] a essere serva e sposa di Gesù Cristo crocifisso; al quale servire, è regnare, come detto è. E per vederti regnare e vivere in Grazia, dissi che io desideravo di vederti vera serva e sposa di Cristo crocifisso. Abbi buona e santa pazienza in questo e ogni altra cosa che ti potesse avvenire. Altro non ti dico. Permani nella santa e dolce dilezione di Dio. Gesù dolce, Gesù amore.

—

CCLXIII.— *A Monna Montagna, gran Serva di Dio nel contado di Narni, in Capitona.*[2]

L'amore del bene non dissecca il cuore, ma lo ammorvidisce; consuma i germi del male, quelli del bene svolge. Fuoco non è senza lume. Chi ama gli uomini imperfettamente, non sa amare Dio. Dell'essere poco o men bene amati dagli uomini, non prendiamo pena nè sdegno. Giudizii passivi, e che fanno patire. Il buono assume in sè gli altrui falli, più gioisce alle gioie altrui che alle proprie. Più unito a Dio che l'anima al corpo. Astrazioni non distratte. Alta lettera. Ai più perfetti ella scrive più alto.

Al nome di Gesù Cristo crocifisso e di Maria dolce.

Carissima e dilettissima madre in Cristo dolce Gesù. Io Catarina, serva e schiava de' servi di Gesù Cristo, scrivo a voi nel prezioso sangue suo; con desiderio di vedervi arsa e

prendere parte alla dedizione della patria, e certamente mescersi alle passioni che precedono e seguono i gravi rivolgimenti.

₁ Peti. : « *E seguii lui per via diritta e spedita — Salendo, quasi un pellegrino scarpo.* »

₂ Nell' Umbria, a tre miglia da Amelia, da Narni quattro : ma nel temporale e nello spirituale e nel civile dipende da Narni. Il Burlamacchi non trova memoria di questa donna, che pare dal titolo avesse fama di bontà; e ne rende ragione il saccheggio che fu fatto in Capitona dalle armi dello Sforza, e l'essersi nel principio del secento rifatta la chiesa della parrocchia, dove sarà stata, forse con qualche iscrizione, la sua sepoltura.

consumata nel fuoco della divina carità. La quale carità non cerca le cose sue; cioè che non cerca sè per sè, nè 'l prossimo per sè, nè Dio per sè : ma sè e 'l prossimo per Dio, e Dio per lui medesimo, in quanto egli è degno d'essere amato come somma ed eterna bontà. Questo fuoco arde, e non consuma ; e consuma : cioè che non affligge nè disecca l'anima, ma ingrassala, ungendola di vera e perfetta umiltà, la quale è bàlia e nutrice di essa carità ; e consuma ogni amore proprio spirituale e temporale, e ogni altra cosa che trovasse nell'anima fuore della dolce volontà di Dio.

Dico che consuma l'amore proprio temporale : però che col lume cognobbe, sè e le cose temporali e transitorie essere strumento di morte, che uccidono l'anima che disordinatamente le possiede ; e però le comincia a odiare, e gettarle fuore del cuore e della mente sua. E perchè l'anima non può vivere senza amore, subito comincia a drizzare l'affetto e l'amore verso la ricchezza delle virtù. Onde questo fuoco d'amore per forza del calore suo consuma in tutto l'altro amore. Poichè l'anima l'ha così consumato in sè, anco non è perfetta ; ma insino che ella non giugne alla sua perfezione, gli rimane uno amore proprio spirituale o verso le creature o verso il Creatore : benchè l'uno non è senza l'altro ; [1] però che, con quella perfezione che noi amiamo Dio, con quella amiamo la creatura ragionevole. A che s'avvede che questo amore proprio spirituale sia nell'anima? quando la persona ama in sè la propria consolazione, per la quale lasserà di non adoperare la salute del prossimo suo ; o quando in quella operazione si vedesse diminuire la pace e la quiete della mente, o altri esercizi che per sua consola-

---

[1] Siccome il ben amare Dio, insegna a ben amare gli uomini ; così l'imperfetto amore verso gli uomini è indizio che Dio da noi non s'ama da senno.

zione volesse fare ; o quando alcuna volta amasse la creatura
di spirituale amore, e a lei non paresse che quella creatura
rispondesse all' amore suo, o che avesse più stretta conversazione e mostrasse più amore a un' altra persona che a lei,
ne sostiene pena gravissima, sdegno e dispiacere, e spesse
volte giudicio [1] nella mente sua, e dilungamento da quella
creatura, sotto colore d' umiltà e di più avere la sua pace :
ed egli è 'l proprio amore ch' ella ha a sè medesima: Questi
sono e' segni verso la creatura, che l' amore proprio spirituale non è ancora consumato nell' anima verso il Creatore.

E quando la mente ricevesse alcuna tenebra, o battaglie,
o privazioni delle sue consolazioni usate ; se ella per questo
viene a tedio o a confusione di mente, per la quale confusione e tedio spesse volte lasserà il dolce esercizio dell' orazione (la quale cosa non debbe fare, ma per ogni modo debbe
pigliare la madre dell' orazione, e non partirla da sè : chè
s' ella lassa questo massimamente, o veruno atto virtuoso;
segno è che l' amore è mercennaio, cioè che ella ama per
propria consolazione, e che l' amore proprio del diletto spirituale è anco radicato nell' anima sua) ; dico che 'l fuoco della
divina carità il consuma, e leva la imperfezione ; fa l' anima
perfetta nell' amore di Dio e dilezione del prossimo. Non [2]
cura, per onore di Dio e salute dell'anime, di perdere le proprie consolazioni : non rifiuta labore ; anco, si diletta di stare
in sulla mensa del crociato desiderio, accompagnando l'umile
immacolato Agnello. Ella piange con quelli che piangono, e
fassi inferma con quelli che sono infermi : però che le colpe [3]

---

1 Dice sostenere giudizio, perchè l'anima ne patisce ; e l'abuso e
la pompa dell'attività sua in amare, la rende più passiva ch'ella non
si creda, e soggetta alle apparenze.

2 La stampa *N' ho*. Potrebbesi leggere anche *non ha*.

3 Qui, come altrove, intende l'infermità e l'infelicità della colpa :
e quella sentenza con che altri raccomanda compatire ai dolori, con

d' altrui reputa sue. Ella gode con quelli che godono, dilargando 'l cuore nella carità del prossimo; in tanto che quasi più è contenta del bene, pace e consolazione altrui, che di sè medesima. Quello ch' ella ama, vorrebbe che ogni gente l' amasse. Non si scandalizza perchè vedesse più amare altrui che sè; ma con vera umiltà sta contenta, perchè reputa sè difettuosa, e l' altre virtuose. E poi [1] le pare giusta cosa e convenevole che quella in cui si truova la virtù, sia più amata di lei. Questa carità unisce l' anima in Dio, annegando la propria volontà, e vestela e uniscela coll' eterna volontà sua; in tanto che di neuna cosa si può scandalizzare nè turbare quella mente, se non dell' offese fatte al suo Creatore, e della dannazione dell' anime.

Questo è uno fuoco che converte ogni cosa in sè, e fa levare l' affetto dell' anima sopra sè medesima, ricevendo tanta unione per elevazione di mente, ch' ell' ha fatta nella divina Carità, che 'l vasello [2] del corpo suo perde ogni sentimento; in tanto che vedendo non vede, udendo non ode, parlando non parla, andando non va, toccando non tocca. Tutti e' sentimenti del corpo paiono legati, [3] e pare perduta la virtù loro; perchè l' affetto s' è perduto a sè, e unito in Dio. Onde Dio con la virtù e carità sua ha tratto a sè quell' affetto: e però mancano e' sentimenti del corpo; perchè più perfetta è l' unione che l' anima ha fatta in Dio, che quella dell' anima nel corpo. Egli trae [4] a sè le potenzie dell' anima, con tutte

---

quella più altamente essa insegna compatire agli errori, e sanarli assumendoli in sè; come il Redentore degli uomini fece.

[1] Forse e però.

[2] Qui e altrove la stampa *vassello*, quasi per far sentire il *vas* latino: onde *vascello*, come dicevano *uscello* e *ausgello* da *Avicella*.

[3] Dante: « *Come quei che cade, e non sa como, Per forza di...* *oppilazion che lega l' uomo.* » Altrove: *Potenza* (dell' anima) *legata*.

[4] In senso men alto, ma con locuzione efficace, Dante: « *L' occhio avea tutto tratto Vèr l' alta torre.* » — Tutto questo passo è non solo

le sue operazioni. Perchè la memoria s'è empita del ricordamento de' beneficii, e della grande bontà sua ; l' intelletto ha posto dinanzi a sè la dottrina di Cristo crocifisso, data a noi per amore ; e però la volontà corre con grandissimo affetto ad amarla. Allora tutte le operazioni sono ordinate, e congregate nel nome suo. Ella gusta il latte della divina dolcezza, ella s' inebria del sangue di Cristo ; e, come ebra, non si vuole satollare altro che d' obbrobri ; abbracciando scherni, rimproveri e villanie, freddo e caldo, fame e sete, persecuzioni dagli uomini e molestie dalle demonia : in tutte si gloria col glorioso Paolo in Cristo dolce Gesù.

Dissi che la carità non cercava [1] sè, perchè non elegge luogo nè tempo a modo suo, ma secondo che gli è conceduto dalla divina Bontà. E però ogni luogo gli è luogo, e ogni tempo gli è tempo. Tanto gli pesa la tribulazione quanto la consolazione, perchè ella cerca l' onore di Dio nella salute dell' anime, con affetto d' acquistare e crescere nelle vere e reali virtù. Qui ha fatto il suo principio ; non nelle proprie consolazioni mentali, nè in revelazioni ; non in uccidere il corpo, ma la propria volontà ; avendo veduto col lume che in quello non sta la perfezione dell' anima, ma sì in uccidere la propria volontà spirituale e temporale. E

d' altezza poetica e morale, ma di psicologica e fisiologica verità ed esattezza. L' anima assorta in un grande pensiero ed affetto, compie le operazioni della vita materiale e sociale, rimanendone tanto solo consapevole quanto basta a bene eseguirle e nobilitarle col merito dell'intenzione ; ma in quell' atto medesimo ella vive in regione più alta, compie operazioni più grandi, inarrivabili ad altri che a Dio. Così si può dire (e questa è delle espressioni che suona la più paradossa) che parlando non parla ; perchè la sua parola è così libera da miseri fini umani, e aliena dal vano riflettersi sopra sè stessa, che insieme col merito del dire c'è il merito del tacere. Quindi il sagrifizio morale, e la potenza logica, e l' efficacia oratoria, e l' eleganza filosofica delle ellissi spedite, delle gentili e pie reticenze.

[1] Forse cerca.

però liberamente la getta nella fornace della divina carità. E poichè ella v'è dentro, bisogno è che ella sia arsa e consumata per lo modo detto.

Or dappoi che abbiamo veduto non cavelle (a rispetto di quello che è),[1] quello che dà questa dolce madre della carità; vediamo in che luogo s'acquista, e con che. Dicovelo in poche parole: acquistasi col lume della santissima fede, la quale fede è la pupilla dell'occhio dell'intelletto. Con questo lume vede l'anima quello che debbe amare, e quello che debbe odiare; vedendo, cognosce; e cognoscendo, ama e odia. Ama, dico, quello che ha cognosciuto della divina Bontà; e odia quello che ha veduto della propria malizia e miseria; la quale[2] vede essere necessaria alla salute sua. Chi ne fu cagione? il lume onde venne il cognoscimento, e dal cognoscimento l'amore. Però che la cosa che non si cognosce, non si può amare. Adunque il lume ci conduce a questo fuoco, e è unito l'uno coll'altro; chè fuoco non è senza lume, nè lume senza fuoco.[3] Dove 'l troviamo? nella casa del cognoscimento di noi. In noi troviamo questo dolce e amoroso fuoco; perchè per amore Dio ci ha dato l'essere alla immagine e similitudine sua. Per amore siamo ricreati a Grazia nel sangue di Cristo crocifisso; però che l'amore il tenne confitto e chiavellato in croce. Noi siamo quelli vaselli che abbiamo ricevuto l'abbondanzia del sangue; e tutte le grazie spirituali e corporali date a noi sopra l'essere, le abbiamo ricevute per amore. Sicchè, in sè trova l'anima e cognosce questo fuoco dolce. Adunque col lume andiamo nella casa del cognoscimento di noi;[4] e ine ci nu-

---

[1] Nulla s'è detto alla grandezza del vero.

[2] La bontà di Dio, ella vede necessaria a sanare la propria malizia e miseria.

[3] Coll'intendimento del bene si fa più intensa la fiamma dell'amore; coll'intensità dell'amore s'illumina l'intendimento.

[4] La stampa voi.

tricheremo della divina carità, vedendo noi essere amati da Dio inestimabilmente. La quale carità nutrica al petto suo e' figliuoli delle virtù, e fa vivere l'anima in Grazia: senz'essa saremmo sterili e privati della vita.

Considerando me questo, dissi ch'io desideravo (e così desidero in me con voi insieme) di vederci arse e consumate nella fornace della divina carità. Prego la clemenzia dello Spirito Santo che questo ci faccia per grazia, acciocchè la divina Bontà sia glorificata in noi, consumando la vita nostra in dolore e amaritudine dell'offese che sono fatte a lui, con umile e fedele e continua orazione per la santa chiesa, e per ogni creatura che ha in sè ragione. Anneghianci nel sangue dell'Agnello. Altro non vi dico. Permanete nella santa e dolce dilezione di Dio. Umilmente mi vi raccomando. Gesù dolce, Gesù amore.

——

CCLXIV. — *A Monna Jacoma* [1] *di Misser Trinci da Fuligno.*

Impazienza è da amore proprio, e priva l'uomo di Dio. L'odio uccide l'anima odiatrice. Chi non sa sostenere il dolore, odia sè, tormentandosi senza merito. Chi confida ne' beni di quaggiù e non li ama in Dio (foss'anco legittimo l'amor suo) ne ha molestia e scandalo. Per Dio soffriamo, che è forte e dà forza, ch'è fedele e attiene le promesse, che rende a usura. A ogni modo dobbiamo patire; patiscasi a sconto del male fatto. Dogliamoci del dolore vile; sappiamo essere liberi. Pazienza è dolcezza severa ma intima. Conforti alla vedova per l'ucciso marito, morto in buon punto, liberato da signoria servile, dai viluppi e dalle tenerezze del mondo. Raffrontisi questa con la verbosa lettera del Boccaccio a Pino de' Rossi. Quante più cose e più alte; quanto più sinceramente dette e più caldamente.

Al nome di Gesù Cristo crocifisso e di Maria dolce.

Carissima suoro in Cristo dolce Gesù: Io Catarina, serva e schiava de' servi di Gesù Cristo, scrivo a voi nel prezioso

---

[1] Moglie di Trincio de' Trinci, signore di quella città.

sangue suo; con desiderio di vedervi fondata in vera e perfetta pazienza, considerando me, che l'anima non può piacere a Dio nè stare nella sua Grazia senza la virtù della
pazienza. Perocchè, essofatto ch' ell' è impaziente, è privata di Dio per Grazia (perocchè la impazienzia procede
dall'amor proprio di sè medesimo), vestita della propria volontà sensitiva; e l' [1] amor proprio e la propria sensualità
non è in Dio. Adunque vedete, che l'anima, ch'è impaziente, è privata di Dio.

Impossibile è, dice Cristo, che l'uomo possa servire a
due signori; perocchè s'egli serve all'uno, egli sarà in contento all'altro, perchè sono contrarii. Il mondo e Dio non
hanno conformità insieme, e però sono tanto contrarii e'
servi del mondo a' servi di Dio. Colui che serve al mondo,
non si diletta d'altro, se non d'amare colla propria sensualità e disordinato amore, delizie, ricchezze, stati, onore, e
signoria; le quali cose passano tutte come 'l vento, però
che non hanno in loro alcuna fermezza nè stabilità.

Appetisce la creatura con amore disordinato la lunga
vita, e ella è breve; la sanità, e spesse volte ci conviene
essere infermi. E tanto è la poca fermezza loro in ogni diletto e consolazione del mondo, che di bisogno è, ch' elle
siano tolte a noi, o che noi siamo tolti a loro. Onde alcuna
volta permette Dio, che elle siano tolte a noi; e questo è
quando noi perdiamo la sustanzia temporale, o eziandio la
vita corporale di coloro che noi amiamo: o egli viene caso
che noi lassiamo loro, e questo è quando Dio ci chiama di
questa vita, morendo corporalmente. Dico dunque, che per
lo disordinato amore ch'e' servi del mondo hanno posto a
loro medesimi, col quale amore disordinato amano ogni creatura e figliuoli e marito e fratelli e padre e madre, e tutti

---

[1] Amor proprio e sensualità non son cose che uniscano a Dio. Questo modo l' ha poi più chiaro.

c'diletti del mondo ; perdendoli, sostengono intollerabili pene, e sono impazienti e incomportabili a loro medesimi. E non è da maravigliarsene ; però che tanto si pèrdono con dolore, quanto l'affetto dell'anima le possiede con amore. Onde in questa vita gustano l'arra dell'inferno ; in tanto che se essi non si proveggono[1] in ricognoscere le colpe loro, e con vera pazienzia portare, considerando che Dio l'ha permesso per nostro bene ; giungono all'eterna dannazione. O quanto è stolto, carissime suoro[2] e figliuole, colui che si dà ad amare questo miserabile signore del mondo, 'l quale non ha in·sè alcuna fede ; anco, è pieno d'inganno : e ingannato rimane colui che se ne fida ! Egli mostra bello, ed egli è sozzo ; egli ci vuole mostrare che egli sia fermo e stabile, ed egli si muta. Bene lo vediamo manifestamente ; però che oggi siamo ricchi, e domane poveri ; oggi signori, e domane vassalli ; oggi vivi, e domane morti. Sicchè vediamo dunque, che non è fermo. Questo parbe che volesse dire quel glorioso[3] di Paolo dicendo : « Abbiti cura a coloro che presumono di fidarsi di loro e del mondo ; però che quando tu credi bene stare, e tu vieni meno. » E cosi è la verità.

Doviamo dunque levarci dall'amore e confidenzia che abbiamo al mondo, poichè ci dà tanto male di colpa e di pena da qualunque lato noi ci volliamo. Elle danno, dico, molestia e scandalo le cose del mondo a chi le possiede fuori

---

[1] Dante : « E quale è quei che adopera ed istima, E sempre par che innanzi si provveggia. »

[2] Parla forse a Giacoma insieme e alla moglie di Corrado il fratello di Trincio. — Suoro plurale, come loro e costoro, che il dialetto veneto declina in numero e genere, facendo lori e lore.

[3] Di Pietro e di Giacomo, Dante : « l'un dall'altro grande Principe glorioso. » — La stampa ora Paulo, ora Pavolo ; non mai, ch'io rammenti, Pagolo, com' altri Toscani.

di Dio. In Dio dobbiamo amare ciò che noi amiamo, e a gloria e loda del nome suo. E non vorrei però, che voi credeste che Dio non volesse che noi amassimo; però ch'egli vuole che noi amiamo, perchè tutte le cose che sono fatte da lui, sono degne d'essere amate; perocchè Dio, che è somma Bontà, ha fatte tutte le cose buone, e non può fare altro che bene. Ma solo il non amarle con ordine secondo Dio, e con vera umiltà, ricognoscendole da lui, è quello che le fa cattive, ed è male di colpa. Questa colpa dunque, che è una nostra disordinata volontà, con la quale noi amiamo, non è degna d'esser amata; anco, è degna d'odio e di pena, perchè non è in Dio.

Molto è discordante veramente questo misero signore del mondo da Dio. Dio vuole virtù, e 'l mondo vizio; in Dio è tutta pazienzia,[1] e 'l mondo è impaziente. In Cristo crocifisso è tutta clemenzia ed è fermo e stabile, che mai non si muove, e le sue promesse non fallanò mai, perocch'egli è vita, e indi[2] abbiamo la vita. Egli è verità, però che egli attiene la promessa, ogni bene remunera, e ogni colpa punisce. Egli è luce che ci dà lume; egli è nostra speranza, nostro proveditore e nostra fortezza; e a chi si confida in lui, egli non manca mai; perocchè tanto quanto l'anima si confida nel suo Creatore, tanto è proveduta. Egli tolle la debilezza, e fortifica 'l cuore del tribolato, che con vera umiltà e confidenzia chiede l'adiutorio suo, pur che noi volliamo l'occhio dell'intelletto con vero lume alla sua inestimabile carità. Il qual lume acquisteremo nell'obietto del sangue di Cristo crocifisso; perocchè senza il lume non potremmo vedere quanto è miserabile cosa amare il mondo, nè quanto è bene e utilità amare e temere Dio: perocchè,

---

1 Salmo : « *patiens et multæ misericordiæ.* »
2 La stampa : *inde;* come *ine* per *ivi,* e come il comune *onde.*

non vedendo, non si potrebbe amare chi è degno d'amore, nè dispregiare il vizio e 'l peccato, che è degno d'odio.

Ora a questo, dunque, dolce Signore, voglio che con véra pazienzia voi serviate. Voi avete provato quanto è penosa la servitudine del mondo, e con quanta pena vien tosto meno. Dunque accostatevi a Cristo crocifisso, e lui cominciate a servire con tutto il cuore e con tutta l'anima; e con vera pazienzia porterete la santa disciplina che egli v'ha posta non per odio, ma per amore ch'egli ebbe alla salute dell'anima sua,[1] alla quale ebbe tanta misericordia, permettendo che morisse nel servizio della santa Chiesa: che, essendo morto in altro modo, per li molti viluppi e tenerezze del mondo e affanno delli amici e parenti (e' quali spesse volte sono impedimento della nostra salute) averebbe avuto molto che fare. Volendo dunque Dio, che l'amava di singolare amore, provedere alla salute sua, permise di conducerlo a quel punto, il quale fu dolce all'anima sua. E voi dovete esser amatrice più dell'anima che del corpo; però che 'l corpo è mortale, ed è cosa finita, e l'anima è immortale e infinita. Sicchè dunque vedete che la somma Providenza ha proveduto alla sua salute; e a voi ha proveduto di farvi portare delle fadighe, per avere di che remunerarvi in vita eterna. Già abbiamo detto che ogni bene è remunerato, e ogni colpa è punita, cioè ogni pena e tribolazione, che con pazienzia si porta; e ogni impazienzia, mormorazione, e odio che abbiamo contra Dio e 'l prossimo nostro e a noi medesimi;[2] e anco ha voluto il dolce e buono

---

[1] Non lo nomina, non dice maiito, signoie nè altio; ed è delicato il sottintendeie, e affettuoso. All'accostarsi de'Fiorentini, il popolo di Foligno sollevatosi, uccise lui che teneva da paite papale; e che piima .di moiie fu dal beato Pietio di Fuligno, Fiancescano, iichiamato a pentiisi de' falli suoi. Dal suo pentimento, e dalla intenzione buona, gli speia Cateiina salute; non dalla gueiia per sè.

[2] L'impaziente doloie, e il malesseie che ne segue all'anima nostia

Gesù, che cognosciate che cosa è 'l mondo, e quanto è miserabile cosa a farsi Dio de' figliuoli, o del marito, o dello stato, o d' alcuna altra cosa.

E se voi mi diceste : « la fadiga è sì grande, che io non la posso portare ; » io vi rispondo, carissima suoro, che la fadiga è piccola, e puossi portare. Dico ch' è piccola, per la piccolezza e brevità del tempo ; però che tanto è grande la fadiga quanto è 'l tempo. Chè, passati che noi siamo di questa vita, sono finite le nostre fadighe. Il tempo nostro quanto è ? Dicono li Santi, ch' egli è quanto una punta d' aco ; che per altezza nè per lunghezza non è cavelle. E così è la vita del corpo nostro : però che subito vien meno quando piace alla divina Bontà di trarci di questa vita.

Dico ancòra, che si può portare ; perocchè neuno è che lo possa tollere da sè per alcuna impazienzia. Onde assai [1] dica : « Io non posso nè voglio portare : » chè gli conviene pur portare. E 'l suo non volere gli aggiugne fadiga sopra fadiga, colla sua propria volontà ; nella quale volontà sta ogni pena. Perocchè tanto è grande la fadiga, quanto la volontà la fa grande. Onde, tollimi la volontà, ed è tolta la fadiga.

E con che si tolle questa volontà ? Colla memoria del sangue di Cristo crocifisso. Questo sangue è di tanto diletto che ogni amaritudine nella memoria di questo sangue diventa dolce, e ogni gran peso diventa leggiero : però che nel sangue di Cristo troviamo l' amore ineffabile con che

---

e al corpo, è come un odio di noi medesimi : non quell' odio santo al quale ella accenna sovente, cioè il dispiacimento de' nostri difetti, e resistenza agli abusi dell' amoie piopiio ; ma è veiamente un nuoceie a sè senza meiito e senza compenso.

[1] Dica egli puie che non può : deve. *Assai*, affine a *benchè*. Nel Sacchetti : « iadovolle mangiaie col *Volpe, assai lo invitasse.* » Onde, per *molto che ;* omesso il *per,* come nel comune *quantunque* per *benchè,* che suona *per quanto.*

siamo amati da lui : perocchè per amore ci ha data la vita,
e rendutaci la Grazia, la quale noi per lo peccato perdemmo. Nel sangue troviamo la larghezza della sua misericordia;
e inc si vede che Dio non vuole altro che 'l nostro bene.
O sangue dolce, che inebrii l'anima! Elli è quel sangue
che dà pazienzia; egli ci veste il vestimento nuziale col
quale ci conviene entrare a vita eterna. Questo è 'l vestimento della carità, senza 'l quale saremmo cacciati del convito di vita eterna. Veramente, carissima suoro, che nella
memoria di questo sangue acquistiamo ogni diletto, e ogni
refrigerio in ogni nostra fadiga e avversità. E però vi dissi
che colla memoria del sangue di Cristo si tolleva la volontà
sensitiva, la quale ci dà impazienzia; e vesteci la detta memoria del sangue, della volontà di Dio, dove l'anima porta
con tanta pazienzia che di neuna altra cosa che le addivenga si può turbare; ma duolsi più quando si sentisse dolore[1] delle fadighe, e ribellare alla volontà di Dio, che non
l'a delle proprie fadighe. E così dovete far voi, e dolervi
del sentimento vostro, che si duole. E per questo modo
mortificherete 'l vizio dell' ira e della impazienzia, e verrete
a perfetta virtù.

E se voi considerate voi medesima, quante sono le pene
che Cristo ha portate per noi, e con quanto amore ve l'ha
concedute, solo perchè siate santificata in lui; e quanto la
fadiga è piccola per la brevità del tempo, come detto è;
e come ogni nostra fadiga sarà remunerata; e quanto Dio
è buono, e che la sua bontà non può volere altro che tutto
a nostro bene; dico che ogni cosa, avendo questa santa
considerazione,[2] vi farà portare leggermente, e ogni tribolazione; con vero cognoscimento de' nostri difetti, che me-

---

[1] Forse *dolere*.

[2] Questa consideiazione che aviete vi faià poitaie leggeimente
ogni cosa.

ritiamo ogni fadiga; e della bontà di Dio in noi, dove noi troviamo tanta misericordia : perocchè per le nostre colpe meriteremmo pena infinita; ed egli ci punisce con queste pene finite e insiememente si sconta[1] il peccato, e meritiamo vita eterna per la grazia sua, chi[2] serve lui portando con vera pazienzia. Il quale è di tanta benignità, che 'l servire a lui non è èssere servo, ma è regnare. E tutti li fa re, e signori liberi;[3] però che gli ha tratti della servitudine del dimonio, e del perverso tiranno del mondo, e della oscura sua servitudine.

Orsù dunque, carissime figliuole, poi che è tanto amaro il servire e amare di disordinato amore il mondo, le creature, e noi medesimi; ed è tanto dolce a servire e temere il dolce nostro Salvatore, signor nostro naturale, che ci ha amati prima che noi fossimo, per la sua infinita carità; non è dunque da perdere più 'l tempo. Ma con vero lume e viva fede, confidandoci che egli ci sovverrà a ogni nostro bisogno, il serviamo con tutto il cuore e con tutto l'affetto e con tutte le forze nostre, e con reale pazienza, la quale è piena di dolcezza. Questa virtù è sempre donna, sempre vince, e non è mai vinta; perocchè non si lascia signoreggiare nè possedere dall'ira. Onde chi l'ha, non vede morte eternale; ma in questa vita gusta l'arra di vita eterna. E senz'essa stiamo nella morte, privati del bene della terra, e del bene del cielo. E però dissi, vedendo tanto pericolo, e sentendo che per lo caso occorso a voi n'avevate bisogno acciocchè non perdeste il frutto delle vostre fadighe, dissi, e

---

[1] La stampa: *scontia*. Ed è in altri antichi senesi.

[2] Il *chi* stante da sè, per ellissi; come in Dante: « *Quinci si va, chi vuole andar per pace* » (dove il *si* è impersonale non retto dal *chi.*) — Questo periodo è alquanto involuto; ma pieno d'idee. Il Boccaccio ne avrebbe fatte tre pagine.

[3] Sapeva ella bene che troppi signori sono schiavi d'altri signori, e de' sudditi e satelliti proprii, e di sè.

dico, che io desideravo di vedervi fondata in vera e perfetta pazienzia. E così dovete fare, acciocchè, quando sarete richieste dalla prima dolce Verità nell' ultimo punto della morte, potiate dire: « Signor mio, io ho corso,[1] e consumata questa vita con fede e speranza ch' io ebbi in te, portando con pazienzia le fadighe che per mio bene mi concedesti. Ora t' addimando per grazia, per li meriti del sangue tuo, che tu mi doni te, il quale sei vita senza morte, luce senza tenebre, sazietà senza alcuno fastidio, e fame [2] dilettevole senza alcuna pena; pieno d' ogni bene in tanto che la lingua nol può dire nè 'l cuore pensare, nè l' occhio vedere quanto bene è quello che tu hai apparecchiato a me e agli altri, che sostengono volontariamente ogni fadiga per tuo amore.[3] » Io vi prometto, carissima suoro, che facendo così, Dio vi rimetterà ancora nella casa vostra temporale;[4] e nell'ultimo tornerete nella patria vostra Jerusalem, visione di pace: siccome fece a Job, che, provato ch' ebbe la sua pazienzia (avendo perduto ciò che egli aveva, morti e'figliuoli, e perduto l'avere[5] e toltagli la sanità, in tanto che le sue carni menavano vermini, la moglie gli era rimasta per lo suo stimolo,[6] che sempre 'l tri-

---

[1] Paolo: « *cursum consummavi.* »

[2] A dito modo, a Dio: tu sei fame. Ma *desiderio* dicevano i Latini e diciamo noi, per l' oggetto desidelato. Dante: « *Tien alto lor desio, e nol nasconde* » (degli affamati assomigliati a bambini, ai quali mostrasi quel che biamano, e non si dà.)

[3] Paragonisi l' eloquente teneiezza di queste paiole, alla desolata bellezza di quelle che Didone dice, già piena della moite futuia: « *Dulces exuviæ... Accipite hanc animam, meque his exsolvite cuiis. Vixi, et quem dederat cursum Foituna, peregi... Ulta virum, pœnas inimico a fiatie recepi. Felix, o nimium felix si... Moriemur inultæ?* »

[4] Al tempo di Bonifazio IX iiebbeio i Tiinci la signoiia e fino a Eugenio IV la tenneio. *Io vi prometto* è paiola notabile.

[5] *Ciò ch' egli aveva,* compiende e i figliuoli e ogni cosa; l' *aveie,* conceine i beni.

[6] Nel senso di Paolo: *stimulus carnis.* Bello anco qui, che dipinge le puntuie moleste come pungolo a coiieie veiso la meta.

bolava; e in tutte queste cose Job non si lagna, ma dice: « Dio me le diede, e Dio me l'ha tolte; in ogni cosa sia glorificato il nome suo); » Vedendo Dio tanta pazienzia in Job, gli restitui d'ogni cosa il doppio più che non avea, dandogli qui la sua Grazia, e nel fine vita eterna.

Or così fate voi. E non vi lasciate ingannare alla passione sensitiva, nè al. mondo nè al dimonio nè a detto d'alcuna creatùra. E guardatevi dall'odio del cuore verso il prossimo vostro, perocch'egli è la peggiore lebra che sia. L'odio fa nell'anima come colui che vuole uccidere il nemico suo; il quale, vollendo la punta del coltello verso di lui, uccide prima sè medesimo, che egli uccida lui. Cosi fa l'odio: perocchè prima è morta l'anima dal coltello dell'odio, che egli uccida lui. Spero nella bontà di Dio che 'l farete. E anco acciò meglio il possiate fare, usate di confessarvi spesso, e di ritrovarvi volentieri co' servi di Dio. E dilettatevi dell'orazione, dove l'anima cognosce meglio sè e Dio. Bagnatevi nel sangue di Cristo crocifisso. Altro non dico. Permanete nella santa e dolce dilezione di Dio. Gesù dolce, Gesù amore.

—

CCLXV. — *A Francesco di Pipino Sarto da Firenze, e a Monna Agnesa sua donna.*

Sia l'anima giudice e signoɩa di sè. Con l'affetto impeɩi all'affetto. Nel non condiscendeɩe al coɩpo, non fiacchi e non istupidisca per mortificazioni disoɩdinato questo istɩumento dell'anima. Letteɩa delle più belle. La figliuola del tintore tɩatta bene la moglie del saɩto.

Al nome di Gesù Cristo crocifisso e di Maria dolce.

Carissimi figliuoli in Cristo dolce Gesù. Io Catarina, serva e schiava de' servi di Gesù Cristo, scrivo a voi nel prezioso sangue suo; con desiderio di vedervi spogliati di voi medesimi, e vestiti di Cristo crocifisso, morti ad ogni propria volontà, e ogni parere e piacere umano; e solo viva in voi la sua dolce verità. Perocchè in altro modo non veggo che potcste perseverare nella virtù : e non perseverando, non ricevereste la corona della beatitudine ; e così avereste perduto il frutto delle vostre fadighe.

Voglio adunque, figliuoli miei dolci, che in tutto vi studiate d' uccidere questa perversa volontà sensitiva, la quale sempre vuole ribellare a Dio. E il modo da ucciderla è questo : di salir sopra la sedia della coscienzia vostra, e tenervi ragione, e non lassare passare uno minimo pensiero fuora di Dio, che non sia corretto con grande rimproverio. Faccia l' uomo due parti di sè ; cioè la sensualità e la ragione : e questa ragione tragga fuore il coltello di due tagli, cioè odio del. vizio, e amore della virtù ; e con esso tenga la sensualità per serva, dibarbicando e divellendo [1] ogni vizio e movimento di vizio dall' anima sua. E mai non dia a questa serva cosa che gli addimandi ; ma coll' amore delle virtù conculcarla sotto c' piedi dell' affetto.[2] Se ella vuole dormire, e tu con la vigilia e coll' umile orazione ; se vuole mangiare, e tu digiuna ; se si leva a concupiscenzia, e tu colla disciplina ; se vuole starsi in negligenzia, e tu coll' esercizio santo ; se s' avviluppa, per sua fragilità o per illusione del dimonio, in vani e disonesti pensieri, e tu ti leva col rimproperio, vituperandola, e colla memoria della morte la impaurisci, e con santi pensieri cacciare e' disonesti : e così in ogni cosa far forza a voi medesimi. Ma ogni cosa con discrezione ; cioè della vita corporale, pigliando la necessità della natura, acciò che 'l corpo, come strumento, possa aitare all' anima, ed esercitarsi per Dio. Per questo modo, con

---

[1] *Divellere* con più forza, il male più grave.

[2] La signoria della ragione sul senso non deve già distruggere ogni affetto nell' anima, e neanco gli affetti alle cose terrene ; ma non concedere che l' amore di cose men alte distrugga quello ch' è debito alle più alte : perchè allora veramente l' affetto s' inaridisce.

molta forza e violenzia che farete a questa perversa legge
della carne vostra e della volontà propria, averete vittoria
di tutti e' vizii, e acquisterete in voi tutte le virtù. Ma
questo non veggo che poteste fare mentre fuste vestiti[1] di
voi; e però vi dissi che io desideravo di vedervene spogliati, e vestiti di Cristo crocifisso. E così vi prego strettis-
simamente che vi ingegniate di fare, acciò che voi siate la
gloria[2] mia. Fate, che io vi vegga due specchi di virtù nel
cospetto di Dio. E levatevi oggimai dà tanta negligenzia e
ignoranzia quanto io sento in voi; e non mi date materia
di pianto, ma d'allegrezza. Spero nella bontà di Dio, che
ancora mi darà consolazione di voi. Non dico più. Permanete
nella santa e dolce dilezione di Dio. Gesù dolce, Gesù amore.

—

CCLXVI. — A Misser Ristoro Canigiani.

A Ristoro che si asteneva dalla Comunione per non gli parere d'aver
da Dio la ricchezza della contrizione chiestagli, Caterina risponde
che Dio dà, anche non chiesto. Che da lui ci viene anco l'ispirazione del chiedere; ma che talora non dà, perchè chiediamo con
parole, non con opere di virtù; perchè chiediamo immaturamente,
o il male nostro: onde il non ottenere è un vero ottenere. Diffe-
rendo, Dio eccita in noi il desiderio, che ci fa meglio degni del
dono: ma se conseguissimo sull'atto, spregeremmo il valore di
beni che non ci costano. Poi, Dio talvolta concede le grazie dello
spirito, ma non ne da la dolcezza sensibile, acciocchè l'uomo non
presuma, e non si svii dal bene entro il bene. Chiediamo il necessario all'urgente bisogno; il regno dell'anima nostra, senza il
quale non si ha il regno de' cieli. Chi è prudente ne' desiderii, sa
sopportare, e intanto ordinare sè stesso. Diasi la vita per le anime
altrui, gli averi per l'altrui vita; non per beni minori l'anima propria. Carità matta. Umiltà stolta, rifiutare le grazie per non n'essere degni, e così farsene più indegni. Lettera ricca di segreti di spirito.

Al nome di Gesù Cristo crocifisso e di Maria dolce.

Carissimo figliuolo in Cristo dolce Gesù. Io Catarina, serva
e schiava de' servi di Gesù Cristo, scrivo a voi nel prezioso

---

[1] I Toscani tutto dì assolutamente investirsi per dare a sè soverchia impoitanza, e dimostrarlo negli atti. Come s'investe! sottintende
di sè meglio che della parte d'un gian peisonaggio.

[2] Paolo: « Gaudium meum et corona mea. »

sangue suo; con desiderio di vedervi privato d' ogni amore
proprio di voi medesimo, acciocchè non perdiate il lume e
cognoscimento, di vedere l' amore ineffabile che Dio v' ha.
E però che 'l lume è quello che cel fa cognoscere, e l' amore
è quella cosa che ci tolle il lume; però ho grandissimo desiderio di vederlo spento [1] in voi. Oh quanto è pericoloso alla
nostra salute quest' amore proprio ! Egli priva l' anima della
grazia, perchè gli tolle la carità di Dio e del prossimo ; la quale
carità ci fa vivere in grazia. Egli ci priva del lume, come
dicemmo, perchè offusca l' occhio dell' intelletto : tolto il lume
andiamo in tenebre, e non conosciamo quello che ci è necessario.

Che ci è di bisogno cognoscere ? La grande bontà di Dio
e la ineffabile carità sua verso di noi ; la legge perversa che
sempre impugna contro lo spirito, e la nostra miseria. In questo
cognoscimento l' anima comincia a rendere il debito suo a Dio,
cioè la gloria e lode al nome suo, amando lui sopra ogni cosa,
e 'l prossimo come sè medesimo; con fame e desiderio delle
virtù : a sè rende odio e dispiacere, odiando in sè il vizio, e
la propria sensualità ch' è cagione d' ogni vizio. Ogni virtù e
grazia acquista l' anima nel cognoscimento di sè, standovi
dentro col lume, come detto è. Dove troverà l' anima la ricchezza della contrizione delle colpe sue, e l' abondanzia della
misericordia di Dio ? In questa casa del cognoscimento di sè.

Or vediamo se noi ce la troviamo o no. Parlianne alcuna
cosa; perchè, secondo che mi scrivete, voi avete desiderio
d' avere contrizione de' vostri peccati ; e non potendola avere,
per questo lassavate la santa Comunione. E anco, vedremo,
se per questo si debba lassare.

---

1 L' amor proprio (questa parola manca ma è da supplire), l' amor
proprio vuol ella spento, non il lume, più prossimo a nominarsi. Tali
ambiguità di costrutto, non di senso, in lei sono men frequenti che in
altri scrittori più artifiziosi.

Voi sapete che Dio è sommamente buono, e amocci prima che noi fossimo; ed è eterna Sapienzia, e la sua potenzia in virtù è inestimabile : onde per questo siamo certi che egli può, sa e vuole darci quello che ci bisogna. E ben vediamo per pruova che egli ci dà più che noi non sappiamo addimandare, e quello che non è addimandato per noi. Pregammolo noi mai che egli ci creasse più [1] creature ragionevoli alla immagine e similitudine sua, che animali bruti? No. Nè che egli ci creasse a Grazia nel sangue del Verbo unigenito suo Figliuolo, nè che egli ci si lassasse in cibo tutto sè Dio e tutto uomo, la carne e il sangue, il corpo e l'anima unita nella Deità? Oltre a questi altissimi doni, i quali sono sì grandi e tanto fuoco d'amore ci mostrano, che non è cuore tanto duro che a considerarli punto, non si dissolvesse la durizia e freddezza sua ; infinite sono le grazie e doni che riceviamo da lui senza nostro addimandare.

Adunque, poich' egli dà tanto senza nostro chiedere; quanto maggiormente compirà e' desiderii nostri quando desidereremone cosa giusta? [2] Anco, chi ce le fa desiderare e addimandare? solamente egli. Dunque se egli le fa addimandare, segno è che egli le vuole compire, e dare quello che noi addimandiamo.

Ma voi mi direte: « Io confesso che egli è ciò che tu dici ; ma onde viene che molte volte io addimando e la Contrizione e dell'altre cose, e non pare che mi siano date? » Io vi rispondo: O egli è per difetto di colui che addimanda, dimandando imprudentemente, solo con la parola, e non con

---

[1] Piuttosto. *Magis* aveva i due sensi: onde *malo*. Simile concetto ne' Soliloqui attribuiti a Agostino.

[2] Si ammiri come alla severa parsimonia delle parole ella sappia congiungere la copia e l'armonia. Paragonisi coi lunghi e sudatamente contorti numeri del Boccaccio.

altro affetto; [1] e di questi cotali disse 'l nostro Salvatore che 'l chiamano *Signore, Signore,* dicendo che non saranno cognosciuti da lui: non, che egli non li cognosca; ma per li loro difetti non saranno cognosciuti dalla misericordia sua. O egli dimanda cosa che, avendola, sarebbe nociva alla salute sua; onde, non avendo quello che dimanda, sì l' ha, perocchè egli 'l dimanda credendo che sia suo bene; e avendolo, gli farebbe male; e, non avendolo, gli fa bene; e così Dio ha compita la sua intenzione con la quale egli addimandava. Sicchè dalla parte di Dio, sempre l' abbiamo; ma è ben questo, che Dio sa l' occulto e 'l palese, e cognosce la nostra imperfezione: onde vede che se subito ci desse la grazia come noi la dimandiamo, noi faremmo come l' animale immondo,[2] che, levato dal mèle 'l quale è dolcissimo, non si cura dappoi di ponersi in su la cosa fetida. Così vede Dio che spesse volte facciamo noi; che, ricevendo delle grazie e delli beneficii suoi, participando la dolcezza della sua carità, non curiamo di ponerci in su le miserie, tornando al vomito del fracidume del mondo. E però Dio alcuna volta non ci dà quello che addimandiamo, cosi tosto come vorremmo, per farci crescere in fame e in desiderio; perocchè si diletta, cioè piacegli,[3] di vedere innanzi a sè la fame della sua creatura.

---

[1] Anco nella semplice parola è una specie d' affetto. I devoti e i rètori e gli uomini cerimoniosi troppo lo sanno, e n' illudono in parte sè stessi, non però mai in tutto di buona fede. Due sono qui le ragioni del non ottenere: il chiedere impudente (senza ben sapere che e quanto si chieda); e il chiedere a fior di labbia.

[2] La mosca; alla quale ella assomiglia il diavolo altrove. Intende che il facile ottenere ogni desiderio, non solamente rende l' uomo più debole a condiscendere ai desiderii, anco abietti, e a presumere vilmente di sè; ma gli toglie il discernimento dei beni che hanno più valore, e che però devono costare più; dacchè e i grandi e i piccoli non gli costano nulla.

[3] Se non è correzione di lei dettante, o dichiarazione a chi scriveva o agli astanti; intendasi ch'Ella col *piacegli,* parola più spiri-

Alcuna volta farà la grazia dandola in effetto, ma non per sentimento. Questo modo usa con providenzia, perchè cognosce che, s' egli se la sentisse avere, o egli allenterebbe la fune [1] del desiderio, o verrebbe a presunzione: e però sottrae il sentimento, ma non la grazia. Altri sono che ricevono e sentono, secondo che piace alla dolce bontà sua, come nostro medico, di dare a noi infermi, e a ognuno dà per quello modo che bisogna alle nostre infermità. Adunque vedete che, in ogni modo, l' affetto della Creatura col quale dimanda a Dio, sempre è adempito. Ora vediamo quello che dobbiamo addimandare, e con che prudenzia.

Parmi che la prima dolce Verità c'insegni quello che dobbiamo addimandare, quando nel santo Evangelio riprendendo l' uomo della disordinata sollecitudine sua, la quale mette in acquistare e tenere gli stati e ricchezze del mondo, disse: « Non vogliate pensare per lo dì di domane. Basta al dì la sollecitudine sua. » Qui ci mostra, che con prudenzia ragguardiamo la brevità del tempo. Poi soggiunge : « Domandate prima il reame del cielo; chè queste cose minime, ben sa il Padre celestiale che voi avete [2] bisogno. » Quale è questo reame? e come s' addimanda? È 'l reame di vita eterna, e il reame dell' anima nostra, il quale reame dell' anima, se non è posseduto dalla ragione, giammai non entra nel reame di Dio. Con che s' addimanda? Non solamente con la parola (già abbiamo detto che questi cotali non sono cognosciuti da Dio), ma coll' affetto delle vere e reali virtù. La virtù è quella che dimanda e possiede questo reame del cielo: la quale virtù fa l' uomo prudente, che con prudenzia e matu-

---

tuale, intende spiegare il vero senso del *diletta,* che può sonare troppo umano.

[1] Nella Bibbia più volte simile imagine, e la voce *funiculus.*

[2] Non aggiungo *ne,* che si può sottintendere; e il *fare* e l' *essere* di *bisogno,* e il *bisognare,* comportano locuzioni che il *di* non ci si richiede.

rità adopera in onore di Dio, in salute sua e del prossimo. Con prudenzia porta e sopporta i difetti suoi; con prudenzia ordina l'affetto della carità, amando Dio sopra ogni cosa, e 'l prossimo come sè medesimo. L'ordine è questo: che egli dispone di dare la vita corporale per la salute dell'anime, e la sostanzia temporale per campare il corpo del prossimo suo. Quest'ordine pone la carità prudente. Se fosse imprudente, sarebbe tutto 'l contrario: come fanno molti che usano una stolta e matta carità, che molte volte, per campare il prossimo loro (non dico l'anima, ma il corpo) ne pongono[1] l'anima loro, con spargervi menzogne, dando false testimonianze. Costoro perdono la carità, perchè non è condita con la prudenzia.

Veduto abbiamo che ci conviene addimandare il reame del cielo prudentemente; ora vi rispondo al modo che dobbiamo tenere della santa Comunione e come ci la conviene prendere. E non dobbiamo usare una stolta umiltà, come fanno gli uomini secolari del mondo. Dico che ci conviene prendere questo dolce Sacramento, perchè egli è cibo dell'anima, senza il qual cibo noi non possiamo vivere in Grazia. Però che neuno legame è tanto grande che non si possa e debba tagliare per venire a questo dolce Sacramento. Debbane fare l'uomo dalla parte sua ciò che può; e bastagli. Come il dobbiamo prendere? Col lume della santissima fede, e con la bocca del santo desiderio. Col lume della fede ragguarderete tutto Dio e tutt'uomo in quell'ostia. Allora l'affetto che va dietro all'intelletto, prende con un affettuoso amore e con una santa considerazione de' difetti e peccati suoi; onde viene a contrizione; e considera la larghezza dell'inestimabile carità di Dio, che con tanto amore se gli è dato in cibo. E perchè non gli paia avere quella perfetta contri-

---

[1] Ora direbbesi: ci rimettono.

zione e disposizione che esso medesimo vorrebbe, non debbo lassare; perchè solo la buona volontà è sufficiente, e la disposizione che dalla sua parte è fatta.

Anco dico che cel conviene prendere, siccome fu figurato nel Testamento Vecchio, quando fu comandato che si mangiasse l'agnello arrostito e non lesso; tutto e non parte; cinti e ritti, col bastone in mano; e il sangue dell'agnello ponessero sopra 'l liminare dell'uscio. Per questo modo ci conviene prendere questo Sacramento: mangiarlo arrostito, e non lesso; chè, essendo lesso, v'è in mezzo [1] la terra e l'acqua, cioè l'affetto terreno, e l'acqua del proprio amore. E però vuol essere arrostito, e non v'è mezzo veruno. Allora si prende arrostito quando il riceviamo col fuoco della divina dolce carità. E dobbiamo esser cinti col cingolo della coscienzia: [2] chè troppo sarebbe sconvenevole cosa che a tanta mondizia e purità s'andasse con la mente

---

[1] La pentola è la terra che s'interpone tra il fuoco e l'agnello. Poteva Caterina dire, e l'avrà forse pensato, che, gli affetti terreni son cocci fragili; e che chi vi s'incoccia, « *tamquam vas figuli,* » andrà rotto. Ma l'altra imagine dell'acqua è fatta trasparente dalle parole sue stesse; perchè, siccome l'acqua toglie il sugo alla carne, così fa l'amor proprio agli affetti, che gli annacqua e fa meno generosi. Nel linguaggio popolare *cosa lessa* vale *mezzo scipita*. E a tal donna al certo non gustavano gli affetti lessi. Anco Dante ha imagini di cucina:

    « *Non altrimenti i cuochi a' lor vassalli*
     Fanno attuffare in mezzo la caldaia
     La carne con gli uncin', perchè non galli. »

Ma la donna congiunge in questa imagine famigliare la scientifica locuzione e idea del *mezzo* che Dante fa esprimere a Beatrice, là dove ragiona della interezza degli spiriti, prova della unità e della immortalità.

[2] Vangelo: « *Estote præcincti.* » E quell'atto conferisce e a decenza e a snellezza. Veste che si strascica, s'insudicia. Dante con la coda che ha intorno cinta, fa salire la Frode, che serva a' suoi usi. Altrove: « *D'ogni valor portò cinta la corda.* »

e col corpo immondi. Dobbiamo stare ritti, cioè, che 'l cuore
e la mente nostra sia tutta fedele e drizzata in Dio; col
bastone della santissima croce, onde noi traiamo la dottrina
di Cristo crocifisso. Ciò è quel bastone al quale noi ci appoggiamo, e che ci difende da' nemici nostri, cioè dal mondo, dal dimonio, e dalla carne. E conviensi mangiarlo tutto,
e non parte: cioè, che col lume della fede dobbiamo ragguardare non solamente l'umanità in questo Sacramento, ma
il corpo e l'anima di Cristo crocifisso unita e impastata[1]
con la deità, tutto Dio e tutto uomo. Convienci tollere il
sangue di questo Agnello, e ponercelo in fronte, cioè con-
fessarlo ad ogni creatura ragionevole, e non dinegarlo mai
nè per pena nè per morte. Or così dolcemente ci conviene
prendere questo Agnello arrostito al fuoco della carità in
sul legno della croce. Così saremo trovati segnati del segno
di Tau,[2] e non saremo percossi dall'Angelo percussore.

Dissi che non ci conviene fare, nè voglio che facciate,
come molti imprudenti secolari, i quali trapassano quello
che gli è comandato dalla santa Chiesa, dicendo: « Io non
ne son degno. » E così passano lungo tempo col peccato
mortale senza il cibo dell'anime loro. O umiltà stolta! E chi
non vede che tu non ne sei degno? Qual tempo aspetti tu
d'esser degno? Non l'aspettare; chè tanto ne sarai degno
nell'ultimo, quanto nel principio. Chè con tutte le nostre
giustizie, mai non ne saremo degni. Ma Dio è colui che è
degno, e della sua dignità fa degni noi. La sua dignità non
diminuisce mai. Che dobbiamo fare? Disponerci dalla parte
nostra, e osservare il dolce comandamento. Che se noi non

---

[1] Non confuse le due nature, ma unite. La parola *impastare* non
è conveniente.

[2] Il T simbolo della Croce. Ezechiello: « *Super quem videbilis* Tau,
ne occidatis. »

facessimo così; lassando la Comunione, per siffatto modo, credendo fuggir la colpa, cadremmo nella colpa.

E però io concludo, e voglio, che così fatta stoltizia non sia in voi; ma che vi disponiate, come fedele Cristiano, a ricevere questa santa Comunione per lo modo detto. Tanto perfettamente il farete, quanto starete nel vero cognoscimento di voi: altrimenti no. Perocchè, standoci, ogni cosa vedrete schiettamente. Non allentate il santo desiderio vostro per pena nè per danno, nè per ingiuria o ingratitudine di coloro ai quali voi avete servito; ma virilmente con vera e lunga perseveranzia persevererete insino alla morte. E così vi prego che facciate per amor di Cristo crocifisso. Altro non dico. Permanete nella santa e dolce dilezione di Dio. Gesù dolce, Gesù amore.

—

CCLXVII. — *A Frate Raimondo da Capua dell' Ordine de' Predicatori.*

L'amoi proprio ci fa deboli alle battaglie del cuore e del mondo. Tocca le dicerie d'Italiani e Francesi contio lei presso il papa. E, non le bastando il litoino di lui in Italia, vuole corretti gli abusi, pastori eletti miglioii, puniti i ribelli non con pene materiali; con la carità racquistarsi anco la potestà temporale: e se no, andià perduta cosa ben maggiore di questa. Pace in Italia, guerra sia in Oriente. Questi consigli tra severi e supplichevoli dà nell'atto del fare sue scuse per non essere al cenno del papa ita a Firenze paciera. Parla a Raimondo, ma perchè il papa intenda. Al frate dice di consigliarsi con Dio e con sè stesso, parlare umile ma forte; al papa d'ascoltare la ragione, e non temere fatica nè danno.

Al nome di Gesù Cristo crocifisso e di Maria dolce.

Carissimo e dolcissimo padre in Cristo dolce Gesù. Io Catarina, serva e schiava de' servi di Gesù Cristo, scrivo a voi nel prezioso sangue suo; con desiderio di vedervi vero combattitore contra le molestie e insidie[1] del dimonio, e con-

---

[1] *Insidie* corrisponde a *malizie; persecuzioni* a *molestie,* che ha senso grave.

tro le malizie e persecuzioni degli uomini, e contra il vostro amore sensitivo, 'l quale è quello némico che, se la persona none 'l parte da sè con la virtù, e con odio santo, giammai non può esser forte contra alle altre battaglie che tutto dì riceviamo. Perocchè l'amore proprio ci indebilisce; e però c'è necessario di privarcene con la forza della virtù; la quale acquisteremo nell'amore ineffabile che Dio ci ha manifestato col mezzo del sangue dell'unigenito suo Figliuolo. Il quale amore, tratto dall'amore divino, ci dà lume e vita; lume, in[1] cognoscere la verità, quando egli è di bisogno alla nostra salute, e ad acquistare la grande perfezione, e a[2] sostenere con vera pazienzia e fortezza[3] e costanzia infino alla morte; dalla quale fortezza, acquistata dal lume che ci fece cognoscere la verità, acquistiamo la vita della divina Grazia. Inebriatevi dunque del sangue dell'immacolato Agnello; e siate servo fedele, e non infedele, al vostro Creatore. E non dubitate, nè vollete il capo indietro, per alcuna battaglia o tenebre che vi venisse; ma con fede perseverate infino alla morte; perocchè voi sapete bene, che la perseveranzia vi darà 'l frutto della vostra fadiga.

Ho inteso da alcuna[4] serva di Dio, la quale vi tiene per continua orazione dinanzi da lui, che avete sentite grandissime battaglie, e tenebre sono cadute nella mente vostra per illusioni e inganno[5] del dimonio, volendovi fare vede-

---

[1] La stampa: *il*. Può anco correggersi *in*.

[2] Il lume è non solo a conoscenza, ma a compito operare. Avviso a que'pii che dell'ignoranza fanno condizione di religione sincera.

[3] C'è una pazienza non forte, e però non costante. La costanza è fondata nella coerenza de'principii che reggono le azioni.

[4] Una. È lei. Dice *ho inteso;* come più volte ragiona dell'anima propria.

[5] L'*illusione* può non essere fatta ad *inganno;* o, se anco a tal fine, può non ingannare.

re 'l torto per il dritto, e il dritto per lo torto : e questo fo, perchè veniate meno nello andare, acciocchè non giugniate al termine. Ma confortatevi ; perocchè Dio v'. ha proveduto e provederà, e non vi mancherà la Providenzia sua. Fate che in tutto ricorriate a Maria ; abbracciando la santa croce : e non vi lassate mai venire a confusione di mente, ma nel mare tempestoso navigate colla navicella della divina misericordia. So che dagli uomini religiosi e secolari, e anco nel corpo mistico della santa Chiesa, se riceveste o aveste ricevuto alcuna persecuzione o dispiacimento o indignazione del Vicario di Cristo, o per voi, o aveste sostenuto o sosteneste per me con tutte queste creature, [1] non state a contrastare ;[2] ma con pazienzia sostenete, partendovi di subito, e andandovene in cella a cognoscere voi medesimo con una santa considerazione ; pensando che Dio vi faccia degno di sostenere per amore della verità, e d' essere perseguitato per lo nome suo ; con vera umiltà reputandovi degno della pena, e indegno del frutto. E tutte le cose che avete a fare, fate con prudenzia, ponendovi Dio dinanzi all' occhio vostro ; e ciò che avete a dire o a fare, ditelo e fatelo dinanzi a Dio e a voi,[3] e col mezzo della santissima orazione. Ine troverete il dottore [4] della santa clemenzia dello Spirito Santo, 'l quale infonderà uno lume di sapienzia in voi, che

---

1 *Creatura,* s' intende, anco il papa. E Italiani e Francesi erano scontenti del ritorno di lui ; e anch' egli, delle incertezze sue continue, come i deboli fanno, si corrucciava.

2 *So che* pare che cominci un concetto, che poi è rotto da *non state :* nè so che qualcosa manchi ; o se la stessa dettatrice, così sopra pensiero dicesse, o se non s' abbia a intendere per semplice affermazione il *non state,* e, come consiglio, il *sostenete.*

3 Ragionatene con voi stesso : siate a voi giudice, meglio che consigliero.

4 La clemenza dello Spirito Santo, a voi Dottore (cioè, come in Dante, Maestro). *Dottore* e *clemenza* accordati, come *V. M.* mascolino.

vi farà discernere ed eleggere quello che sarà suo onore.
Questa è la dottrina, che n'è data dalla prima dolce Verità, procurando [1] il nostro bisogno con smisurato amore.

Se venisse il caso, carissimo padre, che vi trovaste dinanzi alla Santità del vicario di Cristo, dolcissimo e santissimo padre nostro; umilmente me gli raccomandate, rendendomi io in colpa alla Santità sua di molta ignoranzia e negligenzia che io ho commessa contro Dio, e disobedienzia contra il mio Creatore, il quale m'invitava a gridare con ansietato desiderio, e che con l'orazione gridassi dinanzi da lui, e con la parola e con la presenzia fussi presso al vicario suo. Per tutti quanti i modi ho commessi smisurati difetti; per li quali io credo che egli abbia ricevute molte persecuzioni, e la Chiesa santa, per le molte iniquitadi mie. Per la qual cosa, se egli si lagna di me, egli ha ragione; e di punirmi de' difetti miei. Ma ditegli, che io, giusta al mio potere, m'ingegnerò di correggermi nelle colpe mie, e di fare più a pieno l'obedienzia [2] sua. Sicchè io spero per la divina bontà che vollerà l'occhio della sua misericordia verso della sposa di Cristo e del vicario suo, e verso di me, tollendomi i difetti e la mia ignoranzia; ma verso della sposa, in dargli refrigerio di pace e di rinnovazione, con molto sostenere (perocchè in altro modo che senza fadiga non si possono trarre le spine de' molti difetti che affogano il giardino della santa Chiesa); e a lui farà grazia colà dove

---

[1] Procurante.

[2] Crede il Burlamacchi che accennisi qui al desiderio del papa ch'ella n'andasse a riconciliargli Firenze. Per non si mostrare vana, e non dare insieme pascolo a dicerie, e anco perchè stanca de' modi sleali e sprezzanti usati da certi Fiorentini seco, ella non corse subito, ma ci mandò Stefano Maconi, gentiluomo senese; il quale trovò gli animi bene disposti, e forse adesso vogliosi d'avere lei mediatrice, sia perchè autorevole presso Gregorio, sia perchè donna, la quale e' credessero potere con la loro stracca politica abbindolare.

egli voglia essere uomo virile, e non vollere il capo indietro per alcuna fadiga o persecuzione ch' egli riceva dalli iniqui figliuoli : ma costante e perseverante non schifi labore ; ma, come uno agnello, si gitti in mezzo de' lupi, con fame e con desiderio dell' onore di Dio e della salute dell' anime ; lassando e alienando la cura delle cose temporali, e attendere alle spirituali. Facendo così (che gli è richiesto dalla divina Bontà), l' agnello signoreggerà li lupi, ed i lupi torneranno agnelli ; e così vederemo la gloria e la loda del nome di Dio, benc e [1] pace della santa Chiesa. Per altra via non si può fare : non con guerra, ma con pace e benignità, e con quella santa punizione spirituale che debbe dare il padre al suo figliuolo quando commette la colpa.

Oimè, oimè, oimè, santissimo Padre ! Il primo dì che veniste nel luogo vostro, l' aveste fatto ! Spero nella bontà di Dio e nella santità vostra, che quello che non è fatto farete. E per questo modo si racquistano le temporali e le spirituali. Questo vi richiese (come voi sapete che vi fu detto) Dio che faceste, cioè di procurare alla reformazione della santa Chiesa, procurando in punire i difetti e in piantare i virtuosi pastori ; e pigliaste la pace santa con gl' iniqui figliuoli per lo migliore modo e più piacevole secondo Dio, che fare si potesse ; sicchè poi poteste attendere a riparare [2] con l' arme vostre del gonfalone della santissima croce sopra gl' infedeli. Credo che le nostre negligenzie e il non fare [3] ciò che si può, non con crudelità, nè pure con guerra, ma con pace e benignità (sempre dando la punizione a chi ha commesso il difetto, non quanto egli merita, perocchè non potrebbe tanto portare quanto egli merita più, ma

---

[1] Manca l' *e* nella stampa.

[2] Quasi la guerra lontana fosse il rifugio da' vicini pericoli, e dalle civili discordie e religiose.

[3] Le *negligenze* riguardano l' attenzione e l' affetto dell' anima ; il *non fare*, l' opera.

secondo che lo infermo è atto a potere portare) siano [1] forse
cagione d' essere venuta tanta ruina e danno e irreverenzia
della santa Chiesa e de' ministri suoi, quanto egli è. E temo
che, se non si rimediasse di fare quello che non è fatto, che
i nostri peccati non meritassero tanto, che noi vedessimo
venire maggiori inconvenienti; io dico, tali, che ci dorreb-
bero più che non fa il perdere le cose temporali. Di tutti
questi mali e pene vostre io miserabile ne son cagione per
la poca mia virtù, e per molta mia disobedienzia.

Santissimo Padre, mirate col lume della ragione, e con
la verità, il dispiacere verso di me, non per punizione, ma
per dispiacere.[2] E a cui ricorro, se voi m' abbandonaste?
chi mi sovverrebbe? a cui rifuggo, se voi mi cacciaste?
e' persecutori mi perseguitano, e io refuggo a voi e agli
altri figliuoli e servi di Dio. E, se voi m' abbandonaste pigliando dispiacere e indignazione verso di me; e io mi na-
sconderò nelle piaghe di Cristo crocifisso, di cui voi sete
vicario: e so che mi riceverà, perocchè egli non vuole la
morte del peccatore. Ed essendo ricevuta da lui, voi non
mi caccerete: anco, staremo nel luogo nostro a combattere
virilmente con l' arme della virtù per la dolce sposa di Cristo. In lei voglio terminare la vita mia, con lagrime, con
sudori, e con sospiri, e dare il sangue e le mirolla dell' ossa. E se tutto il mondo mi cacciasse; io non me ne curerò,
riposandomi, con pianto e con molto sostenere, nel petto
della dolce sposa. Perdonatemi, santissimo Padre, ogni mia
ignoranza e offesa che io ho fatta a Dio e alla vostra

---

[1] La stampa: *siamo.*

[2] Non chiaro. Pare intenda: giudicate voi stesso ragionevolmente
il dispiacere il quale a voi pare ch' io v' abbia dato; e non me ne vogliate punire, chè già il dispiacere ch' io n' ho, è assai. O piuttosto:
voi non lo fate per punire me; sibbene perchè a voi dispiacque.ch' io
non obbedissi in cosa che voi ingiungeste a buon fine. Se forse non
s' abbia a leggere *misurate.*

Santità. La verità sia quella che mi scusi, e me deliberi : verità eterna. Umilemente vi dimando la vostra benedizione.

A voi dico, padre carissimo, che, quando è possibile a voi, siate dinanzi alla Santità sua con viril cuore, e senza alcuna pena o timore servile : e prima siate in cella dinanzi a Maria e alla santissima croce, con santissima ed umile orazione, e con vero cognoscimento di voi, e con viva fede e volontà di sostenere ; e poi andare sicuramente. E adoperate ciò che si può per onore di Dio e salute dell' anime, infino alla morte. E annunziategli quello che io vi scrivo in questa lettera, secondo che lo Spirito Santo vi ministrerà. Altro non dico. Permanete nella santa e dolce dilezione di Dio. Gesù dolce, Gesù amore.

—

CCLXVIII. — Agli Anziani e Consoli e Gonfalonieri di Bologna.[1]

Risponde ai Bolognesi interroganti. Ond' è da credere scritta innanzi che avessero pace e conferma di libertà dal pontefice : e che Caterina inducesse lui a farsi principe meramente titolare di quella repubblica. Ma ad essi rende consigli mitemente severi. Che chi cura solo l'utile proprio, e sconosce le verità somme, non ritrova neanco quell'infima verità ; che le stesse sue virtù sono senza merito e senza lena. Ma la società dell'utile non è società. I governanti tristi esercitano e giustizia e misericordia con passione ; comandando, servono alle lusinghe e al timore ; nascondono a sè il male per non osar di correggerlo, e non lo saper correggere con amore ; eleggono a ministri uomini di mente fanciulli.

Al nome di Gesù Cristo crocifisso e di Maria dolce.

Carissimi fratelli in Cristo dolce Gesù. Io Catarina, serva e schiava de' servi di Gesù Cristo, scrivo a voi nel prezioso

1 Bologna ribellò, non la prima delle città suddite di titolo al papa ; e, mandato via il cardinale legato, elesse dodici anziani, consoli e gonfalonieri di giustizia ; e Stato della Libertà pose nome al governo novello. Poi il dì 4 luglio del 77 mandò ambasciatori al papa in Anagni, il quale riprese la sovranità titolare, lasciandola libera. Nel 79 si ribellò da Urbano, riconoscendolo però pontefice vero. Il Burlamacchi

sangue suo; con desiderio di vedervi spogliati dell' uomo vecchio, e vestiti dell' uomo nuovo: cioè spogliati del mondo e del proprio amore sensitivo, che è il vecchio peccato di Adam; e vestiti del nuovo Cristo dolce Gesù, cioè dell'affettuosa sua carità. La quale carità, quando è nell'anima, non cerca le cose sue proprie, ma è liberale e larga a rendere il debito suo a Dio; cioè d'amarlo sopra d'ogni altra cosa, e a sè rendere odio e dispiacere della propria sensualità; e amare sè per Dio, cioè per rendere gloria e loda al nome suo; al prossimo rendere la benevolenzia con una carità fraterna e con ordinato amore. Perocchè la carità vuole essere ordinata: cioè che l'uomo non facci a sè male di colpa, per campare, non tanto che un'anima, ma se possibil fosse, di salvare tutto quanto 'l mondo, nol debbe fare; perocchè non è lecito di commettere una piccola colpa per adoperare una grande virtù. E non si debbe ponere il corpo nostro per campare il corpo del prossimo; ma doviamo bene ponere la vita corporale per salute dell'anime, e la sustanzia temporale per bene e vita del prossimo. Sicchè vedete, che vuole essere ordinata, ed è ordinata, questa carità nell'anima.

Ma quelli che sono privati della carità, e pieni dell'amor proprio di loro, fanno tutto il contrario: e come essi sono disordinati nel cuore e nell'affetto loro, così sono disordinati in tutte quante le operazioni loro. Onde noi vediamo che gli uomini del mondo senza virtù servono e amano il prossimo loro, e con colpa; e per piacere e servire a loro, non si curano disservire [1] a Dio, e dispiacergli, e far danno all'anime loro. Questo è quello amore perverso, il quale

crede questa lettera del 77, non vi si accennando nè lo scisma del 78 nè i moti del 76; e non gli pare che in quest'anno, andando Caterina a Avignone, passasse di Bologna; non rimanendo di ciò documento nè tradizione verona.

[1] La stampa: *di servire*. Forse: *di disservire*.

spesse volte uccide l'anima e il corpo; e tolleci il lume, e
dacci la tenebra; tolleci la vita, e dacci la morte; privaci
della conversazione de' Beati, e dacci quella dell'inferno. E
se l'uomo non si corregge mentre ch'egli ha il tempo;
spegne la margarita lucida della santa giustizia, e perde il
caldo della vera carità e obedienzia.

Onde, da qualunque lato noi ci volliamo, in ogni maniera di creature che hanno in loro ragione, si vede man-
care in ogni virtù per questo malvagio vestimento del proprio amor sensitivo. Se noi ci volliamo a' prelati, essi attendono tanto a loro, e stare in delizie, che vedendo i sudditi
nelle mani delle dimonia, non pare che se ne curino. E i
sudditi, nè più nè meno, non si curano d'obedire nè nella
legge civile nè nella legge divina, nè si curano di servire
l'un l'altro se non per propria utilità. E però non basta
questo amore nè l'unione di quelli che sono uniti d'amore
sensitivo, e non di vera carità; ma tanto basta e dura
l'amicizia loro, quanto dura il piacere e il diletto, e la propria utilità che ne traggono. Onde, s'egli è signore, egli
manca nella santa giustizia: e questa è la cagione; perocchè teme di non perdere lo stato suo; e per non far dispiacere, sì va mantellando, e occultando[1] i loro difetti, ponendo
l'unguento[2] in su la piaga nel tempo che ella vorrebbe
essere incotta e incesa[3] col fuoco. Oime misera l'anima
mia! Quando egli debbe ponere il fuoco della divina carità,
e incendere il difetto con la santa punizione e correzione,

---

[1] Palliando con scuse; o, se questo non può, nascondendoli ad altri
e a sè.

[2] La stampa: *onguento;* come *paita* per *punto,* alla senese.

[3] Il secondo è più. Dante: « *piaghe... dalle fiamme, incese.* » Virg.
« *flumina... radii tepefacta coquebant.* » Ma la fiamma ch'ell'ama, è
castigatrice ad amore, non punitrice a vendetta. Il suo codice penale
è il Vangelo.

per santa giustizia fatta ; egli lusinga, e infingesi di non vederlo. Questo fa verso coloro che egli vede che · possono
impedire lo stato suo : ma ne' poverelli, che sono da poco
e di cui egli non teme, mostra zelo di grandissima giustizia ; e senza alcuna pietà e misericordia pongono grandissimi
pesi per piccola colpa. Chi n' è cagione di tanta ingiustizia?
l' amore proprio di sè. Ma e' miserabili uomini del mondo,
perchè sono privati della verità, non cognoscono la verità,
nè secondo Dio per la salute loro, nè per loro medesimi ;.
per conservare lo stato della signoria. Perchè, se essi co-
gnoscessero la verità, vederebbero che solo il vivere col
timore di Dio conserva lo stato e la città in pace : e per
conservare[1] la santa giustizia, rendendo a ciascuno de' sudditi il debito suo : e a chi debbe ricevere misericordia, fare
misericordia non per propria passione,[2] ma per verità : e a
chi debbe ricever giustizia, farla condita con misericordia
non passionata d' ira ; nè per detto di creatura, ma per
santa e vera giustizia : e attendere al bene comune, e non
al ben particolare ; e ponere gli officiali, e quelli che hanno
a reggere la città, non a sètte,[3] nè per animo,[4] nè per lusinghe, nè per rivendere, ma solo con virtù e modo di ragione : e scegliere uomini maturi e buoni, e non fanciulli ;
e che temano Dio, amatori del bene comune, e non del
bene particolare suo.[5] Or per questo modo si conserva lo
stato loro e la città in pace e in unione. Ma le ingiustizie

---

[1] Qualcosa manca.

[2] Anco nella misericordia può essere passione, come nell' ira. E i
tristi governanti quanto più crudi ai buoni, più teneri si fanno ai
tristi.

[3] La stampa: a sete. A norma delle sètte: voce storica troppo in
Italia.

[4] Per animosità, non manca d' esempi.

[5] Periodo che vale un trattato. La clausola con la tenuità del suono
ritrae la meschinità della cosa.

e il vivere a sètte, e il ponere a reggere e governare[1] uomini che non sanno reggere loro medesimi nè le famiglie loro, ingiusti e iracondi, passionati d'ira e amatori di loro medesimi; questi sono quelli modi che fanno perdere lo stato spirituale della Grazia, e lo stato temporale. Onde a questi cotali si può dire: In vano t'affatighi a guardare la città tua, se Dio non la guarda;[2] cioè se tu non temi Dio, e nelle tue operazioni non tel poni inanzi a te.

Sicchè vedete, carissimi fratelli e signori, che l'amore proprio è guastamento della città dell'anima, e guastamento e rivolgimento delle città terrene. Onde io voglio che voi sappiate, che neuna cosa ha posto in divisione il mondo in ogni maniera di gente, se non l'amore proprio, dal quale sono nate e nascono le ingiustizie.

Parmi, carissimi fratelli, che abbiate desiderio di crescere e conservare il buono stato della vostra città; e per questo desiderio vi moveste a scrivere a me indegna miserabile e piena di difetto. La quale lettera intesi e vidi con affettuoso amore, e con volontà di satisfare i desiderii vostri, e d'ingegnarmi, con quella grazia che Dio mi darà, ad offerire voi e la città vostra dinanzi a Dio con continua orazione. Se voi sarete uomini giusti, e che il reggimento vostro sia fatto come detto è di sopra, non passionati, nè per amor proprio e bene particolare, ma con bene universale fondato in su la pietra viva Cristo dolce Gesù; e che col timore suo facciate tutte le vostre operazioni; e[3] col mezzo delle orazioni conserverete lo stato, la pace, e l'unità della città vostra. E però vi prego per amore di Cristo crocifisso (poichè altro

---

[1] *Reggimento* è superiore a *governo*.

[2] Da' Salmi.

[3] L'*e* non è da togliere se s'intenda non per congiunzione, ma per rincalzo d'affermazione. Se non che in questo senso, pare ami il nome accanto o il pronome: *e voi col mezzo*.

modo non c'è) che, avendo voi l'aiuto dell'orazione de'servi di Dio voi non manchiate nella parte vostra quello [1] che bisogna. Perocchè, se voi mancaste, voi sareste bene un poco sostenuti dall'orazioni, ma non tanto, che tosto non venisse meno; però che voi dovete aitare a portare questo peso, della [2] parte vostra.

Onde, considerando me, che col vestimento dell'amore sensitivo e particolare non potreste sovvenire a'servi di Dio; e che colui che non sovviene sè del sovvenimento della virtù, non può sovvenire la città sua fraterna, e col zelo della santa giustizia; dico che è bisogno che siate vestiti dell'uomo nuovo, Cristo dolce Gesù, cioè della inestimabile sua carità. Ma non ci possiamo vestire, che prima non ci spogliamo; nè spogliare mi potrei [3] se io non veggo quanto m'è nocivo a tenere il vecchio peccato, e quanto m'è utile il vestimento nuovo della divina carità; però che, veduto che l'uomo l'ha, l'odia, e per odio se ne spoglia; e ama, e per amore si veste del vestimento delle virtù fondate nell'amore dell'uomo nuovo. Or questa è la via. E però vi dissi, ch'io desideravo di vedervi spogliati dell'uomo vecchio, e vestiti dell'uomo nuovo, Cristo crocifisso: e a questo modo acquisterete e conserverete lo stato della grazia, e lo stato della città vostra; e non mancherete mai alla debita reverenzia della santa Chiesa, ma con modo piacevole renderete il debito, e conserverete il vostro stato. Altro non dico. Permanete nella santa e dolce dilezione di Dio. Gesù dolce, Gesù amore.

---

[1] Non aggiungo *a*; giacchè a modo attivo ha esempi antichi; e, anco a farlo per neutro, ci si può sottintendere *in quello*.

[2] Dalla.

[3] Il variare di persona, è qui bellezza e umiltà ed eleganza: e ogni vera bellezza, chi ben guardi, ha radice nella moralità.

CCLXIX. — *A Neri di Landoccio.*

Il badare a solo sè contamina cuore e mente. Segno del non essere ristretto nel sentimento proprio è il saper tollerare.

Al nome di Gesù Cristo crocifisso e di Maria dolce.

Carissimo figliuolo in Cristo dolce Gesù. Io Catarina, serva e schiava de'servi di Gesù Cristo, scrivo a te nel prezioso sangue suo; con desiderio di vedere morto in te ogni proprio sentimento,[1] acciò che la mente e il desiderio tuo non sia mai contaminato dalla propria passione, ma più tosto sia agumentata la virtù in te. Questo farai quando coll'occhio dell'intelletto ti specchierai nella Verità eterna; perocchè in altro modo non si potrebbe dibarbicare. Adunque voglio, figliuolo mio dolce, che ti specchi nella somma eterna Verità, e non perda punto di tempo. Ma sempre giusta'l tuo potere, t'ingegna, quanto[2] tu puoi, di portare e sopportare e'difetti delle creature.[3] Fà che tu sia non negligente alla orazione santa; e di fare ogni domenica Pasqua con la santa Comunione. E non ti curare, però che tu ora sia di lunga da me corporal-

---

[1] Siccome l'amore di sè, innato e buono, devesi distinguere dall'amor proprio; così il sentimento di sè, nel quale è la vita, dal sentimento proprio, che gl'Italiani ben dicono anco, sentire alto di sè, sentir forte di sè. Il primo ristringesi all'orgoglio, il secondo ha senso più generale; cioè l'attenzione soverchia e quasi morbosa data al proprio sentire. Ma il modo di Caterina è più generale e più intimo, quindi più conveniente alla scienza. .

[2] Se intendasi che il *potere* è la forza dell'anima quasi in potenza, il *quanto tu puoi* concerne l'esercizio di quella in atto; i due modi insieme non parranno superfluità.

[3] Pare che questo non leghi con quel che precede; ma il vincolo c'è. Sopportare gli altrui difetti è un vincere la debolezza del proprio sentimento, un sapientemente e piamente investirsi delle altrui condizioni.

mente; perocchè col santo desiderio e coll' orazione santa io sarò sempre presso a te. Confòrtati, e fà forza e violenzia, acciò che rapischi [1] il reame del cielo. Altro non dico. Permani nella santa e dolce dilezione di Dio. Dio ti dia la sua dolce eterna benedizione. Monna Lisa, Alessa, Francesco, e Barduccio, tutti ti salutano. Gesù dolce, Gesù amore.

—

CCLXX. — *A Gregorio XI.*

Finisca la guerra de' non buoni prelati con Dio, e finirà la guerra de' laici contro i prelati.

Al nome di Gesù Cristo crocifisso e di Maria dolce.

Santissimo e dolcissimo padre in Cristo Gesù. Io vostra indegna e miserabile figliuola Catarina, serva e schiava de' servi di Gesù Cristo, scrivo alla vostra Santità nel prezioso sangue suo; con desiderio, che io ho lungo tempo desiderato, [2] di vedervi portinaio virile [3] e senza veruno timore. Portinai sete del cellaio [4] di Dio, cioè del sangue dell'unigenito suo Figliuolo, la cui vece rappresentate in terra; e per altre mani non si può avere il sangue di Cristo se non per le vostre. [5] Voi [6] pascete e nutricate li fedeli Cristiani: voi sete quella madre che alle mammelle della divina carità ci notricate; perocchè non ci date sangue senza fuoco, nè fuoco senza sangue. Perocchè il sangue fu sparto con fuoco d'amore. O governatore nostro, io dico che ho lungo tempo desi-

---

[1] Dante ha forme simili.

[2] Vang.: « *Desiderio desideravi.* » Può intendersi o *desiderare* il *desiderio,* come *viver la vita;* e può sottintendersi: *il desiderio con che.*

[3] *Cortese portinaio* in Dante l'angelo.

[4] Nodo della Cantica, alla quale sono comento perpetuo e le parole e le opere e i patimenti e le gioie di Caterina.

[5] Gli altri sacerdoti mettono capo a voi.

[6] La stampa: *poi.* E più sotto: *vedermi.*

derato di vedervi uomo virile e senza veruno timore; imparando dal dolce e innamorato Verbo, che virilmente corre all'obbrobriosa morte della santissima croce, per compire la volontà del padre e la salute nostra. Questo Verbo dolce arreca a noi la pace; perocchè fu tramezzatore tra Dio e noi. Non lassa questo dolce e innamorato Verbo, per nostra ingratitudine nè per ingiuria nè per strazi nè vituperio, che egli non corra all'obbrobriosa morte della croce, siccome innamorato della salute nostra: perocchè in altro modo non potevamo giugnere all'effetto della pace. O padre santissimo nostro, io vi prego per l'amore di Cristo crocifisso, che voi seguitiate le vestigie sue. Oimè, pace, pace, per l'amore di Dio! Non ragguardate alla miseria e ingratitudine e ignoranzia nostro, nè alla persecuzione de' vostri ribelli figliuoli. Oimè, vinca la vostra benignità e pazienzia la malizia e superbia loro. Abbiate misericordia di tante anime e corpi che periscono. O pastore e portinaio del sangue dell'Agnello, non vi retragga nè pena nè vergogna nè vituperio che vi paresse ricevere, nè timore servile, nè gli perversi consiglieri del dimonio, che non consigliano altro che in guerre e in miserie.[1] Tutto questo, santissimo Padre, non vi retragga che voi non corriate all'obbrobriosa morte della croce; seguitando Cristo, come suo vicario, cioè, sostenendo pene, obbrobrio, tormento e villanie,[2] portiate la croce del santo deside-

---

1 Più bello che *consigliare a;* perchè dice insieme l'intento e l'effetto. Più ardito che il Virgiliano: « *Consulite in medium — Consilia in melius referet.* » Colesti consiglieri di miserie, il Burlamacchi dice essere stati i Cardinali francesi; i quali, a detta di Pio III si scissero poi da Urbano per dispetto ch'e' non avesse attizzata in Italia la guerra. Non sarà stata questa nè l'unica nè la principale e diretta cagione; ma in fatto, come se fosse.

2 Pone *obbrobrio* dopo *pena; villania* dopo *tormento;* perchè spesso men comportabile l'umiliazione che gli strazii del corpo, massime a chi è in potestà, e in doppia potestà.

rio : desiderio, dico, dell' onore di Dio, e della salute degli figliuoli vostri. Abbiate, abbiate fame,[1] e con l' occhio dell' intelletto vostro vi levate in su la croce del desiderio; e ragguardate quanti mali seguitano per questa perversa guerra, e quanto è il bene che sèguita, della pace.

Oimè, babbo mio, disavventurata l'anima mia che le mie iniquità sono cagione d'ogni male; e pare che 'l dimonio abbi presa signoria del mondo, non per sè medesimo, chè egli non può cavelle, ma in quanto noi gli abbiamo dato. Da qualunque lato io mi volgo, vedo che ognuno gli porta le chiavi[2] del libero arbitrio con la perversa volontà; e' secolari, e' religiosi, e li chierici, con superbia correre alle delizie, stati e ricchezze del mondo, con molta immondizia e miseria. Ma sopra tutte l' altre cose che io vegga che sia molto abominevole a Dio, sì è delli fiori, che sono piantati nel corpo mistico della santa Chiesa, che debbono essere fiori[3] odoriferi, e la vita loro specchio di virtù, gustatori e amatori dell'onore di Dio e della salute dell' anime : ed egli gittano puzza[4] d'ogni miseria ; e amatori di loro medesimi, raunando li difetti loro con esso gli altri; e singolarmente nella persecuzione che è fatta alla dolce sposa di Cristo e alla Santità vostra. Oimè, caduti siamo nel bando della morte; e abbiamo fatta guerra con Dio. O babbo mio, voi sete posto a noi per tramezzatore a fare questa pace. Non veggo che ella si faccia se voi non portate la croce del santo desiderio, come detto è. Noi abbia-

---

[1] Assoluto, come il *sitio* di Cristo. Dante : « *Avranno fame di sè — N' ha gola di saper novella.* »

[2] Dante : « *Che tenni ambe le chiavi Del cor di Federigo* » (all' assenso e al dissenso) — « *dell' assenso.... la soglia.* »

[3] Avendo già nominati i religiosi e i chierici in genere non può intendere che de' prelati.

[4] Dante : « *Del puzzo che 'l profondo abisso gitta.* » Virgilio : « *jactaret odorem.* » Dante : « *Fatto ha del cimiterio mio cloaca, Del sangue e della puzza.* »

mo [1] guerra con Dio ; e li ribelli figliuoli l' hànno con Dio e
con la Santità vostra : e Dio vuole e vi richiede che tolliate,
giusta 'l vostro potere, la signoria dalle mani delle dimonia.
Mettete mano a levare la puzza de'ministri della santa Chiesa ; traetene e'fiori puzzolenti, piantatevi e'fiori odoriferi,
uomini virtuosi, che temono Dio. Poi vi prego che piaccia alla
Santità vostra di condescendere di dar la pace, e riceverla
per qualunque modo ella si può avere, conservando sempre
quella dolce Chiesa, e la coscienzia vostra. Vuole Dio, che
voi attendiate all' anime e alle cose spirituali più che alle
temporali. Fate virilmente : chè Dio è per voi. Adoperatevi
senza veruno timore ; e, perchè vediate le molte fadighe e
tribolazioni, non temete : confortatevi con Cristo dolce Gesù.
Chè tra le spine nasce la rosa, e tra le molte persecuzioni ne
viene la reformazione della santa Chiesa, la luce che fa levare la tenebra de' Cristiani e la vita degl' Infedeli, e la levazione della santa croce. Voi, come strumento [2] e nostro
mezzo, con sollicitudine, e non con negligenzia, e senza
veruno timore adoperate ciò che voi potete. A questo modo
sarete vero ministratore ; adempirete la volontà di Dio, e il
desiderio de' servi suoi, che muoiono di dolore, e non possono morire, vedendo tanta offesa del loro Creatore e tanto
avvilire il sangue del Figliuolo di Dio. Non posso più. Perdonate a me, padre santissimo, la mia presunzione : scusimi
l' amore e il dolore dinanzi a voi. Non dico più. Date la vita

---

[1] Modestamente accenna che la guerra de'laici contro i ministri
di Dio è punizione della guerra che questi, mal vivendo e mal gover-
nando, fanno a Dio. Dice *abbiamo ;* e mette sè tra i prelati, per meglio riprenderli.

[2] I moderni hanno, con tante altre, avvilita questa parola, che
nell'origine porta idea di costruzione, di edificazione. Principi e prelati avrebbero a essere strumento nel vecchio senso, non fare gli
altri strumenti nel senso moderno. E così *mezzo* è qui nobile titolo ;
dice meglio che *mediatore.*

per Cristo crocifisso: divellete li vizii, e piantate le virtù: confortatevi, e non temete. Permanete nella santa e dolce dilezione di Dio. Grande desiderio ho di ritrovarmi dinanzi alla Santità vostra. Molte cose v' ho a [1] ragionare. Non son venuta, [2] per molte occupazioni buone e utili per la Chiesa, che ci sòno avute a fare. Pace, pace per l' amore di Cristo crocifisso, e non più guerra: chè altro rimedio non ci è. Raccomandovi Annibaldo,[3] vostro fedele servitore.

Scritta al nostro monasterio nuovo che mi concedeste,[4] titolato Santa Maria degli Angeli. Domandovi umilmente la vostra benedizione. E'vostri figliuoli negligenti,[5] maestro Giovanni e frate Raimondo, si raccomandano alla Santità vostra. Gesù Cristo crocifisso sia con voi. Gesù dolce, Gesù amore.

---

[1] La stampa non porta l' a.

[2] Pare che il papa la invitasse a Roma, come poi fece Urbano. Ma ella umilmente risponde: ho altro che fare: dettava il libro del Dialogo; faceva del bene a Siena sua ; consolava sua madre; attutiva. gli sdegni di Toscana, e così giovava più a Roma che se in Roma fosse. A Urbano poi non cedette se non per ubbidienza ai cenni reiterati.

[3] Era in Roma a que' tempi, di questo nome, un nipote del buon Cardinale Tebaldeschi. Ma non pare ch' e' sia il qui nominato.

[4] Già palazzo e villa de' Savini, donato a Caterina da un convertito da lei, Vanni di Ser Vanni ; e da lei, con facoltà del pontefice, fattone monastero. Grande edifizio, tre miglia da Siena, tra folti lecci ; ampliato forse da Caterina con grande dispendio, ma certamente accomodato altrimenti al nuovo uso. Sul morire della repubblica se ne fece nido di guerra: poi fu della famiglia de' Turamini ; e riprese l' uso di villa, e l' antico titolo di Belcaro, forse rimastogli sempre nella lingua del popolo. Nè Caterina stessa avrà dismesso il bel nome. Così le lingue vivono quasi anima de' monumenti, e per esse vivono i monnmenti.

[5] Noti a Gregorio, perchè compagni di Caterina a Avignone. *Negligenti* è titolo d' umiltà. L' un de' due forse scrisse per la vergine dettatrice. Era il primo un *eremitano;* e Gregorio, docile ai consigli, mandò di lì a poco un altro Eremitano con un Francescano, e quindi un' altro Francescano vescovo d' Urbino a trattare con la repubblica di Firenze.

CCLXXI. — *A Monna Alessa.*

Annegando nel generoso dolore la volontà nostra, si fa una con quella di Dio. La potenza del Padre non vuole ci sia salute senza la sapienza del Figliuolo, che va per la via del dolore. Pace, e riformazione alla Chiesa.

Al nome di Gesù Cristo crocifisso e di Maria dolce.

Carissima figliuola in Cristo dolce Gesù. Io Catarina, serva e schiava de' servi di Gesù Cristo, scrivo a te nel prezioso sangue suo; con desiderio di vederti serva e sposa fedele al tuo Creatore; acciocchè mai non ti sciogli della verità, ma per amore della verità desideri di portare pena, sostenendo senza colpa infino alla morte. Perciocchè nelle pene, nelle fadighe, annegandovi dentro la propria volontà sensitiva, l'anima s'accosta più al suo Creatore, e fassi una volontà con lui. Bisogno c'è adunque di portare, e di perdere noi medesimi. Così saremo atte a piangere e offerire umili e continue orazioni dinanzi da Lui, per suo onore e per salute dell'anime. Perocchè noi dobbiamo essere gustatrici e mangiatrici di questo dolce e glorioso cibo.

Ma guarda, carissima figliuola, che tu non t'ingannassi: perocchè inganno sarebbe quando tu volessi mangiare alla mensa del Padre Eterno, e schifassi di mangiarlo alla mensa del Figliuolo, in su la quale mensa ce 'l conviene mangiare. Perocchè senza pena non si può avere; e nel Padre non cade pena, ma solo nel Figliuolo. E perchè senza pena non potevamo passare questo mare tempestoso; però questo dolce e amoroso Verbo, in cui cade la pena, si fece via, e regola nostra, e batte[1] la strada col sangue suo.

Adunque non dormiamo noi, serve ricomperate dal sangue di Cristo, se vogliamo essere spose[2] fedeli; ma destianci dal sonno della negligenzia, e corriamo per questa strada di

---

[1] Meglio che nel Tasso: « *lastricato di sangue.* »

[2] Vang.: delle vergini fatue: «*Dormierunt.*»

Cristo crocifisso, con spasimato e ansietato desiderio; perocchè vediamo il mondo in maggior necessità che fusse
mai. E però io t'invito e ti comando, che tu rinnovelli il
pianto e il desiderio tuo con molte orazioni per la salute
di tutto quanto il mondo, e per la reformazione della santa
Chiesa; che Dio per la sua bontà dia grazia al Padre nostro
che compia quello ch'egli ha cominciato. Chè, secondo che
m'è stato scritto da Roma, pare ch'egli cominci virilmente; però che pare che voglia attendere ad acquistare anime.[1] E perchè io so il santo desiderio suo; ho speranza, se
i miei peccati non lo impediscono, che tosto s'averà la pace.
Altro non dico, se non che tu gridi con voce e fede viva
nel cospetto di Dio. Permani nella santa e dolce dilezione
di Dio. Gesù dolce, Gesù amore.

—

CCLXXII. — *A Frate Raimondo da Capua dell' Ordine de' Predicatori.*

Per tema delle spine non si lasci la rosa. Più la Chiesa è in angustie,
e più se ne speri. I pastori migliorati saranno la sua riforma: ma
essa per indegnità loro non perde. Le lagrime de' fedeli la lave-
ranno, no il sangue in guerra sparso. Sua grandezza è la pace.
Pregato che Caterina ebbe Dio per la Chiesa, lo prega per tutto il
mondo. Egli le mostra buoni e rei, chiusi tutti nella sua mano.
Essa, beata e dolorosa, che dalla rivelazione de' difetti umani le
sia ispirato più grande il concetto di Dio, sente essere poca l'offerta delle lagrime e de' sudori, offre il sangue. Vede le acque del
male inondanti una terra di spine: sovr'esse il Redentore è ponte
che dalla terra va al cielo. Chi per timor della pena esce del-
l'acque, ma senza amore, ricasca. Filosofica comparazione di chi
giudica con un senso le cose che cadono sotto un altro del quale
egli è orbato. Caso d'un condannato alla morte (forse il Perugino)
che così salva l'anima. Dio c'empie di bene a misura della nostra
speranza; e colma il manco della misura col merito d'altri buoni.
Del suo apprendere a scrivere. Lettera ch'è trattato e ode e dramma.
Tant'alta, quanto il Paradiso di Dante; ma con più ardori d'amore.

Al nome di Gesù Cristo crocifisso e di Maria dolce.
Carissimo e dolcissimo padre in Cristo dolce Gesù. Io
Catarina, serva e schiava de' servi di Gesù Cristo, scrivo a

---

[1] E non terre, perdendo anime.

voi nel prezioso sangue suo; con desiderio di vedervi seguitatore e amatore della verità; acciocchè siate vero figliuolo
di Cristo crocifisso, il quale è essa Verità, e fiore odorifero
nell'Ordine santo e nel corpo mistico della santa Chiesa. E
così dovete essere. E non si debbe lassare nè vollere il capo
indietro per le spine delle molte persecuzioni; perocchè
troppo sarebbe matto colui che lassasse la rosa per timore
della spina. Il mio desiderio è di vedervi virile, senza timore
d'alcuna creatura. Son certa, per l'infinita bontà di Dio,
che adempirà il desiderio mio.

Confortatevi, carissimo padre, nella dolce sposa di Cristo; perocchè quanto abonda più in tribulazioni e amaritn-
dine, tanto più promette la divina Verità di farla abondare
in dolcezza e in consolazioni. E questa sarà la dolcezza sua:
la riformazione [1] de' santi e buoni pastori, i quali sono fiori
di gloria, cioè che rendono odore [2] e gloria di virtù a Dio.
Questa è la riformazione del fiore de' suoi ministri e pastori. Ma non n'ha bisogno il frutto di questa sposa d'essere
riformato, perocchè non diminuisce nè guasta mai per li difetti de' ministri. Sicchè dunque godete nell'amaritudine,
poichè la Verità ci ha promesso di darci refrige.io dopo
l'amaritudine....[3] E la consolazione che io ebbi ricevendo la
lettera del dolce babbo [4] e vostra: perocchè amaritudine
ebbi per lo danno della Chiesa, e per la vostra amaritudine,
la quale avevo inteso molto intrinsecamente il dì di santo
Francesco; [5] ed ebbi allegrezza perchè mi traeste di molto
pensiero. Onde, lette le lettere e inteso tutto, pregai una

---

[1] La riforma vera consiste nelle anime, non nel variare de' dommi
o de' riti.

[2] Dante: « *Della rosa: che ... ridole Odor di lode al Sol che sempre verna.* »

[3] Manca qualche parola che valga: e tale è la *consolazione.*

[4] Così altrove il papa.

[5] Nel 77 Raimondo era a Roma; ella a Siena o lì presso.

serva di Dio, che offerisse lagrime e sudori dinanzi da Dio per la sposa e per la infermità del babbo.

Onde subito per divina grazia le crebbe uno desiderio e una allegrezza sopra ogni modo. E aspettando che venisse la mattina per avere la Messa, che era il dì di Maria;[1] e, venuta l'ora della Messa, si pose nel luogo suo con vero cognoscimento di sè, vergognandosi dinanzi da Dio della sua imperfezione. E levando sè sopra di sè con ansietato desiderio, e speculando con l'occhio dell'intelletto nella Verità eterna, dimandava ine quattro petizioni, tenendo sè e il padre[2] suo dinanzi alla sposa della Verità.

E prima la riformazione della santa Chiesa. Allora Dio, lassandosi costrignere alle lagrime, e legare alla fune[3] del desiderio, diceva: « Figliuola mia dolcissima, vedi come ha lordata la faccia sua con la immondizia e con l'amor proprio, ed enfiata per superbia ed avarizia di coloro che si pascono al petto suo. Ma tolli[4] le lagrime e lo sudore tuo, e tràle[5] dalla fontana della divina mia carità, e lavale la faccia. Perocchè io ti prometto che non le sarà renduto la bellezza sua col coltello, nè con crudelità nè con guerra, ma con la pace, e umili e continue orazioni, sudori e lagrime, gittate con ansietato desiderio de' servi miei. E così adempirè il desiderio tuo con molto sostenere;[6] e in neuna

---

[1] Sabato. O taluna delle Domeniche d'ottobre, più specialmente dedicate alla Vergine: o la Presentazione in novembre.

[2] Il pontefice. Innanzi alla Verità sposa al genere umano. Di questa visione nel Dialogo, dal primo al vigesimoterzo capitolo.

[3] Dell'amore di Dio, dice Dante: « Corde che tirano, e denti che mordono. » E delle potenze angeliche: verso Dio « Tutti tirati sono, e tutti tirano. » Ma qui di Dio stesso, legato da questa fune, pare ancor meno conveniente.

[4] La stampa: tolle; e altrove simili. Ed è anche nel frate Da Todi.

[5] Per tralle o traile; come Dante fùmi per mi fui.

[6] Il desiderio accompagnato con aspettázione lunga.

cosa vi mancarà la mia providenzia. » E poniamochè in questo si contenesse la salute di tutto quanto il mondo; nondimeno l'orazione si distendeva più in particolare, dimandando per tutto quanto il mondo. Allora Dio mostrava con quanto amore aveva creato l'uomo; e diceva: « Or vedi che ognuno mi percuote. Vedi, figliuola, con quanti diversi[1] e molti peccati essi mi percuotono, e specialmente col miserabile e abominevole amore proprio di loro medesimi, onde procede ogni male, col quale hanno avvelenato tutto quanto il mondo. Voi dunque, servi miei, paratevi dinanzi colle molte orazioni; e cosi mitigherete l'ira del divino giudizio. E sappi che neuno può escire dalle mie mani. E però apri l'occhio dell'intelletto, e mira nella mia mano. » E, levando l'occhio, vedeva nel pugno suo rinchiuso tutto l'universo mondo. E poi diceva: « Io voglio che tu sappi che neuno me ne può essere tolto; perocchè tutti stanno o per giustizia o per misericordia; sicchè tutti sono miei. E perchè sono esciti di me, amoli ineffabilmente, e farò loro misericordia col mezzo de' servi miei. ̓» Allora, crescendo il fuoco del desiderio, stava quasi beata e dolorosa, e rendeva grazie alla divina bontà; quasi cognoscendo che Dio le avesse manifestato i difetti delle creature perchè fusse costretta a levarsi con più sollicitudine e maggiore desiderio. E in tanto crebbe il santo e amoroso fuoco, che il sudore della acqua, il quale gittava, ella lo spregiava per grande desiderio che aveva di vedere escire dal corpo suo sudore di sangue; dicendo a sè medesima: « Anima mia, tutto il tempo della vita tua hai perduto. E però sono venuti tanti mali e danni nel mondo e nella santa Chiesa, in comune e

---

[1] Ha qui il senso e di *diversità* e di *perversità*. Alla moltitudine de' mali aggiunge gravità la diversa natura loro; che, per congiungerli in un'anima e in una società, richiede più sforzo; onde la reità se ne accresce.

in particolare. Onde io ora voglio che tu remedisca col sudore del sangue. » Allora quella anima, speronata dal santo desiderio, si levava molto maggiormente, ed apriva l' occhio dell' intelletto, e speculavasi nella divina carità; onde vedeva e gustava quanto siamo tenuti e doviamo cercare la gloria e la loda del nome di Dio nella salute dell' anime.

E a questo vi chiamava e allegava[1] la Verità Eterna, rispondendo alla terza petizione, ciò era la fame della vostra salute, dicendo : « Figliuola, questo voglio ch' egli cerchi con ogni sollicitudine. Ma questo non potrebbe nè egli nè tu, nè alcuno altro avere senza le molte persecuzioni; secondo che io ve le concederò. Digli : come egli desidera il mio onore nella santa Chiesa, così concèpi[2] amore a volere sostenere con vera pazienzia. E a questo mi avvedrò ch' egli e gli altri miei servi cercheranno il mio onore in verità. E allora sarà il carissimo figliuolo, e riposerassi sopra il petto dell' unigenito mio Figliuolo; del quale ho fatto ponte perchè tutti possiate giungere a gustare e ricevere il frutto delle vostre fadighe. Sapete, figliuoli, che la strada si ruppe per lo peccato e disobedienzia di Adam, per siffatto modo, che neuno poteva giugnere al termine suo; e così non s' adempiva la mia verità, che l' avevo creato alla imagine e similitudine mia, perchè egli avesse vita eterna, e participasse e gustasse me che sono[3] somma ed eterna Bontà.

---

[1] Non chiaro se stia nel senso di legare o obbligare. Non direi che nel senso di *allegare ragioni*. *Allegare* del resto assoluto, per *ragionare,* ha esempio nella Crusca; ma *alligato,* in senso affine, cioè di lettera legata insieme, dicevasi nel 500 e poi ; e nel 300, per *alleare.*

[2] Questo è soggiuntivo ; e nella stampa, la terza persona sovente ha l' uscita in *i,* ma non sempre. Ond' io li credo arbitrii degli scriventi; e che qui ella dettasse *concipia* se non *concèpia.* Dante *cappia* per *capisca,* e *concipio.*

[3] La stampa *so' ;* e così altrove. In Dante è chi legge : « *per un ch' io so', ne farò venir sette.* »

Questa colpa germinè spine e triboli di molte tribolazioni, con uno fiume che sempre percuote[1] l'onde sue: e però io v'ho dato il ponte del mio Figliuolo, acciocchè, passando il fiume, non v'annegaste. Ma aprite l'occhio dell'intelletto, e vedete che tiene dal cielo alla terra; perocchè bene[2] di terra non si poteva fare di tanta grandezza che fusse sufficiente a passare il fiume, e darvi vita. Sicchè, esso unì l'altezza del cielo, cioè la natura divina, con la terra della vostra umanità.[3] Convienvi dunque tenere per questo ponte, cercando la gloria del nome mio nella salute dell'anime, sostenendo con pena le molte fadighe, seguitando le vestigie di questo dolce e amoroso Verbo. Voi sete miei lavoratori, che v'ho messi a lavorare nella vigna[4] della santa Chiesa: perocchè io voglio fare misericordia al mondo. Ma guardate che voi non teniate di sotto;[5] perocchè ella non è la via della verità. Sai tu chi sono coloro che passano di sotto a questo ponte? sono gl'iniqui peccatori, per li quali io vi prego che mi preghiate, e per cui vi richieggo lagrime e sudori; perocchè giaciono nelle tenebre del peccato mortale. Costoro vanno per lo fiume, e giungono all'eterna dannazione, se già essi non tolgono il giogo mio, e pongonlo sopra di loro. E alquanti sono che col timore della pena si

---

[1] Nella terra desolata. Onde il ponte, se fosse di materia terrena, a quell'impeto cederebbe.

[2] Non è avverbio del solito senso, ma particella d'affermazione.

[3] Un inno:

> « Alto ex Olympi vertice
> Summi Parentis Filius,
> Ceu monte depulsus lapis,
> Terras in imas desilit,
> Domus supernœ et inferœ
> Utrumque junxit angulum. »

[4] Il Vangelo e Dante. L'imagine della vigna può stare con quella del fiume che la minaccia.

[5] Annegherete, se non vi tenete al ponte.

recano dalla riva, ed escono dal peccato mortale; sentono
le spine delle molte tribulazioni : e però sono esciti dal fiume. Ma se essi non commettono negligenzia, e non dormono
nell'amore proprio di loro medesimi, essi s'attaccano al
ponte, e cominciano a salire, amando la virtù. Ma se essi
permangono nell'amore proprio e in negligenzia, ogni cosa
lor fa male. E non sono perseveranti; ma uno vento contrario che giunga, li fa tornare al vomito. » [1]

Veduto che ebbe in quanti diversi modi l'anima s'an-
negava ed egli sì diceva : « Mira quelli che vanno per lo ponte
di Cristo crocifisso. » E molti ne vedeva, che correvano senza
alcuna pena, perchè non avevano 'l peso della propria volontà ;
e questi erano i veri figliuoli, e'quali, abandonati loro medesimi, andavano con ansietato desiderio cercando solo l'onore
di Dio e la salute dell'anime. E a' piedi dell'affetto loro (che
tenevano [2] e andavano per Cristo crocifisso, che era esso
ponte) correva l'acqua di sotto ; e le spine erano conculcate
da' loro piei : e però non lo' [3] faceva male ; cioè, che nell'affetto loro non curavano le spine delle molte persecuzioni, ma
con pazienzia vera portavano la prosperità [4] del mondo, che

---

[1] Dalle imagini della vigna e del ponte passa a quelle del giogo e
del vomito : ma quando le non siano confuse nella locuzione medesima,
o troppo accostate, possonsi con esempi degli scrittori più corretti scusare. Bello, però, che il timor della pena faccia uscire dall'acque ; ma
non dia salute di per sè, nè fermezza.

[2] La stampa : *et a quei dell'affetto*. Aldo: *e a piedi dall'affetto* loro.
Questa è miglior lezione, ma non compiuta. Io, per trarne un senso,
ardisco aggiungerci un *che* e intendo : il fiume correva di sotto a' piedi
dell'affetto loro, i quali piedi tenevano... *che* sta senza spiegare *affetto
di loro che.*

[3] Qui credo ch'ella dettasse *non gli faceva ;* e che lo scrivente per
ridurre a grammatica, scrivesse *loro ;* ma perchè mal suonava, tron-
casse. A ogni modo, a trasposizione simile può essere esempio quel di
Dante : « *non pur non fatica sentiranno.* »

[4] Non è sbaglio accordare la prosperità con le spine : epperò non

sono quelle crudeli spine che danno morte all'anima, che lo[1] possiede con disordinato amore. Essi le spregiavano, come se fussero state veleno; e neuna altra cosa attendevano[2] se non di dilettarsi in croce con Cristo, perocchè loro obietto era egli. Altri v'erano, che andavano lentamente. E perchè andavano lenti? perchè s'avevano posto dinanzi all'occhio dell'intelletto non Cristo crocifisso, ma le consolazioni che traevano da Cristo crocifisso, le quali gli[3] dava amore imperfetto. E allentavano spesso nell'andare; siccome fece Pietro innanzi alla Passione, quando s'aveva posto dinanzi a sè, solo, il diletto della conversazione di Cristo; e però venne meno, essendogli tolto l'obietto della consolazione. Ma quando si fortificò, poichè ebbe perduto sè, non volse cognoscere altro nè cercare, se non Cristo crocifisso. Cosi questi cotali sono deboli, e allentano l'andare del santo desiderio, quando si veggono levare dinanzi dalla mente loro l'obietto del diletto, e delle proprie consolazioni. Onde, giugnendo poi le punture[4] o di tentazioni del dimonio o delle creature, o di loro medesimi d'una tenerezza spirituale che hanno; vedendosi privati di quella cosa che amavano, vengono meno e indebiliscono nella via di Cristo crocifisso. Perocchè in Cristo crocifisso hanno voluto seguitare 'l Padre, e gustare la dolcezza delle molte consolazioni: perchè nel Padre non può cadere pena, ma sì nel Figliuolo. E però dicevo che seguitavano 'l Padre. E vedevasi che non si poteva rimediare la debilezza loro se non seguitassero 'l Figliuolo. E così dice-

---

correggo *le prosperità*; perchè più bello è in quel singolare vedere le spine che crescono fitte.

[1] Può recarsi a *mondo*.

[2] Senza l'*a*, nel senso di attenzione, anche Dante.

[3] La stampa: *lo'*. Aldo *li*, cioè *gli*. L'amore imperfetto dava loro coteste consolazioni, e in esse s'illudeva, e abbassava più e più.

[4] La stampa, alla senese e alla veneta, *pouture*. Dante: *ponta*, per *appunta*.

va la Verità eterna : « Io dico che neuno può venire a me se non per questo mezzo dell'unigenito mio Figliuolo; perocchè egli è colui che v'ha fatta la via la quale dovete seguitare. Egli è Via, Verità, e Vita. E questi che vanno per questa via, gustano e cognoscono la verità, e gustano l'amore ineffabile che io gli [1] ho mostrato nelle pene ch'egli ha sostenute per loro. Sai bene, che se io non v'avessi amati, non v'averei dato sì fatto ricomperatore. Ma perocchè eternalmente io v'amai, però posi e diedi all'obbrobriosa morte della croce questo unigenito mio Figliuolo; il quale, coll'obedienzia sua e con la morte, consumè [2] la disobedienzia d'Adam, e la morte dell'umana generazione. E così cognoscono la mia verità; e cognoscendo la verità, seguitano la verità : e così ricevono la vita durabile, perchè sono tenuti [3] per la via di Cristo crocifisso, e giunti e passati per la porta della verità, e trovansi nel mare pacifico co' veri gustatori. Sicchè vedi, figliuola mia, che essi non si possono fortificare in altro modo. Nè egli [4] si potrebbe unire con la sposa della mia Verità, nè giugnere a questa perfezione alla quale io l'ho eletto, se non per questa via. Ogni altra via è con pena e imperfetta, se non questa; perocchè pena non dà se non la propria volontà, o spirituale o temporale che sia. Onde chi non ha volontà, è privato d'ogni pena afflittiva di sè ; e solo la pena intollerabile dell'offesa mia gli rimane, ordinata,[5] con modo,

---

[1] Dio ha dimostrato il suo amore agli uomini, volendo che Gesù Cristo patisse per essi tanto.

[2] Smalti quel male, sì che non ne resti la trista traccia.

[3] Ora direbbesi *hanno* tenuto. L'altro è più proprio, come *sono andati*.

[4] Parla di Raimondo, o, forse meglio dell'uomo in genere.

[5] Non è pena disordinata, con zelo iracondo del male o con bisbetica impazienza. Però v'aggiunge *con modo*. Dante : « *Quel dritto zelo Che misuratamente in* cuore *avvampa*. »

però ch'è condita col condimento della carità, la quale fa l'anima prudente, che per neuna pena la fa scordare dalla dolce volontà mia. »

Altri v'erano che, poich'erano cominciati a salire (ciò [1] erano coloro che cominciavano a cognoscere la colpa loro, solo per timore della pena che lor seguitava dopo la colpa, e però s'erano levati dal peccato, cioè per timore della pena, il quale timore era imperfetto); ma molti [2] ne vedeva correre dal timore imperfetto al perfetto, e questi andavano con sollicitudine nel secondo stato e nell'ultimo. Ma molti ve n'aveva, che con negligenza si ponevano a sedere all'entrata del ponte, con questo timore servile; e tanto avevano preso per spizziconi [3] 'l loro cominciare, e sì tepidamente, che non aggiungendo punto di fuoco di cognoscimento di loro medesimi e della bontà di Dio in loro, si rimanevano nella loro tepidezza. Di questi cotali diceva la dolce Verità: « Vedi, figliuola, che impossibile sarebbe che costoro, che non vanno innanzi esercitando la virtù, che non tornassero indietro. E questa è la cagione: perchè l'anima non può vivere senza amore; e quello ch'ella ama, quello si studia di più cognoscere e servire. E se non studia in cognoscere sè, dove meglio cognosce la larghezza e abondanzia della mia carità? non co-

---

1 La stampa: cioè.

2 Direi che delle parole da me incluse nelle parentesi, talune o siano dichiarazione o aggiunte da altri, o Caterina, dettando le seguenti invece delle prime, intendesse doversi cancellare quelle. Il periodo è involuto; ma regge, intendendo che il *ma* non sia ritrattazione o rincalzo, sibbene un semplice legamento del richiamo al principio, com'usa nel linguaggio famigliare, dopo una interruzione: insomma gli è un *at* che tiene dell'*atque*.

3 *A spizzico*, dicesi tuttavia di cosa fatta o data o presa interrottamente, e non abbondante. Il Davanzati, *eluctantium verborum*, rende *favellatore a spizzico*. E qui sono passi riluttanti. *A spizzicone* ha altri esempi. E l'uscita in *oni* non è nome plurale, ma avverbio, come *a saltelloni, inginocchioni*.

gnoscendo, non ama; e non amando, non mi serve. Onde, essofatto che è privata di me, perchè non può stare senza amore, ritorna al miserabile proprio di sè medesimo. Costoro fanno come 'l cane, che, poic' ha mangiato, vomita, e poi· per la immondizia sua pone l' occhio sopra 'l vomito, e piglialo, e così immondamente si notrica : così costoro negligenti, posti in tanta tepidezza, hanno vomitato, per timore della pena, e' fracidumi de' peccati per la santa confessione, cominciando uno poco di volere entrare per la via della verità. Onde, non andando innanzi, conviene che tornino addietro. Vollendo l' occhio dell' intelletto al vomito di prima, sonosi levati del [1] vedere la pena e tornati a vedere 'l diletto sensitivo; per la quale cosa hanno perduto 'l timore. E però si ripigliano il vomito, nutricando gli affetti e' desiderii loro delle proprie immondizie. Onde saranno molto più reprensibili e degni di punizione costoro, che gli altri. Or così [2] sono offeso così iniquamente dalle mie creature. E però voglio, figliuoli carissimi, che non allentiate i desiderii vostri ; ma crescano, notricandovi in su la mensa [3] del santo desiderio. Levinsi i veri servi miei, e imparino da me, Verbo, a ponersi le pecorelle smarrite in su la spalla portandoli con pena e con molte vigilie e orazioni. E così passerete per me, che so' ponte, [4] come detto è ; e sarete sposi e figliuoli della mia Verità ; e io vi infonderè una sapienzia, con uno lume di fede, il quale vi darà perfetto cognoscimento della verità; onde acquisterete ogni perfezione. »

E poichè alla benignità e pietà di Dio piacque di manifestare sè medesimo e le cose segrete [5] sue (alle quali cose,

---

[1] *Dal.*

[2] Il primo *così* sta per *dunque, Itaque.*

[3] Dante : « *Mensa d' amor.* » E altrove del meglio apprendere il vero : « *Convienti ancor sedere un poco a mensa.* »

[4] Gesù Cristo dice *sè porta da entrare per esso.*

[5] Dante : « *Mi mise dentro alle secrete cose.* »

padre dolcissimo, la lingua ci viene meno, e l'intelletto pare che si offuschi; tanto è assottigliato[1] il suo vedere), il desiderio vive spasimato, in tanto che tutte le potenzie dell'anima gridano a una di volere lassare la terra, poichè c'è tanta imperfezione, drizzarsi e giugnere al fine suo, a gustare co' veri cittadini la somma eterna Trinità, ove si vede rendere gloria e loda a Dio; ove rilucono le virtù, la fame[2] e lo desiderio de' veri ministri e perfetti religiosi, i quali stettero in questa vita come lucerna ardente posta in sul candelabro della santa Chiesa, a rendere lume a tutto quanto il mondo. Oimè, babbo, quanta differenzia era da loro a quelli che sono al dì d'oggi! De' quali si lamentava con zelo di grande giustizia, dicendo : « Costoro hanno preso la condizione della mosca, che è tanto brutto animale, la quale ponendosi in su la cosa dolce e odorifera, non si cura, poichè ella è partita, di ponersi in su le cose fastidiose e immonde. Così questi iniqui sono posti a gustare la dolcezza del sangue mio; e non si curano, poichè sono levati dalla mensa dell'altare, e da conservare e ministrare il corpo mio e gli altri sacramenti della santa Chiesa (i quali sono odoriferi pieni di dolcezza e di grande soavità, in tanto che dà vita all'anima, che il gusta in verità, e senza esso non può vivere); essi, dico, essi non si curano di ponersi in tanta immondizia, quanto pongono la mente e i corpi loro; chè, non tanto ch'ella puti a me tanta iniquità, ma le dimonia hanno a schifo questo peccato tanto miserabile. »

Poichè la divina Bontà, carissimo padre, sopra le tre petizioni ebbe risposto, come detto è; rispose alla quarta petizione, che sì domandava, dimandando l'aiutorio e la providenzia di Dio, che provedesse in alcuno,[3] che era di-

---

1 Per troppo assottigliarsi, indebolito.
2 Altrove: *gloriosa fame.*
3 Uno.

venuto d'alcuna creatura, il quale per scritto non vi posso
contare, ma con la parola viva vel dirò; se già Dio non mi
facesse tanto di grazia e di misericordia, che l'anima mia
si partisse da questo miserabile corpo prima che io vi vedessi; il quale è una legge perversa che sempre impugna
contra lo spirito. E voi sapete bene ch'io dico la verità:
sicchè grazia mi sarebbe a esserne privata. Dicevo, e dico,
che la Verità eterna si degnò di rispondere alla quarta e
all'ansietato desiderio che dimandava, dicendo: « Figliuola
mia, providenzia non mancherà mai a chi la vorrà ricevere.
Ciò sono coloro che perfettamente sperano in me. Costoro
sono quelli che mi chiamano in verità, non solamente con
la parola, ma con affetto e col lume della santissima fede.
Non gusteranno me nella providenzia mia coloro che solamente col suono della parola mi chiameranno Signore, Si-
guore! perocchè io loro (se con altra virtù non mi dimandano) non cognoscerè, e non saranno cognosciuti da me per
misericordia, ma per giustizia. Sicchè io ti dico che la mia
providenzia non gli mancherà se essi spereranno in me. Ma
io voglio che tu venga con questa pazienzia.[1] E me li conviene portare,[2] loro, e l'altre mie creature, le quali io ho
creato alla imagine e similitudine mia, con tanta dolcezza
d'amore. » Onde, aprendo l'occhio dell'intelletto, per obedire al comandamento suo, nell'abisso della sua carità; allora si vedeva come egli era somma eterna bontà, e come
per solo amore aveva egli creati e ricomperati del sangue
del Figliuolo suo tutte le creature che hanno in sè ragione; e con questo amore medesimo dava ciò che egli dava.
Tribolazione e consolazione, ogni cosa era data per amore
e per provedere alla salute dell'uomo, e nou per alcuno al-

---

1 Della speranza fedele.

2 La provvidenza di Dio è assomigliata ne'libri sacri ad aquila
che porta i suoi nati, finchè si reggano sull'ali da sè.

tro fine. E diceva : « Il sangue sparto per voi vi manifesta
che questo è la verità. Ma essi, accecati per lo proprio
amore che hanno di loro, si scandalizzano con molta impazienzia, giudicando in male, e in loro danno e ruina e in
odio, quello che io fo per amore e per loro bene, per pri-
varli delle pene eternali, e per guadagno[1] dare loro vita
eterna. Perchè dunque si lagnano di me, e odiano quello
che debbono avere in reverenzia? e vogliono giudicare gli
occulti miei giudizii, i quali sono tutti diritti? ma essi fanno
come lo cieco che col tatto della mano, e alcuna volta col
sapore del gusto e alcuna volta col suono della voce, vorrà giudicare in bene e in male, secondo il suo infermo
e piccolo cognoscere; e non si vorrà attenere a colui che
ha lume; ma, come matto, vuole andare col sentimento
della mano, che è ingannata nel suo toccare, perchè non
ha lume in discernere il colore. E così il gusto s'inganna,
perchè non vede l'animale immondo che si pone in sul
cibo. L'orecchia è ingannata nel diletto del suono, e perchè non vede colui che canta, il quale con quello suono, non guardandosi da lui per lo diletto, gli può dare la
morte. Così fanno costoro, quasi come accecati; e, perduto il lume della ragione, toccando colla mano del sentimento
sensitivo i diletti del mondo, gli paiono buoni.

Ma perchè egli non vede, non s'aguarda che egli è uno
panno amischiato[2] di molte spine e di molta miseria di
grandi affanni; in tanto che 'l cuore che lo possiede, è incomportabile a sè medesimo Così la bocca del desiderio, che disordinatamente l'ama, gli paiono dolci e soavi a prenderli; e

---

[1] Frutto dell'opera loro.

[2] *Ammistione*, per *mistione*, ha esempii. Pare contrapponga l'imagine di panno morbido per rinvolgere e ornare la persona, coll'imagine
delle spine irte e pungenti. E di vestito ruvido dicesi che par d'avere
addosso tante spine.

v' è su l'animale immondo di molti peccati mortali, che fanno immonda l'anima. Onde, se egli non va col lume della fede a purificarla nel sangue, n'ha morte eternale. L'udire è l'amore proprio di sè, che gli fa un dolce suono, perchè l'anima corre dietro all'amore della propria sensualità; ma perchè non vede, è ingannata dal suono, e trovasi menato nella fossa, legato col legame della colpa nelle mani de' nemici suoi. Perocchè, come accecati del proprio amore, e con la fidanza che hanno posta nel loro proprio amore e sapere, non s'attengono a me, che son via e guida loro, e son vita e lume; e chi va per me, non può essere ingannato nè andare per la tenebra. Non si fidano di me, che non voglio altro che la loro santificazione; e loro do e permetto ogni cosa per amore. E sempre si scandalizzano in me; e io con pazienzia gli porto e gli sostengo, perchè io gli amai senza essere amato da loro. E essi sempre mi perseguitano con molta impazienzia, odio e mormorazioni, e con molta infidelità; e voglionsi ponere a investigare, secondo il loro parere e vedere cieco, gli occulti miei giudizi, e' quali sono tutti fatti giustamente e per amore. E non cognoscono ancora loro medesimi; e però veggono falsamente. Perocchè chi non cognosce sè medesimo, non può cognoscere me, nè le giustizie mie, in verità. Vuoi, figliuola, ti mostri quanto il mondo è ingannato de' misteri miei? Or apri l'occhio dell'intelletto, e ragguarda in me..» E mirando[1] con ansietato desiderio, dimostrava la dannazione di colui, per cui era addivenuto il caso e di cui era pregato; dicendo: « Io voglio che tu sappi che per camparlo dall'eterna dannazione, nella quale tu vedi ch'egli era, io gli permisi questo caso, acciocchè col sangue suo nel sangue mio avesse vita; perocchè non avevo dimenticato la riverenzia e amore che aveva alla mia dolcissima madre Ma-

---

[1] Io lui.

ria. Sicchè dunque per misericordia gli ho fatto quello che gl' ignoranti tengono in [1] crudeltà. E tutto quello [2] loro addiviene per l' amore proprio di loro, il quale gli ha tolto il lume : e però non cognoscono la verità. Ma se essi si volessero levare la nuvola, la cognoscerebbero e amerebbero ; e così averebbero ogni cosa in reverenzia ; e nel tempo della ricolta ricorrebbero il frutto. Ma in tutto, e in questo e in ogni altra cosa, figliuoli miei, adempirè il desiderio vostro, con molto sostenere ; [3] e la mia providenzia sarà presso di loro, poco e assai, secondo la misura che essi si confideranno in me. E ciò che io provederè più che la misura loro non tiene, il farò per adempire 'l desiderio de' servi miei che per loro mi pregano. Perocchè io non sono dispregiatore di coloro che umilmente m' addimandano o per loro o per altrui. E però io t' invito a chiedere misericordia a me per loro e per tutto quanto il mondo. Concepite, figliuoli, e partorite il figliuolo dell' umana generazione, con odio e dispiacimento del peccato, e con affocato e spasimato amore. »

O carissimo e dolcissimo padre, allora, vedendo e udendo tanto [4] dalla dolce prima Verità,'l cuore per mezzo pareva che si partisse. Io muoio e non posso morire. Abbiate compassione della miserabile figliuola, che vive in tanto stento per tanta offesa di Dio, e non ha con cui sfogarsi ; se non che lo Spirito Santo m' ha proveduto dentro da me con la clemenzia sua, e di fuore m' ha proveduto di spassarmi con lo scrivere. Confortianci tutti in Cristo dolce Gesù e le pene ci sieno refri-

---

1 Stimano crudeltà. L' *in* è sovente affine a *per ;* come anche nel modo : *eleggere in re.*

- 2 Forse *questo,* che nell' abbreviatura si sarà scambiato con *quello.* Aldo : *l' adviene,* cioè *gli addiviene ;* che è più conforme ai modi di Caterina.

3 Di Dio, nella Bibbia. Ma può intendersi : il desiderio degli uomini, purchè avvalorato dall' attendere sofferente.

4 Dante : « *Il mio maestro sorrise di tanto.* »

gerio; e accettiamo con grande sollecitudine il dolce invitare, e senza negligenzia. Padre dolce, rallegratevi, poichè
tanto dolcemente sete chiamato; e sostenete con grande allegrezza e pazienzia, e senza pena affliggitiva, se volete essere sposo della Verità, e consolare in voi l' anima mia. Perocchè in altro modo non potreste avere la grazia, e me ter-
reste in grande amaritudine. E però vi dissi ch' io desideravo di vedervi seguitatore e amatore della verità. Altro non
dico. Permanete nella santa e dolce dilezione di Dio.

Benedicete Frate Matteo [1] in Cristo dolce Gesù. Questa
lettera, e un' altra ch' io vi mandai, ho scritte di mia mano
in su l' Isola della Rocca,[2] con molti sospiri e abondanzia di
lagrime; in tanto che l'occhio, vedendo, non vedeva; ma piena d' ammirazione ero di me medesima, e della bontà di Dio,
considerando la sua misericordia verso le creature che hanno
in loro ragione, e la sua Providenzia; la quale abondava verso di me, che per refrigerio, essendo privata della consolazione,[3] la quale per mia ignoranzia io non cognobbi, m'aveva dato, e proveduto con darmi l'attitudine dello scrivere; acciocc-
chè discendendo dall' altezza, avessi un poco con chi sfogare'l
cuore, perchè non scoppiasse. Non volendomi trarre ancora di questa tenebrosa vita; per ammirabile modo me la
fermè [4] nella mente mia, siccome fa il maestro al fanciullo,
che gli dà lo esemplo. Onde, subito che fuste partito da me [5]

---

[1] Tolomei, Domenicano.

[2] De' Salimbeni.

[3] Delle lettere.

[4] L'attitudine. Da queste parole confermasi quel che accennai nel
proemio; che nella visione le si fermarono più lucidi nella mente, non
gli elementi delle lettere ch'ella sapeva già, ma gli atti della mano con
cui renderli in carta.

[5] Nella terza preghiera ch'ella fa a Dio, accennasi di Raimondo.
E forse in tutta l'estasi, ella lo aveva presente, e lo vedeva in Dio,

col glorioso evangelista Joanni e Tommaso di Aquino, così dormendo cominciai ad imparare. Perdonatemi del troppo scrivere, perocchè le mani e la lingua s'accordano col cuore. Gesù dolce, Gesù amore.

---

come narra egli stesso che una volta ella vide apparirgli in lui le fattezze di Cristo.

FINE DEL VOLUME TERZO.

INDICE.

—

LETTERE DI SANTA CATERINA.

Lightning Source UK Ltd.
Milton Keynes UK
UKHW02f2023130618
324198UK00011B/702/P